丝路百城传

丝路百城传

"丝路百城传"丛书编委会和编辑部

编委会

主　　任：杜占元

常务副主任：陆彩荣

副主任：刘传铭

委　　员：（按姓氏笔画排序）

丁　方　万俊人　马汝军　王卫民　王子今

王邦维　王守常　吕章申　邬书林　刘文飞

齐东方　李敬泽　连　辑　邱运华　辛　峰

张　帆　张　炜　陈德海　胡开敏　徐天进

徐贵祥　诺罗夫（乌）　黄　卫　龚鹏程

阎晓宏　彭明哲　葛剑雄　谢　刚

编辑部

主　　任：马汝军　胡开敏

副主任：邹懿男　文　芳

委　　员：简以宁　蔡莉莉　陈丝纶

XIAMEN
THE BIOGRAPHY

海上花园之城

厦门传

何况 李启宇 著

出版说明

2013年，中国国家主席习近平向世界提出共建"一带一路"的倡议。自提出以来，"一带一路"倡议深刻影响世界，逐渐从理念转化为行动，从愿景转变为现实，建设成果丰硕，得到国际社会热烈响应。

古丝绸之路打开了各国各民族交往的窗口，书写了人类文明进步的历史篇章。新时代共建"一带一路"的实践，为沿线国家和地区相向而行、互学互鉴提供了平台，促进了不同国家和地区、不同民族、不同文化、不同文明的深入交流。

城市是人类文明的结晶。"一带一路"沿线的城市中，蕴藏着人类千年的历史、多元的文化和无尽的动人故事。我们希望通过出版"丝路百城传"，展现每座城市独一无二的历史和性格，汇聚出丰富多彩、生动可感的"一带一路"大格局，增进文化交流和文明互鉴。

这是一次前所未有的出版探索，我们虽竭尽全力，也深知有诸多不足。期待这套丛书能够得到读者的喜欢，也期待更多的读者、作者、专家、学者等各界朋友们对我们的出版工作给予指正。

"丝路百城传"丛书编辑部

引言 / 1

第一章　大唐开疆
新城秋宴 / 11
南陈北薛 / 18
隐者之岛 / 29

第二章　人文初兴
金榜题名 / 35
暗夜薪火 / 46

第三章　向海而生
禁海守岸 / 61
倭寇进犯 / 73
活力厦门湾 / 80
清风浴德 / 90
征剿"红夷" / 97

第四章　郑氏集团

招抚郑芝龙 / 109

游击将军 / 118

郑成功起兵 / 126

偷袭中左所 / 133

以战谈和 / 137

兴师北征 / 157

收复台湾 / 167

第五章　通洋正口

开界 / 179

施琅征台 / 183

创设闽海关 / 192

直驶南洋 / 200

人潮汹涌 / 208

第六章　厦门开埠

最后通牒 / 219

鸦片之痛 / 232

番客之城 / 243

美舰来访 / 252

第七章　鼓浪世界

鼓浪洞天 / 263

鹭江第一 / 268

公共地界 / 273

讲古的人 / 278

得风气之先 / 288

独占鼓浪屿 / 300

第八章　厦门升格

脱离同安 / 307

现代市民 / 310

陈嘉庚办学　/ 321

林司令造街 / 333

设市变奏曲 / 350

第九章　华丽蝶变

天堑变通途 / 359

放胆飞出去 / 373

大厦门湾时代 / 382

鸟是树的花朵 / 389

厦门大事记　/　399

参考文献　/　406

后记　/　414

引 言

过了泉州是厦门。

过了厦门是漳州。

这连骨带筋的"厦漳泉",人称"闽南金三角"。

其实,"闽南金三角"是时下的说法,历史上此一地区,泉州发达最早,其开基可追溯到晋代;漳州启域于唐,亦有千余年之历史,自月港兴起后,地位亦颇重要。而泉州、漳州车马喧阗的时候,厦门还是一座寂寂无名的孤岛,不敢与它们争椅抢凳平起平坐。但倘若追根究底,开发的迟早未必就是一个地方历史的全部。

事实上,中国人一向好"古"重"本",无论是一个地方还是一个家族、一个姓氏,都要追根溯源,弄明白来处。但厦门岛的历史往前追溯,就要一直追到海水下面去了。为什么呢?因为有地质学家从海拔339.6米的厦门岛最高峰云顶岩发现了清晰的海蚀地貌,并测定其地质年龄约在两亿年左右。换句话说,至少在两亿年前后,厦门岛的制高点云顶岩还浸泡在咸咸的海水里与鱼虾为伍,更别说其他低矮处了。

那么,厦门岛是如何"浮"上来的呢?

福建沿海流传着一句民间谚语,叫"沉东京,浮福建"。

谁也说不清这句惊心动魄的谚语始于何时,只知道是一代传给一代;谁也说不清沉没的"东京"究竟是指何处,只知道此"东京"非当今日本东京，其方位大约在福建以东的溟溟大海之中。

任何民谚都不会是无源之水、无本之木，既然能长时段流传，一定有它普遍而深刻的道理。恰如"沉东京，浮福建"这简简单单的六个字，与福建地质发展史的暗合，简直到了令人吃惊的程度。

据科学工作者考察，在悠远的历史岁月里，这块土地随着地壳活动不断变换着样貌，发生过多次"海进海退"现象。地质史上的"海进海退"不同于一般的海水涨潮退潮，其高差可达几十米、几百米，正所谓"排山倒海"。"海退"之际，福建、台湾连山接壤，奔走即可往还；"海进"之时，海岸线向陆地内部推进，海面上只浮现出今福建境域内的山顶岭巅，东部的大部分境域则沉没在海水之中。中国先秦重要典籍《山海经》，用17个字概括了古代先民对这一地理状况的记忆：

闽在海中，其西北有山。一曰闽中山在海中。

最近一次颇具规模的"海进"大约发生在公元前4000—6000年间，海水向时代较老的陆地风化剥蚀面上逐渐推进，造成海水面积扩大、陆地面积缩小，专业术语亦称之为"海侵"。站在中国东南大陆的海岸边向东眺望，先前的陆地变成一片汪洋，长相奇特的飞鱼在洋面上快速滑翔。

海洋和地壳的共同运动在福建东南沿海造就了一系列大大小小的岛屿。在九龙江和浔江的出海处，形成一个面积约100平方公里的小岛即古厦门岛。岛上云顶岩、醉仙岩、金榜山、五老峰等处，现在依然满目都是被海水侵蚀的累累巨石，说明这座小岛的确是从海里"浮"上来的。

用现在的眼光来打量，小岛与大陆的距离并不算远，东、南、北面的海峡都不是难于横渡的天堑，宽的十余里，窄的只有几百丈，退潮时一水之隔仅有咫尺之遥。各种各样的考古发现，5000年前，与小岛隔海相望的周围地区，也就是今厦门市海沧区、集美区、同安区、翔安区的某些地域，已经有人类频繁活动了。但是，任凭经验丰富的考古工作者掘地三尺，也未能"考"出同一时期先民族群跨过一衣带水在岛上活动的有力证据。

一晃又过了一两千年。

尽管古厦门岛至今尚未发现远古先民的生活遗址，但20世纪30年代以来，岛上陆续出土过石斧、石锛、石凿、陶片等新石器时代晚期的遗物，这些古器物均为零散个体，考古年龄大约为三四千年。三四千年前差不多是商周时期，那个时候或许已有人上岛探险，但仍无群居的痕迹，而同一时期，中国大陆的中原地带已经进入青铜器时代了。

可见，发展不平衡的问题早就存在。

进入周朝，福建被称为七闽。

看字的结构，"闽"就是门内盘着一条蛇。古人称蛇为长虫。汉代许慎的《说文解字》并不把它归为"门"部，却归之"虫"部，释义是"闽，东南越，蛇种"。这里的蛇种就是蛇族，即信仰蛇神的氏族，蛇是他们的图腾。

东汉末年经学大师郑玄则注称："闽，蛮之别也。"即闽是蛮的另一个种类。蛮，出于周成王所封的熊绎的五世孙熊渠，他据有湘、鄂一带，自称"我蛮夷也"。熊渠的后代叔熊逃难于濮，即今鄂西南、湘西北一带。百濮是中国古代南方与百越并存的两大民族群系之一。至于百濮族群何时进入福建，被称为闽，尚无确切说法。

据《周礼·夏官司马·职方氏》："职方氏，掌天下之图，以掌天下之地，辨其邦国、都鄙、四夷、八蛮、七闽、九貉、五戎、六狄之人民。"注曰："闽子孙有七种，故曰七闽。"至于在闽南地区所居为七闽中的哪一支,就不得而知了。但闽南话中至今仍保持闽、蛮同音的读法。

闽也好,蛮也好,在当时中原人的观念中,闽中越人都是家门供奉蛇的野蛮人,"门下增虫字,以示其特性"。这些茹毛饮血的闽人中或有一小撮曾隔岸远眺,动过将小岛据为己有的心思,但最终还是饥肠辘辘地离开了小岛。

这里面的原因,学术界有多种猜测。也许是出于对大海的恐惧,也许是囿于当时人类生存能力的进化程度,但更靠谱的一种说法是,小岛半是岩石半是泥土,山不高,谷不深,溪流不湍急,同中原的高山深谷、大江大河相比,岛上的山只能称为小土堆,岛上的谷只能称为小洼地,岛上的溪流只能称为小水沟,这样的环境显然不能出产足够的野果野兽来供养靠采集和狩猎为生的先民。因此,古厦门岛没有被我们的先人选为居住地。

呱、呱、呱……

某一日,人迹罕至的小岛突然响起鸟的鸣叫。

岛的西南部九龙江出海口和北部浔江出海口以其丰富的养分,培育了数量众多的浮游生物,引来一群又一群体态优雅的白鹭。岛上的洞穴、密密麻麻的相思树、滩涂上成片的红树林,成为白鹭的家园。

小岛总算没有被彻底冷落。

伴随着白鹭的倩影,枕着万顷碧波,小岛横卧在中国东南大陆的边缘,默默地等待着。因为白鹭成群结队,这座小岛后来得到与"鹭"有关的鹭岛、鹭门、鹭城等别称,岛屿西南面的海域也被称为鹭江。有人标新立异唱反调,说鹭岛的别称不是源于岛上白鹭多,而是源自小岛的形状像白鹭。这显然是附会,小岛被冠以鹭岛别称的年代,还没有发明航拍设备,人们如何获得对岛的整体形状的认识?仅靠肉眼观察,即便站在岛的最高点云顶岩也只能管窥一豹,无济于事。

也许，处于等待状态的不仅仅只有这寂寞孤岛，整个闽地都处在焦躁不安的等待之中。

当中原的青铜文化、铁器文化逐渐地、缓慢地向东南部的蛮夷之地渗透时，先是今浙江一带的越国被楚国打败，逃入今福建，这应该是福建被称为百越之地的开端。随后，越人渐渐与当地的闽族融为一体。当中原一带的战国诸雄纷争不断的时候，闽越族的首领无诸统领他的诸多部落，在七闽的崇山峻岭中过着世外桃源的生活。秦始皇为了完成统一中国的大业，曾派大将王翦"定荆、江南地，降越君"，废闽越国，设立闽中郡。《史记》也说，"闽越王无诸及越东海王摇者，其先皆越王勾践之后也"，"秦已并天下，皆废为君长，以其地为闽中郡"。

闽中郡辖地包括今福建省全境及相邻的浙江省、江西省、广东省的一部分，其时秦朝中央政权鞭长莫及，还没有能力对此施行实际有效的统治。无诸并未臣服，当秦末大乱，中原大地爆发反秦战争之时，他立即率其部落加入了反秦的行列，即《史记》所谓"无诸、摇率越归鄱阳令吴芮"，"从诸侯灭秦"。

汉朝建立后，一则中央政权一时无力统治闽越人，二则无诸协助推翻暴秦有功，刘邦于是在汉高祖五年（前202）封无诸为闽越王，定都东冶（今福州一带）。闽越族就此成为主宰今福建大部分境域的主要民族。无诸堪称有史可稽的开发福建第一人，但其开发的重点在闽江下游沿海地区，开发的策略是以今福州为中心向闽江上游地区辐射。无诸开启了福州一带的第一次繁荣，但他的眼光还没来得及投向偏远的东南沿海，便留下一个相当强盛的闽越国去世了。

汉建元四年（前137），汉武帝封无诸的孙子丑为越繇王，辖地在今福州、闽北一带；封无诸的次子余善为东越王，泉州以南为东越属地。汉武帝元鼎六年（前111）秋，东越王余善自称"武王"，公开反汉，但不到一年即遭西汉中央政府消灭。为防备闽越族余部利用闽中多山的特点休养生息，再次作乱，汉武帝下令在闽越故地设立冶县（今福州）加强管治，并将闽越族迁往便于控制的江淮之间，这便是《史记》所称汉武帝"将其民徙处江淮间，东越地遂虚"。骁勇一时的闽越族就此几乎消亡，福建有文可稽的文明发展也由此中断了数百年。

《同安县志》记载，汉武帝平定东越王余善后，派许滢率兵驻守今厦门同安小西门。对于这一说法，史学界始终持有极大的怀疑。据史籍记载，汉武帝平定余善之后，只派出少量军队驻守在冶县（今福州），以防余善的残部潜回故地聚众造反。如果汉武帝有办法派兵到同安来，也就没有必要把闽越族强迁到江淮之间了。而中原中央政府的文治武功如果在2000多年前就能覆盖到今天的同安的话，福建乃至中国的历史也许就得改写了。

现在，福州的闽越国王城早已被压在高楼大厦之下，使人无法目睹那个曾经威风一时的古代王国的显赫。但是，武夷山闽越国王城遗址多次发掘的成果却足以再现2000多年前闽越国的雄风。尽管原先的宫殿已被汉军的战火烧为平地，但那蜿蜒在崇山之巅的城墙，庞大宏伟的宫殿设计风格，被烟火熏黑的铁制饰件、武器、工具，都在向人们展示：闽越国所达到的文明程度，同中原已经没有太大的差别。这说明，汉武帝征服东越之后，并没有放弃这片土地，先进的中原文化因此不可避免地逐渐渗入闽中地区。

令人困惑不解的是，同一时期的古厦门岛仍然长睡不醒。我们甚至可以怀疑，强盛一时的闽越族先人也许从未到过这蕞尔小岛。因为我们至今尚未在这岛上及附近发现与前述武夷山闽越国王城遗址相关联的文物。这小岛文明史中断的时间似乎比福建的任何地方都要长。

我们知道，东汉时期的东冶已经发展成为东南大陆的重要港口之一；

三国时期的东吴重新开始了福建的开发，孙吴政权的触角已经从闽江下游延伸到闽西、闽北；晋代永嘉之乱后，大批中原士族南迁，闽江流域、晋江流域成为南迁汉人的新家园，也成为受中原文明影响最深的地区。由于福建中部横亘着戴云山脉，唐代之前，中原汉族移居闽南基本上是沿着福建海岸线，依照福州平原—兴化平原—泉州平原—漳州平原的线路进行。明弘治《八闽通志》与《同安县志》均有"晋太康三年（282）设置同安县，后省入晋安县"的记载。但此时，福建开发的脚步尚停留在泉州平原的中北部，闽南地区的南安、晋江、兴化等地均未设县，晋朝的王公贵族们似乎不大可能跨越数百里的丘陵丛林，在泉州平原和漳州平原的交界处先行设立县治。实际上，闽江下游濒海的广袤区域在相当长的历史时期内只在今福州市设有一个晋安县——今福州市晋安区就因此而得名，直至隋代才增设南安县。在唐代之前，古厦门岛这座尚未命名的小岛在名义上先后隶属晋安县、南安县。但是，不管是归属晋安县，还是归属南安县，都没有给这座小岛留下什么明确的文字记载，致使后来岛上的官员不无心酸地感叹道：厦门岛"自宋以上无可考"。

"宋以上"便是五代十国、唐代。东海之滨的这个小岛度过了夏、商、西周、春秋、战国的漫长时期，又经历了秦、汉、三国、晋、南北朝、隋等多个王朝，在历史进入唐代的时候，竟然还没有一个可供称呼的名字。难道这个中华民族引为自豪的"盛唐"也不能为这无名小岛创造机遇？现代文物考古和文献考察的结果证明："自宋以上无可考"的说法过于悲观，盛唐之风开始向小岛频频吹送。

XIAMEN
THE BIOGRAPHY

厦门传

第一章

大唐开疆

新城秋宴

唐总章二年（669），泉州、潮州之间发生"蛮獠啸乱"。这是在闽南地区土著民族与中原汉族移民发生的规模较大的一次冲突。

史学界一些人士认为，所谓"蛮獠啸乱"，实际上是因为汉人南下，侵占了当地土族赖以生存的山林、土地，由此引发的冲突。由于"蛮獠"人口众多且骁勇善战，汉人无法抵挡。武则天时期，河东人、副诸卫上将（墓碑称"副尉上将"）陈政奉命率兵进驻枫亭（今仙游县枫亭镇），以维持地方秩序。唐总章二年发生的冲突应该是规模较大的，陈政兵困九龙岭。朝廷派陈政的两个兄长陈敏、陈敷率兵增援。陈政的母亲魏箴和14岁的儿子陈元光也随军出发。行军途中，陈敏、陈敷先后病故，魏箴和陈元光在部将的辅佐下，还是带领援军顺利到达九龙岭，为陈政解困。看来，史籍称陈元光"通儒术，精韬略，年十三岁则已领乡荐第一"应该不是溢美之词。

唐仪凤二年（677）四月（月、日用汉字数字表示为中国历史纪年，用阿拉伯数字表示为公元纪年，全书同），陈政因病去世，年仅21岁的

漳浦威惠庙陈元光像

陈元光承袭父职，挑起负责泉、潮间安危治乱之重任。陈元光出身武将之门，且从小接受儒学教育。在这场旷日持久的军事行动中，他始终把武装镇压同"设神礼以景俗，敷文化以柔远"结合起来。陈元光在戎马倥偬中写下多篇诗赋，后人将这些诗赋汇编成《龙湖集》。陈元光在诗里是这样描述这场战争的："宣威雄剑鼓，导化动琴樽。""楼船摇月鉴，阁鼓肃冰壶。扣枻歌三叠，飞觞泻百枯。""将韬春暮饮，士卒岭南驰。马啸腥风远，兵歌暖日怡。妖云驱屏迹，芳卉媚迎诗。拍掌横弓槊，徘徊索酒卮。"除了这些荷戈顾曲的描写，陈元光还详细回顾了军中开展的大型文化活动："父老吹龙笛，官僚杖虎琕。……舞蹈幽明洽，趋跄礼度微。""妙算符天象，干旄格有苗。三军歌按堵，万骑弛鸣镳。虔岭顽民远，朝阳寇逆招。偃文休众士，锡命自皇朝。莫篆天然石，惟吹洛下箫。声闻神起舞，气感海无妖。"透过这些只言片语，不难感受到当年陈元光军中浓厚的文化气息。客观地说，陈元光从中原带来的，绝不仅仅是干戈，还有中原的文明。

唐垂拱二年（686），陈元光奏请设立漳州，垂拱四年六月二十九日获准。陈元光被任命为首任漳州刺史。

陈元光虽然年轻，但战略眼光深远，他受命担任漳州最高行政长官后，为进一步稳定局势，"奏立行台于四境，四时躬自巡逻，命将分戍其地"。

于是，北至泉州、兴化，南逾潮州、惠州，西抵汀州、赣州，东接沿海各岛屿，都是陈元光部属的守戍地和开发地。陈元光精力旺盛，马不停蹄地巡视各处。

这个秋日的目的地是漳州平原东部尽头碧海中的一座小岛，陈元光要去那里慰问驻岛的将士。

陈元光后来写了一首五言排律，题为《漳州新城秋宴》，对这次慰问行动做了绘声绘色的描述：

地险行台壮，天清景幕新。
鸿飞青嶂杳，鹭点碧波真。
风肃天如水，霜高月散银。
婵娟争泼眼，廉洁正成邻。
东涌沧溟玉，西呈翠巘珍。
画船拖素练，朱㭿映红云。
琥珀杯方酌，鲛绡席未尘。
秦箫吹引凤，邹律奏生春。
缥缈纤歌遏，婆娑妙舞神。
会知冥漠处，百怪恼精魂。

这是引发厦门、漳州文史界多次讨论的一首诗。讨论的焦点集中在

"新城"位于何处。大部分的探讨将"新城"作"新筑城防"来解释,将"漳州新城"理解为漳州新建的城防。但这一时期的漳州治所设在今云霄县境域,无论是从实地考察还是史籍记载,陈元光时期的漳州从未修筑过城防。因此,陈元光诗中的新城无从查考。

其实,品味《漳州新城秋宴》开篇首句"地险行台壮",联想到陈元光获任漳州刺史后"奏立行台于四境",可知诗题中的"新城"指的是某处行台,即陈元光设于"四境"便利其外出巡逻临时驻扎的某处官署或居住之处,而不是新筑之城防。厘清这一点非常重要,其他问题迎刃而解。

假如我们把视线投放到陈元光时期,可以发现,当时的泉州治所还在今福州,位于"泉(州)""潮(州)"之间的漳州,管辖范围"东距泉、建,西逾潮、广,南接岛峙,北抵虔、抚",比今之漳州大得多,确有必要为"四时躬自巡逻"的刺史陈元光设立几个军事绥靖和政治教化的临时据点。

行台设于何处大有讲究。

从地理位置来看,厦门岛位于九龙江出海口西边,与漳州平原东部海滨只有一海之隔。如果风平浪静,从漳州平原东部尽头海滨乘船到厦门岛并不费事。赶上涨潮,船可以从筼筜港直达小岛的中心地带。民国之前的厦门岛曾长期属于泉州府同安县,但在陈元光时期,不但没有同安县,连同安县的前身大同场也是百年之后的唐贞元十九年(803)才设置。在制海能力极为薄弱的唐代,古厦门岛管辖权属于近邻漳州的可能性远远大于治所在今福州的泉州。因此,古厦门岛作为漳州的"四境"之一,富于冒险精神的陈元光应该很乐意设行台于其上。

再从军事角度考察,陈元光虽平定了"蛮獠啸乱",但"蛮獠"并未被全部降服,其中的部分人或躲进深山,或潜入海上,故闽南历史上有"山畲水疍""上山为畲,下海为疍"的说法,意思是择山区而居的后来演化成畲族,择水上而栖的后来演化成以船为家的疍民。因此,陈元光的防务范围"南接岛峙"并非随意之说,而是确有所指。

位于漳、泉之间的厦门岛自古以来就被称为"雄视漳泉",不仅是同安的"门户之防",而且是"漳郡之咽喉",在这样的地方布兵设防,完全是合情合理的。"城"的现代词义作都邑、城防之类解释。但在唐代,要塞、设守之处都可以称为"城"。《新唐书·兵志》载道:"唐初,兵之戍边者,大曰军,小曰守捉、曰城、曰镇。"依照历史记载,陈元光的部属原先主要集结在闽粤边界一带,大规模的作战结束之后,特别是漳州设立之后,陆续分散到各地执行防务。被派驻古厦门岛的将士初来乍到,新接触海岛环境,将戍守之处称为"新城",也在情理之中。身为漳州刺史的陈元光将其部将戍守的新城称为"漳州新城",更是理所当然。历史上,在军事防务方面,厦门岛与漳州有着极深的渊源。明万历二十年(1592)福建南路参将从漳州移驻嘉禾屿(时称中左所),负责祥芝以南至诏安海域的防务。民国时期,这一海域的防务很长一段时间由驻厦门岛的海军漳厦警备司令部负责。

实际上,陈元光的《漳州新城秋宴》已经包含不少有相当价值的信息。从诗作的景物描写来看,这处行台与古厦门岛的特点有多处暗合:诗作中描写这一行台"地险"即地势险要。在古代兵家眼中,像古厦门岛这样的岛屿四面临水,设有紧急情况,无从退避,亦无从增援,被视为险地。此为契合一。诗作中还有"鸿飞青嶂杳,鹭点碧波真""东涌沧溟玉,西呈翠巘珍""画船拖素练""鲛绡席未尘"等诗句,均有显著的岛屿特色,此为契合二。其中的"鹭点碧波真"与厦门岛别称鹭岛、厦鼓海域别称鹭江有异曲同工之妙,此为契合三。诗中关于行台所在地地形特征的描述与厦门西港、漳州平原东部海滨的地理状况高度吻合。陈元光从位于今云霄的州衙门所在地策马扬鞭,来到东部海滨今嵩屿一带,此时,东面是

15

碧海苍苍的鹭江，西面是漳州平原滨海物产丰富的文圃山、鸿渐山，陈元光遂写下"东涌沧溟玉，西呈翠巇珍"的诗句，此为契合四。诗作的标题则径直点明这处行台被称为"新城"。而据1973年泉州石井出土的《唐许氏故陈夫人墓志》所载"新城"推算，古厦门岛在唐天宝末年（755）前后已经被称为新城，距陈元光在唐垂拱四年至唐景云二年间（688—711）作《漳州新城秋宴》的时间相差仅五六十年，陈夫人墓志和陈元光诗作同时出现"新城"，岂止是契合，简直可以称作近乎确凿的证据了。

感谢骁勇战将陈元光用唐初十分流行的五言排律对此次出巡做了相当具体的描述，使我们诵读他的诗歌时得到一种恭逢盛会的体验。

秋天是福建东南沿海最好的季节。惊心动魄的台风季基本上已经过去，虽然深秋时节的风霜天还会看到晶莹剔透的霜花，但从大陆深处南下的北风严寒还来不及渗透到温暖的海滨。陈元光出巡的主要目的是视察防务，但在很大的程度上也有慰问三军将士的成分。

盛唐出征的军队一般都配有随军的乐舞队。所以我们在这一时期的戍边诗歌中会读到"葡萄美酒夜光杯，欲饮琵琶马上催。醉卧沙场君莫笑，古来征战几人回"之类的句子。陈元光的军队也不例外，出巡的队伍中有一支出色的乐舞队。

出巡的一个重要环节是宴请戍守行台的将士。乐舞队列队迎候赴宴的将领。但陈元光素来以治军严厉著称，赴宴的将领面对眉目传情的美女，还是表现出一副廉正清白的神情。

主、宾在铺设有薄纱巾的酒桌前就座，酒杯中斟满琥珀色的佳酿。在酒宴进行的过程中，始终贯穿着乐舞队的表演。乐师美妙的箫声，使人想起秦朝用吹箫引来凤凰的萧史；乐队精湛的演奏，堪比能通过音乐使大地回春、充满生机的齐国乐师邹衍；歌女缥缈的歌声婉转入云；舞女婆娑的舞姿出神入化。这场伴随着音乐、舞蹈的宴会确实令人如痴如醉。

陈元光治理漳州，始终坚持把武装镇压同"设神礼以景俗，敷文化以柔远"结合起来，德威并举，坚信中原深厚优越的文化一定可以感化那些尚处于刀耕火种阶段的"顽民"。宴会期间，陈元光不时提起那些藏匿在深山荒岛的"蛮獠"，将他们比喻成深藏在幽暗之处的水神百怪。他相信，那些水神百怪如果有机会观赏到乐舞队美妙的演出，一定会为自己闭塞枯燥的精神生活感到懊恼万分。

陈元光没有为他的诗作留下写作日期。可以确定的是，《漳州新城秋宴》作于朝廷批准设立漳州至陈元光讨伐潮州贼寇战死沙场之间，也就是唐垂拱四年（688）至唐景云二年（711），这也应是古厦门岛被命名为新城的时间。

从目前掌握的材料看，《漳州新城秋宴》是厦门历史上第一部文学作品，也是已知厦门岛被冠名"新城"最早的文字记录，有了第一个名字的厦门岛从此名正言顺起来。陈元光据此被称为"开厦门的第一人"，也并非没有道理。一地的文化事业之始出自驰骋沙场的武将，这使得厦门文化从一开始就显现出奇异的色彩。

南陈北薛

没有文字记录的历史都是东拼西凑的传说,当不得真。在《漳州新城秋宴》一诗发现之前,已知厦门最早的名称叫嘉禾屿、嘉禾里,得名于8世纪中叶。现在用史学大家陈寅恪先生推崇的"以诗证史"法进行审视,厦门的文明史向前推进了差不多半个世纪,厦门人也不用自叹"宋以上无可考"了。遗憾的是,诗句太简约,从中找不到新城设立初期,除了陈元光之外,还有哪些有名有姓的将士、家眷到过这座小岛。

据学者考证,陈政、陈元光率兵入闽是一次具有移民性质的进军,不仅陈氏兄弟奉母入闽,所率军校58姓也大多携带家眷一道南下。他们且守且耕,开拓山林,营农积粟。随之,一个个新的屯营和村落在闽南各地兴起。后来明代实行的军事卫所制与此颇为类似,一个卫所最终壮大为一个村庄。陈元光许多部将的行述逐步被发掘出来,成为人们津津乐道的历史话题,比如陈元光首将、泉潮团练副使许天正的后裔主要居住于漳州诏安、南靖、海澄等地,府兵校尉卢如金的后裔主要居住于漳州云霄、长泰、天宝等地,军营祭酒林孔著的后裔主要居住于天宝路边、过塘等地……但我们至今尚无法知道当年戍守新城的有哪一些战将,他们姓啥名谁,来自北方何处。也许,新城这个偏僻的戍守点不需要有名的猛士战将前来把守;也许,因为局势的迅速稳定使得新城这座行台早早被撤除,以致有关的人事未能在历史上留下痕迹。

罢了,罢了,凭君莫话封侯事,一将功成万骨枯!

抛开不落实锤的玄虚推测,我们看到,小岛"新城"继陈元光之后,终于迎来了另一个大名鼎鼎的人物——福建长溪县(今福安)人薛令之。

唐神龙二年(706)登科的薛令之,是福建有史以来第一个进士,官至左补阙。闽南第一个进士欧阳詹要到792年才高中,两者相距86年,近一个世纪了。唐开元二十六年(738),薛令之与日后写出"少小离家老大回,乡音无改鬓毛衰。儿童相见不相识,笑问客从何处来"等诗句的状元诗人贺知章一起调任太子侍读,在东宫陪李玙(后改名李亨)读书。

当时,朝廷内斗惨烈。开创了开元盛世的唐玄宗李隆基居然被大奸臣李林甫挑唆,将太子李瑛、鄂王李瑶、光王李琚三个儿子废为庶人,随即赐死。此后,李林甫多次劝说唐玄宗立寿王李瑁为太子,但唐玄宗和高力士却属意于忠王李玙,认为忠王仁孝恭谨、勤奋好学,于是新立忠王李玙为太子。导致唐朝由盛转衰的宰相李林甫极不喜欢李玙并冷落刁难东宫。

陪太子读书的薛令之身居东宫,对此非常愤慨,一次借玄宗命吟《屈轶草》(传说中能指示奸佞的一种仙草)之机,痛斥李林甫等群奸擅权误国,引来李林甫的极度怨恨。现在看到唐玄宗被奸臣蒙蔽,接连处死几个皇子,新立的太子也危在旦夕,薛令之觉得这不是国家的好兆头,应该提醒一下皇上,于是写了一首诗呈唐玄宗(另一说是题于东宫墙上)。诗云:

朝日上团团,照见先生盘。

盘中何所有，苜蓿长阑干。

饭涩匙难绾，羹稀箸易宽。

只可谋朝夕，何由保岁寒？

表面上看，诗是抱怨宫中生活待遇太差，一天到晚吃黄花菜。实际上，薛令之是在暗示唐玄宗：太子的老师伙食这么差，可见东宫何等寥落。

在位后期怠慢朝政、宠信奸臣、宠爱杨贵妃的唐玄宗浑然不知薛令之诗中的讽谏之意，竟然批了"听自安者"四个字，还回了一首诗（另一说唐玄宗来东宫看望太子，见到墙上诗，"以为讽上"，遂援笔题其旁）：

啄木嘴距长，凤凰羽毛短。

若嫌松桂寒，任逐桑榆暖。

唐玄宗错认为薛令之不珍惜太子侍读的职位，很不高兴，告诉他如嫌待遇不好可以请便。薛令之想到宫中奸臣当道，危机四伏，继续这样下去难以自保，便"谢病东归"，辞官回到老家宁德长溪石矶津。为了避祸，不久又携族人悄悄迁居到当时被称为"新城"的古厦门岛。

薛令之避世登岛之时，陈元光的文治武功已初见成效，漳州平原局势基本稳定，九龙江流域的开发有了一定规模，岛上也应该已经有了军人之外的常住人口。陈家子弟兵于唐总章二年（669）入闽，到垂拱四年（688）正式设漳州，时间长达19年；如果延续到陈元光战死的唐景云二年（711），则长达42年；如果再延续到唐开元年间，更是长达半个世纪以上。数十年间因年老或因伤、因病离开军队的肯定为数不少，新城的农耕条件虽然不甚理想，但对于长期在战场上冲锋厮杀的老兵们显然是颇具吸引力的。远在数百里之外的长溪石矶津的薛令之能够选择新城作为避世藏身之处，说明当时的小岛已经有了一定的知名度。

福建第一个因诗赋写得好而登第的进士、在皇宫里为太子教书的饱学之士竟然出现在退伍老兵聚居的荒岛上！可以想见，薛令之的到来对于孤悬在东海之滨的弹丸小岛而言，不啻是形同刮起一场席卷全岛的飓风。

中国古代传统文化的核心离不开"耕读"二字。中国有贴门联的习俗。到古民居去参观，最常见的门联不外是"一等人忠臣孝子，两件事耕田读书""诗书继世，耕读传家"之类，从中不难看出耕田、读书这两件事在中国古代社会中的重要地位。如果说，陈元光的退伍老兵在新城进行的耕作开启了古厦门岛农耕经济的帷幕，薛令之的到来则标志着中国传统文明的两大核心之一——"读书"开始进入岛民狭窄的视野之中。

薛令之择居古厦门岛中部一座低丘坐南朝北的坡面。这座低丘海拔还不到70米，山脚下是一片相对平坦的红土台地，北边和西边各有一条小溪分别向北、向西流入大海。这座低丘后来被称为薛岭。

清乾隆《同安县志》载：薛令之曾在县东三里官道北侧修建东岳行宫即东岳庙。《福建文献》杂志上曾有人撰文称："厦门薛岭亦名廉乡，相传为唐肃宗所赐封号者也；又有廉溪，相传即今之后溪也，源出西孤岭，经金榜山后，注筼筜湾而入海。"这种说法的真实性有待考证。

薛令之逝世于唐肃宗李亨灵武即位的同一年即唐至德元年（756）。唐肃宗李亨是第一个在京师以外登基再进入长安的唐朝皇帝，当肃宗回到京城后思及师生情谊，派人到福建寻访无果。那个时候，薛令之已远遁古厦门岛，交通不便，消息闭塞，找不到是正常的。有史料说唐肃宗想到薛令之一生清贫，很是感慨，"敕命其乡曰'廉村'，溪曰'廉溪'，岭曰'廉岭'"。这比《福建文献》杂志那篇文章的说法更接近真相。

薛令之的墓在厦门岛，历史上便是有名的古墓。清乾隆《同安县志》载："唐侍御薛令之墓在厦岛下张社前"，即今湖里区禾山街道下忠社区境

林后薛家宗祠（《厦门市湖里区志》）

域。1997年底，由于国家建设需要，该墓进行保护性迁移，文物管理部门同时对该墓情况进行考察。该墓墓室距地表约1米，墓室中出土29件随葬品，其中十二生肖俑和男女侍俑14件、银碗和银盏各1件、方形铜镜和圆柱体铜器柄各1件、铁器1件、瓷罐3件、箕形石砚1件。这些器物与薛令之宫廷六品小文官的身份相当贴切。墓中出土6枚开元通宝。这是该墓葬为薛令之墓的有力证据。因为从唐至德元年（756）至唐末，唐朝廷铸造、流通的钱币有开元通宝、乾元重宝、重轮乾元钱、大历通宝、建中通宝、会昌开元等多种钱币，如果厦门"薛令之墓"的年代在至德元年之后，墓中就不会仅有开元通宝一种钱币。该墓葬盛唐与晚唐风格混杂，应是盛唐与晚唐的转折期。根据《中国通史纲要》，"安史之乱"的发生标志着唐朝由盛转衰，进入唐代后期。"安史之乱"发生于天宝年间。而薛令之在唐开元末年弃官回乡，后从长溪（今福安）迁居厦门，在厦门活动的时间在开元末至天宝年间,与墓葬风格的年代相符。

据称今宁德福安溪潭镇溪北村也有一座"薛令之墓",现场考察后方知,溪北村"薛令之墓"实际上仅有一块墓碑,上书"有唐补阙薛公之墓",据传为宋嘉定十三年(1220)所立。除了墓碑之外,没有封土堆、墓围和其他可以说明是墓葬的迹象。据当地群众反映,曾有不法分子盗挖该墓,发现墓碑的地下并无墓室。据《福安县志》记载,"宋嘉祐八年(1063)知长溪县周尹为建亭立碑"。可见,该墓从建立时起就仅有墓碑、亭子。后因岁月变迁,亭子坍废,只留下一块墓碑。

福安的墓碑上书"补阙",并非薛令之的最高官衔。薛令之任过左补阙,为从七品上的官员。而唐开元二十六年(738),薛令之官迁太子侍读,为从六品上的官员。侍御既是一种官名,又泛指侍奉君主的人,是侍读的雅称。称薛令之为"侍御",比称为"补阙"更贴近薛令之的身份。据此亦可证明,厦门"薛令之墓"的可信性是相当高的。

薛令之素来被称为厦门岛"南陈北薛"的"北薛"。后有人提出"北薛"为薛令之的裔孙,这是毫无道理的,"南陈北薛"为厦门岛早期开发的代表人物,连生活年代、姓名都说不清楚,只能用"裔孙"二字代替的无名人士怎么有这种资格?清代又冒出"北薛"为薛令之裔孙、龙溪尉薛沙的说法,但这个"薛令之裔孙",还是说不清辈分,而且福安的薛氏族谱和《龙溪县志》也找不到关于薛沙的记录,可见此说缺乏史料支撑。

薛令之为进士出身、太子侍读,宋熙宁年间(1068—1077)任同安县县尉的张翥在《嘉禾风物咏》中用"桃李薛公园"来描述薛令之,可见薛令之在古厦门岛教书育人的影响流传之久远,其作为"北薛"的身份和贡献均有充分的史料依据。

薛令之的后裔薛舜俞、薛舜庸、薛梦纯在厦门岛宋代六进士中占据了半壁江山,足见基因遗传的强大。厦门薛姓后来迁居厦门岛北部庵兜、林后等社，并播迁金门、台湾、香港以及菲律宾、马来西亚等地。

搞清楚了"北薛"，我们再来说说"南陈"。

前面说过，1973年，在泉州石井发现一座唐墓，出土一块墓志铭，这块墓志铭长54厘米，宽41.5厘米，厚4.5厘米，顶部用篆体横书"唐许氏故陈夫人墓志"，正文为楷体竖排，字迹清晰可辨。这方墓志铭为厦门岛早期开发历史提供了极为重要的信息。

唐许氏故陈夫人墓志（横额）
唐故颍川陈夫人墓志（竖题）
夫给事郎前行泉州参军许元蔺撰（竖题）

室人其先颍川人也，汉丞相平之后。高祖□任福州长乐县令，秩满，家于福唐，亦长乐之邻邑也。曾祖僖，爱仁好义，博施虚襟，俊乂归之，鳞萃辐辏，故门有敢死之士，遂为闽之豪族。时闽侯有问鼎之意，欲引为谋。乃刳舟剡楫，罄家浮海，宵遁于清源之南界，海之中洲曰新城，即今之嘉禾里是也。屹然云岫，四向沧波，非利涉之舟，人所罕到。于是度地形势，察物优宜，曰可以永世避时，贻厥孙谋。发川为田，垦原为园，郡给券焉。家丰业厚，又为清源之最。终身不仕，以遂高志。祖仲禹，幼资经术，弱冠游于京师，既而授广州番禺县丞。伯元通，任歙州婺源县令。父元达，任虔州虔化县丞。夫人幼独承颜，终鲜兄弟，闺仪壸则，有若生知，宛顺柔和，实资天性。年十七，归嫔于我，韵谐琴瑟，气合芝兰，誓愿同心，始终偕老。何图产后六日，痢疾所婴，时大中十一年龙集丁丑八月十四日，终于晋江县南俊坊之私第，春秋廿三。有子二人，长曰骥儿，方兹六岁，次曰小骥，生未浃旬，而夫人谢世。呜呼！日月逝矣，窀穸有期。丹旐启途，青乌用事。以其年十月十三日丁丑，窆于晋江县鸾歌里石井村张境之东原。礼也，古者墓有志，志有铭。志，记也。铭，名也。惧陵谷之迁变，所以记其墓焉。铭曰：坤向山，巽流水。申未朝，寅卯起。哀哉！室人葬于此。惟我室人，秾华桃李。惟其令德，采蘋于沚。天与淑姿，不与年祀。十七归我，九族咸美。廿三亡□，谁不痛矣。况仆之哀，岂易言耳。呜呼！予百年之后兮，亦当归祔于此。

根据墓志铭的记载，墓主人姓陈，系给事郎、泉州府参军许元蔺的夫人，逝世于唐大中十一年（857）。其高祖为长乐县令，秩满后迁居福唐（今福建福清）。其曾祖名陈僖，喜欢结交豪杰，故"门有敢死之士"，为"闽中豪族"。当时的闽侯有"问鼎之意，欲引为谋"。这里的"问鼎"意思很明确，就是图谋夺取政权。陈僖不愿意参与其事，便暗中建造船只，率领全家"宵遁于清源之南界，海之中洲曰新城，即今之嘉禾里也"。这方墓志铭告诉我们：陈僖率家族登陆古厦门岛时，这座小岛被称为新城。正是有了这方墓志铭，厦门地方史学者推断：陈元光撰写的《漳州新城秋宴》中的新城确实就是古厦门岛。

根据这块墓志铭提供的时间表，许氏故陈夫人逝世于唐大中十一年（857），陈夫人上溯至陈僖共有四代，以一代为25—30年计算，陈僖家族进入厦门岛的时间当在唐开元中至天宝末年（726—756）。墓志铭中所说当时"闽侯有问鼎之意"的情况也符合开元中至天宝末年唐王朝动乱四起的局势。

同薛令之避世新城一样，陈僖家族选择新城作为"永世避时"之处，足以证明当时的新城适合隐居。经过守军多年开发，岛上初步具备了生产生活环境，但囿于当时的航海条件，小岛还是"屹然云岫，四向沧波，非利涉之舟，人所罕到"。陈僖家族登岛之后，"度地形势，察物优宜，……发川为田，垦原为园，郡给券焉。家业丰厚，又为清源之最"。也就是说，陈僖家族登陆新城后，在岛上进行了较大规模的开发，并获得朝廷颁发的土地证书，成为清源郡的富豪。

根据唐初奖励垦荒的规定，垦荒初期免交税赋，若干年后向官府登记并缴纳一定数量的田租，该地便成为开垦者的永久财产。这就是墓志中所说的"郡给券焉"的意思，"券"即地券、地契。这个给陈僖家族发放地券的"郡"是什么郡呢？该墓志称陈僖家族"家丰业厚，又为清源之最"，可见为清源郡。清源郡即闽南的泉州，设立于唐景云二年（711），唐天宝元年（742）至唐至德二年（757）改称清源郡，隶属岭南道。陈僖家族到清源郡登记土地，证明当时的新城已经划归清源郡。

陈僖家族为什么会到清源郡去登记土地呢？一个原因应该是设立清源郡时与漳州商定了分界线；另一个原因是当时漳州与潮州之间尚有"蛮獠"侵扰，而清源郡背后的腹地早已被汉人掌控，相对比较安全；还有一个原因是陈氏家族与泉州府官员素有交往，陈氏迁厦门岛始祖陈僖的父亲就是泉州（治所在今福州）所辖长乐县县令，陈家长期与泉州官府交往密切，这一点从陈夫人的丈夫是泉州府参军可以得到佐证，衙中有人好办事，所以到清源郡即泉州登记。

在唐初，新城的"城"是规模较小的设守之处的称呼。因此，按照情理，陈僖家族到清源郡登记土地的时候，新城这一名称应该被弃用，改用新的名称。根据《唐许氏故陈夫人墓志》记载以及目前所知，这个新的名称为嘉禾里。此后，人们也用嘉禾屿来称呼这个小岛。里，是唐代民间最低一层的社会组织机构的称呼。《旧唐书·食货志》称："百户为里，五里为乡。"可见古厦门岛当时的人口规模极其有限。至于取名嘉禾，传统的说法是，在农耕经济时代，稻子即禾为主要作物，"一茎多穗，视为嘉禾"，表现了先民对丰收的渴望与追求。另据考证，嘉禾者，周公所作篇名，取"禾各生一垄而合为一穗。异亩同颖，天下和同"之意，借以表达唐初时人期盼汉人与土著消除纷争、和同共济的愿望。从新城到嘉禾里，说明古厦门岛已经完成从戍守之地向农耕岛屿的过渡。

陈夫人墓志所说的清源郡就是闽南的泉州。泉州之称始见于隋开皇九年（589），但当时的治所在今福州。唐景云二年（711）始在闽南晋江之北设立泉州治所，这就是闽南泉州之始。唐天宝元年（742），闽南泉州改称清源郡，唐乾元元年（758）又复名泉州。从742年到757年，清源郡只存在16年，这是古厦门岛脱离漳州管辖、改属清源郡的时间段，也是厦门岛得名嘉禾里的时间段。

陈僖家族登岛初期落脚在今五通霞边海滨，被称为陈寮。寮，用树干、茅草等物草草搭成的棚屋，从中不难体验到陈家斩茅为屋、筚路蓝缕的创业艰辛。后人散居后埔、浦园、马垅等地，不少后裔播迁海外。

《唐许氏故陈夫人墓志》为解答"南陈"谜团提供了确凿的史料依据。这方墓志铭揭示：陈僖率家族登陆厦门的时间正好与薛令之隐居厦门岛的时间相吻合，在之后的数十年间，陈僖率领家族"度地形势，察物优宜"，"发川为田，垦原为园"，"家丰业厚"成为"清源之最"，这种有计划的、大规模的成功开发，其贡献和影响在当时没有人可以比拟。

这方墓志铭同时告诉我们，陈僖虽"终身不仕"，但他的父亲曾任长乐县令，他的儿子、孙子辈及其外戚中多人为朝廷官员，当时的陈氏家族社会政治地位应该比较高。这也同张燮所描述的"衣冠陈氏族"相符。

可以肯定地说，如果单从时间先后来考察，陈僖不是最早入岛的先民。但从"人物"的角度看，陈僖确实是使中原传统的农耕文明在岛上蔚成风气的关键人物。厦门岛早期开发的代表人物之一"南陈"就是陈僖。

陈僖公祠（《厦门市湖里区志》）

这让知情人想起湖里区后坑后院埔原有"陈喜墓"，墓区范围内立有三方墓碑，碑文分别为"大唐赐进士出身陈公封茔"，"福唐令陈公茔"和"唐上柱国陈公茔"。2007年因为建设需要，对该墓区进行保护性发掘，发现原先传说中的"陈喜墓"一为陈僖之孙陈元通墓，一为陈僖之孙媳妇汪夫人墓。陈元通和汪夫人的墓葬均出土有墓志铭，墓志铭中有许多记载成为《唐许氏故陈夫人墓志》的佐证，陈喜、陈僖被确认为同一个人。2009年，陈僖后裔在石头皮山建成陈僖公祠暨陈氏祖祠，成为海峡两岸许多陈氏宗亲寻根祭祖的重要活动场所。

唐上元元年（760），泉州改隶江南东道。此后，闽南的开发取得长足进展，人口逐渐增多。唐贞元十九年（803）从南安县西南析出四个乡，设立准县级的大同场。这个大同场设永丰、明盛、绥德、武德四乡，后又改武德乡为武德场、长泰县。嘉禾里为泉州府南安县大同场绥德乡所管辖的一个里。

隐者之岛

尽管唐贞元十九年（803）设立了大同场，但仍不宜对唐代泉州南部的发展过于乐观，不宜对唐代嘉禾屿的文明发展过高估计。直至唐代末年，泉州下辖南安、莆田、仙游、晋江四县，共有23806户、丁口160295，属于地广人稀的区域。当然，历代福建地方典籍中所记载的"民户""丁口"指的都是南迁的汉人。先民创业开疆的最佳选择还是平坦肥沃的莆仙平原和泉州平原，一般不会选择嘉禾屿这样的岛屿。即便是家族庞大、生存能力较强的陈僖家族，也不是所有人都愿意安居嘉禾屿的。

陈僖把自己和自己的家族放逐到新城，不是生活方式的选择，而是因为不愿意掺和当时福建地方势力的割据活动所采取的应变对策。因此，随着局势的演变，陈僖的下一代又恢复了对正常生活的追求。但当时的嘉禾屿，只是福州都督府下辖一个僻远小县南安海滨的小岛，尽管有了薛令之，但还是游离于官方正统的府、县科举教育中心之外。据《唐许氏故陈夫人墓志》载，陈僖的儿子陈仲禹成人后不得不远赴京师长安游学，后被派往离长安数千里之外的广州番禺县任县丞之职，为八品小官。据2005年在厦门禾山下坑保护性发掘出土的陈元通墓志所载，陈仲禹的长子陈元通也到过京师求学，三次参加朝廷选拔考试未中，以"常调"

的身份先后在余干、南昌任县尉，官居九品之末，奋斗多年才升迁婺源县令。陈仲禹的次子陈元达任虔州虔化县丞，官居八品。陈元达的独女则远嫁晋江，其夫家为泉州府录事参军，亦为八品小官。尽管陈家出仕的子弟居官最高的不过七品，但还是享有"衣冠陈氏族"的声誉，可见唐代嘉禾屿人文的薄弱。

与陈元通、陈元达同一时期的嘉禾屿人物还有陈黯。陈黯，字希儒，主要活动时间在唐会昌五年（845）至唐咸通六年（865）期间。陈黯自小以诗文闻名郡里。13岁时，携自创诗作前往拜见泉州刺史。其诗作首篇为《咏河阳花》。刚好当时陈黯脸上长了青春痘，刺史笑曰："藻才而花貌，胡不咏歌？"意即：富有才华而脸上痘痘如花，能作首诗吗？陈黯脱口而出：

玳瑁应难比，斑犀定不加。
天嫌未端正，满面与妆花。

诗意很清晰：我的相貌即便是玳瑁、斑犀之类的珍品也无法媲美。只是上天嫌我长得还不够端正，用花为我装扮。据说，17岁那年，陈黯又作了一篇题为《苏武谒汉武帝陵庙赋》的词赋，博得行家赞许。虽然才华出众，但陈黯多次参加科考都名落孙山，遂到嘉禾屿隐居不出，自称场老，即老死考场之意。

陈黯隐居之处巨石嶙峋，因岩石中富含铁元素而呈金黄色，因而被称为金榜山。又因陈场老在此隐居，也称场老山。今为金榜山公园，尚存陈黯隐居时所用石室，其他所谓钓矶等"遗迹"均不靠谱。

薛令之、陈僖选择古厦门岛隐居100多年之后，陈黯仍然选择这座岛屿作为隐居处所，可见小岛尽管已经演变为新城，又从新城进化为嘉禾屿，但这座岛屿还是被视为远离繁华的冷僻之境。

唐光启元年（885），河南寿州人王潮、王审知、王审邽三兄弟随王绪入闽。因王绪为人残暴，队伍抵达南安竹林时（今厦门市同安区）发生兵变。王审知被推为首领取代王绪，但他将首领位置让与兄长王潮。王潮、王审知率领将士北上。队伍驻扎沙县休整时，泉州人张延鲁率长老奉牛酒赶到，向王潮、王审知痛诉泉州刺史廖彦若贪婪残暴、戕害百姓的暴行，恳求出兵征讨廖彦若。唐光启二年（886）八月，王潮兄弟引兵南下，杀廖彦若，夺取泉州，后于唐乾宁四年至五代十国时期的后唐同光三年（897—925）主政福建。为了在经济、技术、文化等方面保持与中原的联系，王审知制定"宁做开门节度使，不做闭门天子"的方略，与北方的唐、后梁、后唐等王朝保持良好关系，先后被封为琅琊王、闽王。王审知在福建实行保境安民、发展经济、注重教育的政策，成就了福建发展史上又一个繁荣时期。王审知先后任命王审邽、王延彬父子为泉州刺史，治理泉州时间长达28年。王审邽在泉州招徕流民，鼓励垦荒，发展生产；还在南安设立招贤院，派儿子王延彬掌管，广泛接纳中原文人士子。李洵、韩偓、王涤、崔道融、王标、夏侯淑、王拯等一大批文士到泉州投奔王氏兄弟，传播中原文化，使泉州文化教育事业得到快速提升。其中韩偓是福建被选入《唐诗三百首》的唯一一个诗人，弘一法师后来倡议为他立传。

王延彬继王审邽之后任泉州刺史16年。他在任期间，鼓励百姓与海外诸国互通有无，大力发展海上贸易，为泉州后来成为海上丝绸之路的起点奠定了良好的基础，王延彬因此被称为"招宝侍郎"。

王审知在同安留下了深刻的烙印。同安北辰山建有广利庙，供奉闽王王审知。"广利"原是南海海神祝融的封号。陈嘉庚家乡集美大社陈姓自称祖先随王审知入闽，每年正月十五举行闽王祭典，此风或已持续千余年。

没有资料说明王审知时期嘉禾屿的经济、社会发展状况。据《普陀寺僧谱》记载：五代时期，僧清浩在五老山下创建一家寺院，称为泗洲院，后改名普照院、普照寺，即今之南普陀寺的前身。南普陀寺的大雄宝殿有一副对联："经始溯唐朝与开元而并古，普光被厦岛对太武以增辉。"联中"唐朝"应该就是五代时期的后唐、南唐；"开元"指泉州开元寺，创建于唐垂拱二年(686)，初名莲花道场，开元二十六年(738)更名为开元寺。"与开元而并古"应该是笼统而言，嘉禾屿的开发不能与泉州同期而论。尽管迟至五代时期才建寺庙，但寺院的创立足以说明：此时嘉禾屿的经济已得到一定程度的发展，具备了创建寺院、供养僧侣的余力。

后唐长兴四年（933）二月，王审知的次子王延钧宣布建立闽国，他自己为第一任闽国皇帝，年号龙启，升大同场为同安县，下辖永丰、明盛、绥德3乡30里，后并为27里，又并为11里，古厦门岛嘉禾里一直是同安县绥德乡下辖的一个里。

据有今福建省之地的闽国是"五代十国"的十国之一，不强大也不显眼，在夹缝中挣扎着生存了12年，至南唐保大三年（945）被灭。泉州属地先后由南唐敕封的留从效、陈洪进掌管，留从效治泉期间，在同安县治之东的东溪上修了一座东桥，因民间称留从效为太师，故东桥又名太师桥。这是同安县治所在地第一座桥梁，也是留从效留给同安的唯一遗产。

嘉禾屿就没有这么幸运了。尽管主管的上司衙门已由南安县大同场升为同安县，但这座岛屿还是没引起地方官员们的注意。自陈元光巡视新城、设宴慰问守岛将士之后，直至宋太平兴国三年（978）成为宋朝领地，没有留下哪一位地方官员驾临嘉禾屿的记载，足见小岛地位之卑微。

卑微的小岛只适合隐者生存。

隐者多贤士。小岛在收留薛令之、陈僖、陈黯等众多的隐者之时，不知不觉间已经培育出"能容"的文化基因。不管是避世的豪杰，还是落难的官员，不管是落拓的书生，还是看破红尘的释氏，都能在小岛上找到落脚之处，都是小岛的主人。"能容"成为小岛本色文化中最重要的成分。

XIAMEN
THE BIOGRAPHY

厦门 传

第二章 人文初兴

金榜题名

厦门岛的历史，进入宋代才像点样子。

五代十国时期，南唐是十国中版图最大的政权，"五代领域，无盛于此者"。王审知之后的福建归了它，倒是一件好事。在闽国灭亡前后的福建动乱中，出身本地寒门的留从效相继夺取泉、漳二州，成为当时闽南地区的最高统治者，正是他被南唐封为清源军节度使。南唐用留从效管治闽南地区，虽属无奈，但效果很好。他主政泉州、漳州十多年，采取息兵安民、勤俭养民、保守疆土的政策，凡不利于民者皆除去，故民情朴实，风俗淳厚。当时泉州、漳州地广人稀，他令士兵垦田，收游民耕地，围垦海滩，疏浚和增建水利工程，故"仓满岁丰"。手工业，特别是与海外贸易有关的陶瓷业、冶炼业、丝织业等，均得到较大的发展。他蠲除苛捐杂税，使民众得以自由交换买卖，做到货物充足，市无二价。当时的泉州城商业繁荣，号称"云屋万家，楼雉数里"。

留从效对海上丝绸之路开拓发展的贡献更可大书一笔。唐代，泉州港成为中国对外贸易的四大港口之一，是海上丝绸之路的一个重要起点，留从效"教民间开通衢，构云屋"（即开拓大道，建造货栈），以"招徕海上蛮夷商贾"，出现"涨潮声中万国商"的辉煌景象。当时来到泉州的外国人有使臣、商人和传教士，带来大量香料，因此海上丝绸之路也被称为"海上香料之路"。据《宋史漳泉留氏》记载，后周显德六年（959），留从效"遣别驾黄禹锡间道奉表，以獬豸通犀带、龙脑香数十斤为贡，世宗锡诏书嘉纳之"。《清源留氏族谱》收录了周世宗颁给留从效的敕书："所进白龙脑香一千斤，犀獬通腰带一条，事具悉。卿化行一境，名慑群雄。属华夷无外之期，见四海朝宗之意，……驰单使以爰来，奉名香而作贡。"依族谱所记，留从效进贡的龙脑香为一千斤而非史书记载的数十斤，由此亦可见当时泉州港进口香料数量之多。

北宋建隆三年（962）三月，留从效病逝，其子留绍镃袭称留后；四月，泉州部将陈洪进以留绍镃勾结吴越，解送其家族至金陵，推举张汉思为清源留后；乾德元年（963）四月，泉州副使陈洪进废张汉思，自称留后。留后是唐代节度使、观察使缺位时设置的代理职称，等待朝廷正式任命。李煜不得不以陈洪进为节度使，以维持泉、漳二州对南唐的隶属关系。值得庆幸的是，归属南唐之后，闽南地区统治权更迭相对平稳，在全国性的战乱中独得繁荣和发展，直接管辖古厦门岛的同安县县令陈洪济还创办了县学，县内科举教育开始步入正规的渠道。

后周显德七年（960），赵匡胤陈桥兵变"黄袍加身"，兵不血刃建立了宋朝。宋开宝八年（975），宋兵攻占金陵，李煜奉表出降，南唐灭亡。

学界普遍认为，享国319年的宋朝（包括北宋与南宋），是中国历史上商品经济、文化教育、科学创新高度繁荣的时代。同安县的情况也与这个大势基本相合。当时，县按所辖民户多少分为上、中、下县，分别设官。同安在宋朝为中县，设知县一，县丞、主簿、尉各一。几任知县都重文教：宋太祖建隆二年（961），知县林滂将县学从县南登龙坊迁入西北隅两科太守坊；宋真宗大中祥符九年（1016），知县张师颜请建于县东南旧巡检廨地；宋治平四年（1067），宣德郎林渎出任同安知县，上任第二年（1068）便新建县学，并为县学添置了一批书籍。据信这是迄今为止厦门市境内有文可稽最早的图书收藏。

时称嘉禾屿的古厦门岛虽然孤悬同安南部海中，与县治有山海之隔，但毕竟是同安县下属的一个"里"，同安县的点滴进步无疑都会对它产生积极的影响。具有突破意义的标志性事件，发生在北宋第七个皇帝赵顼登基的宋元丰八年（1085），小岛考生林棐高中进士，金榜题名！

这是小岛历史上科考高中的第一个进士，也是北宋167年间小岛登第的唯一一个进士。正所谓万事开头难，岛上隐者陈黯陈场老屡举不第的沉重历史终于翻篇了！

但是，北上科考路远，续写新章不易，岛上第二个进士要到近半个世纪后才产生。

"靖康之变"导致北宋灭亡，同一年（1127），宋徽宗之子康王赵构在南京应天府（今河南商丘）称帝，重建宋朝，是为宋高宗，改元建炎，定都临安（今浙江杭州），政治中心南移，史称南宋。

南宋建都临安，大大缩短了闽省学子赴京赶考的路程，减轻了差旅费负担，全省参考人数和考中进士人数随之增加，嘉禾屿也不例外。宋朝重建才短短5年，即南宋绍兴二年（1132），陈黯后裔陈敦仁便高中进士，授洪州教授，一洗陈黯十八举不第之耻。

但没想到第三个进士又要等半个多世纪，直到南宋绍熙元年（1190），薛令之后裔薛舜俞才又高中进士，授金华知县。此后间隔时间大大缩短：南宋绍熙四年（1193），薛舜俞胞弟薛舜庸考中进士，授古田知县；南宋庆元二年（1196），林梦肃考中进士；南宋绍定五年（1212），薛舜庸之子薛梦纯再登进士榜。

嘉禾里六进士中的林棐、薛舜俞因政绩显著、爱民惠民入祀同安县乡贤祠，历代《同安县志》收有林棐、薛舜俞、薛舜庸的传记。有宋一代，同安全县考中进士47人（清康熙《大同志》记50人），以全县11个"里"的平均数来看，漂浮在蓝波涛上的嘉禾里6位进士的成就显然可以毫无愧色地跻身于同安县文教先进行列了。

　　嘉禾屿的科考成绩来之不易。依照历代科考体制，岛内的读书人须先通过同安县学的考试，成为生员或增补生员，俗称秀才，才能进县学听课以及参加县学举办的课考、月考等；而后参加乡试即省级考试，考中者即为举人，可以参加朝廷举办的三年一次的进士级考试即会试。嘉禾屿孤悬海中，屿内子弟求学平添许多不便。嘉禾屿到同安县城的通道有两条，一条是由屿内最北端的高崎港渡海至集美，再行40里陆路抵达县城；另一条是由屿内东北部海滨的蟹子屿（又称花屿，已连陆，编为花屿路）渡海，进入并流的东西溪的出海口，沿东西溪上溯至县城南门外。因为可以免去40里陆路的跋涉，读书人一般都从蟹子屿渡口搭船进城。虽说可以免除翻山越岭之苦，但帆船时代四五十里的海上颠簸，亦足以令人胆寒。不少读书人不得不投亲靠友，寄籍别县，以完成自己的科举梦。前述宋代嘉禾屿6名进士中，薛舜俞、薛舜庸、薛梦纯为薛令之的后裔，其籍贯没有异议。林棐则不见于地方典籍的选举名录，陈黯后裔陈敦仁被称为惠安人，又作龙溪人，林孟肃被称为晋江人，又作龙溪人。历史记载之所以出现这种偏差，应该和嘉禾屿教育缺失、读书人不得不依托于外地教育机构的状况有关，其状况类似于今天的"高考移民"。由此可以想见当年嘉禾屿上的前辈为着求学，不得不四处奔波、辗转各地的艰辛。

　　现在回过头来看，能称为宋代嘉禾屿人文历史大事件者，除了6人高中进士，还有朱熹大驾登临小岛。

宋绍兴十八年（1148），新婚不久的朱熹入都科举，中王佐榜第五甲第九十名，赐同进士出身。不知是不是南宋进士的含金量低于北宋进士，朱熹直到三年后的绍兴二十一年（1151），才再次入都铨试中等，得授左迪功郎、泉州府同安县主簿。

那个时候由于受通讯、交通等条件的限制，办事效率很低，又过了两年，即宋绍兴二十三年（1153），朱熹终于赴任同安县主簿兼主学事，至绍兴二十七年（1157）离任。这5年是朱熹步入仕途、成为儒学大师的起始阶段。《大同志·名宦列传》这样评价朱熹在同安的事功：

> 朱熹，字仲晦，婺源人，后居闽之崇安。登绍兴戊辰进士第，辛未授同安簿。癸酉秋至同，先生年二十四。莅政勤敏，但赋税出入之簿，逐日点对佥押，以免吏人作弊。苟利于民，虽劳不惮。职兼学事，选邑之秀民充子弟员，访求名士徐应中、王宾辈以为表率。又建经史阁，作教思堂，日与论说圣贤修己治人之道。增修讲问之法，规矩甚严……

朱熹的官风，从他倡建苏公祠的前前后后便能领略一二。县主簿属于低级事务官，正九品，佐知县掌钱粮、户籍诸事。朱熹在做好主责主业的同时，兼及教育与文化建设。他到任后，发现诞生于同安芦山堂的科学家、宰相苏颂仅离世五十二载，却已在故里湮灭无闻。他深感痛心，当下联络乡绅研议，并亲自草拟《乞立苏丞相祠堂申县状》递呈县主要领导。

报告文字不多，但理由充足，很有说服力。知县老爷看来也是个有人文情怀的官员，改坊、造祠两件事都批准了。据说，朱熹主持改名的丞相坊是苏颂在故里同安现存唯一的牌坊，可惜历经风雨沧桑，牌坊早已倒塌，残存的只有主柱和小额坊，还有那棵茂盛的老榕树。

建造祠堂比牌坊改名艰难得多。朱熹做事公开透明,"即事之始"便透过《奉安苏公祠文》广而告之,凝聚社会共识。他心思缜密,严守礼法,亲自监工建成苏公祠后,还举行祭告仪式,宣读亲撰的《奉安苏公祠告先圣文》,向先圣先师报告,然后恭请苏公入祠安栖。朱熹礼数周全,撰《奉安苏公画像》告苏公:

> 惟公始终一节,出入五朝。高风耸乎士林,盛烈铭于勋府。矧兹故邑,实仰余光。怅亲炙之无从,冀瞻依之有地。是用肖德仪于庙院,建遗烈于学宫。营表方将,仪图聿至。式瞻精宇,爰寓神栖。既协吉于灵辰,敢式陈于菲荐。尚飨。

在朱熹亲自主持下,苏公祠落成仪式隆重庄严,知县老爷率班子成员入祠拜谒,学官弟子再拜……事后,朱熹再撰《苏丞相祠记》,述源流,明法度,交代事情经过,号召邑人学习苏公风节。

始建于朱熹之手的苏公祠今存同安孔庙南侧教思堂后,室内墙壁所嵌一方"宋观文殿大学士太子少师进赠司空封魏国公谥正简字子容讳颂苏公神位"碑刻,是厦门目前仅见的祠堂石刻神位碑。

细思朱熹宣扬苏颂的各个环节,无论是改牌坊、建祠堂、写文章,都着眼长远,注重历史价值,一步一个脚印,丝毫没有急功近利的内容。这才能流传留下来,成为历史文化的一部分。

朱熹在同安一边做事,一边研究学问,逃禅入世、皈依儒学,开始形成自己的学术思想,初步构建朱子学的理论架构。他的格物致知的思维方法就是在同安开始形成的。主簿为一县赋税主管,一般庸官都把具体事务交给下属办理,朱熹却十分认真。他不仅过问赋税总收入,还逐日点对账目;追税必先期出榜告示,缴税缘由、对象、例则(即标准)、期限均——事先说明；税赋缴纳多寡与县民生产情况息息相关，朱熹便深入民间村舍，了解民情，帮助农民解决生产过程中遇到的问题。对所接触到的事物追根究底从而获得真知的过程，显然使年轻的朱熹感到心情愉悦。他在《试院即事》和《再至同安寄民舍居》诗中写道："悟物怀真心""体物随所安"，说明此时的朱熹已经认识到：感悟事物之时必须正心诚意，不能有先入之见；体验事物时必须顺从事物自身的规律，不能游离于事物之外。这种境界正是格物致知的思想基础。礼仪是儒学传统理论的重要组成部分。朱熹关于礼仪的思考，在同安任职期间就相当成熟。他不仅上书朝廷请求编修《周礼》《仪礼》和《礼记》，聘请柯国材在县学中讲授《礼记》并为他撰文鼓吹，还撰写了《申严婚礼状》，其内容后来成为《家礼》的组成部分。

朱熹在同安兼管县学。当时的县学已经被纳入科举的框框。朱熹对县学应付科举的弊端看得十分透彻。他认为，办学并不是为了帮学生获得利禄，而是"为求明师良友，使之究义理之指归，而习为孝弟驯谨之行，以诚其身而已。禄爵之不至，名誉之不闻，非所忧也"。他亲自给县学的生员上课，以实践自己的办学理念。真正的大师都好为人师，朱熹之前的孔子，朱熹之后的王阳明，都特别爱讲课。朱熹离开同安之后的大部分岁月也都用在办学讲学方面，先后创办了武夷精舍、寒泉精舍、沧州精舍等讲学之所，弟子达千余人，形成影响深远的朱子学派。朱子学派的传道模式在朱熹同安任职期间已经初见端倪。

此外，朱熹在同安任职期间还喜欢做两件事，一是有机会就植树，现在同安地界上还有许多棵树传说为朱熹手植；二是四处寻访乡贤，足迹遍布全县的角角落落。他登临嘉禾屿，便与后者有关。

朱熹到同安任职之前的宋元丰八年（1085）和绍兴二年（1132），嘉禾屿五通店里人林棐和薛岭南麓的陈敦仁相继考中进士。这应该是吸引朱

大轮山文公书院朱熹雕像

熹渡海造访嘉禾屿的巨大动力。从五通店里到薛岭南麓,必须经过一座小山。在尚未修建今湖边水库之前,登上这座小山,身后是葱茏挺拔的虎仔山,北边是嘉禾屿北部略有起伏的低丘台地,几条小溪流蜿蜒流淌,汇入远处的海湾。因为朱熹在此驻足憩息,这座毫不起眼的小山包后被称为文公山。

据传朱熹还到过岛上的金榜山凭吊唐代先贤陈黯隐居之处。清道光《厦门志》记载,朱熹在山上留有"迎仙""谈元石"两处石刻,还收录了署名宋朱晦庵的文章《金榜山记》及署名宋朱熹的诗《金榜山》。考虑到多数读者不翻《厦门志》,为了方便大家阅览比较,不妨抄录于后。

署名朱晦庵的《金榜山记》全文如下:

金榜山,在嘉禾廿三都北,有岭曰"薛岭"。岭之南,唐文士陈黯公居焉;岭之北,薛令之孙徙居于此。时号南陈北薛。黯公十八举不第,作书堂于上,人称曰"场老"。山涧有石,名"钓鱼矶"。

堂侧石高十六丈，名"玉笏"。所居有动石，形甚圆，每潮至，则自动。天将风，则石下有声，名"虎礁"。宋宁熙中，邑尉张焘咏嘉禾风物，有"尤喜石能翻"之句，正谓此也。宋淳熙二年春，新安朱熹谨拜赞曰："猗欤陈宗！浚发自虞。协帝重华，顺亲底豫。克君克子，裕后有余。胡满受封，平阳继世。至于大邱，节义尤敷。更考相业，声名不虚。深羡钓隐，高尚自如。爰及五代，配天耀祖。剖符锡衮，遍满寰区。更秉南越，有分开土。宋室纳款，臣节弗渝。丕显丕承，此其最著。子孙绳绳，别宗寡侣。源深流长，猗欤那欤！

署名朱熹的《金榜山》诗如下：

> 陈场老子读书处，金榜山前石室中。
> 人去石存犹昨日，莺啼花落几春风。
> 藏修洞口云空集，舒啸岩幽草自茸。
> 应喜斯文今不泯，紫阳秉笔纪前功。

所谓朱熹石刻久已不存，影响及于当下的厦门"南陈北薛"之说也非始于此记，这两篇冠以"金榜山"之名的诗文却大有可疑之处。翻检历代《同安县志》及历代多种朱熹文集，均不见收录这两篇诗文，实在奇怪。细读之下，所谓朱熹所作这两篇作品本身漏洞也十分明显。《金榜山记》称朱熹游金榜山时为"宋淳熙二年春"，那一年吕祖谦约请陆九渊、陆九龄兄弟至信州（今江西上饶）鹅湖寺与朱熹相会，朱熹为此花费许多时间，应该没空渡海游金榜山。退一步讲，即使朱熹挤时间来游，此时的朱熹已年届四十六，门生众多、名满天下，出游均有人陪伴、纪行，但现行多种朱熹年谱,均未记载朱熹此时段有嘉禾屿金榜山之行。再从做文章的角度考察,《金榜山记》用了将近一半的篇幅记述陈姓自舜帝之后的演化历史,显然是抄自某部"陈姓族谱",与金榜山、陈黯毫无关系,文章大家朱熹绝对不可能做出此等劣文。文中用"宋室纳款"来讽喻赵家皇朝向金朝进奉钱财以保苟安,也不是当朝人的笔调。另外,《金榜山记》开篇称"金榜山在嘉禾二十三都北"更是致命的破绽。朱熹所处的宋代实行乡都制,当时的同安县先后设4乡33里、3乡27里、3乡11里,古厦门岛均属绥德乡嘉禾里;元代改行里都制,设11里44都,后里、都数屡有变更,而嘉禾里设二十一、二十二、二十三、二十四都则基本固定。所谓"嘉禾里二十三都"已是元代之后的区划,宋代朱熹的文章绝对不可能出现此种"先见之明"的区划名称。

《金榜山》诗中有"紫阳秉笔记前功"句,欲表明该诗为朱熹所作。殊不知紫阳系朱熹为纪念曾在紫阳山读书的父亲朱松所起之堂号,固然有人将紫阳当作朱熹的别称,但十分讲究礼制的朱熹本人作诗行文虽曾用过晦翁、晦庵、仲晦父、仲晦甫、晦庵通叟、白鹿洞主、云壑老人、仁智堂主、拙斋、牧斋、茶仙、云谷壑吏、云台真逸、云谷老人、云谷晦庵老人、晦庵病叟、云台外史、云台子、云台隐吏、嵩高隐吏、鸿庆外史、沧洲病叟、沧洲钓叟、遯翁、空同道士邹䜣等一长串名号,却从不以紫阳署名。因此,"紫阳秉笔记前功"句恰恰证明该诗并非朱熹所作。

尽管朱熹关于金榜山的诗文颇为可疑,但依照朱熹尽职敬业、敬重先贤的品行,他到过与同安隔海相望的嘉禾屿应当是毋庸置疑的。清道光《厦门志》还收录了署名朱晦庵的《裨正书序》,说朱熹为陈昌晦编书事,或是一个旁证:

《裨正书》三卷,唐陈昌晦撰,凡四十九篇。熹所校定,可缮写。初，熹被府檄，访境内先贤碑碣事序传，悉上之府，最后得此书及墓表于其家。表文猥近不足观，然述其世次为详。书杂晚唐偶俪之体，而时出奇涩，殆难以句读也。相传浸久，又多讹谬，无善本相参校，特以私意定其一二，而其不可知者，盖阙焉。观其洁身江海之上，不污世俗之垢纷，次辑旧闻，以为此书。虽非有险奇放绝之行、瑰怪伟丽之文，然其微词感厉，时有发明义理之致而切于名教者，亦可谓守正循理不惑之士矣。操行之难，而姓名曾不少概见于世，亦足悲夫！《诗》之序曰："乱世则思君子不改其度。"若昌晦者，可谓近之。故熹因校其书而为序其意如此，后有君子得以览焉。

史料记载，敬业的同安县主簿朱熹甚至到过厦门对面也归同安管的金门岛，于此创立燕南书院，后于其址建朱子祠。这也是朱熹曾到过厦门的一个有力旁证。

朱熹在同安任职期间，嘉禾屿无人考中进士，但紧接着便连考连捷。朱子过化，宋代嘉禾屿人文初兴。

暗夜薪火

和战之争及相应的道学与反道学之争，搅乱了南宋的偏安政局，秦桧、韩侂胄、史弥远、贾似道等擅政弄权，打击陷害岳飞、韩世忠、文天祥、朱熹等国之忠良，无端内耗最终导致朝局不可收拾。

樊城失守、襄阳城破、度宗驾崩、元兵南侵……朝廷气数已尽。南宋景炎元年（1276）冬，宋幼帝赵昰及其弟卫王赵昺在张世杰、陈宜中等大臣的护卫下，从福州走海路逃往泉州，不料驻泉州的招抚使蒲寿庚已投降元军，闭城拒纳。宋幼帝一行无奈，只得从刺桐港南下同安，辗转在嘉禾屿五通港登陆，随后东渡星屿、海沧，稍作休整后经大担、浯屿逃往广东。

真是世事难料，宋朝的尾声居然在孤悬海上的嘉禾屿荡起涟漪，确实神奇。对宋幼帝赵昰一行在嘉禾屿的行迹，正史似乎失记，但清道光《厦门志》却有两处记载：金榜山南面的董内岩有"圣泉"，传为宋幼帝饮水之处；鼓浪屿背后有"金带水"，传为宋幼帝乘船逃往广东时经此海域突发狂浪，随臣将宋幼帝佩戴的金腰带掷入水中，风波顿息，故名。邻近鼓浪屿的海沧屿头（今钟山社区）蔡姓族谱则记有一说：宋幼帝暂居海沧时，欲征调屿头村民驾船赴广东，村民不乐意，于是宋室军队派兵屠村，屿头蔡姓先民或死或逃，音讯全无，后人只能以"屿头翁"代替开基祖名讳。这些传说言之凿凿，好像大有来头，其实也就是说说而已，旅游部门至今也没把它们开发成景点。

成王败寇，历史终究是胜利者的宣言。崖门海战失利后，陆秀夫背负幼主跳海自尽，十万军民随之沉海殉国。嘉禾屿就此成为元朝的领地。此后将近100年的历史成为史学家们最为头疼的研究课题。因为元朝是中国历史上首个由少数民族建立的大一统王朝，从生产方式看，游牧经济战胜了农耕经济；从民族关系看，人口较少的蒙古族战胜了人口众多的汉族；从文化传承看，游牧文化取代了有着千余年积淀的中原文化。

元代以武力起家，靠砍砍杀杀的狠劲击败赵宋王朝，得以君临中原大地。但凡没有深厚的文化基础，以屠戮、毁灭为手段树立起来的权威，其兴也忽，其败也速。元世祖忽必烈等最高统治者为了弥补这一先天缺陷，先后采取了一系列以推崇传统儒学为主要内容的加强文化建设的措施。延祐元年（1314），提倡汉化的元仁宗恢复科举取士，指定以宋儒朱熹的《四书章句集注》《易本义》《诗集传》、程颐的《周易程氏传》、蔡沈的《尚书集传》、胡安国的《春秋传》以及《春秋》三传、《礼记》作为科举考试的经文定本，史称"延祐复科"。在这一文治初兴的大背景下，元朝廷派遣御史中丞马伯庸等朝廷命臣于延祐四年（1317）前后专程千里迢迢赶赴同安征召邱葵。清康熙同安县志《大同志》对此事有详细记载。

邱葵是哪路神仙，面子这么大？

邱姓是中国最古老的姓氏之一。据传，周朝姜子牙受封于齐，以营丘为都，遂以丘为姓。后避孔子名讳，在丘字右边加个"耳朵"，是为邱。民国初年，有人提出，姜太公得封地于营丘早于孔子，没有先人避讳后人的道理，呼吁恢复丘姓。由是形成邱、丘混用的现状。其实，改丘为邱，尽管源于古代王朝避讳的劣规，但就改丘为邱而言，既然已成事实，借以表达些许对孔子的敬意也无妨。因此本书涉及邱、丘混用的资料时，统一称为邱。

邱姓又是最早进入福建的汉人族姓之一。据泉州一带邱氏族谱记载，晋永嘉年间（307—312）"五胡乱华"（匈奴、羯、氐、羌、鲜卑等少数民族入主中原），中原板荡，北方汉人纷纷南下避难，邱姓与林、陈、黄、郑、詹、何、胡姓携族入闽，史称"八姓入闽"，此为邱姓入闽之始。时有邱夷第五子邱元之迁居今晋江，为闽南邱姓始祖。

邱姓入闽之后，经历了南朝、隋、唐，尤其是五代十国时期王审知家族治闽，人口日渐繁衍，大约在924至936年间，也就是同安建县前后，邱资携子珩生迁居同安县五峰（今汀溪镇五峰村），为同安邱姓开基祖。

相关邱姓族谱记载，宋淳祐年间（1241—1253），邱葵由同安汀溪镇五峰村到小嶝屿隐居。"隐居"二字用在这里并不合适。邱葵生于宋淳祐四年（1244），到宋淳祐末年（1253）只有9岁，怎么会懂得"隐居"呢？但邱葵家从同安五峰村迁至小嶝岛应该是可以相信的。南宋末年，虽然国势衰弱，但福建刺桐港（今泉州）的对外贸易却相当繁荣。当时的五峰村地处同安连同南安、刺桐港的交通要道，但陆路交通成本毕竟高于水路交通，从小嶝岛驶船到刺桐港不仅费用少，而且方便多了。这应该是邱葵家从五峰村迁居小嶝岛的主要原因。此说纯属推测，但并非无稽之谈。邱葵从小就师从辛介圃受启蒙教育，稍长便拜师信州刘平甫。信州即今江西上饶。邱葵家若非从事贸易，恐怕很难有这样的经济条件和交游氛围。

不管因为什么原因，可以肯定的是邱葵自小便迁居小嶝岛，被尊为小嶝岛邱姓的开基祖，而后一度避难浯洲即金门岛后浦村，金门岛邱姓尊其次子为金门岛开基祖。

邱葵自幼聪颖，喜欢读书，家里也期望他通过读书步入仕途，光宗耀祖。南宋时期的福建，是儒家学说复兴的基地，同安为朱熹首仕之地，朱子的理学在漳、泉一带有深远的影响。在这种氛围下，邱葵的学业进步很快，不到20岁，就成为泉州府学的弟子员。

"才自精明志自高，生于末世运偏消。"未等邱葵崭露头角，偏安一隅的南宋赵家王朝败相尽露。宋理宗朝宝祐（1253）之后的科举考试弊端百出，蒙古军大举南下。宋度宗咸淳七年（1271），蒙古国改国号为元。宋端宗景炎元年（1276），元军入闽。

元朝统治之下，福建人被划为"南人"，为蒙古人、色目人、汉人、南人（泛指前南宋统治区域内汉人）四等百姓中的最低等族群，被剥夺了担任公职、进入官府各级学校的权利。尽管在元至元十四年（1277）改蒙古国子学为国子学，至元二十八年（1291）在江南诸路及各县大举设立小学、书院，但国子学只招少数随朝官员的子弟，各路、州、府、县的官学也只招相应级别的官府出身的子弟。不论哪一级官学，南人一概不准入学。邱葵在《钓矶诗集》中的《示儿》诗就写道："吾犹失学况吾儿。"

清康熙同安县志《大同志》之"人物志"其实就是历朝科举考试的光荣榜，一一列出中式者名单，但元朝只记五个字："元科第　无考。"触目惊心的"无考"二字揭示了一个残酷的真相：元代从忽必烈1271年定国号元开始，历时97年，从1314年恢复科举取士到1368年朱元璋金陵称帝建立明朝也有54年，在此期间包括嘉禾屿在内的同安全县无一人科举登第！

大势若此，邱葵"绝意进取"。多种地方典籍记载，南宋灭亡之后，邱葵家居小嶝岛，"耕钓自给"，埋头读书。没有了"十年寒窗苦读，一朝金榜题名"的功利心，刚过而立之年的邱葵已经踏入理学的堂奥之门。

早在童蒙时期，邱葵就师从刘平甫学《春秋》，由此进入儒家学说的领域。之后，对邱葵影响最大的是吕大圭。

吕大圭，字圭叔，号朴乡，同安人。南宋淳祐七年（1247）进士，累官吏部侍郎，出知福建兴化军。南宋景炎元年（1276）冬拒签降表，逃匿至海岛，南宋祥兴二年（1279）冬被降元的蒲寿庚追杀。此前吕大圭奔波官场，邱葵与恩师见面的机会并不多。吕大圭藏身海岛应该是这对师生相处最久的一段时间。

吕大圭为闽南著名理学家，著有《学易管见》《春秋或问》《易经集解》等。据《宋元学案·北溪学案》载：吕大圭师承杨昭复，杨昭复师承漳州北溪即陈淳，陈淳为朱熹门生。后人据此称邱葵为朱熹的四传弟子。明万历《泉州府志》等多部志书称邱葵"亲炙吕大圭最久"。邱葵在《哭朴乡吕侍郎》第三首诗中痛诉道："斯文天何丧，疑义有谁祛。无复谆谆诱，空令咄咄书。"足见其受吕大圭教诲之巨、影响之深。

元至元三十一年(1294)，晋江芝山（今石狮市祥芝）大堡刘君辅创办芝山书塾（一称刘氏书塾），礼聘邱葵前往执教。刘君辅，字仲佐，号西桥，宋抗金名将刘锜裔孙，是影响邱葵一生的又一重要人物。刘君辅为邱葵提供了从事著述的基本生活条件和工作环境。邱葵《钓矶诗集》载《自知》诗一首云：

古寺栖身又两期，西风吹我鬓成丝。
俗儿往往貌相敬，吾道悠悠心自知。
尽去皮毛方是学，若无情性定非诗。
可怜千载相传授，只为秦人煨烬遗。

诗中披露，邱葵在芝山书塾期间寓居古寺，"又二期""鬓成丝"说明任教时间之长。此时的邱葵，学术思想已经相当成熟，可以透过皮毛直达学问的本质之处，能有足够的底蕴将自己许为儒学的传承人，因而发出"可怜千载相传授，只为秦人煨烬遗"之慨叹。"秦人"即指毁灭中国传统文化的元朝统治者；"煨烬"，燃烧后的残余物；"煨烬遗"，燃烧后的残余物的遗留。可见元朝统治者对中国传统文化的摧残远远超过秦始皇。由此也可以想象到邱葵执着坚守的不易和可贵。

刘君辅敬重邱葵，将他相关诗文收入族谱以为荣耀。根据《大堡刘氏族谱》所载，邱葵在芝山著有《书塾上梁祝颂》《西桥公盖屋上梁祝颂》《丰山岩上梁祝颂》《金沙接待室记》《刘氏书塾记》《芝山慈济宫记》《丰山岩记》等7篇作品，其中最早的《书塾上梁祝颂》作于元至元三十一年（1294），最迟的《丰山岩记》作于元至治元年（1321），可以证明邱葵在芝山书塾授课的时间前后长达28年。这28年横跨邱葵90年人生岁月中50岁到78岁的生命历程，是从生命力到思想最成熟的宝贵年华，既是邱葵教书育人的28年，也是他通过授课整理自己学术思想的28年。

邱葵著述甚丰，明万历《泉州府志》载其所著有《四书日讲》《经世书声音》《易解义》《书解》《春秋通义》《礼记解》《既济图》《周礼补亡》等，其中《四书日讲》《经世书声音》等带有明显的书塾讲义痕迹。

元朝由游牧部落起家，其文化类型与中原传统文化截然不同。由于文字系统的急遽变化，各地保存的地方典籍和档案资料遭到元朝政权毁灭性的破坏，各级官办和民办教育机构被摧残殆尽，形成了中国历史上元朝统治初期数十年的文化断层。就闽南而言，吕大圭被害之后，其著述也毁于盗贼。在这种状况下，邱葵的著述显然成为茫茫黑夜中的火种。邱葵还通过他的门生吕椿（字之寿）以及芝山书塾的其他学生实现了朱子学说的世系传承，这是邱葵对闽南文化乃至中国文化的杰出贡献。可惜在许多地方典籍中，邱葵通常以一种拒绝出仕的"隐者""处士"的形象出现，他在文化传承方面的贡献反而被忽视了。

实际上，宋、元之际拒绝与元朝统治者合作的"隐者""处士"很多，但像邱葵这样潜心于中华传统文化的保存、整理、传播而且硕果累累的则是凤毛麟角。因此，邱葵的声誉在闽南一带广为传播，并进入远在千里之外的元朝廷的视野，欲重金礼聘出山为政权服务。

清康熙《大同志》有记："元遣御史马伯庸来征，托种圃自匿。御史已率达鲁花赤赍币至家，竟力辞。"达鲁花赤是蒙古语，原意为"掌印者"，后为职官称谓，在元朝各级地方政府里面都设有达鲁花赤一职，属于督官，掌握地方行政和军事的最后裁定权，是地方各级事实上的最高长官。这里陪同御史登门征召邱葵的达鲁花赤想必应该是泉州府的实权人物吧。

73岁高龄的邱葵当时如何与马伯庸等周旋，现在没有具体资料可考，但清康熙《大同志》等地方文献保存了一首邱葵题为《御史马伯庸与达鲁花赤徵币不出》的诗，俗称《却聘诗》，正是对元朝廷征召的回答：

> 皇帝书征老秀才，秀才懒下读书台。
> 张良本为韩仇出，黄石特因汉祚来。
> 太守枉劳阶下拜，使臣空向日边回。
> 床头一卷春秋笔，斧钺胸中独自裁。

邱葵《却聘诗》虽有用典，但诗意显明：读书人出仕必有正当理由，张良出山是为了报暴秦灭韩之仇，黄石公授张良《太公兵法》是要辅佐汉高祖刘邦夺得天下，我凭什么应召？你们走吧，我宁愿以笔为旗，指点江山、评判历史。《却聘诗》立意高远，通俗易懂，在闽南广为传播，以致盖过邱葵在保存、传承中华传统文化方面的贡献。

前来征召邱葵的马伯庸名马祖常，字伯庸，色目人，著名诗人，其父马润曾任漳州路总管府同知，故马伯庸对闽南社情多有听闻。《元史》称其7岁知学,为延祐三年(1316)会试第一、廷试第二,授应奉翰林文字,拜监察御史,官至宰辅。据说马伯庸崇尚儒学,有钱辄用于买书,并曾出资赞助修孔子庙。他写文章"专以秦汉为法,自成一家之言",有诗文集《石田集》十五卷收于《四库全书》。元朝廷派他来征召邱葵,足见诚意。最终邱葵不应召,马伯庸也不怪罪,反正邱葵的思想都在书里,带着他的著作回去也能复命。清康熙《大同志》记曰:"庸等悉取其书以去。"

邱葵铁骨铮铮地拒绝了元朝廷高官厚禄的诱惑,坚不仕元,继续过他安贫乐道的乡居生活。离开晋江芝山书塾之后,由于老迈年高,他已经无法再外出教书糊口,日子过得艰难。《钓矶诗集》中不乏"相见尽言贫""贫与病相约,贫来病亦来""浩劫天难免,凶年鬼亦饥""酒债偿仍欠,医书阖又开""数间破屋住陈人,八尺空床卧病身"之类的句子,可见晚年十分贫困。但邱葵泰然处之,"叹老嗟卑非我事,贪生怛化欲如何"(《病中作》),"肯将胸次著闲愁""未死之前盖自修"(《自修》)。他牢记自己的使命,"老无闻道安可死,闲得读书惟一贫"(《八十》),"一息犹存毋敢懈,从今要下死工夫"(《次晦庵先生韵自警》)。他把所有的精力投入著述中,在81岁高龄时完成了存世大著《周礼补亡》,人生没有遗憾了。

邱葵认为,《周礼》是"周公为天地立心,为生民立命,为万世开太平之书",可惜因为有人认为《周礼》缺了"冬官"部分,故"不可行"。邱葵综览朱熹等前贤之论述,认为"冬官"不是空缺,而是散见于全书之中。邱葵作《周礼补亡》,将散见书中的"冬官"部分的内容归并于一处,给这个世界留下一部完整无缺的《周礼》,故后世又称此书为《周礼全书》。

《周礼补亡》完成后,邱葵自觉人生使命已了,终于长长地舒了一口气。84岁那年,他写了一首抒怀诗《八十四》,发出"百年尚有一十六,天不穷人人自穷。……如真可死何妨死,……狂澜终久必须东"的感叹。

又过了6年，邱葵特作《送春》诗一首质问春之使者：

一物生生无尽时，落花啼鸟总天机。
三千界内知音少，九十日余回首非。
世事只今看烂熟，诗人自古爱芳菲。
年年岁岁送春去，何日春能送我归。

邱葵生活的年代，人的寿命不像现在这么长，活到90岁，几乎所有能和他搭得上话的亲朋好友都已经不在了，少有知音，他每日听到的回音都与他的信念相违背。人世沧桑，青春不再，邱葵感觉生之无趣，盼望早归道山。

我们常说"天不假年"，用在这里却是"天遂人愿"，就在这一年，邱葵走完了习儒、传道、著述这一漫长而孤独的人生旅途。也许是对这个"满目乾坤都是恨"（《秋夜》）的世界的失望，邱葵临终前多次交代：死后不治坟茔，埋入土中即可。受他的影响，有元一代，包括嘉禾里在内的同安县无一人出而为官。

或许邱葵生前没有想到，他个人的名声在他逝后被抬升到一个令人景仰的高度。明洪武七年（1374），同安知县吕复在文庙西重建朱文公祠，邱葵和他的老师吕大圭以及朱熹在同安的弟子许顺之、王力行配祀；明成化十年（1474），邱葵入祀泉州府乡贤祠，翌年入祀同安县乡贤祠；明弘治三年（1490）刊行的《八闽通志》将邱葵收入《人物志·儒林》；明弘治十八年（1505），在同安县城北门内建成擢贤社学，悬挂邱葵像，久废后由举人陈士铨于明万历三十七年（1609）重建于北镇，挂朱文公及邱葵像……

中国自古以来就有敬祖拜祖的信仰，但邱葵遗嘱不造坟茔，久而久之，连他的后人都搞不清去哪儿祭祀他了。但忠魂不应被埋没。明泰昌元年（1620），邱葵的故乡小嶝岛村民掘地耕作时偶然发现一墓穴，中有邱葵自书墓志砖，遂就地治墓立碑，上书"宋隐士钓矶丘公之墓"，墓园面积约600平方米。1958年，陵墓被破坏。2013年在陵墓遗址改建邱葵纪念堂。岛上还建有供奉邱葵的邱氏宗祠，他当年曾经住过的章法寺（又称隐藏院）业已修复一新。岛的西部海滨屹立着一座邱葵的塑像。这位兼具儒学造诣和民族气节的学者蓄须凝视着面前蔚蓝色的大海……另外，在晋江安海塔兜村还有座瑞丰殿，全称为"泉郡瑞丰殿代天巡狩邱王府正堂"，将邱葵作为"邱王爷"供奉。台湾、金门和东南亚等地都有瑞丰殿的分炉。

小嶝岛邱葵雕像

但是，在有关邱葵的所有纪念物中，最不同凡响的要数同安县大同书院。为什么这么说呢？

第一，倡建者的身份特殊。据现存编纂时间最早的清康熙版同安县志《大同志》卷一"规制志·大同书院"记载："大同书院　元至正间尹孔公俊建，以祀朱文公。"元朝，称知县为县尹。这位同安县尹孔公俊来头不小，查《大同志》卷五"官师志·名宦列传"："孔公俊，字师道，孔子五十三世孙，至正间，尹同安，建大同书院于学宫之东，以祀紫阳先生。

莅任有政迹。"孔公俊历任湘潭州教授、岳州路知事等职,宽仁爱民,注重教养,名列嘉靖《邵武府志》、乾隆《福建通志》、乾隆《泉州府志》等多种方志的名宦传。

第二,配祀的人物敏感。元至正九年(1349),孔公俊出任同安县尹,次年倡建大同书院,士人深受鼓舞。至正十一年(1351)秋,书院建成,前为先圣殿,后为朱子祠,以吕大圭、邱葵配享。建于元至正年间的书院,竟然公开配祀反元的吕大圭、邱葵,实在有点"胆大妄为"。为此,元代福建名士林泉生曾作《大同书院记》,称赞孔公俊"能因民所尊信者而兴学立教,有循吏之风","圣贤之后,克济世德",评价很高。可以确信,这是目前所知同安县乃至泉州府配祀郑葵的纪念物中唯一一座建于元朝的建筑物。

第三,书院匾额来历不凡。书院位于同安县学偏东处,建有棂星门、戟门、礼殿、文公祠和讲堂、斋室等用房。以"大同"为名,似与同安县从大同场而来有关,但其渊源在于孔子的《礼运·大同篇》,除了抒发对孔子所提倡的大同世界的憧憬,或许也寄托了孔公俊对祖先的怀念。林泉生《大同书院记》说:"既成,名之曰'大同书院'。泉郡上其事于宪帅二府。适覃怀许公为闽海宪使,即为上闻,请额于朝,以列学宫。"同安县创建大同书院的事层层上报至朝廷,元惠宗大加赞赏,颁赐"大同书院"匾额,以示嘉奖。这是福建省元代唯一一件皇帝御赐匾额。现在已经无法确知惠宗当时是否知道大同书院配祀吕大圭、邱葵。

尽管建了皇帝题写匾额的大同书院,但元代蒙古王朝实行的文化毁灭政策造成的文化断层,整整荼毒了两三代人。据地方典籍记载,元代泉州路总管府境内只出过两名进士,同安县为零。这一时期的嘉禾屿失去了宋朝金榜题名的荣光,日子更趋寂寞。翻遍地方典籍,发现值得一记的只有下面四件事:一是元代在里之下设都,嘉禾里为同安县西界所属二十一都、二十二都、二十三都、二十四都；二是元至元十九年（1282）调扬州兵3000人驻守泉州，在嘉禾屿派驻一千户；三是元至正五年（1345），嘉禾千户何迪立联合"土贼"万贵起义，对长泰形成围攻之势；四是元至正十四年（1354），一股海盗抢劫了嘉禾屿。

  派兵驻守嘉禾屿的记载说明，嘉禾屿在海防方面的作用开始得到重视。小岛地处漳、泉二府交界处，从防守的角度看，为漳、泉二府的海上门户；从进攻的角度看，为海路出击的桥头堡。天涯海角忽然升格为海防要地，刀光剑影慢慢降临嘉禾屿，四周的海面不再平静……

XIAMEN
THE BIOGRAPHY

厦门传

第三章 向海而生

禁海守岸

明洪武元年（1368），明军击败元朝镇守闽地的福建平章陈友定（又名有定），翌年设立福建行中书省。

明朝代替元朝，新的朝代代替旧的朝代，并没有给福建人民带来他们想要的东西。相反，朱元璋对福建很不放心，对福建人颇多猜忌，因为福建多山且濒临大海，便于大部人马藏匿和脱逃，陈友定虽然被剿灭了，但他的余部依山负海进行反抗并不是不可能的。另一方面，明初沿海已经出现倭寇的魔影，这使得朱元璋对于海洋产生了一种莫名的恐惧。这位惯于在陆地纵横驰骋、攻城拔寨的明朝开国皇帝显然没有驾御海洋的信心和勇气。为了抵御乘波涛而来的倭寇和海盗，为了防备滨海百姓与倭寇、海盗勾结，动摇他的皇帝宝座，朱元璋从明洪武四年（1371）开始厉行"海禁"政策：禁止中外通商，严禁民间建造大船，洪武二十年（1387）下令近海岛屿居民内迁大陆，登峰造极时甚至严令"不许片板下海"。充军事例二十二款其中之一便是"私自下海"。

海洋是嘉禾屿等沿海地区生态最突出的特征，对海岛居民来说，海洋是生计的来源，他们出海捕鱼、在浅海养殖贝类，并在海上进行贸易。他们乘风破浪，足迹遍及台湾岛、琉球、日本和东南亚。现在朝廷禁海，岛民断了生计，成为海禁政策的最大受害者之一。

与"海禁"政策相配套，朱元璋实行"弃海守岸"的防务策略，力图通过加强陆地防守击退来自海洋的攻击。明洪武元年（1368），朱元璋一口气在福建设立泉州卫、建宁卫、汀州卫、漳州卫4个军事机构，洪武四年（1371）增设福州卫、建宁都卫，后来又增设延平卫。每个卫辖前、后、中、左、右5个千户所，每所统兵1120员。洪武二十年（1387），朱元璋派周德兴经略福建。

作为明朝开国功勋、淮西二十四将之一，濠州钟离（今安徽凤阳）人周德兴从同乡朱元璋起兵时就投奔了他，成为其亲信，历经百战，建功无数，最终受封江夏侯。当朱元璋需要一位可靠的将领负责建设东南地区的海防体系时，周德兴成为不二之选。

周德兴花了一年多的时间，在福建沿海设置福宁、镇东、平海、永宁、镇海五个卫指挥使司，同时在沿海设置大金、定海、梅花、万安、莆禧、崇武、福金、金门、高浦、元鳌、铜山、玄钟等12个千户所。这些沿海卫所属地方军队系统，归福建都指挥使管辖。

周德兴经略福建留下的社会关系迄今依然存在。莆田市秀屿区平海镇的前身就是明代的平海卫，每年正月初九，镇民都会抬出城隍，绕镇巡游。游神庆典热闹非凡，人们燃放炮竹，现场烟火弥漫。平海卫的城墙早已毁弃，但游神队伍仍然仅在昔日城墙限定的范围内活动，不会进入周围的村庄。年复一年，城隍巡游平海辖境，接受信众的供品，为新年赐福驱邪。卫所已消失了数百年，仪式却依然例行不辍。

与平海卫同时设置的泉州府永宁卫设在水澳（今石狮市永宁镇），辖左、右、中、前、后5个千户所。2001年，当地民众自发集资修复卫城

永宁卫城东瀛门（小东门）

东城墙、卫城城隍庙等古迹，拓建永宁卫广场，故址新貌让人依稀感受到当年永宁卫城雄踞海滨的威武。周德兴似乎不认同嘉禾屿在军事上的价值，只在嘉禾屿北部隔海相望的大陆一个叫高浦的地方设立高浦千户所，并对嘉禾屿上的巡检司进行调整。

巡检司属地方系统，类似现在的公安派出所，为县级衙门底下的基层组织。明初在嘉禾屿北部的石湖就设有巡检司，称为石湖司，并建有小寨。因为是管理嘉禾屿治安的，习惯上又称嘉禾巡检司。我们现在仍可以在厦门岛洪济山见到自称是嘉禾巡检司的赵俊于明洪武十四年（1381）留下的石刻。周德兴将巡检司从北部的石湖移到南部的塔头，大概是为了便于监视出海口的情况。依惯例，巡检司的编制只有20人左右，但周德兴却在塔头修筑了巡检司城。《八闽通志》记载：塔头巡检司城"周围一百四十丈，广八尺，高一丈七尺，为窝铺凡四，南北辟二门"。这个相当于现代足球场般大小的塔头巡检司城应该是嘉禾屿上最早的防城。

周德兴后来受儿子周骥株连被杀，武略将军谢玉柱出任福建都指挥使。谢玉柱原名谢柱，跟随朱元璋在平定陈友谅和云南等战役中屡立战功，明洪武二十七年（1394）朱元璋赐名玉柱，嘉其忠勇。

谢玉柱是福建宁化人，对于福建的地情应该比较熟悉。依照明初的航海技术以及禁海政策，类似嘉禾屿这样的岛屿实在是形同鸡肋，弃之可惜，食之无味。因为禁海，当时的嘉禾屿人烟稀少，如果不驻兵的话，方圆百里的岛屿足够成为造反者和海盗的藏身之处；如果投入的兵力不足，简直就是形同虚设，甚至连守岛士兵都可能成为造反者或海盗的战利品；如果不想将这座岛屿拱手让出，就必须投入相当的兵力。当时在福建的四大海岛中，金门和铜山（今东山岛）设有守御千户所，海坛岛（今平潭岛）和嘉禾屿未设。但海坛岛距离福州比较近，安全似乎更有保障，而远离同安县衙的嘉禾屿仅有二十人的巡检司显然无法保证它的正常秩序。

谢玉柱不想放弃嘉禾屿。明洪武二十七年（1394），他在嘉禾屿设守御千户所，移永宁卫中、左千户所驻守。明弘治版《八闽通志》称：中、左千户所所署在同安西南二十三都（今湖里区江头街道江头社区一带），由都指挥谢柱创建，两廊列10个百户所。中左所（中、左千户所的简称）统兵1204名，下辖东澳、五通二寨。古厦门岛嘉禾屿从此得名：中左所。

同年在嘉禾屿西南部海滨称为"下门"的高地修建中左所所城，命名为厦门。从闽南话读音考察，该地为嘉禾屿西南部下海之处，习惯上以北为上，以南为下，故称下门，厦门由下门雅化而来。《明太祖实录》称：洪武二十七年"城厦门"。厦门之名从此载入史册，但当时厦门这个地名仅指中左所所城所在的地方，即今新华路口一带，整座岛依旧称中左所，有些场合甚至仍称嘉禾屿。将厦门作为全岛的地名，是清代以后的事了。

当时的厦门城不大，到底有多大呢？明黄仲昭纂《八闽通志》有记载：厦门城"在同安县南嘉禾屿海滨"，"周围四百二十五丈九尺，高连女墙一丈九尺，为窝铺二十有二，东西南北辟四门，各建楼其上"。东门称启明，西门叫怀音，南门为洽德，北门名潢枢。用现代的计量单位换算，中左所的所城周长约为1.32公里（明代1丈等于3.11米），面积约为0.14平方公里，绕城一周大概需要二三十分钟。

厦门城的选址却是有讲究的。谢玉柱颇有战略眼光，在他看来，嘉禾屿地处同安县的咽喉地带，焉可不重兵把守。从军事地理的角度看，谢玉柱的布防也不无道理。中左所驻地设在今江头附近，可以有效控制嘉禾屿农耕经济的中心地带；中左所所城建在嘉禾屿南部滨海的小山上，可以控制北边的筼筜港和西边的鹭江航道；五通是嘉禾屿通往同安县乃至泉州府的重要通道；东澳则为今何厝至前埔一带海域，是通往金门外海的门户。但从实际效果看，中、左千户所移驻嘉禾屿后，单靠中左所一千多名的兵力，追剿势单力薄的零星土匪海盗勉强可以派得上用场，对于防范人多势众、穷凶极恶的倭寇、盗匪并无多大帮助。

为了真正发挥防卫作用，嘉禾屿得名中左所之后，继续在岛上增加兵力部署。明景泰三年（1452），浯屿水寨2898名士兵连同32只兵船移驻中左所。隆庆四年（1570）又在中左所增设浯铜游兵，兵额536名。万历二十年（1592），福建南路参将移驻中左所，管辖铜山（今东山）、浯屿二水寨和浯铜、澎湖二游，统兵3000名，中左所成为泉州、漳州二府沿海军事指挥中心，逐渐演变为军港。

尽管如此，由于明朝廷始终用陆战的理论和经验去指导海防军事，忽略甚至放弃了海上军事力量的培养，把海洋控制权拱手相让。因此，中左所的驻军，陆师不像陆师，水师不像水师，对大陆的防卫作用极为有限。明代中左所士绅池显方称：岛上驻军先锋营"株守中左，岛上有事则卸担二游（指浯铜、泉标游兵）；县中有急则托言阻海"，有形同虚设之嫌。从军费的角度看，明代福建卫所大多实行屯田制，唯独中左所没有条件实行。

因此，大明王朝的官员一直对福建东南沿海的防务争论不休。争论的焦点无非是防务重点究竟是放在中左所，还是放在浯屿或金门？实际上，海岛在军事上的作用是与海上军事力量的强大与否密切相关的。缺乏强大的海上军事力量支撑的海岛确实是军事绝地。限于岛屿的生存条件，驻军的数量是有限的。震慑一般的小股海盗应该没有问题。一旦强敌来袭，援兵、粮草均阻于海道，驻岛守军只能成为瓮中之鳖。在这样的军事绝地，任何防务都是徒有其表。不仅中左所如此，其他岛屿也概莫能外。

其实，明代的嘉禾屿被冷落理所当然。当时的嘉禾屿确实乏善可陈。

明代的嘉禾屿，经济极为薄弱，岛上贫瘠的土地未能生产出足够的粮食以及值得一提的土特产品；环绕四周的大海尽管有众多的鱼虾，却未能形成一定规模的渔场；岛上没有矿产，缺乏能源，一海之隔的同安、杏林等地早在五代时期就有了相当发达的纺织业、陶瓷业、冶铁业、制盐业，而嘉禾屿的手工业还是一无所有。早在三国孙吴时期，吴国政权就在侯官县（今福州、闽侯、连江一带）设立了典船校尉，可见此时这一带的造船业已达到一定规模。到了宋代，长乐、泉州、兴化、漳州的造船业也兴旺一时，史籍称"海舟以福建为上"。而嘉禾屿的造船业直至明代还基本上是一片空白。其实，这并不奇怪。只要身临其境地想一想就会明白：当时要把造船所需的硕大木材运到"四向沧波"的嘉禾屿何等不易！

要致富，先修路，这是后人总结出来的经济发展路径。孤立海中的嘉禾屿当时没有连接大陆的桥梁等通道，岛上尽管有众多可供停泊船只的港口，但海禁政策背景下的港口基本上是摆设，派不上用场，即使排除了海禁政策的因素，商船如果停泊在嘉禾屿，货物从船上卸下登陆后，又得再用船只运往附近地区的内河港口，再转运到内地，而当时稍大的商船吨位大约二千石，都可以直接驶入福州、泉州、漳州等地的内河港口，然后转为陆运，将货物销往内地；同样道理，内地的货物销往海外，如果过泊嘉禾屿，必然多加一番折腾。因此，嘉禾屿的被遗忘，势所必然。

经济不发达、交通不方便、军事上为"绝地"是明朝廷对嘉禾屿等沿海岛屿的认知。这种认知加上害怕老百姓踞险作乱，成为明朝廷厉行海禁政策的思想基础。

与此同时，明朝廷却大手笔组织了海上行动：永乐三年至宣德五年（1405—1430），大太监郑和奉命先后七次率领庞大的船队出使西洋。

郑和七下西洋，与福建关系甚大。

福建自古以来就有造大船的传统，吴国时曾在建安（今福州）附近设立温麻船屯专门建造各种海船，郑和船队的不少船只也是长乐、泉州制造的。闽人为什么要造多帆大船呢？这是因为，福建的商品流向极广，"凡福之绸丝，漳之纱绢，泉之蓝，福延之铁，福漳之橘，福兴之荔枝，泉漳之糖，顺昌之纸，无日不走分水岭及浦城之小关，下吴越如流水。其航大海而去者，尤不可计"。古代的长距离航行不得不考虑季风因素。以福建与北方的联系而言，福建商船每年在春夏季节顺南风北上，每年秋冬乘北风南下。受制于风向，福建与北方每年只能往来一次。商人考虑利益最大化，就会尽量把船造大一些，可以多载货多获利。正如诗人吴伟业所写："眼见当初万历间，陈花富户积如山。福州青袜乌言贾，腰下千金过百滩。看花人到花满屋，船板平铺装载足……"

也正是因为季风问题，通常郑和下西洋，都会早早离开南京，从太仓港出发，提前数月到福建长乐太平港候风，待北风迅烈的次年正月，正式从闽江口出发南下。福建海面的东北季风，起于九月，结束于一月。郑和舰队南下东西洋，不可错过季风。他们在闽江口外港稍事整顿，会同闽江口出来的福建水师，直接向南海驶去。郑和也曾南下泉州，在泉州府的海边祈请海神、风神的庇佑。泉州古船陈列馆内至今还陈列着郑和第五次下西洋船队在泉州港石湖遗留的一个重七百多公斤的铁锚"镇海神针",那次从福州长乐出航是永乐十五年(1417),郑和亲自率队横渡印度洋,直接抵达东非诸国,到永乐十七年秋七月归来,带回忽鲁谟斯国进献的狮子、金钱豹、大西马,阿丹国进献的麒麟和长角马哈兽,木骨都束国进献的花福禄和狮子,卜剌哇国进献的千里骆驼和驼鸡,爪哇、古里国进献麋里羔兽,引起北京官民的轰动。作为此行的佐证,泉州灵山至今还竖立着一块记载郑和1417年"前往西洋忽鲁谟斯公干""于此行香"的碑刻,泉州惠安如今还能看到两条郑和军帮助修的"郑和堤"。

但是,郑和远航是朝廷的官方行为,对民间依然实行严格的海禁政策,真正是"只许州官放火,不许百姓点灯"。当郑和的船队在喧天的鼓乐声中从长乐太平港、泉州刺桐港等扬帆出海时,依旧寂寞着的泉州府同安县中左所只能隔着浩淼烟波翘首北望。

明太祖时期,朱元璋深感对明朝最大的威胁来自北方,明军的主要力量必须对付北方草原的残元势力,对神秘莫测的海洋暂时采取守势,一禁了之。迨至明成祖的时代,中国内部已经稳定,对明朝北疆形成较大威胁的"北元",经过明军多次打击,大都逃往北疆深处,不能形成大规模的威胁。明朝若想有所作为,必须调整海洋策略。因此,明成祖朱棣上台后,海禁政策有所松动,开始允许沿海百姓在海岛居住,但碍于朱元璋的《皇明祖训》,仍然一刀切地禁止民间造船、禁止沿海百姓出海讨生活。

然而,此时世界范围内的大航海时代已经到来,海禁政策与凭借当时最新的航海技术穿越太平洋、力图开辟东方贸易路线和殖民地的西方列强爆发了强烈的冲突。闽南民谚称:"严官府,出厚(方言,多的意思)贼。"海禁政策的结果之一是迫使长期以来依靠海上经商和捕捞的百姓铤而走险,催生了大大小小的海上武装商业集团及形形色色的海盗。曾经千帆竞航、百舸争流的海上丝绸之路失去了往日的平静和繁荣,嘉禾屿附近海域成了充满刀光剑影的战场。

葡萄牙人发现了绕非洲好望角通往印度的欧亚航路之后，中西交往势所必然。明正德十二年（1517），葡萄牙派出的使者到达广州。随后，葡萄牙的武装商船开始北上。清道光《厦门志》载：嘉靖二十六年（1547）"佛郎机番船"即葡萄牙武装商船进入嘉禾屿外海，停泊在浯屿海面，招引泉州、漳州的商民前去贸易。"巡海副使柯乔发兵攻之，不克。"葡萄牙人和当地百姓的贸易照旧暗中进行。时任巡抚（后改为巡视）浙闽海防军务的官员是都察院右副都御史朱纨。朱纨下令采取严厉措施，凡是双桅以上的船只全部收缴捣毁，福建人建在浙江双屿的天妃宫也不能幸免，还派出巡逻船只，捉拿出海与洋商作交易的"奸民"。但是，对于人地矛盾十分突出的沿海百姓来说，禁止出海捕鱼、经商，无异于断了他们的生路。因此，他们和官军玩起了"捉迷藏"。官军的船出海时，看不到一船一人；官军的船一返航，生意又做了起来。朱纨大怒，令柯乔与都司卢镗摧毁双屿、月港等走私贸易的根据地，严巡缉拿捕获海盗李光头等九十余名商贩，将他们全部处死。葡萄牙人大为震惊，将船驶离浯屿。

对于朝廷的禁海政策，不少官员尤其是家在沿海省份的官员也颇有微词，他们的许多亲友甚至他们自己都必须通过海上贸易维持或提高生活水准，正是"危樯巨舶昼纵横，海上时闻鼓角鸣"。一些官员也曾向朝廷上书，建议为"裕国利民"而取消"海禁"。曾任广东按察司金事的同安人林希元赋闲在家仍公开支持海洋贸易，他说："佛郎机之来，皆以其地胡椒、苏木、象牙、苏绸、沉、速、檀、乳诸香与边民交易，其价皆倍于常，故边民乐与为市。"并进一步放言："佛郎机未尝为盗，且为吾御盗；未尝害吾民，且有利于吾民也。"朱纨处死通商商民九十余人的事件发生后，朝野舆论哗然，林希元及兵部尚书翁万建、御史陈九德、兵部侍郎詹荣等许多官员提出质疑，上书指责朱纨"专杀""擅杀""滥及无辜"，朱纨等人被革职，交由兵科给事中杜汝桢和御史陈宗夔讯问。朱纨愤然道："去外国盗易，去中国盗难；去中国濒海之盗犹易，去中国衣冠之盗尤难。"并在收录于陈子龙编《皇明经世文编》的《阅视海防事》文中点名道姓指责同安进士、闲居官员林希元是个热衷于建造违制大船下海贸易获利的人：

> 考察闲住佥事林希元，负才放诞，见事风生。每遇上官行部，则将平素所撰诋毁前官传记等文一二册寄览，自谓独特清论，实则明示挟制。守土之官畏而恶之，无如之何，以此树威。门揭林府二字，或擅受民词，私行拷讯，或擅出告示，侵夺有司。专造违式大船，假以渡船为名，专运贼脏并违禁货物。

这是一条爆炸性的材料。朱纨公然指责林希元与走私者狼狈为奸，私造大船、违禁经商，足见当时海上走私贸易风气之盛。

关于朱纨滥杀商民事，《闽书》的记载与道光版《厦门志·旧事志》所载略有出入。《闽书·文莅志》称：停泊浯屿的并不是"佛郎机番船"，而是"满喇伽"（满剌加，今马来西亚马六甲州）国番人的船只。"满喇伽"番商"每岁私招沿海无赖之徒往来贩鬻"，但"未尝有僭逆流劫之事。（明嘉靖）二十七年复至漳州月港、浯澳等处。各地方官员当其入港，既不能羁留人货，疏闻庙堂，反受其私赂，纵容停泊，使内国奸徒交通无忌。及事机彰露，乃始狼狈追逐，以致各番拒捕杀人，有伤国体。及诸贼已擒，又不分番民首从，擅自行诛，……纨既身负大罪，反腾疏告捷。而海道副使柯乔、都指挥佥事卢镗，复相与佐成之，法当首论"。经过兵部和三法司复核，讯问结果确实无误，朱纨等三人获罪下狱。朱纨知道自己厉行禁海，得罪的人太多，遂服药自杀身亡。

《闽书》总纂何乔远是中左所何厝村的族亲，万历十四年（1586）进士，后乡居泉州20余年，著述颇多，被视为闽中理学的代表人物之一，又是著名方志学家，主持编纂《武荣全集》《安溪县志》，参与编纂《泉州府志》等书，明天启元年（1621）被启用为太仆少卿，后署理户部、工部尚书。何乔远与闽南主张开海的士绅关系相当密切，曾三度登临中左所，拜会族亲、文友，寻幽探胜。虎溪岩石壁至今尚存有何乔远的诗。《闽书》称前来福建沿海贸易的是"满喇伽"番船，《厦门志》则称其为"佛郎机番船"即葡萄牙番船。二者其实是同一回事。当时的"满喇伽"已经成为葡萄牙的殖民地，将前来做生意的番船说成"佛郎机番船"或"满喇伽"番船，均无不可。只是"满喇伽"明初曾经是朱明王朝的朝贡国，葡萄牙则是西方"蛮夷"。朱纨的对立派将其说成朝贡国"满喇伽"的番船，而且没有干悖逆、抢劫的违法之事，显然是在为出海通商的商民说话，但这一来却坐实了朱纨"滥杀无辜"的罪名。

这场禁海与出海的交锋从头到尾都显得十分吊诡。从参与走私的商贩被处死九十余人来看，禁海派似乎大获全胜。但从朱纨、柯乔和卢镗下狱的结局来看，又是出海派占了上风。说出海派占了上风，但朝廷的海禁政策却没有根本改变，辽阔的海洋仍旧是不许出入的禁地。

葡萄牙人到福建做生意的尝试失败后，西班牙人跃跃欲试。明万历三年（1575）七月，已经在马尼拉实行殖民统治的西班牙人派出一个使团，从马尼拉来到中左所，请求拜会福建地方长官，允许他们进入福建传教和开展贸易。驻守中左所的军事长官似乎有点自信，慷慨地让西班牙的使团从所城南门进入，穿过城内大街，从西门出城，使西班牙使团得以目睹厦门城的风光并赞不绝口。但中左所的官员并没有权力对贸易和传教之事作出答复，只能将此事层层上报，奏请朝廷决断。明朝廷虽然刚刚于几年前开放月港作为对外贸易的港口，但月港的对外贸易只是允许国内的商船贩运丝绸布匹、陶瓷纸张之类的土货到东南亚一带，并不允许外国商船前来贸易，更不用说传教了。朝廷对于外国人还是戒心十足。但朝廷禁令没能阻止西班牙人与福建的贸易，国外资料记载："西班牙人设法引诱其他人和他们通贩，并成功地逐步建立一个需要30—40艘海缯运货至马尼拉的贸易。这个贸易年收入在一百五十万金币以上。主要的商品是生丝，它们从马尼拉转运到墨西哥，在那里被用来织造当时流行的著名的绸布。"所谓"设法引诱其他人和他们通贩"，说的是地方官员瞒着朝廷和西班牙人通商的走私行为。这种行为冒着被朝廷砍头的危险，因而无法持久。

俗话说"靠山吃山，靠海吃海"，现在岛上百姓靠海吃不了海，只能凭借岛屿极其有限的土地资源，维持传统的农耕生活，致使社会经济发展缓慢。据史料记载，直至明朝末叶，岛上居民仍不足万人。以中左守御千户所的驻地中左所（今江头一带）为中心的低丘、小平原俗称山场，基本上靠种五谷杂粮谋生；与这些山场毗邻且傍海而居的则过着半耕半渔的生活。厦门城城内及附近的居民只得从军和经商。得益于中左千户所军事上的庇护，中左所和厦门城附近似乎没有受到太多的外来骚扰，日常生活按部就班进行。据统计，从明洪武初年至崇祯末年，276年间全岛有53人考取举人、贡生，其中考中进士的10人。这53人中许多人出自中左所、厦门城以及附近村社。这些地方的居民有不少是中左守御千户所官兵的随军家属。最典型的例子便是池姓人家。池家原籍福安县（旧称长溪）小留，与薛令之同乡。明永乐年间因战功升迁永宁卫中左所总旗，遂在中左所安家，逐渐成为中左所知名的官宦之家。其后代池浴德、池显京、池显方均是嘉禾屿名声颇佳的乡贤。池显方的《晃岩集》等诗文集以及阮旻锡的《夕阳寮诗稿》等作品成为厦门岛晚明文化难得的一抹亮色。

但是，明朝廷对于海洋的恐惧，注定了中左所即便能勉强自保，也无法成为东南部的海上屏障。

倭寇进犯

"赤脚大仙"朱元璋荣登皇位，志得意满，傲视群雄，怎么会搞出一个很不自信的海禁政策来呢？

事实上，明朝开国之时，一个拥有数百年历史的贸易传统早已将中国南部沿海、日本和东南亚连接起来，成熟的航海科技让从事海上贸易的商人满足着世界对中国制成品的需求，以及中国人对热带产品和白银的需求。

朱元璋并不想完全切断这类贸易，而是希望加以管制和约束。学术界对他禁海的动机有共识：一为少生事端，二为官家的贸易特权。官方的朝贡贸易合法，私商违法，即为界限。这个"万国来朝"的朝贡体系关系皇家颜面，必须维持。最让朱元璋头疼的是，明军不仅要北伐躲进大漠深处游击的残元军队，而且还要面对不断袭击中国沿海的倭寇，军力、财力一时顾不过来。我们知道，中国的历代王朝大多以内陆地区为根据地，处理海上情况向来经验不足。明朝政府大概希望通过厉行不接触的海禁政策，勿须用兵而拒人于海外。这个意思，朱元璋的《皇明祖训》里就有。

问题是，你不想生事端，麻烦就不找上门吗？马克思早就注意到了资本与利润的关系，认为一旦有适当的利润，资本就大胆起来，如果有百分之十的利润，它就保证到处被使用；有百分之二十的利润，它就活跃起来；有百分之五十的利润，它就铤而走险；为了百分之一百的利润，它就敢践踏一切人间法律；有百分之三百的利润，它就敢犯任何罪行，甚至冒绞死的危险。倭寇正是为获取巨额利润而来，而且非常猖狂："自余姚先渡钱塘江的流倭五十三人，经徽州、宁国、芜湖至南京，经溧水、宜兴、无锡到常熟沿海，即赴柘林（今上海市南部沿海附近），转战三千余里，所向无敌。"50多名倭寇居然一路抢劫1500多公里，实属荒唐。《剑桥中国明代史》的作者已经敏锐地发现，"十六世纪初以来小股日本武士就断断续续地入侵中国海岸"，这是先施放的试探气球，随后因为贸易问题，开始"采用海盗手段"。而在朱明王朝治下，在十六世纪"二十和三十年代期间，小群海盗沿着从浙江到广东的东南海岸到处袭击。这些袭击由隶属于不同首领的帮伙进行，他们和当地民兵打仗，也同样多地相互交战。海盗帮伙常常包括因为各种原因而被迫过非法生活的平民和没有自己的计划或抱负的百姓。当他们能够依靠贸易赚钱时，他们便从事贸易或为其他的商人和海盗当掮客；当他们不能做买卖时，他们便抢劫；他们常常既做买卖，又进行抢劫"。因为他们多为日本人，国内的大多数典籍便将倭寇和海贼、海盗统称为"倭寇"，即矮小的日本强盗。

其实，"倭寇"之说是有来历的。张瀚《松窗梦话》卷三《东倭纪》说：

日本在东南大海，近日所出，故以名之，即古倭奴国。海中诸夷，倭最强盛……

我明洪武初，倭奴数掠海上，寇山东、直隶、浙东、福建沿海郡邑，以伪吴张士诚据宁、绍、杭、苏、松、通、泰，暨方国珍据温、台等处，皆在海上。张、方既灭，诸贼强豪者悉航海，纠岛倭入寇。

当时，日本处于南北朝最动乱的时期，加入南朝一方的九州海贼武士、武装商人以及海上流浪者为了物资的补给抢夺粮食，绑架住民。不久，他们的活动范围扩展到中国沿海。他们还与以江苏、浙江沿海地区为地盘的张士诚和以浙江地区为地盘的方国珍等海上势力联合起来袭击中国沿海地区。张士诚、方国珍相继被明军平定后，他们的余党与倭寇结合，频繁进行海盗活动。

明太祖朱元璋为取缔倭寇采取了一系列海禁锁国政策，但并不奏效。相反，倭寇越聚越多，有些并非是真正的日本人。明洪武年间，沿海岛民被迫迁居内陆后，鼓浪屿、浯屿等岛屿就成为海上盗贼出没的藏身之处。这些盗贼不少原先也是安分守己的百姓，明朝政府的海禁政策使他们一夜之间沦为海岛上的非法居民，断绝了他们的生活来源。为了维持生计，一些人不得不利用对于港湾航道的熟悉、对于潮水风信的了解，出没于风里浪间，干起杀人越货的勾当。这无异于逼良为娼。屠仲律《御倭五事疏》说："虽概称倭夷，其实多编户之齐民也。"

清乾隆《同安县志》记载：明正统十三年（1448）正月，"沙尤贼"沿漳州至泉州的官道前往攻打同安县城，积善里人刘雄率家丁、乡民堵截。第二天盗贼纠集大批人马前来报复，刘雄战死，刘家被焚毁殆尽。正统十四年（1449），"沙尤寇陈敬德"攻打同安县城，邑人叶秉乾率乡兵将陈敬德击退。清乾隆《同安县志》还记载：正统十四年，"倭寇"闯入积善里劫掠，积善里窑山村人周彝训率村民反抗，战斗中马陷淤泥，其子怀炯上前救助，父子二人同时殉难。马銮海滨原有屿子尾宫，供奉无名神

马銮屿子尾宫，即有应宫

灵，据传宫中神灵有求必应，又称有应宫。2014年当地信众设立有应公文化节，将周彝训父子神位移入屿子尾宫，与原有神灵并祀。

上述记载所说的"沙尤贼""沙尤寇"，指的是明正统十三年二月在沙县陈山寨起义的邓茂七。明代规矩，地方若有人造反，守官是要被问罪的。因此，当时的地方官员有说邓茂七是沙县人，有说是尤溪人，甚至还有说是江西人，因为江西离起义发生地实在是太远了，就笼统称之为"沙尤贼"或"沙尤寇"，其他地方如有人闹事，当地守官统统称其为"沙尤贼"或"沙尤寇"，以推卸责任。实际上，邓茂七自明正统十三年二月起义，十四年二月就被镇压了。主要活动范围仅在沙县、延平（今南平）一带，根本没有到过同安。出于同样的原因，上述记载所说的明正统十四年"倭寇"劫掠同安积善里，也不是真正的倭寇。倭寇从明初开始为害中国沿海，但在同安范围内出现，是明嘉靖三十六年（1557）的事。

清道光《厦门志》载：明"正统十四年（1519），海贼张秉彝攻中左所"。张所率海船竟有"二百余"艘之多。嘉靖二十四年（1545），"海寇掠中左所。……时值饥荒，寇登岸，杀居民，搂辱妇女，索银赎命，穷民投附助成其势"。明嘉靖年间，嘉禾屿驻有中左千户所官兵近千名、浯屿水寨水兵约六百名，竟然无法保证岛上居民过上正常生活，足见当时海盗人数之众、兵力之强。有的海盗山贼甚至乔装打扮，冒充倭寇打家劫舍。明《世宗实录》卷四〇三载："盖江南海警，倭居十三，而中国叛逆者居十七也。" 张瀚《松窗梦话》也说："自后闽、浙、江、粤之人，皆从倭奴，然大抵多华人，倭奴直仅十之一二。彼贪中国贸易之利，或附贡舶，或因商舶，其在寇舶，率皆贫穷。"

真正的倭寇出现在厦门湾时，人们闻风丧胆，就连同安县城和驻有军队的中左所，也不能过上安生的日子。明嘉靖三十六年（1557），倭寇开始进犯同安。据清道光《厦门志》载：明嘉靖"三十六年冬十一月……掠同安"。"三十七年……攻同安。十月攻铜山、漳浦、诏安。""三十八年春正月，倭自浯屿掠月港、珠浦、官屿。五月，掠大嶝。""三十九年四月，漳贼谢万贯率十二舟，自浯屿引倭陷浯洲，大掠。"仅明嘉靖三十六年至隆庆三年（1557—1569），"倭寇"劫掠同安便达10次之多，其中攻打同安县城3次。

一方面是倭寇穷凶极恶，一方面是明朝的官军久耽安逸，战斗力极为低下，以致倭寇横行长达数十年之久，福建的沿海府县没有不受其蹂躏的，百姓谈倭色变。《闽书·岛夷志》痛心疾首地写道：至明嘉靖三十八年（1559年），"福、兴、泉、漳，无地非倭矣。三十九年，破永定城，又破宁德县，……兴、泉、漳三郡，城以外皆为贼薮。贫民无赖者窜入贼中，为之谋主、羽翼，掠行人，发坟冢，量其家赀索赎。诸将帅冒功饰败，贼满载归者，指为逐遁，阻风旋者，指为遮击，上下相蒙，遂成故事"。就在倭寇横行无阻之时，浙江参将戚继光率领训练有素、英勇善战的义乌兵挺身而出，成为抗击倭寇的主力军。从明嘉靖三十九年至隆庆三年（1560—1569），戚家军接连打了几场大胜仗，俞大猷、张奇峰等将领所率领的军队，也给来犯的倭寇以沉重打击。

明嘉靖三十九年（1560），又有一批倭寇屯驻浯屿，与漳州的盗贼谢万贯等相互勾结，先是劫掠浯洲（今大金门岛），后又进犯月港。官军从漳州、海沧、白石、镇海等处围击，将其赶出月港。参将王麟、把总邓一贵率水师在鼓浪屿以东的海面上与倭寇展开激战。击沉倭寇船只数十艘，生擒倭寇首领孙上健、尚乾以及贼首徐老、许西池、王老等人，全歼倭寇三千余人。这是明朝政府军抗倭期间在中左所海域打得最漂亮的一场胜仗。明隆庆三年（1569）四月，200余名倭寇盘踞嘉禾屿附近海域的塔屿，击败把总毛介、参将王如龙所率政府军。指挥张奇峰率当地人为主的团练土兵前往增援，一举攻克塔屿，200余名倭寇被斩俘无余。此仗成为剿灭倭寇最后一仗。此后，倭寇再未敢觊觎嘉禾屿一带海域。

这场旷日持久的抗倭战争留给嘉禾屿的，还有抗倭名将戚继光、俞大猷刻在万寿岩的诗篇。

戚继光《题万寿岩》写道：

> 万刃峰峦耸目前，不须雕巧出天然。
> 露涵石瓦生春色，炉爇旃檀起瑞烟。
> 自信明时无隐逸，还疑僻处有神仙。
> 公余正好谈玄妙，又统三军过海边。

俞大猷步其韵成《题万寿岩》诗：

> 幽岩屹立梵宫前，片石呈奇瓦俨然。

峭壁罅虚寒漏月，博山香爇煖生烟。

高僧煮茗能留客，樵子观棋每遇仙。

说罢禅机登绝顶，恍疑身在五云边。

与戚继光早期"一年三百六十天，都是横刀马上行"的抒怀相比，他在中左所的诗句则充满了胜利之后的平静、自信与超脱。中左所一般的百姓关于戚家军的印象则是他们那奇特的食物：环状的、加入食盐烘烤而成的烧饼。据说，戚家军有了这种做成环状的烧饼，遇到紧急情况，在脖子上挂上一串烧饼就可以出发，反应速度大大提高，有利于实施出其不意的军事打击。老百姓把戚家军的特殊军粮亲切地称为"咸光饼"。

值得注意的是，明朝廷于隆庆元年（1567）开放漳州月港，两年之后，"倭寇"即被剿灭、驱除，这固然是戚家军等军队努力作战的结果，但同漳州月港开放后百姓在一定程度上得以安居乐业、"倭寇"失去内应和附从也不无关系。《闽书·风俗志》写道：海澄有番船带来的富饶，当局禁海，担心奸民成为朝廷的心头之患，不考虑漳州百姓如何能富庶，也不想经济上如何往来。开海后来到此地，看到许多人盖了新房，丰衣足食，不至于靠乞讨、偷盗谋生。足见海外贸易是不可以禁止的呀！

"仓廪实而知礼节，衣食足而知荣辱。"管仲不愧是辅佐齐桓公成为第一霸主的谋士，他上面说的名言看来是不无道理的。

活力厦门湾

　　海洋既蕴藏危险，又带来机遇。

　　一般认为，历史上著名的大航海时代开启于15世纪初，即明永乐年间。虽然在此期间郑和七下西洋，但中国还是错过了大航海时代。大航海时代的关键在于欧洲人发现了美洲大陆，而不是单纯的航海。哥伦布发现新大陆是十五世纪西欧航海家开辟新航路中最重要的航海行动，它使环球航行既成事实。随着新的航路、新的贸易路线的开辟，欧洲人沿着海上丝绸之路开始出现在世界东方。凡尔纳《历史上的科学》对此一过程描述道："由于海外贸易的利润，使得第一次积累流动资金成为可能，就是投入生产企业，而不只投在土地上的资金。更因贪得更多的利润，就导致了造船和航海两业的迅速发展，结果是，航海实足以代表对知识范围的大突破，其重大无殊于它们对地球范围的突破。"

　　此后，葡萄牙、西班牙、荷兰的武装商船频频进入福建东南海域，从汕头到泉州湾一带沿海的海上贸易十分盛行。有研究表明，明代中国市场对白银的渴望，是这一时代国际市场运作的原动力。葡萄牙人执著地要进入中国市场的原因在于欧洲巨大的黄金、白银储备和东西方之间银价的巨大差异，葡萄牙人只有将欧洲的白银花在东方市场，才能实现较高的经济价值。中日贸易利润也非常可观，生丝、水银等俏货可以在日本卖得十倍价钱。日本又于嘉靖五年（1526）发现石见大银矿，大量出产中国市场必须又不足的白银，由此引发了大航海时代以白银为主题的东方贸易浪潮。

受到中国与日本之间白银贸易的吸引，在马尼拉经营的西班牙人携来美洲的巨额白银，介入中国对外贸易。其时，葡萄牙人在澳门建立巩固的贸易据点，荷兰人进入爪哇岛的巴达维亚，三个欧洲国家商人相互争斗，争取垄断对华贸易，而闽粤商人长袖善舞周旋在各大势力之间发展自己。其中海上贸易最发达的还是漳州、泉州区域，他们一面进口粮食和纺织品这两项基本生活用品，一面出口蔗糖、陶瓷、丝绸等本地特产及外购商品，从而形成了以"大进大出"为特点的"泉漳模式"。海上贸易的扩大化，使海上丝绸之路沿线国家民众的消费观念趋于一致，丝绸、瓷器、香料、宝石成为亚、非、欧诸国共同的消费品，东亚的中国购取西亚及南亚的宝石和黄金首饰，西亚民众购取中国的丝绸、瓷器，而东南亚的香料是所有人都追求的高尚消费，从而开启了人类相互需要的全球化过程。

漳州月港在海上丝绸之路的贸易中扮演了重要角色。

月港位于九龙江出海口。这一带海域岛屿众多，便于舟船隐蔽，加上该海域处于泉州、漳州二府交界处，为官府防备的薄弱环节。学界由此认为，对于明朝的海禁，不止要看到本身政策演变的过程，还要看到它的地区不平衡性。明朝海禁在各地区的执行力度是不同的，一般来说，在浙江、江苏及福建的福州、泉州，官府的海禁政令执行较好，而在福建的漳州及广东的潮州执行较差。这两个地方常有海上武装横行，动辄有数十上百船舶与官军作对。导致出现这种局面的原因很多，其中很重要的一条是当年为郑和下西洋驾船的火长、水手主要是漳州人（与郑和并列为正使的王景弘也是漳州人），他们随郑和航海后对海外世界更为熟悉，早在郑和七下西洋的后期，他们就开始冒充明朝的使者"出使"海外国家，进行冒名的海上贸易。郑和航海因经费不足等原因停止后，他们在东南亚海上更是为所欲为，甚至冒充许多国家的使者到中国进贡。因此，漳州、潮州的口岸不断有东南亚的商船来访。漳潮民众的海上活动，保存和延续了中国民间的海洋文化传统，成为私人海上贸易发展的基础。

漳潮沿海的走私贸易兴起于明正统年间（1436—1449）。虽遭官府多次严厉镇压，其势头仍无可遏制，迫使明朝廷于隆庆元年（1567）废除实行了近200年的海禁政策，正式开放月港为对东洋、东南洋的贸易港口。但是，开放月港只是允许中国商人向官府申请、获得许可证之后到东西洋贸易，不许外国商船进港。外国人是不能与天朝做生意的。他必须事先上表，表示臣服，愿意前来进贡。得到朝廷批准后才能进港。他船上的货是不能标价的，要说是献给中国皇帝的贡品，朝廷根据他进贡礼品的数量、价值赏赐相应的丝绸、布、瓷器或茶叶。这叫朝贡贸易，类似于以货易货。明万历十五年（1587），月港开放20年之后，西班牙人曾派出一个使节团到中左所即厦门，与官员谈判，要求开展正常贸易，最后还是被拒绝了。

月港就在今天的漳州龙海市海澄镇，与嘉禾屿碧波相连，仅有七八十里的水程。但是，当年进出月港的商船对嘉禾屿似乎不屑一顾。进港时，它们直奔九龙江喇叭形的出海口而去，过了海门岛，便沿着西面的水道进入月港。出港时，则贴着九龙江出海口的南岸东进，绕过漳州平原东部的滨海地区，出了浯屿，或扬帆南下，或乘风北上，把嘉禾屿孤零零地抛弃在身后。许多时候，贸易商船就停泊在浯屿、大担、南太武山附近的海面上，并没有去理会近在咫尺的中左所。明代的航海书籍《顺风相送》和

《指南正法》详细记载了月港一带海域放洋至国外的航线，其中多处提到月港、浯屿、大担、南太武山，没有一条航线提到中左所或嘉禾屿。

当时的中左所隶属泉州府，据可靠史料记载，泉州知府眼看着与中左所仅有一水之隔的月港日子过得红红火火，未免心有不甘。他向管辖漳州府、兴化府、泉州府的漳泉道抱怨：贩东西洋之利都由月港独享，以致泉州府兵饷匮乏。建议贩西洋的船到月港，贩东洋的船到泉州港，在中左所设立海商贸易管理机构"督饷馆"，就是类似于现在的海关或税务局，负责查验往来船只和抽饷。这是一个高瞻远瞩的建议，如果能真正得以实施，中左所的历史可能会改写。但这一建议遭到缺乏大局观的漳州知府的坚决反对，最终胎死腹中。

嘉禾屿错过了一次华丽转身的机会。

但是，机会并没有完全消失，大航海时代开辟的海上丝绸之路造就了厦门湾繁盛一时的海上贸易。

厦门湾，指的是嘉禾屿周围方圆数百里的广袤海域，其东北部与泉州湾部分重叠，西南部与历史上称为九龙江河口或漳州河口的漳州湾部分重叠，外围延伸到浯洲、烈屿一带海域，根据史料记载，甚至福州一带的船只也会出现在这片海域。

明代长期实行禁海政策，天启年间（1621—1627）漳州月港被弃用后，港口贸易基本停顿。当时中左所即厦门岛也没有适宜大型商船靠泊的码头。荷兰人曾利用帮助郑芝龙打败他的海盗对手所建立起来的好感派出水手前来观察中左所周围的地形，"他们发现，整个沿岸的靠岸地带以及该岛的东端外海，都充满石头和暗礁，即使涨潮的时候，白天开快艇去那里也会有危险，其他外海则安全且水很深"。因此，荷兰人与沿海商人的贸易全部在厦门外海进行。中国的商船则把货物直接送到荷兰商船上来。荷兰东印度公司驻热兰遮城（在今台湾省台南市）代表逐日撰写的《热兰遮城日志》对于这种船对船的交易有过具体的记载：

1629年（明崇祯二年）

12月12日"抵达漳州河"，12月19日"开船去停泊在梧屿岛下方"，12月20日派商务员去李魁奇那里，"请他派一个人来船上看货，并请他准备一些红砖送来我们船上"。

1630年（明崇祯三年）

1月4日"有一个中国人带600匹cangan布来船上"；1月5、6、7日"有几个商人带一些cangan布和低劣的布料来船上。……Goycko来船上两三趟，带来10至15担的生丝。……傍晚李魁奇送500匹大的cangan布来船上"。

2月15至22日"有很多商人带商品来船上。……一官派他的兄弟，名叫Sisia的，带二十锭黄金来交给长官阁下"。

3月1、2日"有几个商人带瓷器、明矾等货物来船上"。

3月11至14日"忙着在出售胡椒、象牙、檀香木等我们的商品给几个商人，并收购运到船上来的货物"。

最能说明这种"船对船"海上贸易方式的是郑芝龙的部将钟彬驻守中左所期间与荷兰人签订的一份通商合约。合约共有8个条款，主要内容如下：

  在荷兰人得以跟戎克船自由交易的情况下，荷兰船未得Sohgia（钟爷）许可，不得前往中国沿海；

  荷兰人未得Sohgia许可，不得在中国登陆；

  华商得以在厦门湾的一艘戎克船里与荷兰人自由交易；

  华商得以自由航往巴达维亚与福尔摩沙；

  荷兰人得以用戎克船自由运货去厦门湾交易……

  概括地讲，合约的中心意思就两个，一是所有交易只能在厦门湾的船中进行，二是荷兰人未经准许不得登陆。

  从上述《热兰遮城日志》中多处提到的海域来看，合约中提到的"厦门湾"包括浯屿岛附近海域、大担岛附近海域、漳州河口（九龙江出海口）及鼓浪屿南面海域。明代中叶，明朝因粮饷困难，将厦门外岛浯屿的驻军撤至厦门岛，筑军寨于胡里山炮台内侧的山坡上，松懈了对浯屿、大担附近海域的管控。

  钟斌与荷兰人签订的通商合约顾及中国政府的面子，规定"荷兰船"未经许可不得进入中国沿海，但生意不能不做，因此默许荷兰人偷梁换柱用"戎克船"运货进入厦门湾。"荷兰船"通称夹板船，"戎克船"被学术界称为中国帆船。为什么这一时期的中国帆船会被称为戎克船呢？戎克为荷兰语的译音，它的本意是闽南话龙溪。龙溪指龙溪县（今主要为龙海市辖区），在九龙江上游。明代隆庆元年（1567）开放月港前后，龙溪是闽南地区重要的内河港口、造船基地，明末清初福建水师提督署都驻扎在龙溪。九龙江流域的船只大都自称为龙溪船。钟斌允许为荷兰人运货的中国帆船进入厦门湾，不允许荷兰人的夹板船进入，说明即便是军权在手的将领，在与荷兰人做生意的时候，也生怕被人发现。"荷兰船"进入沿海都受到严格限制，更不用说在沿海港口靠泊了。可见明朝廷的禁海政策还是十分严厉的，至少漳州、泉州二府执行得比较到位。

有一点应该注意，《日志》中多处提到厦门、安海等地名，并不等于荷兰商船可以直接在这些地方靠岸停泊。根据《日志》的具体记载，《日志》中提到中国沿海地名的时候一般表示两种状况：或是表示相应的海域，或是表示船主来自什么地方。有人根据《日志》中多处提到某个地名，就断定当时该地的港口出现繁荣景象，这其实是一种误解。大量的资料证明：明末清初福建东南沿海的海上贸易主要在厦门湾通过"船对船"的方式进行，这种贸易方式不同于当代的港口贸易，也就是说，当时福建沿海各地均不存在现代意义上的通商港口。

前些年，英国牛津大学图书馆发现一幅中文标识的明末航海图，以已知最早收藏家的姓氏命名为《雪尔登中国地图》，这张地图传入国内之后，有关学者认为该图描绘的并非"中国"，而是中国东南沿海与东西洋之间的航道，因此建议将这张地图命名为《明东西洋航海图》。这张航海图没有标出中国通往东西洋的航线的始发点究竟是大陆东南沿海哪座城市，学术界为此产生了颇多争论。其实，在明朝严厉禁海的背景下，哪一座城市都不可能成为当时东西洋航线的始发点，厦门湾活跃的海上贸易情形可以证明：《雪尔登中国地图》或称《明东西洋航海图》中航线的始发点就是厦门湾。

厦门湾活跃的海上贸易为中左所带来了活力。最先感受到这股活力的是中左所南端的曾厝澳。这，不是鼓浪屿的内厝澳。

曾厝澳即当下广为人知的厦门岛滨海风情旅游热点渔村——曾厝垵。如今的曾厝垵，依山面海，风情独特，游人如织，殆无虚日。但少有人知晓，曾厝垵的繁盛竟然植根于数百年前。

在风向不顺或无风的时候，从厦门湾湾内同安港、浔江港、杏林湾、马銮湾、海沧港和月港等地出来的船只，会在曾厝澳稍事停留，候风出航。

　　即便是短暂的停留，也犹如海上吹来的强劲罡风，吹开了笼罩在中左所上空沉闷的云。明代岛上名士池显方所著《大同赋》中专门有一段文字描绘当时中左所的社会状况，他写道：

　　　　旁达西洋，商舶四穷。冬发鹢首，夏返梓栊。朱提成岳，巧珍如蒿。醽醁如淮，肴品若崧。俳优传奇，青楼侑觞。蛾眉织腻，綦履轻蹦。飒纚要绍，七盘鹄翔。卖眼拂袖，烛灭滓香。

有学者认为，池显方的这段描写说明当时的中左所已经成为繁华的通商口岸。其实未必。明朝廷长期实行"朝贡代替通商"的政策，即使在开放漳州月港之后，朝廷对对外贸易的控制也是十分严格的。中左所当时并不是朝廷划定的通商口岸，中左所驻守的军队的主要任务之一就是监督民间的海上走私贸易，在中左所和外国人做生意，无异于虎口投食。曾厝澳在中左所的最南部，远离中左所所署和所城，所以被选为船只避风或候风的港湾。航海的生活是极为单调的，暂时靠泊曾厝澳的行商、水手们排遣郁闷、孤独的需要为这个港湾创造了商机。池显方的歌赋绘声绘色所描写的，不外是佳丽们精心描画的眉毛、轻盈的舞步、飘扬的裙裾、婀娜的身姿、煽情的眼神，以及美酒佳肴，显然不是一般人的生活。当然，这也说明当时的曾厝澳已经可以为客人提供相当周到的服务了。客人们也为曾厝澳带来了各种各样的珍奇百货。但是，当时的朝廷毕竟是禁止通商的，这就使那些贪官污吏找到了搜刮民财的借口。朝廷派来管理商务的使者蛮横无理地索取货物，负责把关验票的武将们想尽办法盘剥商人而大发横财，以致池显方在他的歌赋中毫不留情地揭露道："榷使横索其货物，虎翼私剥而盈箱。"愤懑之情，溢于笔端。

池显方的愤懑不是没有道理的。池显方博学多闻，才华出众。他多次上书官府要员，对中左所乃至福建东南沿海的海防建设提出建议；他遍游岛上佳山胜景，为洪济山、金榜山、五老山、玉屏山、虎溪、鼓浪屿、晃岩等名胜赋诗作文，希望能引起当局和世人对这座小岛的注意。可是，明朝廷委派的封疆大员、地方官吏中，有的是贪官污吏，只懂得搜刮地皮、中饱私囊；有的是酒囊饭袋，只懂得领取俸禄、应付差事。池显方在写给乡贤蔡献臣的信中不无悲愤地斥责道：泉州府的官员们"录未必才，才未必录；继未必善，善未必继。乃至元不论神，魁不论气，以拾唾为正，以纵謦为奇"。但是，池显方的建议也好，呼吁也好，抨击也好，统统是泥牛入海无消息。明中叶之前，朝廷对中左所之类沿海岛屿的政策，一是禁，即禁海；二是弃，即弃防。明隆庆之后开放月港，官员们的眼光大都盯着能生金聚宝的月港，至于中左所以及中左所一个文人的种种建议，他们是无暇顾及的。《海澄县志》称：当时的月港"饶心计者往往就海波为阡陌，倚帆樯为耒耜。……盖富家以赀，贫人以佣，输中华之产，骋彼远国，易其方物以归，博利十倍，故民乐之。……十万巨贾，竞鹜争驰，真是繁华世界。……成弘之际，称小苏杭者，非月港乎"。目睹月港的繁华，中左所只能自惭形秽。

尽管中左所的繁华比不上月港，但不管怎么说，隆庆开海之后，倭寇之害已除，大航海时代开辟的海上丝绸之路使岛民的生活闪现出一些亮色。假如没有再受到其他因素的冲击的话，岛上的生活还是别有情趣的。岛民们日出而作，日落而息，种田就种田，讨海就讨海，读书就读书。明里暗里，做一点小生意。运气好时，单独或合伙与"番子"做一票大单，一年的吃穿就不用愁了。

中左所没有什么可以直接出海贸易的物产，最适合的工作便是纺纱织布。当时，棉布、苎布都是海上贸易的重要物质。古制：手工织布布幅宽二尺（66.67厘米），四丈（13.33米）为一匹。织成一匹棉布依技艺的不同大约需要八至十五天，一匹苎布大约需要六至十天。依照明朝廷的相关规定，绢一匹折米一石二斗，棉布一匹折米一石，苎布一匹折米七斗。收入是相当可观的。岛上连池浴德这样的进士门第、官宦之家，都把纺纱织布作为重要的家庭副业。池浴德家的女人，上至母亲，下至侍妾、佣人，主要工作除了家务之外，便是织布。不光是中左所，整个同安县域都十分热衷于纺纱织布。清乾隆《同安县志》载：同安历史上出产棉布、苎布、丝巾、葛布，其中棉布有红边布、许厝布、陈井布，龙屿出产的皱布，西界出产的斜纹布；苎布有糊布、纺苎、令苎、假罗等。

物质生活有了保障，就会追求精神层面的东西，这是马斯洛需求层次理论揭示的问题。明嘉靖、万历期间，中左所除了所城内原有的城隍庙、武庙和五老峰的普照寺之外，城外的神前街有了外关帝庙，海岸街有了内关帝庙，凤凰山海滨有了水仙宫，溪岸街有了东岳宫，醉仙岩、虎溪岩、碧泉岩以及鼓浪屿的日光岩都建了佛寺。说明此时厦门岛的世俗社会已经具有相当的规模。

闲暇之余，兴致较高的士绅们也会或登山，或渡海，对海岛的山水之胜进行一番探访。读岛上一些文人刊刻的集子不难发现，明万历年间（1573—1619），岛上的金榜山、洪济山、云顶岩、五老山、虎溪岩、醉仙岩、万石岩、碧泉岩、万寿岩、白鹿洞以及附近的鼓浪屿等岛屿，已经成为一些文人墨客的游览胜地了。

清风浴德

由少数民族建立的元朝汉化迟滞，几乎造成中国传统文化出现断层。明代重续"香火"，明太祖朱元璋平定四方、一统天下后，着手重建历经近百年外族统治和内部纷乱的中国社会，大力推进儒学教育，府有府学，县有县学，就连军队的卫所也办有卫学。

卫学不是军事学校，而是坐落在卫城里的儒学学校，旨在为出身军户的学生提供教育。卫学设立的初衷是让军生备考科举。具体来说，一个有志于科举的读书人，必须入"学"，这样才有资格参加正式的科举考试，也才有资格领取国家的津贴。和一般的府州县学不同，卫学起初没有"廪生"（领取国家津贴的生员）或"贡生"（被推荐入读京师国子监的生员）的名额，直到十五世纪中叶，此种制度性歧视才被纠正，卫学获得相应名额。

中左所属于永宁卫（今石狮市永宁镇）管辖。当时军户普遍漠视教育，这让一个叫陈用之的军官忧心忡忡，他一户又一户地登门造访，软磨硬泡，努力说服各家就学。文献中对此有这样的记载：

> 陈用之，成化中永宁卫知事。永宁滨海，弦诵声稀。用之访诸贵胄及戎籍子弟之秀者，劝使就学，谕之曰："古人虽在军旅，不废诗书，人间唯此一种味最不可少。"且为敦请兴化耆宿陈愈为诸生师，三年得可造者三十人。白当道乞如民间俊秀例，充附府学，均教育，以劝来者。自是永宁文风日进，学者立祠祀焉。

想要永宁军户积极向学，单凭口舌之功远远不够，陈用之的办法是聘请名师授课，3年培养出30个可以造就的优秀学生，向上级申请到名额，进入泉州府学。这些学生中，应该有来自中左所即嘉禾屿上的军户子弟。

从理论上讲，按照朝廷的规定，中左所的军户子弟既可以到一海之隔的同安县儒学读书，也可以到永宁卫儒学进学。到了科举考试的时候，这些军户出身的生员还可以选择去哪儿参加考试：想参加在省城举行的乡试吗？可以；想参加北京的顺天府试吗？可以；想参加南京的应天府试吗？也可以。尽管有这些优惠政策，但在厉行禁海期间，能跳出海岛到外地求学的人还是不多，大多数的读书人记名在县学或卫学，人却困在海岛上，没有名师指点，没有学友切磋，学业很难长进。宋代曾经出现过6位进士的嘉禾屿，在明代厉行禁海的一百余年间，只有一个人考中进士，但这位侥幸金榜题名的人却因强买他人田宅、娶族女为妾被抄家下狱，除此之外，中左所没有出现什么值得一提的人文现象。

到了明成化年间（1465—1487），政府虽然没有公开宣布废除禁海政策，但重新允许百姓在海岛居住，实际上宣告了朝廷禁海政策的失败。此后，经过20余年的培育、积蓄，中左所终于迎来明代人文事业的复兴，出现一批以清正廉洁著称的乡贤，成为晚明厦门岛一道绚烂的风景。

晚明中左所人文事业的复兴开始于曾厝澳塔头乡。明弘治、嘉靖年间，塔头出了个读书人林应。林应以善于作文驰名乡里，因而被推荐为贡生。林应是目前所知明代中左所最早拥有个人著述的文人。他的著述之一《四书解便览》显然是帮助学子掌握当时科考主要教材《四书》的辅导材料，在孤悬海中的中左所可以算得上是助考神籍了。林应为人正派，对其学生影响很深。

林应的第一个进士学生是西厝（今湖里区湖里街道）人杨逢春，明嘉靖八年（1529）进士，累官至云南按察司副使，所到之处修政息民、操守清廉，凡所当为、悉力从之，任昆山县令时革除县令进京朝拜、当地大户轮流出资为其备办礼品的陋规；任御史时弹劾以贿赂手段谋取官职者十余人，一时风采凛然，得罪了不少权贵；巡视江南粮仓时罢黜贪墨之官、平庸之官，振辣风气；条陈江北屯田利弊，知无不言。杨逢春居官不立私财，不以贵倨，深得民心。可惜天不假年，嘉靖二十三年（1544）前后病逝于云南任上。百姓得知杨逢春辞世，哭走相告，棺柩返乡之日，街市停业以表哀悼。

林应的另一个学生为中左所（今湖里区江头街道）人傅镇，嘉靖十一年（1532）进士，初授行人司（掌传旨、册封等事）行人一职，随即升南京御史、广东道御史。任御史期间，以直言刚正著称。曾上书劝阻嘉靖皇帝宠幸道士。朝廷外派总管太监潘真挟私乱政，残害军士，被傅镇弹劾，将其逮捕治罪。山西总督樊继祖虚报战功、武定侯郭勋与锦衣卫孙刚交私行贿受贿，傅镇风裁凛凛，秉公办事，毫无畏惧，贵戚、豪强风闻傅镇，无不敛手，时称傅镇为"傅虎"。

傅镇任河南副使时，按旧例可领取"治河羡金"即工程剩余银子二千余两，傅镇拒领，说：我已领取俸禄，怎能再领取"治河羡金"？"羡"在这里作有余、剩余讲。

管账先生说：这是旧例，历来如此。

傅镇说：历来如此我也不能要。

宋朝著名清官包拯在出产端砚的端州做知州的时候，也曾遇到过旧例可以私取砚台的问题，但包拯坚决说"不"。

管账先生没遇到过傅镇这样的官，一时犯了难，不知该怎么做账好，最后只得把两千余两银子封存入库，在包装纸上写着"镇"字，以示其所属，但傅镇分毫不取。

"镇"字的繁体字为金字旁加一个真字，时间长了，人称其羡金为"真金"，"真金"成为傅镇的外号。

"真金"的心却是柔软的。

傅镇任广西参政时，有人提议驱逐流民，以防发生流民作乱。傅镇坚决反对，说：流民也是民，何况其中有塾师、儒士、医生、卜卦师和流动商贩，可以为本地人提供服务，怎么能驱逐他们呢？被誉为仁恕处事。

傅镇官至南京右都御史、浙江右布政使、湖广左布政使、操江提督，官声纯正，备受中外倚重。他于万历年间过世，钦赐祭葬，公设"大中丞坊""代巡三省侍御两京坊"，备极哀荣，在厦门岛的历史上前所未有。如今"代巡三省侍御两京坊"因城市建设迁移至厦门博物馆门口石雕文化园，部分石构件已非原来模样。傅镇的父亲傅琪给厦门留下了一条傅厝巷，此巷至今尚存，北起大同路，南至思明东路。

似乎验证了"近朱者赤，近墨者黑"的老话，中左所另一个著名的清官池浴德则是傅镇的姻侄婿，素有"池半升""无花果"的美名。

池家原籍福建福安县，永乐年间池家先人因军功迁中左所，池浴德就在岛上出生长大，自小出入傅家。傅镇看了幼年池浴德写的文章，慨然称道，欣慰地说："传吾衣钵者必此子也！"

傅镇驰骋官场叱咤风云之时，池浴德尚蛰居中左所，前辈傅镇的一举一动、一言一行，对他的影响是不言而喻的。

明嘉靖四十四年（1565），池浴德考中进士，授官遂昌县令。临行前，父亲池杨书写对联为其送行："世积俭勤，席祖荫，追思昔日；官期清白，戒儿曹，努力将来。"

池浴德刚到任，就发现县里的里长、甲长们正在挨家挨户收献金，说是供郡守进京朝拜时所用。这和乡人杨逢春出任昆山县令时遇到的问题类似，可见当时地方官场确实有这样的陋规。

池浴德当即召集里、甲长，对他们说：郡守是个清廉的人，怎么会接受献金呢？到府里，他对郡守说：遂昌的里长、甲长们乱收钱，败坏你的名声，已经被我制止了。郡守只得作罢。池浴德断案不收钱，百姓到县衙打官司，只需带半升米即可往来。百姓因此称他为"池半升"。

明嘉靖年间，土地兼并现象十分严重，豪强大量并购贫民的土地，而政府的税赋却按照历年编制的"图册"征收，于是占有大量土地的豪强仅缴交少量的税赋，而失去土地的贫民却要承担沉重的税负，困苦不堪，导致朝廷税收大量流失。朝廷通令各地重新丈量土地、核实图册，许多不法豪强勾结当地官员，采取以多报少甚至隐匿不报的方式进行抵制。池浴德却是刀枪不入，分文不纳。他从丈量土地入手，将税赋直接编入土地之中，再与缴交税赋底册对照，将往常少交或隐匿不交的人家拘捕到案，当场核实。豪强们无奈，只得按照丈量结果缴纳税赋，贫民则卸去重负。对于那些无人认领的土地，则没收为公田，所得收入用于补贴县学里的贫困生员。池浴德当了6年县令，父亲病逝回家奔丧时，行囊中仅有45两银子。母亲欣慰地说："谚称县令为银树开花，吾子一树，乃无花果也。"

明万历元年（1573），池浴德被拔擢到吏部任职。离开遂昌时，县人争先为他抬轿，送至龙游四明河边。池浴德登船后，百姓拉住缆绳，不让启航。池浴德只得在晚间悄悄离开。民众后来在四明河边建造一座石亭，表示缅怀之情，亭柱对联为："江水比恩犹有底，溪云护石更无心。"亭名为"曳舟亭"。

池浴德先后在吏部稽勋司、考功司任职，负责选拔、考察官员，被视为肥缺。然而池浴德秉持"俭勤""清白"的信念，从不以私废公，从不苟取一文，所选拔的人才均为名士，处置、裁汰官员亦十分慎重，以清介端严著称。上司称其"不受人私，亦不发人隐，真忠厚长者也"。

池浴德置身官场十余年，目睹各种怪状，常常有如处"樊押之中"之感，明万历八年（1580）晋升为太常寺少卿后便以侍养母亲的名义弃官告归，从此再不复出。家居期间，他布衣蔬食，即便接待宾客，宴席上也没有"重肉"，就是只有一种肉食。他生活简朴，对于岛内公益事业却尽其所能。他和岳父傅钥共同在厦门岛西南部乱石山中开发醉仙岩、醴泉洞，又买地3处，建造义冢。醉仙岩、醴泉洞迄今仍是厦门天界寺内著名景点。

池浴德严于律己，每月初一、十五两天，鸡鸣即起，焚香告天，反省数日的所作所为。他亲自为诸子授课，要求他们明白读书做人的道理："读书岂尽取科第？时时照管此念头，无负天地祖宗，便为天地肖子。"他对族中子孙要求甚严，时常告诫他们："毋滥交，毋惹事，毋衣罗绮，毋想膏粱，毋恃贵凌人，毋挟长加少。"

池浴德寿至七十九。逝世当日，天上有颗巨星坠落于南方，城北巨石忽然崩塌，山谷发出鸣音达三日之久。民间传说，这是池浴德逝世的感应。当然，传说归传说，未必确有其事，但传说是民意的体现则是没有疑义的。一段传说就是老百姓口中的一座丰碑。

俗话说，有其父必有其子。池浴德的长子池显京也是清官。池显京是万历三十七年（1609）举人，授和州知州。和州旧有牛税，一年收入不菲，一些不法衙役又借此生利，一纸公文下乡，就可大发横财。池显京一到任，便把这项恶税革除。后因触犯巡抚大人，被罢官。旋即补湖州通判，转任怀庆同知，因督运延误被解职还乡。池浴德女婿蔡献臣乃同安县翔凤里平林村（今金门）人，其父蔡贵易与池浴德为同榜举人，蔡献臣由举人而进士，初授刑部主事，任兵部职方司员外郎、常镇兵备、浙江提学副使、光禄寺少卿等，辞职返乡后主持修撰《同安县志》。

清道光《厦门志》称："同安人物，厦、金尤为称盛。有明一代，廉杰、文藻卓乎可观。"此言不虚。21世纪初，池浴德家乡父老在其故居遗址附近的江头公园建造廉政文化广场，设有廉政人物雕塑、廉政典故景墙、廉政诗赋景石，还仿造"曳舟亭"，树立"清风浴德"牌坊，为廉政广场命名。其用意不仅仅在于弘扬池浴德的精神，也表达后人对以池浴德为代表的厦门岛晚明先贤的崇敬之情。

厦门江头公园池浴德牌坊

征剿"红夷"

"红夷"是明朝人对荷兰人的蔑称。荷兰人须发皆赤,所以被称之为红毛、红毛番,也称红毛夷,后简称"红夷"。

从世界历史上说,16世纪至17世纪正是属于资本主义原始积累时期,西方殖民者开始向东方发展并进行掠夺和殖民活动。最早的国家是西班牙和葡萄牙,但到了17世纪,荷兰已发展成为一个典型的资本主义国家,荷兰东印度公司自1602年成立后,即积极向东方及中国沿海扩张。据文献记载,当万历、天启间,荷兰人曾多次在福建沿海的台湾、澎湖、厦门、漳州、泉州等地活动。明沈铁《上南抚台暨巡海公祖请建澎湖城堡置将屯兵永为重镇书》说:"泉漳二郡商民贩东西两洋,代农贾之利,比比然也。自红夷肆掠,洋船不通,海禁日严,民生憔悴。"

这一种势力的东来,促进了我国东南沿海各省商民海上贸易经济的发展,但对于朱明王朝而言,无疑是一种严重威胁,不得不防。明万历三十二年(1604)冬,荷兰东印度公司的韦麻朗率武装船队占据澎湖,派出几个翻译登岸,与福建地方官员交涉,要求与中国通商。福建当局将翻译关入牢房，召集一众官员商量对策。有人提议：把翻译杀了，不准荷兰人前来通商。但又有人担心：荷兰商船有明朝水师战船的十倍之巨，且有铁皮护体，船上铜炮火力凶猛，明军水师显然不是对手。

驻扎在中左所的浯屿水寨把总沈有容认为：依照朝廷的法令，绝对不能答应荷兰人的要求。但杀死翻译，等于主动宣战，也不可取。他建议将翻译放回去，然后派人去同荷兰人当面交涉。

沈有容到牢房去见翻译，对他们说，本来是要将他们处死的，现在放他们一条生路，让他们回去后劝告荷兰人赶紧离开。

放回翻译后，沈有容率领十来艘战船直驶澎湖，抵达后率几个护卫登岸面见韦麻朗。沈有容说，明军虽然船小，但量多，荷兰人不一定能占上风，荷兰虽然船坚炮利，但孤军深入，丧失后援，一旦开战，即便能先占上风，也无法长期坚持，明军占有人多、地利之便，并毫不惧怕韦麻朗的几艘战船。韦麻朗听后将信将疑，但沈有容又表现出一副不惧死战的慷慨激昂，终于用一番力说宏论，将韦麻朗劝退。此为著名的"沈有容谕退红毛番"的故事。

韦麻朗被沈有容劝退十余年后，明天启二年（1622）秋，荷兰东印度公司派出十几艘武装商船重返澎湖，再次向福建官员提出通商要求。9月29日，福建地方官员派出使节，搭乘四艘船只抵达澎湖，与荷兰人进行商谈。

福建方面派出的使节断然拒绝与荷兰东印度公司开展通商，要求荷兰人撤离澎湖。然而荷兰人这次要求通商的态度十分坚决。他们不但不撤离澎湖，反而在岛上修筑城堡，摆出一副准备长期驻扎的架势。《明史》对此简单记上一笔："红夷据澎湖。"

当地官员害怕事情闹大后不好收拾，对荷兰人说：通商的事可以商量，但你们必须先把城拆了。荷兰人真的把城拆了，静等互市的消息。不

1633年厦鼓海域中荷海战图

料福建巡抚商周祚在给朝廷的奏折中说：答应互市只是利用"红夷"做生意心切，骗他们"拆城远徙"，不是真的答应和"红夷"做生意。

但荷兰人此番是善者不来，来者不善。据参加此次行动的荷兰船队的一位船长邦特库所著《东印度航海记》的记载：荷兰东印度公司此次再度来到中国，决心"尽一切可能同中国人建立一种贸易关系"。所谓的"尽一切可能"，就是包括使用武力，"看看通过我们的敌对行动和使用武力，是否能使他们来同我们通商"。

通商无望的荷兰人在澎湖一带海域掳掠了六百多艘华人渔船，将船上渔民集中到澎湖诸岛的风柜子尾重新筑城。10月18日，一支由5艘武装商船组成的荷兰船队突袭厦门海域，纵火焚烧停泊在鼓浪屿港湾中的六七十艘中国帆船，并一度登陆鼓浪屿，烧杀一番后靠泊在圭屿海面。之后，海盗李旦助桀为虐，与"红夷"横行海上，出没于金门、浯屿、东椗、古雷等海域，拦劫出洋航船，多次突入沿海村庄，大肆劫掠。

此时，月港开放为对日本和东南亚地区的贸易港口已有50余年，尽管月港的开放是极其有限的，但毕竟是朝廷和一些官员的"金库"。且不说其他杂税和贪官污吏的私下盘剥，单单每年上缴朝廷的饷税就有3万两。荷兰人的胡作非为显然已经威胁到这一"金库"的安全，明朝廷是不能漠然视之的。明天启二年（1622）冬，福建都督徐一鸣与游击将军赵颇、坐营陈天策等，率领由把总朱梁、王宗兆、李知纲领军的三营浙江兵赶往中左所攻剿"红夷"。厦门鸿山寺一方摩崖石刻对此有记："天启二年十月二十六等日，钦差镇守福建地方等处都督徐一鸣，督游击将军赵颇、坐营陈天策，率三营浙兵把总朱梁、王宗兆、李知纲等到此，攻剿红夷。"只记日期和参战将领，对作战过程和结果一字未提。

地方文献中有关这次"征剿红夷"的传说很多，莫衷一是。明末厦门名士池显方《晃岩集》中的记载可能最接近真相，为我们解开了这个困扰已久的谜团。

池显方出身于厦门岛的官宦之家，以奇人奇文、交游广泛名闻一时。他自称"行太偏，心太直。无官而说弃官，有室而说离室。是儒而说非儒，非释而说是释"。所结交人士上至黄道周、董其昌、何乔远、李贽一类大师学者，蔡复一、南居益、徐一鸣一类官府要员，下至落魄书生、和尚道士。《晃岩集》收录了两封池显方致徐总戎即徐一鸣的书信。一封以献计献策为主，显然是写于战役发生之前；另一封则以讨论战况为主，显然是写于战役结束之后。后一封信虽然没有直截了当地点明此次"征剿红夷"的胜负结果，但信中"居民尚有必死之心，水师乃怀欲生之志。至公一木支厦，只手撑霄""夫以红攻红莫如火，以火使火莫如艇，而至今未备者，无与公分任之人也"之类的句子，还是让人看出，这场战役进行得并不顺利。水师兵将贪生怕死（"怀欲生之志"），没有合适的人去执行用火攻"红夷"船只（"以红攻红"）、用燃烧的小艇引燃荷兰船队（"以火使火"）的任务。中国人打仗好像特别喜欢用火攻，从诸葛亮到王阳明都是如此。

因为是写给战役总指挥徐一鸣的信，池显方用词婉转、隐晦，语气拿捏得十分得体。在写给良师益友、时任右副都御史兼郧阳抚治蔡复一的另一封信中，池显方则直截了当地描绘出一个令人摧心裂肺的画面："去冬，红夷深入，鹭门、鼓浪之地皆战场。水则百艨不敌五舰，陆则千兵不敌数十夷。徐总戎三鼓之不前，三枭之亦不前……"这段记载至今读来仍使人触目惊心：徐一鸣多次击鼓，下令出击，却没有人前进；多次将临阵畏缩的兵将斩首示众，仍旧没有人前进！以致明王朝的百艘战船敌不过"红夷"的5条舰艇，千名士兵打不赢几十个"红夷"。

基于池显方同徐一鸣、蔡复一的特殊关系，可以确信他在信中所写绝非市井传闻。在荷兰船长邦特库所著的《东印度航海记》中，有多处关于荷兰船队以少打多、烧毁明朝水师战船、攻占村庄、抢劫牲畜财物的记载，可以印证池显方关于这场战役的描述基本无误。

首战"红夷"失利。一时之间，舆论大哗。湖广道闽籍御史游凤翔上书道："……总兵徐一鸣冒矢石督战中左所，副总兵张嘉策闭城自守，不肯应援，身不至海上，诡言红夷恭顺，欺罔旧抚，甚有言其通夷，必欲迁延以成互市，……乞敕兵部议处。"万历皇帝下令兵部查处。兵部很快就有了结果：张嘉策先行革职，交由福建巡抚、巡按讯问。

兵部还查明：纵敌观望的不止张嘉策一人，澎湖、中左所、浯屿、铜山等处官军将领也有失守之责，命令福建主官严加督责，不可养成心腹之患。

明天启三年（1623）春，太仆寺卿南居益升任督察院右副都御史，巡抚福建。

是年，荷兰人再次入侵至中左所曾家澳，遭到官军的抵抗后退去。当年秋，荷兰夹板船侵入鼓浪屿，浯铜游把总王梦熊率部阻击，夺得三艘荷兰船只，荷兰人大败而逃。随后，败退的荷兰人又率领更大的船队前来报复。王梦熊将藏有火具的小艇装扮成渔船，混入荷兰人的船队中，趁风大之时在艇上纵火，小艇上的人则借助浮具游回明军水师。王梦熊指挥水师趁势出击，大获全胜。此役烧毁荷兰人的夹板船十余艘，擒获敌酋牛文来律。此后，荷兰人再不敢轻易偷窥中左所，但仍以澎湖为据点，不时出没于浯屿海面。

又一则火攻战例。

天启三年十月二十四日（1623年11月16日），率部驻扎中左所的总兵谢隆仪探知荷兰人的船队再次入侵，停泊在浯屿海面。"隆仪用间计，夜出不意，突击之，擒其酋，火其舰，俘六十余人，焚溺无算。"所谓"用间计"，据《东印度航海记》所介绍，便是先以通商谈判为名，将荷兰船队首领引到岸上，实施拘禁，后对其船队发起攻击。《东印度航海记》对这场战斗记述得比较详细。帮特库在书中写道：中国人多次派人到荷兰船队中，声称愿意与荷兰人达成通商协议，1623年11月17日，荷兰人派出代表到岸上，准备与中国地方官员签订协议。但是，"登陆后，他们就被中国人逮捕囚禁。……在那晚凌晨四时光景，他们用了大约五十只火船来烧毁两艘单桅帆船，其中一艘被他们烧毁了。中国人也曾把一些中国酒送到单桅帆船上来，酒中放置毒药，要毒死我们的人，但未造成伤害，看来是上帝不容许这样做"。荷兰人对明军的做法大为不满，诅咒道："貌似朋友，实为敌人，世间邪恶，孰甚于此。"

但不管荷兰人怎样愤慨，浯屿一仗大大鼓舞了明军的士气，岛民多年的郁闷和担心也得到缓解。中左所的士绅按照常例赋诗作文，向南居益祝捷。南居益灯下批阅当地士绅呈览的诗文，当即被池显方的才华所打动。爱才如命的南居益连夜提笔给池显方修书，书中称池显方堪称千秋奇才，可惜不为人所知。南居益还写道：此次厦门督师，战胜"红夷"并不足以令其高兴，为朝廷发现一位士子使他更为欣喜。池显方接信后，随即登上

南居益的帅舟,拜南居益为师。师生畅谈终日,相见恨晚。随后,南居益到玉屏山回访池显方,留下一组五律,其一云:

> 虎溪开绝胜,森峭好安禅。
> 果向真蓬岛,分来别洞天。
> 云烟双履底,潮汐一樽前。
> 吾欠甘泉懒,招游独缅然。

南居益的意思很清楚:虽然打了一场胜仗,但"红夷"仍然占据着澎湖,作为主帅的他还不能耽于甘泉之乐。随后,南居益上书朝廷,称"红夷"自占据澎湖列岛之后,气焰十分嚣张,祸害日趋加剧,已经到了非彻底解决不可的程度了,建议调足军队,拨足军饷,用武力驱逐盘踞澎湖的"红夷"。南居益用武力驱逐"红夷"的方案得到明朝廷的同意。

明天启四年(1624)正月,南居益坐镇中左所,指挥明军水师出征收复澎湖列岛。明军采取稳扎稳打的策略,先进驻澎湖列岛的镇海屿,在岛上修筑城堡,作为明军的战略据点。荷兰人则凭借风柜仔尾的城堡顽抗。双方对峙几个月,战局成胶着状态。七月,南居益调集明军1万余人、战船200余艘,由谢隆仪、俞咨皋、王梦熊率领,兵分三路,向荷兰人发起全面攻击。七月十三日,借风柜仔尾城负隅顽抗的荷兰人挂出白旗求降。经谈判,明军同意荷兰人为船队补给粮食后撤离澎湖。但仍有12人死守在一座楼房中作最后挣扎。明军最后攻下了这座楼房,将12名"生夷"俘虏。"红夷"之患宣告消停。

荷兰人在中国近海设立贸易基地的念头被彻底打消。他们退出澎湖,在大员(今台湾省台南市)建造热兰遮城,作为荷兰东印度公司的商馆驻地,频频派出商船,到厦门湾与福建东南沿海的商民进行船对船的贸易。

"红夷"之患消除之后,池显方陪同南居益和福建总兵谢隆仪游览了鼓浪屿。

当时的鼓浪屿虽然尚"养在深闺人不识",但这座鬼神雕琢的海上仙山突起于万顷碧波之中,已经初具摄人心魄的氛围、规模、气势和造型。南居益被鼓浪屿的神奇景观所吸引,作五律二首,题为《鼓浪屿石岩礼佛同谢寤云池直夫》,题中谢寤云即谢隆仪,池直夫即池显方,全诗如下:

须弥藏芥子,大块得浮邱。
岩际悬龙窟,寰中构蜃楼。
野人惊问客,此地只邻鸥。
归路应无路,十洲第几洲?

一水分烟峤,沙舟客共登。
崇岩参佛古,仄径蹑云层。
遂作凭虚观,因逢彼岸僧。
何能抛绂冕,长此觅三乘?

天启癸亥冬日关中南居益书

池显方以题为《陪南思受谢简之登鼓浪屿和中丞韵》的两首五律作答,题中南思受即南居益,谢简之即谢寤云亦既谢隆仪,南居益时任福建巡抚,故称中丞。全诗如下:

残石伐将尽,惟余一古邱。
烟开生远岫,潮至乱平畴。

去岁如遭虎，今年再狎鸥。
全凭藩屏力，吾得卧沧洲。

虽小亦门户，如何不一登？
新城盘曲折，古寺俯棱层。
易服瞒村老，寻香妒野僧。
渡澎诸战舰，帆展候风乘。

南居益和池显方的诗是迄今为止存世最早关于鼓浪屿的唱和诗。池显方在诗中赞颂南居益的军事才能和战功。然而善战者忌言战。南居益的诗却没有涉及与荷兰人的作战情况，他用"遂作凭虚观，因逢彼岸僧。何能抛绂冕，长此觅三乘"的诗句，活灵活现地抒发了一个胜利者超脱、悠闲的心境。

无论是攻剿"红夷"，还是防范倭寇，中左所都发挥了重要的战略作用。这座小岛距大陆的漳州府、泉州府仅有一水之隔，一旦发生战事，可以迅速获得兵力、后勤方面的增援；浯屿、澎湖等岛屿次第分布，可以充当水师出击时的战略据点。在明嘉靖、万历年间，中左所在沿海防务中的重要地位已经十分明显。

当时，驻扎中左所的明军一为中左所的卫所军，兵员约600余名，主要负责中左所防卫，还有贴驾军800余名，负责为浯屿水寨和浯铜游兵驾船；二为浯屿水寨的卫兵，系景泰三年（1452）从浯屿移驻嘉禾屿，有福、哨、冬、鸟各式兵船48艘，兵员2000余名，主要负责料罗、围头、崇武、永宁海域防务；三为浯铜游兵，兵员500余名，哨船20艘，主要负责浯屿、大担屿海域防务；四为澎湖游兵，规模与浯铜游兵相仿，专门负责澎湖春、冬巡防。除了这些常驻军队，海上一有风波，还会从其他地区调兵前来援助。

可惜的是，明朝廷的军事指导思想始终停留在陆地战争的层面。尽管沿海的军队已经配备了战船，尽管大大小小的海战不知打了多少回，尽管月港的海外贸易已经为朝廷提供了一般的农耕所无法提供的利润，尽管中国建造的大型海船早在明朝初年就已经可以穿越太平洋、印度洋，但明朝廷仍然视大海为畏途，为禁区。也许，对于依靠饱读诗书而谋得一官半职的大大小小的官员们来说，这蔚蓝色的大海实在是过于深广莫测了，以致从来没有哪一个官员产生过如何去控制她的念头。

不管是漠视也好，恐惧也罢，明朝廷对于海洋的态度，为许多人创造了可乘之机。明天启年间，嘉禾屿的天风海涛之间，一支剽悍家族赫然崛起。他们之中一位最杰出的代表人物掷地有声地宣称："夫沿海我所固有者也，东、西洋饷我所自生自殖者也，进战退守，绰绰有余。"

XIAMEN
THE BIOGRAPHY

厦门传

第四章 郑氏集团

招抚郑芝龙

明天启六年（1626）二月，一支船队沿着一般商船惯走的航道从台湾海峡进入料罗湾，掉头西进，但没有像往常一样逗留在九龙江出海口，等待沿海的商民驾着小船前来做生意，而是直奔中左所。船一靠码头，忽然间枪炮齐鸣，跳出一伙手持大刀长枪的汉子，有的跳帮到停泊在港口中的官军的船上，有的直奔岸边的兵营哨所，有的把守通往所城的道路，顷刻间便控制了局面。都司洪先春以为像平时对付小股海盗一样，只要带上几艘船露露脸，毛贼们就会逃之夭夭。没想到这伙海盗的船比官军的船更大、更高、更牢固，而且还配备有火炮。两下一接触，官军便大败而逃。这伙人随即进驻中左所。清道光《厦门志》称，这伙人在金门、厦门"树旗招兵，旬日之间从者数千。勒富民助饷，谓之报水"。

何谓"报水"？清道光《厦门志》语焉不详，但计六奇所著《明季北略》有详细说明：闽、浙沿海渔民素以海上贸易获利，海盗则事先隐匿海岛"为巢穴，伪立头目，刊成印票，以船之大小，为输银之多寡，或五十两，或三十两、二十两不等。货未发给票，谓之'报水'；货卖完纳银，谓之'交票'，毫厘不少，时日不爽"。"报水""交票"的通行，说明这伙人已经不是一般的打杀劫掠的海盗，而是通过掌控制海权牟取暴利的海上武装集团。

这伙人的头目叫郑一官。这是中左所人第一次听到这个名字。随后，郑一官又率部劫掠漳浦旧镇及广东沿海，镇守官军望风披靡。

郑一官，正名郑芝龙，字飞黄，明万历三十二年（1604）三月十八日出生，福建南安石井人。石井与闽南滨海著名古镇安平（今安海）毗邻。《安平志》载："安平，泉南一大都会也。上接郡垣，下达漳、粤，西拒九溪、黄冈之险，南通金厦台澎之舶。"安平自古以来多出海商，唐代开通海上丝绸之路时，安平港就与泉州刺桐港互为犄角，安平商人频繁航行海外，经商贸易。唐开元八年（720），"东石林知祥之子林銮，字安车，循曾祖林知慧航海群蛮海路，试航至勃泥（亚洲加里曼丹岛北部文莱一带的古国），往来有利，沿海疍家人俱从之往，引来番舟，蛮人喜采绣，武陵多女红，故以香料易绣衣，晋海舟人竟相率航海"。到唐乾符年间，林銮九世孙林灵又"经商航海台湾、甘崇、真腊诸国，建造百艘大舟，在鳌江家资万贯"。《泉州府志》等地方文献也留下许多关于安平海商的记载，"石湖、安平，番舶去处，大半市易上国及诸岛夷""民无所徵贵贱，唯滨海为岛夷之贩，安平镇其最著矣""安平人好贾，坐者列市肆，行者浮湖海"。何乔远《闽书》甚至认为安平商人足可与徽商相匹敌："安平之镇尽海头，经商行贾，力于徽歙，入海而贸夷，差强赀用。"李光缙《景璧集》有文说："吾温陵里中家弦户诵，人喜儒不矜贾，安平市独矜贾，逐什一趋利。然亦不倚市门，丈夫子生及已弁，往往庆箸鬻财，贾行遍郡国，北贾燕，南贾吴，东贾粤，西贾巴蜀，或冲风突浪，争利于海岛绝夷之墟。近者岁一归，远者数月始归，过邑不入门，以异域为家，壸以内之政，妇人秉之，此其俗之大都也。"宋时朱松与其子朱熹相继讲学于安平，史称

"二朱过化",给安平注入儒学因子。

郑一官受到安平海商文化的深刻影响,从小向往外面的世界。日后他置第入居安平,以此为第二故乡,就是这种影响的佐证。明天启元年(1621),十七八岁的郑一官去了广东香山澳,跟着舅父黄程学习做生意。黄程是著名的对外贸易商人,经常来往于日本、广东之间。厦门大学傅衣凌教授认为,明代的对外贸易,首先是由福建商人(其中安平商人占有一定的比重)和徽州商人共同开创的,再有广东等地商人的参加。

郑芝龙即尼古拉斯·一官(右三)

在香山澳,郑一官学会了葡萄牙语,懂得了如何同外国人打交道;同时成了天主教徒,并取洋名"尼古拉·一官"。这两大变化说明此时的郑一官受西方文化的影响已经比较深了。随后,因生意关系,郑一官到了日本平户。江日升《台湾外记》说得很清楚:"至天启三年(1623)癸亥夏五月,程有白糖、奇楠、麝香、鹿皮欲附李旦船往日本,遣一官押去。"

郑一官显然是个好学的年轻人,他在平户很快学会了日本武术双刀法,因此结识了锻造刀剑的泉州籍日本人田川昱皇(本姓翁),并于明天启三年娶其养女,即"夭娇绝俗、美丽非常"的翁氏,翌年,翁氏为他生下儿子郑森,也就是后来的郑成功。在此期间,他还加入了以颜思齐为首的团伙。他的命运由此改变。

颜思齐,字振泉,福建漳州府海澄人,"身体雄健,武艺精熟,因宦家欺凌,挥拳毙其仆",犯下命案逃亡日本,以裁缝为生,住居有年,疏财仗义,远近闻名。那时华人船只去日本做生意的很多,颜思齐交了不少朋友，心慢慢大起来，在华船船主们鼓动下，拿出平日积蓄造了几条船，学着"红夷"的样子，有生意做时就从事海上贩运，没生意可做时就明火执仗进行打劫，由此逐渐形成庞大的海盗集团。天启四年（1624），颜思齐等人暗中策划在平户发起暴动，借以"自霸"日本，但因消息泄露，于八月十四日带着十三只船逃往台湾笨港（今云林县北港镇），就是台湾女作家李昂长篇小说《北港香炉人人插》写的地方。他们能够轻易逃脱的原因，《台湾外记》说得明白："日本因前犯浙、闽、粤东三省边界，掳掠陷城。总制胡宗宪令大将戚继光追捕，剿杀殆尽，所剩回者可数。国王从此将大小船只去舵，以绝不肖倭人出洋作反。"船无舵，无法追赶。

郑芝龙随颜思齐逃台的前一个月，郑成功在日本平户诞生。

他们经八昼夜海上颠簸，终于在北港登陆，占据猪罗山一带安营扎寨。当时郑一官父亲已去世，其二弟芝虎、四弟芝豹及从兄芝莞等都去投奔。在北港这段时间，郑一官受团伙派遣，一度混入荷兰东印度公司驻澎湖的船队中任通事（即今之翻译），还先后做过荷兰驻台长官普特曼斯的裁缝和韦特的通译。天启五年（1625）九月，颜思齐因病去世，郑一官当上首领。现在台湾云林北港建有"颜思齐先生开拓台湾登陆纪念碑"，称颜思齐为"开台先驱"。

郑一官年龄小、资历浅，当上首领据说是"天意"。《台湾外记》云："十二月初二日，天生集诸位商议再推一人统众方可。杲卿曰：'当设立香案，祷告苍天，将两碗掷下，连得圣筊而碗不破者，即拥之为首。管见如此，不知有合众意否？'众曰：'此论最当，庶无后言。'随排香案，众各拈香跪告毕，依序向前拜祝，两碗掷下粉碎，无一完者，咸踌躇焉。一官跪祷，将两碗掷下，恰好一个圣筊，碗不破。众皆骇然。一官取起掷下，复如前。衷纪曰：'我不信。'取原碗当天祷告：'我等大哥已死，欲推一人领诸军，天若相一官，再赐两筊，众愿相扶。'又连掷两圣筊，碗不破。

间有不信者，祷告掷下复如前。如是者屡，屈指计之，共成圣筊三十。众齐哄曰：'此乃天将兴之，谁能违之？吾等愿倾心矣！'"

借助"天意"服众，说明郑一官当时实力还不够。事实上，他们这一小撮选个头目，哪有什么"天意"？《明通鉴》卷八十一提供了另一种说法：

> 振泉死，众盗无所统，约共祷于神，植剑米斛中遍拜之，剑动者推为长。芝龙预藏磁石袖间，甫拱手，剑跃出，遂雄长海上。

"天意"是假，使手段制造假象是真。众人亲眼见到"剑跃出"的"神迹"，不得不拜服。狡诈者常能得到盲从的好处，此为一例。

郑一官见大家都口服心服，提出一套换旗、积粮、修船、赏罚等整饬更新的方案，并选定先锋十八人，分领各路人马，其名皆以"芝"字为首，郑一官名芝龙，其余依次为虎、豹、鹏、鹤、凤、彪、麒、豸、獬、鹄、鹗、熊、蛟、蟒、鸾等，号称"十八芝"，改变了以往上下不相统属、各行其事的混乱状况。之后，便大肆造船买炮招兵，逐渐成为海上一霸。

当时的台湾人口不多，经济十分落后，无法养活郑芝龙的一帮江湖豪杰。于是，郑芝龙开始把眼光盯住福建东南沿海，进攻的第一个目标是"金门、中左"，即金门岛、中左所，其目的"一以观边境，二可取粮饷"。没多久，郑芝龙这个名字便与他的装备有夷人大炮的夹板船一起，令沿海军民闻之色变。

郑芝龙为什么能如此？因为他的队伍有一定纪律，不同于一般的海盗。还因为明朝官吏尸位素餐，海防松弛。江日升在《台湾外记》中说：

> 时太平日久，人不知兵。卫所虽有指挥、千百户、水澎金门游击、钦依把总诸官，悉承荫袭，宽衣大袖，坐享君禄。其所辖军士，

亦应操点卯而已。故芝龙得肆志，遇船一鼓而擒，登岸抢掠殆尽。其略有纪律者，不许掳妇女、屠人民、纵火焚烧、榨艾稻谷。

明朝官吏承认郑芝龙不好对付："今龙之为贼，又与杨禄异。假仁、假义，所到地方，但令报水，而未尝杀人。有彻贫者，且与钱米与之。其行事更可虑也。"不滥杀无辜及伤害贫民，恨意难生，"游手好闲，悉往投之"。

如此声势，边将望风披靡，地方官只得考虑招抚。派谁去送招抚书呢？福建巡抚朱钦相听说郑芝龙是原泉州府库吏郑象庭（一说绍祖）的儿子，时任泉州府知府蔡善继曾被六岁的郑一官用石块击中官帽，依律当斩，但蔡善继看小一官相貌俊异，不忍心责罚，反倒赏给一些小钱，勉励他好生努力，以图上进。便找蔡善继商量招抚的事情。当时蔡善继离职闲住，朱巡抚奏请起用他为泉州巡海道，让他写信招抚郑芝龙。蔡善继受命后，派出手下一位曾与郑芝龙父亲共过事的"辕门旗鼓事"黄昌奇前去湄州海域给在那儿泊船的郑芝龙送信。信是这样写的：

自尔髫龄时，仪表可爱。岂料壮年，海滨寄迹，使闻之恻然，谅情非得已耳！今特遣旗鼓黄昌奇前来宣谕，及尔部属人等，幸勿久恋迷津，须当速登彼岸。本道当为力请，卖刀买犊，永作圣世良民。从此安插，复业归农；坐享太平，和好家室。言出于衷，幸其听之！

出人意料的是，郑芝龙读完蔡善继的信，即刻表示愿意受抚："海上弄兵，原非本意。因寄迹东洋，受困倭人，迫而成之。今既承道宪严命，岂敢固执，以负德意？"

但他与众头领商议时,却发生了重大分歧。他的得力干将陈衷纪坚不追随:"主公就抚,道宪决然垂青。我等无夙昔之交,今藉主公余庇,倘日后官势罗织,有司不谅,则进退维谷。乞假我船只,仍回台湾。同李英等观看主公得意,再来相寻未迟。"另外13名老兄弟也要与陈衷纪一起回去。郑芝龙无奈,只得调拨大小船6只,备足粮米蔬薪、布帛器械,送他们返回台湾。然后郑芝龙统船12只,计800余众,随黄昌奇同入泉州港接受招安。

蔡善继接见了郑芝龙等20人,表示"本道应为汝详请上宪,通行府县安插得所"。郑芝龙等叩首称谢,回去等候军门安插回文。不料巡抚朱钦相生了一场大病,一切事务都暂时搁置。郑芝龙等了一个多月无消息,很不耐烦,正要发作,朱巡抚大病初愈,立即批示蔡善继着郑芝龙将所率人员开造籍贯住址,以候发文行县安排;一应兵器、船只另外造册,以便追存报缴。郑芝龙一一照办。

芝虎、芝豹冷静旁观,感觉不对劲,劝告郑芝龙说:"虎不可失威,人不可失势。今当事举动,不过欲散我们党羽耳。党羽散,将来祸福未定,不如乘今夜潮退,扬帆而去。"郑芝龙先前接受招抚,多少有点碍于蔡善继面子。到泉州港之后,招抚前风风火火、威风八面的气势烟消雾散,日子变得冷冷清清,已颇感失落。经芝虎、芝豹一提醒,郑芝龙想到自己来了这么久也未授有官职,顿时省悟。于是三人商定,悄悄传令将一应装备收拾好,当晚三更,随潮而去,将船只人众驶到围头外湾停泊。

蔡善继得知郑芝龙再作冯妇的消息后,自知招抚之功烟灭,愤怒地说:"这辈小人,反覆不测,真难凭信!既不受德化,则当以法处之。"他一边发文提醒各卫所、府县整军备战,一边禀报上峰,建议派兵剿灭。恰在此时,福建巡抚朱钦相因忤逆魏忠贤离职起程,继任巡抚朱一冯尚未到任,剿抚之议因此耽延。

明天启六年（1626）五月，新任福建巡抚朱一冯命游击卢毓英率兵剿灭郑芝龙。卢毓英原籍山东卫，荫袭百户，箭有穿杨之能，随戚继光入闽征剿倭寇，屡建奇功，升千户。后兴化府被倭寇攻陷，卢毓英随戚继光出战收复，旋升游击。声名赫赫的卢游击根本没把郑芝龙当回事，率领船队直奔中左所，准备伺机出击。

郑芝龙早就安排好耳目打探官军的动静，并事先安排郑芝虎、郑芝豹等人假扮商船，分散停泊在岛美、浯屿、东椗等港口。双方在海上一开仗，官军的船只便只有被围、挨打的份，卢毓英也被活捉。

也许，郑芝龙从一开始担任首领就萌生了"若要官，杀人放火受招安"的中国绿林好汉传统的观念；也许，郑芝龙在与葡萄牙、荷兰人的接触中发现了原来海盗是可以和政府保持良好关系的秘密。郑芝龙并没有和明朝廷决一死战的想法。他和和气气地善待卢毓英，说明前次受招安又出走的缘故，言谈中还流露出只要朝廷妥善安排就愿意就抚的意思。他好好地款待卢毓英之后，便带领船队驶离中左所，停泊在漳州旧镇一带海域。卢毓英把郑芝龙擒而不杀且仍然有意就抚的情况向总兵俞咨皋做了汇报。俞咨皋不为所动，并将败军之将关到牢狱中。

巡抚朱一冯责备俞咨皋：卢毓英固然有战败之罪，但俞总兵置身战局之外，难道没有"坐视"之责？

俞咨皋乃泉州晋江军户出身的抗倭名将俞大猷之子，素负盛名，怎容得如此指责？当即下令所部千户冯胜、百户杨世爵进剿郑芝龙。六月，郑芝龙与明军展开海战，明军冯胜、杨世爵坠海身亡。九月，俞咨皋派副总兵陈希范再次出兵，又损兵折将，把总洪应斗、张选举命丧黄泉。俞咨皋此时才觉得郑一官确实不好对付，连忙调集沿海各卫所兵马，进驻中左所，准备展开大规模围剿。十月，双方在将军澳（今漳浦县将军屿海域）展开激战。郑芝龙船队从旧镇港向东攻击俞咨皋的船队。对峙中，郑芝豹的船队突然从东椗岛杀到，与郑芝龙形成东西夹攻之势。俞咨皋命游击商世禄分兵抗击郑芝豹。商世禄指挥的船队遵命掉转船头，其余战船误以为官军败退，也跟着撤退。俞咨皋的船队一时阵脚大乱，郑芝龙趁势追击。官军全线败退。俞咨皋退向月港，郑芝龙尾随紧追，直至天黑才收兵，停泊在浯屿，俞咨皋则退至海门岛。第二天，郑芝龙率船队浩浩荡荡向中左所进发。明军指挥传珪率部稍一接触，便溃不成军。退守中左所所城的俞咨皋是夜二更越城而逃，守城官兵开城求降，郑芝龙遂据有中左所。

中左所失守使福建地方官员大为震惊。但官军连战连败，无力征剿。明崇祯元年（1628），接替朱一冯的福建新巡抚熊文灿走马上任，他看前任屡战屡败，亦畏惧三分。此时，新任泉州知府王猷上条陈建议重启招抚谈判："郑芝龙两次大胜洪都司而不追，获卢游击而不杀，败俞都督师于海内，中左弃城逃窜，约束其众，不许登岸，不动草木。是芝龙不追、不杀、不掠者，实有归罪之萌。今一时剿难卒灭，抚或可行。"熊文灿遂上奏朝廷，获准后从狱中请出卢毓英，委其去同郑芝龙商洽招抚之事。

有了蔡善继招安的经历，加上几次击败官军作为底气，郑芝龙在同明朝廷代表卢毓英的谈判中显然占了上风。明崇祯元年（1628）七月，郑芝龙与福建巡抚熊文灿达成协议：郑芝龙官授海防游击之职，全部船队收编为朝廷的水师。郑芝龙信誓旦旦地答应，既然朝廷如此信任，上任后一定为朝廷效力，将福建海域的海盗全部扫清。

游击将军

福建巡抚熊文灿收了郑芝龙的厚礼,以"义士郑芝龙收郑一官"题报,蒙骗朝廷,不必立功赎罪,直授海防游击。游击是"游击将军"的简称,武官名,位次参将,其下有千总、把总等,明代秩列武官正五品,相当于现在部队有职有权的正师级干部,统领浯屿水寨和浯铜游兵,算是不大不小的官。浯屿水寨原驻中左所,明万历三十一年(1603)移驻晋江石湖,主要负责泉州府厦门湾以北海域的防务;浯铜游兵驻扎中左所,主要负责厦门湾至铜山(今漳州市东山县)一带海域的防务。也就是说,郑芝龙掌控着福建东南海域的防务大权,清道光《厦门志》称其为"泉南游击"。

"游击将军"郑芝龙受抚后官商一体,比官商纠结还厉害,更加便利他的海上贸易。

回想郑芝龙接替颜思齐担任海上武装集团的首领之时,荷兰东印度公司在台湾岛大员(今台湾省台南市)建立据点,控制了闽粤沿海至东南亚、日本海域的海上贸易。由于朱明王朝实行闭关锁国的政策,荷兰人无法正常进入中国沿海港口,只能通过中国方面的代理人进行贸易活动。明天启五年(1625),荷兰人在厦门的代理人是总兵俞咨皋的部将许心素。许心素为漳州人,与荷兰人素有交往,后被俞咨皋招抚,引为心腹。许心素及其家族利用许心素的职务方便与荷兰人进行走私贸易,牟取暴利。郑芝龙应该是吃过许心素的亏,积怨颇深。郑芝龙出任海防游击的明崇祯元年(1628),许心素就被郑芝龙的兵弁所杀,其族人、儿子也有多人被捕下狱。郑芝龙顶替许心素成为荷兰人在福建东南沿海的贸易伙伴。

荷兰东印度公司在明崇祯六年(1633)七月二十四日写给明王朝地方官员的一封信对于贸易伙伴的变化做出了说明,信中抱怨,他们"所能用的办法,要来获得这自由的贸易;但所得到的是甚么结果,只有得到一个许心素,他使我们信托到100000里尔给他,却仅仅有六个月,看到他运货回来,然后就随他的意思,不照市价支付了;然后就是一官(即郑芝龙),他满口答应,要让一两个商人来跟我们交易(他自己也因而获利),但他们运来的货物都只够我们资金四分之一的交易量,剩下的资金,都得毫无成效地积存下来,造成我们的主人的很大的损失……"

当然,郑芝龙从海上贸易得到的好处不仅仅是直接的交易。明代长期实行禁海政策,即便是明隆庆元年(1567)开放漳州月港,也只是允许国内商船"出贩东西洋"(今东南亚、日本等国),外国船只一律不准进入中国海域。即便是前来"朝贡"的船只,也必须得到朝廷的"恩准"才可以驶进港口。明天启年间(1621—1627)漳州月港被弃用后,港口贸易基本停顿。但禁海政策依然十分严厉,即便是掌握海上防务大权的郑芝龙,也不敢公开让荷兰人的船只靠岸。这一时期,荷兰人与沿海商人的贸易全部在厦门湾进行。荷兰商船停泊在厦门湾海域,中国的商船则把货物直接送到荷兰商船上来。这种"船对船"的交易成为后月港时期厦门湾主要的海上贸易方式,也为郑芝龙牟利提供了绝佳的机会。任何一艘船只进出福建东南海域,都必须持有郑芝龙发放的"通行证"。当然,这种"通行证"并不是无偿的。《明季北略》记载,"海舶不得郑氏令旗不能往来",郑芝龙对出海商船"每一舶例入三千金",即三千两银子。或称定例为大船每年纳饷银二千一百两,小船每年纳饷银五百两。清道光《厦门志》称:"时海盗蜂起,洋泊非郑氏令不行。上自吴淞,下至闽广,富民报水如故。岁入例金千万……"可见郑芝龙从控制海上贸易获得的财富可谓惊人,"芝龙以此富敌国"。林时对《荷牖丛谈》说郑芝龙:"以洋利交通朝贵,寝以大显,泉城南三十里,有安平镇,龙筑城,开府其间。海梢直通卧内,可泊船,竟达海。其守城兵自给饷,不取于官。旗帜鲜明,戈甲坚利,凡贼遁入海者,檄付龙,取之如寄。"

这是郑芝龙被招安前做不到的。当时与他同样横行海上的李魁奇、杨六、杨七、褚綵老、刘香老等因利益所在,与他时分时合,势力与他相匹敌。他要独霸东南海域,垄断海上贸易之利,就必须借助朝廷的力量消灭他们。因此,泉州知府提出授职的条件是"擒灭诸盗",正中郑芝龙下怀。他向巡抚熊文灿保证:"所有福建以及浙、粤海上诸盗,一力担当平靖。"明是为朝廷平寇,实是为自己谋利,实现独霸海上的计划。

不过,郑芝龙清剿海盗的任务比他想象的要繁重得多。

朱明王朝末年,福建东南沿海的海盗可谓多如牛毛。明天启五年(1625)任同安县知县的曹履泰在要求上司豁免、宽限粮赋的文书中写道:"海寇结伙,突流内地。如沿海浯洲、烈屿、大嶝、澳头、刘五店、中左等处,焚掠杀伤,十室九窜,流离载道。……遍海皆贼,民无片帆可以来往,商贩生理断绝……"曹履泰草拟这件公文时,郑芝龙正是海寇中的强梁。郑芝龙摇身一变成为朱明王朝的海防游击之后,昔日的同道就成为他剿灭的对象。

当时的海盗中,势力最大的是李魁奇,拥有数十艘船只、数百号人马，气焰十分嚣张，连荷兰人的商船也敢下手。郑芝龙几次与李魁奇交锋，都没能占上风。明崇祯二年十二月（1630年2月），郑芝龙联合荷兰人，经过一番苦战，将李魁奇生擒。当年3月，为了答谢荷兰人，经福建巡抚同意，郑芝龙在厦门岛隆重招待荷兰东印度公司驻大员商馆的长官普特曼斯、商务员特劳牛斯等人，赠送贵重礼品，并请荷兰客人骑马穿越厦门城，接受兵民的夹道欢迎。前面说过，早年跟颜思齐混江湖的时候，郑芝龙曾做过这位荷兰驻台长官普特曼斯的裁缝。

明崇祯五年（1632），郑芝龙在厦门湾与拥有上百艘船只、千余人马的海盗刘香老进行两场恶战，将刘香老驱逐出福建东南海域。但此后刘香老屡屡卷土重来，烧毁兵船，劫掠村舍，直至崇祯八年（1635）才被郑芝龙彻底打败，刘香老投海自杀。从此在东南海域，再没有可与之对抗的武装海盗集团了。

现在要想办法降服"红夷"。

被称为"红夷"的荷兰人从进入中国海域以来，就一直在寻找与中国进行自由贸易的可能。为此目的甚至不惜与明朝廷合作，共同剿灭海盗。但是，郑芝龙控制厦门湾之后，始终把交易控制在自己手里，不但可以随便开价，获取暴利，所提供给荷兰人的货物也极其有限，使得荷兰人的资金大量积压，造成很大的损失。为了实现跟所有的商人自由交易的目的，荷兰人开始尝试使用强硬的手段。

明崇祯三年（1630），荷兰人的夹板船再次占领澎湖，并侵入嘉禾屿。郑芝龙派龙溪人郭任功率领十余名水兵，在夜色掩护下潜入荷兰人的船队，登上夹板船的船尾，放火焚烧。荷兰人的船队仓皇败逃。

郑芝龙给荷兰人写信，要求他们承诺退回台湾大员，以后任何时候都不派荷兰船来到中国沿海，只在大员等候商人运货去交易。

这种"守株待兔"的做法显然是荷兰人无法接受的。明崇祯六年

(1633)七月十二日,根据总督与议会的指令,荷兰人的武装船队突袭厦门港,向停泊在厦门内港的明军船队发起攻击,共击毁明军近三十艘大型战船以及二十几艘小战船。袭击结束后,荷兰人向明朝廷提出要在厦门、海澄、漳州、安海、泉州以及烈屿、浯屿等地自由停泊、自由交易的要求。

荷兰人的要求被拒绝后,八月十二日,荷兰船向厦门港发动攻击,并一度登陆厦门岛,受到猛烈反击之后,留下一份通牒,转往金门、九龙江出海口沿海村庄和东山等地,拦截商船,抢劫村庄。十月中旬,荷兰人的船队又回到厦门海域,集结在金门料罗湾。

福建巡抚邹维琏和郑芝龙花了几个月时间重新整顿船队,于十月二十二日天亮之前突然出现在料罗湾,向荷兰人的船队发起猛攻。约140到150艘戎克船分成两个方阵,从上风、下风两个方向靠近荷兰人的船队,三四艘船围住一艘荷兰船,用搭钩勾住,然后放火点燃。此役成果据邹维琏《奉剿红夷报捷疏》统计:"此一举也,生擒夷酋一伪王、夷党数头目,烧沉甲板巨舰五只,生擒夷众一百一十八名,斩夷级二十颗,焚夷甲板巨舰五只,夺夷夹板巨舰一只,击破夷贼小舟五十余只,夺获盔甲、刀剑、罗经、海图等物皆有籍存。"荷兰人仓皇逃回大员。时人评价说:"闽粤自有红夷来,数十年间,此捷创闻。"福建巡按路振飞也说:"料罗之役,芝龙果建奇功。"

但是,打仗并不是郑芝龙的主要目的。他还是要做生意的。料罗湾大战刚刚过了一个月,郑芝龙就派人到大员向荷兰人示好,表示"渴望和平"、恢复贸易的愿望。

荷兰人尽管意识到,郑芝龙"显然乐意在大员跟我们交易",而且知道郑芝龙"在为中国政府工作的期间,都由他自己一个人包办所有荷兰人的事务,以独享所有的利益",但由于实力上无法与郑芝龙抗衡,不得不放弃战前的要求，按照郑芝龙的方式进行贸易。有一次，荷兰人甚至向郑芝龙贡献了王杖一支、金冠一顶，试图引起他自立为王的欲望。在与荷兰人的战争中，郑芝龙获得最后的胜利。

利用海疆要员的身份控制海上贸易使郑芝龙拥有庞大的财富，征剿海盗和降服"红夷"的胜利使郑芝龙声名大振并因此官位迭升。明崇祯十三年（1640），郑芝龙升任福建总兵，崇祯十六年（1643）升任福建都督。崇祯十六年十月，郑芝龙上折请病休，崇祯皇帝称其"久镇潮漳，劳绩茂著，在任殚力料理，以固岩疆，不必引请"。郑芝龙的声望、权势炙手可热。

郑芝龙在中左所镇南关外的海滨修建豪宅，也常常来此居住，但郑氏集团的重心却放在安平，即今之安海镇。安平镇西北六七十里便是泉州府，东南濒临安平港，既便于窥测官府的动静，又便于脱身。郑芝龙身居安平，平时可以掌控泉州府，一旦发生不测，即刻便可登上停泊在安平港的船只，直出围头湾，消失在茫茫沧海之中。更重要的是，安平镇与闽、粤的大地连在一起。《明季南略》称："芝龙田园遍闽、广，秉政以来，增置庄仓五百余所。"尽管郑芝龙依靠大海起家，但只有这广袤的土地才能满足郑芝龙的野心。

此时的中左所仍旧是个贫瘠的海岛，只有在充当泉州、漳州二府的海上屏障时才会被人记起。同安县知县曹履泰称："中左一城斗大，百室磬悬。岂云财赋之乡？必非垂涎之地。"虽非富庶之岛，但这一时期中左所的西南部已不再荒凉，岛尾港、神前港以及筼筜港尽头的江头港每天都有大大小小的战船驶进驶出。

尽管不时有"红夷"或海盗入侵厦门湾的传闻，尽管郑芝龙的将领兵士不乏匪性难改之徒，因而骚扰百姓之事时有发生，但毕竟是郑芝龙除了安平之外最为重要的巢穴，郑芝龙以朝廷水师将领的身份统辖中左所期间，岛上的局势还是平稳的。

明崇祯十七年（1644）三月十八日，李自成大军攻入北京城，明思宗朱由检在北京煤山自缢身死。随后，清军大举入关，明王朝进入多王争位、偏居一隅的南明阶段。崇祯十七年五月，福王朱由崧在南京称帝，改元弘光。

大概是不看好弘光朝，或者是出于动荡时期以固守老巢为好的考量，郑芝龙拥兵镇守安平，派郑鸿逵、郑彩北上。郑鸿逵被任命为镇江总兵，郑彩分管水陆舟师。

清顺治二年（1645）五月，清军占领南京，当了一年皇帝的弘光帝出奔，后被清军捕获。郑鸿逵、郑彩率师回闽。

同年闰六月十五日，郑芝龙、黄道周等人在福州拥立唐王朱聿键为帝，建元隆武，以福州云步山南布政使衙门（今福州鼓屏路与湖东路交会处）为皇宫，改福建为福京，改福州府为天兴府。郑氏家族因拥立有功，个个封官赏爵：郑芝龙封为平夷侯，郑鸿逵封为定国侯，郑芝豹封为澄济伯，郑彩封为永胜伯。时南明王朝丧兵失土，郑氏家族的水师成为唯一稍具规模的军队，《明季南略》因此称"八闽以郑氏为长城"，离了不行。

南明隆武小朝廷虽制定有"兵出福建，光复大明"的计划，但握有实权的郑芝龙却志不在此。他任命郑鸿逵为大元帅，率一军兵出浙东；郑彩为副元帅，率一军兵出江西。两军号称万人，实不满千。在隆武帝的一再催促之下，才跨越闽浙、闽赣分水关，但始终未与清兵交战。郑芝龙坐镇福州，打着出关征战需要军饷的旗号，在隆武小朝廷暂时还管辖得到的福建、广东、广西大肆搜刮军饷，甚至预征来年的地方钱粮。他还下令巡抚以下的各级官员捐俸助饷；除了官助，还有绅助，绅助之外还有大户助。又卖官鬻爵，捐三百两银子就可当上部司级官员，后降到百两；级别较低的武职只要几十两甚至几两银子就可以买到。

清顺治三年、南明隆武二年（1646）六月，郑芝龙得知清兵南下钱塘江,上书隆武帝称:"海寇狎至,今三关饷取之臣,臣取之海,无海则无家,非往征不可。"船队随即从南平顺流而下,撤回安平一带。

八月,清兵入闽,南明隆武朝倒台。

清兵占领福建大部之后,以闽广总督之职诱降郑芝龙。郑芝龙为此感恩戴德题奏皇上:"臣闻皇上入主中原,挥戈南下,夙怀归顺之心,惟山川阻隔,又得知大兵已到,臣即先撤各地驻兵,又晓谕各府、州积贮草秣,以迎大军,并令左都督黄元巡等报臣欲归降。贝勒施仁,赦罪于臣,又差内阁学士额色黑抵达臣处。臣念及圣恩,于十一月率兵疾速归降,另出兵招抚两广,今即将绥定。"顺治批曰:"郑芝龙诚心归顺报效,知道了。著兵部知道。""其子弟皆劝芝龙入海,曰:'鱼不可脱于渊。'不愿降。而芝龙田园遍闽、广,秉政以来,增置庄仓五百余所。驽马恋栈,不听子弟谏,遂进降表。"

唯利是图是郑芝龙这类人的行为准则,正如黄宗羲《行朝录》说:"郑芝龙以盗贼之智,习海岛无君之俗,据有全闽,始愿已不及此。既无鞠躬尽瘁之心,责以席卷天下之志,谋身保国,两者俱乖,不亦宜乎?"在郑芝龙看来,无所谓忠君、背君、名节之类,保其财富最为紧要。

十一月,郑芝龙到福州,三天后被挟持至北京。动身前,郑芝龙提醒清军征南大将军博洛贝勒:入京面见皇上乃我所愿,但家族中尚有人拥兵海上,若有不测将何以应对?后人据此推测,郑鸿逵、郑成功等人未随郑芝龙降清,乃郑芝龙为了牵制清廷所做的安排。但此时清王朝处于鼎盛之初,非穷途末日的朱明王朝可比。博洛淡然答道:此事与你无关,也不在我的考虑范围。郑芝龙入京后,被编入镶黄旗,封精奇尼哈番,即子爵。

郑芝龙撤回仙霞关的防军后,时任副元帅的郑彩和其弟郑联也将他所率军队撤到中左所。郑彩家就在今后海墘巷与思明北路交界处,后人称此处为国公府巷。

郑成功起兵

清顺治四年、南明永历元年（1647），正当郑联在中左所醉生梦死的时候，一支船队靠泊在与嘉禾屿一水之隔的鼓浪屿。统领这支船队的，便是郑成功。

郑成功系郑芝龙与田川氏（翁氏）所生之子，出生于明天启四年（1624）七月十四日夜子时，传说诞生于海滨岩石上。至今日本平户河内浦千里滨尚有"儿诞石"以资纪念。子夜生在海边的可能性不大，但不平凡的人总要伴随异象来到人间。郑芝龙海上弄兵那几年回日本不多，被招安后已免于漂泊，生活比较稳定，便决定接尚在日本的妻儿回国团聚。但日本幕府推说本国妇女不嫁中国，不能破例放行。郑芝龙很生气，命令"十八芝"之一芝鹗"带壮士六十名，新盔亮甲，器械坚利，乘风东渡日本"，"列船港口，旗帜鲜明，金鼓喧天，日人

明黄梓绘郑成功像（局部，原件藏国家博物馆）

见之骇然"。芝鹦将绘有郑芝龙雄壮水师数十艘巨舰的图画献给幕府，告诉他们，如果接不回郑将军的家眷，即刻兴师前来讨伐。幕府无奈，召集文武商议后，决定"遣子留妇"。郑芝龙理解幕府的难处，勉强同意这个方案，先接儿子，以后再想办法接回妻子。

明崇祯三年（1630），六七岁的儿子被郑芝龙接回安平，改原日名"福松"为汉名"森"。郑森聪明伶俐，好学上进，15岁入南安县学。明崇祯十五年（1642）秋，郑森参加乡试未被录取，翌年岁考被列为二等，未能获得廪生资格。但他的志向显然不在书斋，因此也不在意。

时局已经到了改朝换代的时候，鲁王朱以海、福王朱由崧政权相继覆亡，唐王朱聿键南行至杭州时，偶遇兵败南逃的镇江总兵郑鸿逵与户部主事苏观生，被奉至福州。郑鸿逵等与福建巡抚张肯堂、巡按御史吴春枝、在籍礼部尚书黄道周、南安伯郑芝龙等共议唐王监国。在郑鸿逵与郑芝龙的亟请扶佐下，唐王慨然即位，改元隆武。

隆武朝是郑成功政治生涯的开端时期。清顺治二年、南明隆武元年八月十四日（1645年10月3日），21岁的郑森随父亲郑芝龙来到今福州鼓屏路与湖东路交会处的云步山南明皇宫紫薇堂（遗迹已无存）拜见隆武帝。当时正是用人之际，隆武帝一见之下真心喜欢这个身材魁梧、聪颖敏捷的小伙子，同时也为了笼络手握军政大权的郑芝龙，当即赐姓朱，赐名成功，封为御营中军都督，仪同驸马都尉，享受皇帝女婿的待遇。自此开始，郑成功才有了"国姓""国姓爷"的称号，在心灵深处扎下了尽忠明王室的深根，其一生也因此而彻底改变，并一锤定音决定了台湾此后的归属问题。奇怪的是，既然尊他国姓爷，却仍习惯称他郑成功而不是朱成功，只用隆武帝赐的名，不用赐的姓，是何道理？

隆武帝朱聿键想有所作为，注意培植自己的力量。清顺治三年、南明隆武二年（1646）正月，郑成功奉隆武帝之敕命开始统兵。三月被封为忠孝伯，佩招讨大将军印。四月率兵戍守闽赣边界大安关（今武夷山市洋庄乡大安村）。六月回安平探母并招募兵将，八月率守关军从闽赣边界撤回延平，准备与清军对抗。

那时候，郑芝龙权倾一方，专横跋扈，藐视群臣，无视朝廷礼制。江日升《台湾外记》提供了一个细节：那一天，隆武帝召黄道周、何楷等诸文武入朝，会议战守之策。郑芝龙首站东班。大学士何楷看不惯他那一套，当场责之曰："文东武西，太祖定制。今尔妄自尊大，不但欺凌群臣，实目无圣上。"

郑芝龙反驳道："文东武西，虽古来定制，然太祖已行之，徐达业站东班首。"徐达为明朝开国第一功臣，位列开国"六王"之首。

大学士黄道周也看不下去了："徐达乃开国元勋，汝敢与达比乎？"郑芝龙狂妄地说："以今日较之，我从福建统兵恢复，直至燕都，功亦不在徐达下。"

何楷嘲讽道："俟尔恢复至北京，那时首站未迟。"

隆武帝无奈，只能"各为慰解"。自此文武不睦，郑芝龙暗自打起小算盘。

福建多高山和森林，是"一夫当关万夫莫开"的天然屏障，且清军不习惯南方炎热的天气，更不擅长海上作战。郑芝龙手下有许多精兵良将，还有一支精锐水师，他们若据险而守，扬长避短，至少是可以与清军一战的。但郑芝龙原是一个投机取巧、唯利是图的江湖中人，没什么大义可言，眼见明朝大势已去，竟迫不及待地主动派人和清军联络，并写信给清军首领，声称对清朝向往已久，随时准备降清。与此同时，郑芝龙下令撤退福建关防要道上的水陆防军，"遇官兵撤官兵，遇水师撤水师"，给清军让道。仙霞岭二百里间无一人，贝勒博洛率清兵从容过关，长驱直入。

清军兵不血刃占领福州，隆武政权覆灭。是年农历八月二十八日，隆武帝、曾皇后在汀州府堂不幸遇难。此时，清廷许以"闽粤总督"招抚郑芝龙，同为泉州人的招抚江南经略洪承畴与招抚福建御史黄熙胤联名修书入闽，郑芝龙决定降清。

郑成功极力反对，规劝无效，和叔叔郑鸿逵帅一旅下海，潜至金门。

稍后，郑成功得知南明隆武帝身亡，并得知郑芝龙被挟持入京，连忙赶回安平，与路振飞、曾樱、万年英等人起兵举义，自称"明招讨大将军罪臣国姓"。

举义初期，郑成功势单力薄，只有几条船、几十个伙伴。他先到南澳招兵，后又在福建东南沿海安平、金门一带闯荡了几个月，终于扩张到几十条船、近千人马。

清顺治四年、南明永历元年（1647）二月，清将韩固山攻打安平镇，郑芝豹、郑芝鹏率家眷携家财遁走海上，郑成功生母翁氏不肯随船队撤退，清军到达时毅然拔剑剖腹自杀。郑成功闻讯，率部杀回安平，清军见郑成功来势汹汹，连忙缩回泉州。郑成功追至泉州城外，但无力克城，围了几天，见周围的清军来援，不得不退出泉州湾，"靠泊鼓浪屿"。

郑成功站在鼓浪屿西岸，可以看到与鼓浪屿碧水相连的嘉禾屿海面上属于郑彩、郑联的连绵的船队。此时的郑彩、郑联可谓左右逢源：与海外做生意时是海商；征饷收税时打的是南明鲁王监国的旗号；剥掉南明水师的兵服，又是杀人越货的海盗。郑成功就没有这么顺利了。安平的老根据地随时都可能遭到清军铁蹄的践踏，郑芝龙长期经营的海商船队处于群龙无首的状态，嘉禾屿早就是郑彩、郑联的老巢，附近的金门被郑成功的叔叔郑鸿逵控制，中左所以北的舟山、南日、海坛，以南的铜山、南澳等岛屿都已被拥戴鲁王的南明遗臣旧将占据。郑成功靠泊的鼓浪屿方圆不过三四里，根本无法展开手脚。

后来的历史学家对于郑成功为何不尊近在身边的鲁王为南明正朔有种

种猜测。其实，站在郑成功的立场，这是不难得出答案的。郑成功的选择应该是在鼓浪屿作出的。也许，此时的郑成功已经看到，鲁王名下的地盘早已被瓜分完毕，鲁王的旗帜已经不能带来实际上的价值；也许，此时的郑成功已经萌生了取郑彩、郑联而代之的念头。如果选择鲁王，那么，郑成功与郑彩、郑联就是同朝为臣，行动起来势必受到种种牵制。因此，郑成功仍然打着隆武帝封赐给他的"招讨大将军"的旗号。但毕竟隆武帝已死，他的旗号已经不灵了，这成为郑成功的一块心病。

俗话说，兵马未动，粮草先行。据地方文献记载，郑芝龙早年降明，一个重要原因就是福建东南沿海大旱，给养供应不足。郑成功匆忙起师伊始，同样遇到军费拮据，补给跟不上，处境困难。但天无绝人之路。就在他靠泊鼓浪屿之时，两艘原先属于郑芝龙家族的商船恰好靠泊到鼓浪屿，正为军饷无着而发愁的郑成功下令接管这两艘商船。商船主管根本不把二十岁刚出头的郑成功放在眼里，他明知郑成功的生母已亡，另一主母颜氏在叔叔郑芝豹船队中，却故意问道：没有主母命令，如何交接？郑成功大怒，拔剑将那主管刺死。商船上的其他人看势头不好，服服帖帖地把商船交了出来。至此，郑成功开始正式掌管郑芝龙留下的产业。

小小的鼓浪屿对于郑成功来说，确实有着不凡的意义。在鼓浪屿，他不仅作出了重要的战略选择，而且明白了如何去建立个人的绝对权威。

清顺治四年、南明永历元年（1647）八月，郑成功会同郑鸿逵攻打泉州，连月未克。九月，驻漳州清军发兵增援泉州，郑成功率部退到九龙江出海口一带海域。

此役虽未克城，但威名大震，不仅乡绅沈佺期、林乔升、郭符甲、诸葛斌等率义师来会，而且原浙江巡抚卢若腾、进士叶翼云、举人陈鼎等反清义士纷纷来投奔。

清顺治五年、南明永历二年（1648）闰三月，郑成功攻占同安，于轮山筑寨守卫。以叶翼云为知县，劝谕追征，以助军需；陈鼎为教谕，传告诸生，起义勤王。之后，郑成功派邱缙等三将留守同安，自率水师南下东山。

南下途中，郑成功得知桂王朱由榔于隆武二年（1646）十一月十八日在广东肇庆被两广总督丁魁楚、广西巡抚瞿式耜等拥立为帝，改号永历之事。据江日升《台湾外记》记载，郑成功听后大喜，"加额曰：'吾有君矣！'遂设香案望南而拜，尊其朔号，即修表，遣原隆武中书舍人江于灿、黄志高二人，从海道入广称贺，并条陈时势"。

八月，清军总督陈锦率部进攻同安。知县叶翼云、教谕陈鼎及留守将领皆战死，全城五万余众被杀。民谚称"同安血流沟"。

十月，南明永历帝派人带着诏书随江于灿、黄志高抵达郑成功军中，晋封郑成功为威远侯。

据郑成功的户官杨英所撰《先王实录》（亦称《从征实录》），郑成功奉永历皇帝为正朔之后，摇身成为南明朝廷的官军、官兵，以"奉旨专征""抚顺剿逆"的名义，在漳州、粤东一带府县收取粮饷，称为正供、乐输。此时的郑成功，征粮筹饷已经名正言顺，实力日渐壮大，相继攻克了广东沿海的揭阳、潮州等地。

清顺治六年、南明永历三年（1649）七月，南明小朝廷晋封郑成功为漳国公。但此时清政府对南方的攻势日益强大，而随着南明小朝廷内部争权夺利、腐化堕落的加剧，民心的向背也开始悄悄地发生变化。郑成功急需寻找一个进可攻、退可守且足够驻扎他近万人水师的地方。

郑芝鹏建议取嘉禾屿为家，但当时控制嘉禾屿的郑联、郑彩是与郑芝龙通谱的郑氏族人，谋它或有同室操戈之嫌，所以郑成功一开始有些顾忌，但当时除了嘉禾屿之外已经别无选择了，郑成功也就不再犹豫了。

八月十五中秋夜，月光并不明亮，郑成功的帅船悄悄驶抵鼓浪屿。据探子禀报：郑联此时正在万石岩大宴宾客。第二天上午，郑成功到万石岩拜会郑联时，郑联犹宿酒未醒。两人见面，郑成功以"屡败之将"自称。郑联原本就视郑成功为乳臭之辈，见郑成功言语如此谦恭，更是毫无戒心。郑联留郑成功小酌，"快谈雄剧，终日无倦"。郑成功辞出后，知郑联无防备，密令诸船陆续进港，紧贴郑联的舰船停泊，听炮为号，争先过船。八月十七日，郑成功在虎溪岩设宴回请郑联，郑联欣然前往，放怀畅饮，入夜才掌灯而归。路过半山塘时，郑成功的部将杜辉等伏兵突然杀出，将郑联乱剑刺死。厦门万石植物园内现在仍有标注杀郑联处，游人到此噤若寒蝉。郑成功得报后，当即在虎溪岩顶放炮为号，随后率兵进驻中左所城，乔装隐蔽在各港湾的船只听到号炮立即行动，迅速控制住郑联部将的船只。郑成功一边捶胸顿足，下令捉拿刺杀郑联的凶手；一边派兵保护郑彩、郑联的住宅，不许一兵一卒擅入。

郑彩、郑联的部将见郑彩远出、郑联已死，郑成功又承诺任用如故，率兵船来归者给予升迁，纷纷归顺。郑成功派人带着亲笔信去见郑彩，请其率水师回归。郑彩想：自己年老气衰，郑姓子弟中唯有郑成功堪担大任，便将所率水师带回中左所，交付郑成功。郑成功大喜，亦善待郑彩。郑成功完全控制了中左所，从此有了一个固定的抗清基地，对抗清事业的发展有着重大作用。曾被鲁王封为建国公的郑彩交出兵权后，终日饮酒作乐，终老于岛上。

对袭杀郑联一事，多种文献说辞相同，唯郑成功部下杨英的《先王实录》记载有别："藩驾回至中左，……会其弟定远侯郑联，藩劝令改兵柄，合师共济，联亦听从，令其辖将陈俸、蓝衍、黄屿、吴豪等归附。"此处的"劝令协商"说，显然是为尊者讳。

偷袭中左所

明代闭关锁国的海禁政策削弱了海上丝绸之路的造血功能,直至明万历年间,中左所仍旧是"其地上硗下卤,率不可田",所出产粮食"不足食民三之一",岛上的粮食主要由广东、浙江海运而来。郑成功占据中左所之后,兵力迅速扩张,军粮供应的问题就更为紧迫了。清顺治七年、南明永历四年(1650)十一月,郑成功南下广东潮阳,亲督征缴粮饷。

此时,南明永历皇帝派使者黄文从广西梧州来见郑成功,告知清军攻占广州,广西形势岌岌可危,要郑成功南下勤王。郑成功下令所部各镇加紧催缴"乐输饷米",以供勤王之需。闰十一月,郑成功传令各镇官兵南下勤王。

清顺治八年、南明永历五年正月二十七日(1651年2月16日),郑成功率兵从南澳岛出发南下,郑鸿逵则率洪旭、施琅等回师中左所。二月底,郑成功勤王船队抵达广东盐州港。

福建巡抚张学圣得知郑成功率部南下广东,命令总兵马得功趁虚攻打中左所。此时,澄济伯郑芝豹尚留驻安平看守郑氏老家。马得功找到郑芝豹，命他拨船八艘载清军渡海。郑芝豹因郑芝龙被软禁在京，怕得罪清军后对郑芝龙不利，不敢不拨。三月十四日，马得功率骑步兵从五通登陆中左所。郑芝莞得知消息后，急忙将自家财宝搬上一艘大船，准备撤往海上。郑成功的夫人董氏来不及收拾行装，带着年幼的郑经，仓皇逃往海滨，靠一位船工的帮助才登上郑芝莞的船。郑芝莞劝董夫人改乘家眷船，被董夫人拒绝。马得功率领骑兵在中左所往来驰骋，岛上兵民无法抵御，纷纷奔窜石洞，借以安身。郑成功在厦门港碧山岩附近的家院，被洗劫一空。

正当马得功在中左所西南部频频得手之时，张学圣与兴泉道尹黄澍率领大队人马也从五通港登上中左所。中午，正当涨潮时分，张学圣一行登上五通山，放眼四望，只见波涛茫茫，不禁大吃一惊，说道："此绝地也！设有缓急，岂能飞渡？"当即下山，率部撤离中左所。

马得功接到张、黄所率援兵撤离的消息，才发现载他们到中左所的船已经被郑芝豹撤回。如今援兵不来，眼看插翅难逃，情急之下，想起南明弘光朝时自己曾是郑鸿逵的守备，决定冒死造访郑鸿逵，求一生路，或许还有一线希望。

两人见面后，马得功以昔日下属的身份示弱，表示此次攻岛系奉命而为，况且郑芝龙及在安平的郑家家眷都在朝廷掌握之中，还是留条退路，放他一马为好。郑鸿逵果真被说动了，安排几艘船只运送他的官兵渡海回到了泉州。待郑成功率水师急急赶到浯屿，得知马得功已于五日前乘坐郑鸿逵提供的船只顺利脱逃。

郑成功大怒，愤愤责骂道："渡虏来者澄济叔，渡虏去者定国叔，弃城与虏者芝莞叔，家门为难，与虏何干！"他不进中左所，直接进驻白沙。十日后才移驾中左所澳仔（顶澳仔），与多位部将商议嘉禾屿失守功罪，终于下决心大义灭亲，将守岛主将、叔父郑芝莞及另外两个负有主要责任的部将阮引、杨升斩首，家产充作军饷。分别奖励施琅及陈埙、郑文星等作战勇猛的部将二百两和一百两的赏银。郑鸿逵也小心翼翼探视过郑成功，知道自己此次放回马得功已铸成大错，虽说是考虑到郑芝龙及郑家家眷的安全不得已而为之，但与郑成功的合作关系恐怕是难以继续维持下去了，又见他举动威严、执法无私，索性将兵卒船只悉数交付郑成功，自己无官一身轻地退居金门白沙笙歌自娱去了。

不怪郑成功生气，此番中左所失守，损失可谓惨重。一年之后，郑成功在答复其父郑芝龙的信中称："己丑岁，……袭破我中左，掠我黄金九十余万，珠宝数百镒，米粟数十万斛，其余将士之财帛，百姓之钱谷，何可胜计！"

清军攻破中左所之时，郑芝龙尚在京都，安平镇还在郑氏家族若即若离的掌管之中，因此，清军所获资产，只是郑成功海上举义之后开始积蓄的家产的一部分。按照金银比价约一比五的比例，九十余万两黄金折银约四百余万两，还有数百镒珠宝、数十万斛（一斛折合五斗）米粟，数目已经相当可观。如果再加上郑氏在京师、苏杭、山东等地的财货，以及由郑成功的亲弟弟掌管的在日本的产业，郑氏家产之巨，简直到了令人吃惊的地步。对照明朝廷在漳州月港开放的全盛时期一年所收税银不过是二万九千余两，郑成功的家产可谓富可敌国。而如此庞大的家产，完全是通过海上经营积攒起来的。

漳泉是福建的富庶地区，郑成功拥有许多船只，他通过海路仁、义、礼、智、信五大商行，与日本、暹罗、安南、占城、吕宋诸国来往，做海外的贸易，每一字号统辖若干艘商船，每艘商船每年缴交本息大约万余两；然后再通过陆路金、木、水、火、土五大商行，把进口的货物和南方的出产销行到内地，换回"杉桅、桐油、铁器、硝磺、绸绫、粮米一切应用之物"，作为军储；同时建造船只出租，收取船租和商税，视船只大小年收取一千至三千两不等；还通过发放商船牌照收取"牌饷"即保护费，每艘船视大小收取五百至二千余两饷银。清道光《厦门志》称郑芝龙控制东南滨海之时，"岁入例金千万"，郑成功在这方面的作为绝不亚于其父。

在郑芝龙掌权时，维持郑氏武装的主要手段是"勒富民助饷，谓之报水"。郑成功遥奉南明永历皇帝为正朔后，便可堂皇地用南明永历朝廷的名义纳税征粮。据郑部户官杨英所撰《先王实录》记载，郑成功在每次较大的军事行动之前，基本上都要布置进行筹饷筹粮。从永历三年至永历十四年（1649—1660），郑成功部在驻地周围进行的筹饷筹粮就达五十余次，涉及近百个县、乡、村寨。

中左所失守使郑成功高度警觉起来，他暗自剖析驻岛利弊，看到这儿虽是进入大陆最适宜的跳板，但局限性也大，毕竟离大陆太近，容易遭到攻击。善后完毕，郑成功委任洪旭管理中左所地方事务，自己则移驻金门岛后埔遥控指挥。

以战谈和

清军趁火打劫攻占嘉禾屿之举彻底激怒了郑成功。他整军备战：擢万礼为前冲镇，陈朝为后冲镇，洪旭守中左所，族兄郑泰守金门，叔父郑芝豹与施天福守安平，张进守铜山，陈豹守南澳。配好主将的同时，又亲巡各要口，督促民工筑好数处炮台，拨劲旅加固防守，并亲自操演队伍，以待兴师。经过这番整治，郑军拥有兵众六万余人，战斗力大为提升。

此时，发生了一件不大不小的事情：刚领二百两赏银的施琅逃跑了。

出身农户的施琅比郑成功大三岁，曾是郑芝龙的部将，随郑芝龙降清，后加入郑成功抗清义军，很受郑成功的器重，成为得力助手，李光地说"郑国姓用施琅如手足"，《福建通志》说"郑成功托故明赐姓栖海上，以琅为左先锋，相得甚，军储、卒伍及机密大事悉与谋"。

顺治八年（1651）正月，当郑成功南下至南澳时，施琅反复劝说郑成功放弃南下勤王之举，言及"勤王，臣子职分，但郎昨夜一梦，似大不利，乞藩主思之"，被郑成功一气之下解除了兵权，命他以闲散人员随郑鸿逵回师。时遇清军马得功偷袭中左所，施琅勇敢抗敌。郑成功论功行

金门太武山郑成功奕棋阅兵处

赏,"赏施郎花纹银二百两,加二级",却仍不让他带兵,招致施琅生怨,请求削发出家当和尚。郑成功不允,要他再募兵做前锋。他"竟自削发,不赴见"。一天,施琅家丁与右先锋黄廷的兵士发生纠纷,施琅竟然带着亲兵冲到黄廷行营辱骂,还砸碎了家具。黄廷忍让避过,私下向郑成功告状。郑成功派人谕劝施琅,施琅"面从心违"。这年五月,施琅的亲兵曾德投奔郑成功,施琅将其召回杀害。郑成功下令收捕施琅、施显及其家口。施琅逃脱降清,郑成功怒斩施琅父亲施大宣和其弟施显。

此次降清之前,施琅其实应该写作施郎,他是在这次降清后被任命为同安总兵时才改"郎"为"琅"的。但为了阅读方便,不致造成混乱,前后都用一个"琅"字了,反正多数读者只知这个清朝会打仗的"施琅"将军。

清顺治八年、南明永历五年(1651)五月二十二日,郑成功督师至海澄磁灶,与清漳州总兵王邦俊所率马步兵数千人遭遇。郑成功作临战动员:

欲图进取,当先从漳泉着手。此番杀他一阵,则漳虏慑服,集兵裕饷,恢复有基矣。尔等勉之!

将士奋勇争先,于二十七日大败清兵,缴获马匹辎重无数。此战发生在施琅降清之后,打出了军威,起到了稳定人心、鼓舞士气的作用,前来投奔的民众日多，于是增设五营：礼武营、智武营、信武营、仁武营、义武营。后再设五营：英兵营、游兵营、奇兵营、殿兵营、正兵营。

此后一段时间，郑成功按照既定计划继续在闽南用兵：七月，在同安龙窟地方杀败驻同安清军；九月，在漳浦附近再次击败清漳州总兵王邦俊及陈尚智率领的援兵；十月，攻破漳浦霞帐寨；十一月，在同安小盈岭杀败清福建陆路提督杨名高；十二月占领漳浦县、诏安县，随后陆续占领海澄县、平和县、长泰县、南靖县。

至此，漳州所属各县都已被郑军控制，只有府城漳州还在清军手中。筹划稳当后，清顺治九年、南明永历六年（1652）四月，郑成功率部围攻漳州。侦报清金衢总兵马进宝率兵援漳，郑成功召集各路诸侯计议。漳州海澄孤儿出身的中都督甘辉再三请战，郑成功和盘端出自己的方案："用兵之道，岂全恃勇力？马进宝以骁勇著称，先勿与战，赚之入城，然后围之。城内多添人马，粮草益乏，待其势穷，破之必矣。"意思是，先别硬拼，引他入城，围而不打，等到他们缺吃少喝，失去战斗力，再一举歼灭之。众将领都认为这个办法好。

马进宝率领骑兵一千、步兵三千浩浩荡荡经过灌口、深青等郑军地盘，郑军早早避而远之。等清兵要安营休息时，四面呐喊声彻夜不停，搅得清军兵马不敢卸甲。再往前走，漫山遍野都有埋伏，只有往漳州城一路无阻。甘辉挑战，马进宝因昨夜未休息好，人困马乏，不敢恋战，只得沿着郑军留出的路遁入漳州城内。几天后，马进宝从东门杀出，郑军将领周全斌、甘辉等迎敌，大败马进宝。漳州总兵王邦俊出兵接应，伤亡很大，马进宝、王邦俊率兵退入城中固守。郑军昼夜攻城，却不能破城，于是郑成功调集二十七万兵力，将漳州城团团围住，并在城外树木栅、挖濠沟、筑短墙，想以久困之计将清兵饿死在漳州城里。未几，漳州城中粮尽，"无论鼠雀至树根、木叶、水萍、纸皮之属尽食之，百姓饿死日以千计"。

郑成功见漳州久攻不下，而清大批援军又至，遂从漳州撤退，攻占海澄。海澄山海相连，进可通八闽、粤东，退可安守嘉禾屿、金门二岛，战略地位十分重要。郑成功征调民夫，将原五都土城用灰石加固，联为一体，并加筑短墙，短墙上安排铳位三千余个。郑成功在东门、南门、西北门和西门小水门派拨重兵把守，又在九龙江出海口安排四程水师作为接应。明隆庆开海以来，海澄月港成为对东、西亚贸易的通商港口，商业、手工业的底子相当雄厚，是为郑成功军队提供被服、铠甲、兵器、火药等军需品最重要的基地，从粤东、闽南内陆征集来的粮食也大量囤积在这里。海澄成为郑成功在大陆最重要的据点。

郑成功纵横闽南，连战皆捷，惊着了清朝统治者。一份建议对郑成功进行招抚的奏疏递到了清军入关后的首位皇帝顺治眼前：

> 臣等窃察明朝崇祯年间，郑成功父郑芝龙骚扰海上，官民屡剿无功，后招抚芝龙，海患始息。今郑成功等较孙可旺等诸贼，根株局面，种种不同。宣敕督臣刘清泰早驰赴任，察彼情形，量我兵力，能剿则剿，当抚则抚。

顺治皇帝对招降策略一点也不陌生。入关之前，满人曾招抚李永芳、孙得功、洪承畴、祖大寿、吴三桂等明朝将领，壮大自身的势力；入关之后，又曾多次对史可法、陈洪范、刘泽清、刘良佐、左梦庚、郑芝龙等南明诸臣，采用招抚策略。现在，他们又将对奉明抗清的郑成功故伎重演。

北京沦陷之后，明朝南方的官绅和由北方逃亡而来的官员，为稳定政局，拥立朱明后裔成立南明政权，以平定流寇之乱和抵抗清军的南下。然而南明宗室所成立的几个政权，多未能发挥作用，南明弘光元年、清顺治二年（1645）五月，清军顺利进入南京，福王被俘，南明第一个政权消失。此后南方的明朝官员，又陆续建立起潞王、鲁王和唐王三个政权。然而不到一年的时间，三个政权也在清军的猛烈攻势下宣告瓦解。潞王和唐王被清军杀害，鲁王则逃到海上，后依附郑成功。清人顺利地占领了黄河以北、长江下游和浙江、福建广大地区，同时分兵三路进攻明朝南方势力。

郑成功在明清的巨大变局中，逐渐展现其军事才能，最后形成郑成功集团、永历朝廷分别在东南、西南对抗清政权的局面。郑成功在东南独自形成一股抗清势力，以金门、中左所（厦门）为根据地，在通往广东平海所（今广东惠东南方港口）之间，建立海澄、漳浦、云霄、诏安、南澳、潮阳等据点，且将势力深入福建的平和、长泰等内陆地区。郑成功拥有海上强大的作战能力，不时对清军采取沿岸袭击的策略。

从清顺治九年、南明永历六年（1652）十月开始，清朝廷决定对郑成功进行招抚。清朝廷此项决策，不仅是基于对外作战的考量，也受到朝廷内部许多不安因素的影响。由于摄政王多尔衮突然于清顺治七年、南明永历四年（1650）十二月去世，造成刚亲政的顺治皇帝、济尔哈朗和多尔衮集团间的权力斗争，无形中削弱了对外作战能力。清朝内部的满汉问题，也是一项严重的隐忧。清兵入关之后，利用优势的军事武力，攻占许多地方，但是在清朝控制区内，汉人的反抗意识十分强烈。另外，经济问题也困扰清朝朝政。满人入关后，立即转战各地，致使国家财赋大部分使用在军事上，朝廷财政极端困难，国家岁收已呈现入不敷出的窘状。这些因素促成顺治皇帝在处理对外关系上，广采积极招抚之策，以调适内部的张力和增加对外作战的优势。

由此可以看出，清朝廷当时招抚郑成功是有诚意的，手中也握有利于他们招抚的筹码，即清军进入福建时降清的郑成功父亲郑芝龙。

这次，清朝廷利用郑芝龙、郑成功的父子关系来进行招抚。他们的如意算盘是：郑芝龙因其名利与生命安全之故，必定会尽力充当招抚的角色；而郑成功顾及父亲等亲人的安全，最后不得不降清。顺治皇帝给浙闽总督刘清泰的敕谕是这么说的：

> 近日海寇郑成功等屡次骚扰沿海郡县，本应剪除。但朕思昔年大兵下闽，伊父郑芝龙首先归顺，其子弟何忍背弃父兄，甘蹈叛逆！此必地方官不体朕意，行事乖张。郑成功等虽有心向化，无路上达。又见伊父归顺之后，睿王令人看守防范，又不计其在籍亲人，作何恩养安插，以致成功等疑惧反侧。朕又思郑芝龙既久经归顺，其子弟既朕赤子，何忍复加征剿。若成功等来归，即可用之海上，何必赴京。今已令郑芝龙作书宣布朕之诚意，遣人往谕成功及伊弟郑鸿逵等知悉。如执迷不悟，尔即进剿。如芝龙家人回信到闽，成功、鸿逵等果发良心悔过，尔即一面奏报，一面遣才干官一、二员到彼审察归顺的实。许以赦罪、授官，仍听驻箚原住地方，不必赴京。凡浙、闽、广东海寇，俱责成防剿。其往来洋船，俱著管理，稽察奸宄、输纳税课。若能擒斩海中伪藩逆渠，不吝爵赏。此朕厚待归诚大臣至意，尔当开诚推心，令彼悦服。仍详筹熟察，勿堕狡谋。

这是清政府第一次明确下令招抚郑成功，顺治皇帝的敕书成为双方未来谈判的基本架构。郑芝龙禀承圣意，派家臣周继武从北京到中左所，劝说郑成功就抚。此时的郑成功尚念念不忘顺治八年张学圣派马得功攻占中左所掠走黄金百万等财物之事。他差家臣李德奉书随周继武北上回复父亲郑芝龙，一字不提招抚的事情：

> 儿南下数年，已做方外之人。张学圣无故擅发大难之端，儿不

得不应。今骑虎难下，兵集难散。

郑成功的牢骚通过郑芝龙和浙闽总督刘清泰反馈给清朝廷后，为向郑成功示好，清朝统治者决定处理袭击中左所、劫夺郑成功物资的福建地方官员，以改善与郑成功的关系。虽说封建社会"君要臣死，臣不得不死"，但真正处理官员也要走流程，按照皇帝的意图，刑部尚书觉罗巴哈纳先上奏朝廷，以郑成功起兵反抗，全因"劣抚贪启衅，致地方沦陷，仰祈圣鉴治罪"，以速靖地方事。左都御史房可壮等人，紧接着提出弹劾福建巡抚张学圣的奏章，建议将张学圣等人解职治罪。浙闽总督刘清泰也上奏朝廷，要求将张学圣、黄澍、马得功等袭击中左所的地方官拘捕治罪，并将福建按察使王应元以"徇隐不奏"之罪一并论处。刘清泰如此启奏：

> 臣遵密旨，细察厦门一窟，素称郑氏老巢。抚臣张学圣、道臣黄澍、镇臣马得功垂涎金穴，乘成功他出，潜师往袭，悉攫其家赀，以致索偿修怨，海郡沦陷；三臣罪固难逭。至按臣王应元徇隐不奏，深负巡方言官之职。

刘清泰的奏本已经用"厦门"指称中左所，接下来行文就统称"厦门"吧。

众大臣接连弹劾，顺治皇帝英明决断，清廷于是下令将张学圣、黄澍、马得功、王应元押解进京，革职下狱。

清朝的这个姿态不低，但郑成功不为所动，他抱持"以战谈和、适时出击"的谈判策略，该出手时就出手，决不含糊。就在张学圣等人被革职下狱的清顺治十年、南明永历七年（1653）三月，郑成功派遣部将张名振、陈辉、黄兴等率水师从中左所出发北上，从长江口进入内地，攻击浙江、南直隶，意图分散固山额真金砺率兵入闽的威胁。五月，郑成功亲临漳州海澄前线，经过几天激战，郑军损失惨重，郑成功也险些受害，最后战事逆转，郑军用火炮、火药打败前来攻城的清将固山额真金砺，致其精锐尽失，被迫退回漳州府城。六月，郑成功派监督池士坤等两拨官员分别从陆路、海路赴广西永历帝行在报捷。随后，郑成功因在攻打鸥汀寨时脚部受伤，遂移师广东揭阳一带征取粮饷。

海澄一战，对清朝招抚郑成功一事造成负面影响，加上西南永历势力的介入，使双方的交涉出现严重隔阂。当时南明李定国部队正倾师进攻广东，他派使者联络郑成功，要求郑成功会师广州。郑成功回信表示愿意出兵。郑成功在海澄受到固山额真金砺攻击后，与西南的联系更加紧密，而对清朝的招抚则有更多的疑心。清朝考虑到郑成功的战力转强，为集中兵力征剿西南永历政权及巩固占领区，仍想通过谈判招抚郑成功归顺清朝。

如何重启谈判的大门？清朝廷想到用赐封郑氏家族的方式，安抚郑成功的情绪，争取他回到谈判桌上来。顺治皇帝下诏，赐封郑芝龙为同安侯，郑鸿逵为奉化伯，郑成功为海澄公。清代给满洲、蒙古、汉人封爵，一般称为民世爵，有公、侯、伯、子、男、轻车都尉、骑都尉、云骑尉、恩骑尉等九个爵位。郑氏家族一下受封三个爵位，可谓"皇恩浩荡"了。

该年八月，郑芝龙奉旨派李德、周继武来到厦门，向郑成功传达清朝廷招抚的信息，明确告知清朝廷欲以海澄公的爵位和一府的地盘招抚他，敕谕到日，清军撤回，闽海地方事务悉以委托，希望郑成功受恩就抚。如果郑成功接受，朝廷会正式差遣诏使，带海澄公敕印，前来宣布敕封。

为了进一步表达招降诚意，顺治皇帝又专门给郑成功发来一封敕谕：

> 封尔为海澄公，赐之勅印，镇守泉州等处地方，禄俸如例。闽境海寇，悉听便宜防剿。海洋船只，俱令管理稽察，收纳税课。所

部官员，照旧统辖，以俟叙录。归顺人众，具数奏闻，以便安插。地方官评民事词讼钱粮，凡系有司职掌，自有督抚管理。尔服此宠嘉，受兹信任，务殚心竭力，以图报称。海滨宁谧，惟尔之功。如果建有殊勋，仍加懋赏。山河带砺，垂于永久，忠孝克全，身名俱泰，岂不休哉。

郑成功对清朝廷开出的招抚条件深感不满，认为与他预期的条件相差太大。在回复父亲郑芝龙的长信中，郑成功提出了他的看法与条件：

夫沿海地方，我所固有者也。东西洋饷，我所自生自殖者也。进占退守，绰绰余裕，岂肯以坐享者反而受制于人乎？且以闽粤论之，利害明甚，何清朝莫有识者。盖闽粤，海边也，离京师数千余里，道途阻远，人马疲敝，兼之水土不谙，死亡殆尽，兵寡则必难守，兵多则势必召集，召集则粮食必至于难支，兵食不支则地方必不可守。虚耗钱粮而争必不可守之土，此有害而无利者也。如父在本朝时，坐镇闽粤，山海宁谧，朝廷不费一矢之劳，饷兵之外尚有解京，朝廷享其利而百姓受其福，此有利而无害者也。清朝不能效本朝之妙算而劳师远图，年年空费无益之赍，将何以善其后乎？其或者将以三省之虚名，前啗父者，今转而啗儿，非不信父言，而实有难信父言者。刘清泰果能承担，实以三省地方相畀，则山海无窃发之虞，清朝无南顾之忧，彼诚厚幸。至于饷兵而外，亦当使清朝享其利，不亦愈于劳师远图、空费币金万万者乎？况时下我兵数十万，势亦难散。散之则各自啸集，地方不宁。聚之则师旅繁多，日费巨万。若无省会地方钱粮，是真如前者啗父故智也。父既误于前，儿岂复再误于后乎？儿在本朝，亦既赐姓矣，称藩矣，人臣之位已极,岂复有加者乎?况儿功名之念素澹,若复作冯妇,更非本心,此可为智者道耳。不然,悬乌有之空名,蒙已然之实祸,而人心思奋,江南也难久安也!

从郑成功愿意开列和谈条件看,他并非一概拒绝与清朝谈判,但提出要浙闽粤三省之地给他安插部属,以实现当初清朝招降郑芝龙时所答应的条件。

郑成功充分掌握时机,借着谈判的机会,派出手下部将进入清朝控制区四出征取军饷。他致书清浙闽总督刘清泰称:"以数十万之众按甲待和,虽议可俟而腹决不可枵。稍就各郡邑权宜措饷,以济军粮,可矣。"清朝廷是抚是剿,主意未定,地方官员及军事将领亦未敢妄动干戈。郑成功八方出击,满载而归:顺治十年(南明永历七年,1653)闰八月,派督饷都督黄恺到晋江晋南地方追饷二十万;九月,派前都督黄廷到云霄征米五万担;十月,派黄兴、万礼等镇将到龙岩征饷二十万;十一月,派赫文兴、陈六御、杨朝栋等镇将到惠安、仙游等地征饷三十万;十二月,郑成功亲率兵马到南安、惠安征讨不愿"乐输"军饷的"顽寨"……

清浙闽总督刘清泰怀疑郑成功欲借议抚扩充势力,遂写信给郑成功劝降:

从来大丈夫做事,必使功业有所归,身名无所累,而后奋臂一往,以求白于天下可也。今令尊公以身依日月之傍,令祖母年逼桑榆之景,更思海上有事以来,冒费者何地之金钱?涂炭者何方之膏血?足下英雄之姿,忠孝之性,岂甘一时之倔强而冒青史之讥,咫尺之飘摇而酿赤族之祸也哉?

见郑成功毫不动摇，又写信给郑鸿逵，让他帮着说服郑成功归降，被明确拒绝，还为郑成功不愿降清辩护。清顺治十一年（南明永历八年，1654）正月，清朝廷以兴化、泉州、漳州、潮州等4府地盘以及海澄公爵位加挂"靖海将军"为条件，再次派出使者与郑成功谈判。郑成功答复道："兵马繁多，非数省不足安插；和则高丽朝鲜有例在焉。"

为了增加谈判筹码，郑成功继续"以战谈和"，再次派遣张名振、陈辉率水师直入长江，夺取清军水师船只百余艘，直至镇江金山寺望祭明孝陵后才退回；同月，派亲标营顾忠攻打天津，焚毁清军运粮船百余艘；三月，郑成功亲率戎旗镇剿杀长乐松下澳和海坛（今平潭县）"逆民"；四月，派黄廷、万礼等镇将到永定筹饷，攻破不愿"乐输"的白土寨；六月，派中提督甘辉、镇将林胜到长乐"措饷养兵"；七月，闻说清朝廷将增派兵马入闽，分派各提督、总镇各率所部在漳州、泉州、福州、兴化等府域内征饷。

对于清朝廷招抚郑成功的消息，南明永历小朝廷肯定不会一无所知。为了进一步稳住郑成功，清顺治十一年（南明永历八年，1654）八月，永历皇帝的使者抵达厦门，册封郑成功为延平王。郑成功上表，辞不敢受。

就在永历皇帝的使者带着封册来到厦门之时，清朝廷派内院学士叶成格、理事官阿山随后也抵达泉州，传达朝廷四府招抚旨意。郑芝龙派出两位家人带着郑成功的二弟郑世忠、四弟郑世荫同时到达。郑成功先后在金门、厦门会见郑芝龙所派差人和二位弟弟，在安平镇与清廷使者会谈。郑成功坚持以闽、浙、粤三省钱粮为受抚条件，朝廷不能接受，斥责郑成功"虽受敕印，尚未剃头，……词语多乖，要求无厌"。郑成功认为"在清朝，罗人才以巩封疆，当不吝土地。……清朝若能信吾言，则为清人；果不信吾言，则为明臣而已"。清廷官员则称："以三省相界之说，……且从来无此庙算，并无此边筹也。即如足下所云，亦可笑矣。无三省则舍我而忠于彼，将有三省则弃彼而忠于我乎？"

郑成功与清朝廷的谈判无果而终。清朝廷将郑芝龙软禁，将郑芝豹流放到宁古塔，以示惩罚。郑成功则派官员携带勤王师表赴广西永历行在，宣称委任辅明侯林察为水陆总督、闽安侯周瑞为水师总督，率官兵数万、战舰百只，定于孟冬北风飘起之时南下勤王。

此时，清军的海上装备远远逊于郑成功的水师。由于军事力量处于下风，清朝廷处于战抚难定的尴尬境地。郑成功心情似乎不错。他设立了育胄馆和储贤馆，前者专门收养阵亡将士之后，后者则通过考试收录优秀人才，以备日后选用。作为对清朝廷软禁郑芝龙、流放郑芝豹的回击，郑成功派兵四处出击：十一月刘国轩献出漳州城，忠振伯洪旭向漳州城内富户及漳州所属十县派饷，共收取饷银一百零八万，十二月，郑军攻破同安、南安、惠安、永春、德化等县，征饷七十五万；顺治十二年一月郑军攻破仙游县，杨英《先王实录》写道：开始时攻打不下，郑成功下令治攻城将领玩寇之罪后，改用地道法、火攻法破城，"焚杀甚惨"。

清顺治十二年（南明永历九年，1655）二月，郑成功回到厦门，开始考虑政权建设。此前，南明小朝廷已经赐予郑成功武职一品、文职侍郎以下的任命权。郑成功在军前设立吏、户、礼、兵、刑、工六官，参军举人潘庚钟任吏官、洪旭任户官、指挥都督张光启任兵官、都督程应璠任刑官、冯澄世任工官，又设立察言、承宣、审理等职，挂印常寿宁为察言司、举人邓愈为承宣司、举人邓会为审理。三月，设立六察官多人，专司敷陈庶事、稽查利弊事宜，任命常寿宁为六察官掌印。

六察官周素等人上书郑成功：中左所为兴王之地，不宜因循旧名，建议改中左所为思明州。郑成功采纳了这一建议，任命薛联桂为思明州首任知州。据说，当时有一老儒进言：改固当改，但不宜用"思"字，徒思何益？思尽即止也。因为郑成功已经同意改用思明州，竟没有人敢把老儒的建言告诉他。自此,中左所正式更名为思明州。《先王实录》的作者杨英多年后认为:郑成功复明大业最终未获成效,可见老儒的话并非没有见地,"亦有数存焉"。

此时的思明州,看上去还是颇为兴旺的。工官冯澄世在顶澳仔附近的演武场修建演武亭,供郑成功操练、检阅兵马。郑成功从各镇选调精锐将士加强戎旗镇。镇内设有五协,每协设五个正协领、授副总兵衔,十个副协领、授参将衔,每个副协领统管五十员战将,其中的班长授守备衔、冲锋官授把总衔,全镇总人数约二千五百人。这是郑成功最正规的军队编制。郑成功亲自上阵,按照五梅花阵法操练。有时,郑成功也登上演武亭附近的水操台,指挥鹭江海面的战船演练。同样的水操台在走马路(今大中路)二十四崎脚之上的涂崎顶也有一处。当时,海水淹到二十四崎脚,今中山路东海大厦一带被称为岛尾港,今大同路与横竹路交会处被称为神前港,今升平路临海的大半部被称为港子口,涂崎顶突兀于鹭江之滨,站在半山腰的大石块上,穿梭往来的船只历历在目。遥想当年,郑成功手执指挥旗站在水操台上,身旁将士如云,眼前艨艟蔽海。一声号令,浪奔涛涌,何等英雄气概。

清顺治十二年(南明永历九年,1655)二月,工官冯澄世刚上任,郑成功就命令他拆除高浦千户所所城的城墙,把砖石运到丙洲修筑新城。当时的丙洲是个小岛,坐落在同安县南部东西溪出海口,退潮时几乎与陆地相连,离县城不到十公里。虽然丙洲的方圆还没有鼓浪屿的一半,但却与嘉禾屿南北呼应、互为犄角,又是从海上攻取同安县进而夺取内陆的极好跳板。

清顺治十二年(南明永历九年)四月,南明永历帝遣漳平伯周金汤、太监刘国柱至思明州,驳回郑成功辞延平王封号的奏章,向郑成功颁赐封册和王印,郑成功的威望、地位达到顶峰。

这个时候，郑成功面临着如何实现反清复明大业的问题。对此，郑成功的部将谋士曾提出种种建议。最著名的是后冲镇周全斌所提的上、中、下三策：上策是煽动三藩造反，同时联络孙可望、李定国，分别从湖北进军洛阳、从四川直捣关中、从沿海溯长江而上直取南京；中策是与孙可望、李定国联手，孙、李攻占粤楚蜀之后，与郑成功的闽师、浙师齐出中原，直指大江南北；下策是栖兵海岛，视机蚕食闽、浙、粤滨海之地。从今天的角度看，如果郑成功采用了周全斌所建议的上策或者中策，中国明清的历史也许会因此而改写。但是，郑成功采取的是下策，最终创造出今天人们所熟知的那么一段历史。

郑成功如此选择的原因无人知晓，有说他对永历政权不够忠心，有说他缺少统领汉人与清朝分庭抗礼的胆略，有说郑军不擅长陆战，总之在改中左所为思明州之后，郑成功逐渐把精力放在沿海岛屿经营上。

清顺治十二年（南明永历九年，1655）五月，总督辅明侯林察、闽安侯周瑞率南下援粤勤王的船队撤回思明州。据林察等人禀报：南下勤王的船队赶到广东海域时，出击广东的李定国的军队已被清军打败、退回广西，因与李定国联系不上，

思明州知事邓会虎溪岩题诗石刻

只好退回思明州。郑成功经一番诘问后,将周瑞革职,林察等将官记责降职,三位反对撤回的将官得到赏银一百两、晋升一级的奖赏,此事亦不了了之。

清朝廷在得知郑成功再度拒绝招抚后,认为郑成功过于狂妄,毫无剃发归顺之意,于是议政王大臣会议作出决议:

> 郑成功屡经宽宥,遣官招抚,并无薙发投诚之意。且寄伊父芝龙家书,语词悖妄,肆无忌惮,不降之心已决。请敕该督、抚、镇整顿军营,固守汛界,勿令逆众登岸,骚扰生民。遇有乘间上岸者,即时发兵扑剿。

消息传来,郑成功立即调整部署因应时局。考虑到郑军在陆地的战斗力敌不过清军,郑成功决定收缩到海上。他下令把安平老家的家眷、资产撤到金门,将安平镇的城墙、房屋全部拆除,原先商店林立、亭台楼阁竞奢、繁华不亚于府城的安平镇成为一片废墟。流传一时的"安平成平埔"的民谚得到验证。同时,下令各镇营到福州、泉州、兴化各府属县征饷,征饷后各镇营集中到漳州,在漳州、潮州一带继续征饷。饷银征后,将城墙统统拆为平地,使清军没有庇护之所,便于郑军攻杀。拆下的砖石,就近运到思明州,在高崎、五通、湖莲、竹坑、东渡一带修筑炮台烟墩。一时间,漳州、惠安、同安等处的城墙官署被夷为平地。

为了牵制清军入闽,郑成功任命忠振伯洪旭为总督,原北镇陈六御为总制五军戎政,率师北上,与进入长江的定西侯张名振会合。洪、陈二人率领北征水师一路征粮征饷,十月抵达舟山,清军守将不战而降。随后,驻守定海关和台州的清军将领相继献城投降。浙江沿海基本被郑军控制。

水师北上舟山之时,前提督黄廷、后提督万礼、戎旗镇林胜于八月率部南下广东,先后攻占揭阳、普宁、澄海等地。但不到半年,揭阳又被清军占领。之后,郑成功逐渐失去对广东沿海大部的控制,基本形成以思明州、金门岛为战略基地,以北至舟山群岛、南至南澳岛为控制区域的局面。

清顺治十二年(南明永历九年,1655)九月,清军派遣满洲世子济度为定远大将军,会同多罗贝勒巴尔处浑、固山贝子吴达海、固山额真噶达浑统率三万满汉大军,南下福建征讨。但在一片征剿声中,亦给予郑成功留出了接受招抚的管道。顺治皇帝在给济度的敕谕中,虽然命他全力征剿,但强调"贼如登岸,相机剿抚","抗拒不顺者戮之,倾心归顺者抚之",可知清朝廷在改变对付郑成功的策略之后,仍留有招抚谈判的空间。

事实上,"以战谈和"是郑成功的既定策略,他速调原先与水师北征的戎旗镇协助镇守思明州。同时,下令岛上的军队家眷全部撤到金门、镇海(海澄县以东约150里处),岛上居民全部迁移出岛,时称"空岛"。

清顺治十三年(南明永历十年,1656)三月十六日,清定远大将军济度率师从泉州港出发,准备攻打思明州。郑成功派船队北上围头港迎战。双方刚一接触,忽然狂风大作,恶浪腾起。郑军熟悉风信,连忙借风收船,停泊围头。清军水师船只有的被风刮到外洋,为郑军所俘;有的被巨浪掀翻,葬身海底;有的漂到金门、青屿,非死即降。

虽然击退了定远大将军的进攻,但郑成功知道清军的实际损失并不太严重,随时有可能再次发起进攻。当务之急是要提高军队的战斗力。他下令将较有战斗力的戎旗

用瓷罐装火药制成"铳弹"(厦门不辍旧物馆藏品)

镇扩充为戎旗左镇和戎旗右镇，并抽调各处乡勇训练铳器，并对戎旗左、右镇的兵力进行重新配置，每个战斗单位配置有铜百子花钎铳、斩马刀和不空归木棍，相互配合，协同作战。每个士兵还配备有三粒铳弹，战斗中可掷击远距离的敌人，类似现代的手榴弹。郑成功驻扎在思明州，亲自监督兵士操练。有一天在海上训练水师，见远处有一只水鸭，郑成功便对手下一位叫张魁的将士说：如能射中水鸭，就将所乘船只作为奖赏。张魁挽弓搭箭，一发而中。郑成功当即把所乘船只赏给张魁，并升为奇兵镇管事。

闰五月，郑成功下令各镇开始备战，等南征船队回思明州后发起北征。参加北征的船只都发给船牌照票，以防混冒。据户官杨英统计：不计南征未回船只，此次共发放大、小船船照1100张。

对于郑成功水师的规模，后人有种种说法，杨英身为郑成功的户科主事，在北征之际发放船照所得的数据应该是较为可信的。从这次发放船照的情况看，郑成功的北征船只有1100艘，连同南征未回的船只，加上驻守金门、铜山、舟山等处的船只，以及准备留守思明的船只在内，总数应该不会超过2000艘。

六月，黄廷、林胜未能打探到永历帝的消息，率南征船队回到思明州。郑成功按照扩充方案对林胜带回的戎旗镇进行改编、联合操练，配给船只，准备开始北征。

就在北征的各项准备工作有条不紊地进行之时，六月二十二日，协守海澄县的黄梧献城降清，同时降清的还有后冲镇副将苏明。郑成功闻报，派甘辉、林胜、洪旭前往平叛，但清军已先一步入城，郑军只能将另一后冲镇副将林明把守的土堡中收藏的兵器粮食运回思明州。

海澄失守，郑成功失去后勤供应最重要的基地，损失兵粮25万担，兵器、衣甲、铳器及各将领私蓄财物更是难以计数。这一事件也打乱了郑成功北征的计划。

七月初，郑成功命中提督、左戎旗、左右先锋等十五镇率水师出征，郑成功镇守思明州。出征之前，郑成功将一封信交付中提督甘辉，命令道："出军地方机宜俱在此。各镇船只开驾齐至料罗湾即集诸镇拆看。当照吾令而行。传视若完，即时开驾，直溜至所谕地方，不可令其泊湾驾驶。有违令者先斩后闻。该提督此番代予亲行，毋违明令。"

七月初四，甘辉等人率水师到料罗湾。展书一看：郑成功命令直取福州城外闽安镇。

闽安镇位于闽江下游，宋设巡检司，明嘉靖年间戚继光军为抗击倭寇在此垒石筑寨，清初又于该镇南北两岸筑建炮台，成为防守闽江口的第二要塞。郑成功欲攻占闽安镇，控制福州清军的出海口。

众将领依令而行，扬帆起航，直扑闽安镇而去。

杨英《先王实录》载：郑军攻克闽安镇后，打到南台城下，整办攻城器具，装出攻城态势，令清军不敢出城。然后在城外"大掠而回。时官兵船只满载辎重宝物不计，足偿海澄之失"。《榕城记闻》称："七月十八日，海兵破闽安镇，陆路由鼓山，水路由大江。十九日，掠鼓山下各村及东北一带，乡村俱焚。二十一日，掠南台至洪塘，焚烧无遗。……至二十七日，始退据闽安镇，不时剽掠，自鼓山至闽安镇，十五六里片瓦无存。"

郑成功事先也许没料到驻守省城的清军竟然如此不堪一击。接到闽安镇捷报后，郑成功令前提督黄廷总督水陆防守、邓会管思明地方事务，亲率右戎旗镇于八月十八日北上。随后，郑军先后攻克连江、福安、罗源、宁德等地，击毙清军将领阿克善、巴都、柯如良。

清顺治十四年（南明永历十一年，1657）正月，郑成功驻扎海澄三都，郑芝龙派二位家人持手书前去劝说郑成功接受清朝所开条件，息兵就抚。郑成功认为清朝不愿以三省之地安插郑军是"专用诈力"，复信称："清朝诚能略其小者而计其大者，安插我兵将，俾地广足以处，粮裕足以养，何难罢兵息民？彼无诈，我无虞。如此，则奉清朝正朔。"郑成功一味要求三省作为"安插将士"之地以及在福州省城附近的军事行动激怒了清廷。从此，清廷对郑成功专事征剿，不谈招抚。郑成功则乘军事上的有利形势，将闽江口一带储存的造船、修船的材料运回金门岛、思明州，发给各镇修造战船。同时，指挥随征各镇进入温州、福宁州、牙城、潋寨等处征取粮饷。

三月，郑鸿逵在金门病逝。郑成功怕发生内乱，从海澄三都回到思明州。这次，他在思明州居住了几个月的时间，主要是整顿军务、督察修造军器及战船事务、稽查各项追征粮饷，等等，并对东、西二洋船队和金、木、水、火、土陆路五大商行，以及仁、义、礼、智、信海路五大商行的经营情况进行核查。

六月，荷兰东印度公司驻台湾长官揆一派通事何廷斌到思明州晋见郑成功，商谈通商事宜。

五年前，荷兰东印度公司因为怀疑郑成功同台湾郭怀一起义有牵连，对郑成功往来台湾的船只多有刁难，甚至在海上堵截郑氏商船。这让郑成功很恼火，传令各港澳及东西洋各国船队，不准到台湾通商。其余商船慑于郑成功强大的海上武装力量，亦不敢进入台湾，荷兰东印度公司的生意受到巨大影响。

事实上，荷兰殖民者一直担忧郑成功会攻打台湾，他们认为郑成功早有复台的企图，而台湾士美村首领郭怀一领导反荷起义正是在郑成功的支持下爆发的。因为郭怀一部众未经训练，装备低劣，起义被镇压，郭怀一及部属千余人阵亡，"汉人在台者，遭屠殆尽"。但起义震惊了荷兰殖民者，据揆一《被忽视的福摩萨》一书记载，"东印度公司进一步向台湾长官提出警告，要他密切注意国姓爷，因为他有怂恿中国人叛变以便利自己占领福摩萨的嫌疑"。

何廷斌表示，荷兰东印度公司愿意每年输银五千两、箭坯十万支、硫磺一千担，请求郑成功取消对台湾的通商禁令。双方最终达成和解。

何廷斌此次到思明州，还给郑成功带来一件宝贵的礼物——大员（今台湾省台南市）鹿耳门水道海图。何廷斌是郑芝龙混迹海上时的团伙成员。因不愿意接受明朝廷的招安而回到台湾，后来当上荷兰人的翻译。何廷斌对包括土著人、移居台湾的大陆人以及驻扎台湾的荷兰人的情况十分熟悉，也知道荷兰人镇压郭怀一起义后台湾的大陆人甚至土著人都有人心思变的情绪。后人研究认为，何廷斌是因为侵吞荷兰东印度公司的货银、税款无法归还才决定改投郑成功的。而在郑成功方面，何廷斌这位父辈昔日伙伴的到来不仅使他更深入地了解了郑芝龙当年如何从台湾起家，何廷斌关于台湾"沃野数千里，实霸王之区"的描绘使他平添了对这一宝岛的向往，鹿耳门水道图更使他消除了军事上的疑虑。但是，这时的郑成功似乎还没有避居台湾的念头。毕竟，他的军事实力还可以与清军再作一搏。

兴师北征

北征是郑成功"以战谈和"策略的一部分,如果取胜,郑成功坚持的"三藩王"和谈条件必能得到满足。因此,郑成功对此役非常重视,早早筹划。

清顺治十四年(南明永历十一年,1657)六月里,思明州在弥天的杀气中洋溢出一股欢庆的气氛。郑成功令夫人董氏出面,举办筵席,宴请在州文武百官的母妻子女,除了美酒佳肴之外,还有金银珠宝、衣裳饰物作为奖赏。宴请分七批举办,层级显明:首批为提督和六官家属,二批为统领,三为总镇,四为署镇,五为管理,六为营将,七为死难将官遗属。

七程宴会过后已是七月,郑成功再次宣布即将兴师北征。依惯例,郑军每次出征之前都要筹粮筹款。郑成功早在半年前就派护卫中镇陈泽潜往"依房未附,饶富贮积"的兴化涵头、黄石绘制地图。此番与中提督兵分两路,到涵头、黄石征饷三日,满载而归。

接着,郑成功率水师从厦门湾北上,到浙江台州湾海门港,沿椒江进入内地,两个月内先后攻克黄岩县、台州府城、太平县、天台县、仙居县等地。

八月中旬，清福建总督李率泰分水陆两路对郑军把守的罗星塔、闽安镇发起攻击。九月上旬，郑军两处防务岌岌可危。郑成功闻讯后中止北征，从台州赶回福建增援。二十一日，郑成功率部抵达琅岐岛，但罗星塔与闽安镇已于九月十四日被清军攻占。阮旻锡《海上见闻录》称：李率泰攻占二地后，将投降的郑军"尽杀之于南台桥，凡五百余人"。郑军只得撤回思明州。

郑成功向来治军严厉，他在思明州演武亭召集众将官议定闽安镇失守功罪，总制王秀奇降三级，援剿后镇林明、护卫左镇杜辉原定死罪，经众将求情改判捆责一百二十棍，降为尾名操兵。另有四十二名率先溃逃的副锋、翼将、司哨被枭首示众。

疲惫之师不可言战。部队休整至十一月，郑成功亲率水师南下广东潮州、揭阳一带征粮征饷。此行最大收获是攻破屡屡抗拒交饷的鸥汀寨，报了一箭之仇——郑成功曾在上一次攻打此寨时脚部受伤。杨英《先王实录》称：攻寨时先挖地道，用地雷炸崩寨城，"将城中大小尽屠之"。《潮州志·大事志（二）》记载：郑军攻破寨城后，"活者仅百余人而已"。

郑成功满载粮饷返回思明州。此时，虽然闽安镇等地失守，但郑军所控制的范围还是极为可观：郑成功坐镇思明州、金门为中心，左戎旗林胜统领宣毅前镇、正兵镇驻扎达濠埔；右戎旗周全斌统领后冲镇、水武营，前锋镇余新与右提督马信为正、副提调统领北镇、援剿右镇和火武营，驻守海坛；前提督黄廷、后提督万礼统领所辖镇驻守铜山、漳浦地方；中提督甘辉统领所辖镇驻守晋南地方。闽粤沿海仍是郑成功的天下。此时的郑军经过几次北上南下征粮征饷，各镇粮饷均十分充足，以致郑成功可以拨出五千两银子，令杨英从存足三个月米粮后尚有余粮镇营中购到五千余石粮食，为驻守思明的镇营备足三个月的粮食。

清顺治十五年（南明永历十二年，1658）二月，郑成功在操练军队时与众将领谈起清军阿克善的骑兵身着铁衣的事，决定在将士中挑选体格强健者组建亲军。

三月，郑军正式组建亲军左右骁卫镇，后改称虎卫镇，全镇将士均挂披铁衣。郑成功派五军戎政张英、戎政王秀奇、虎卫镇陈魁赴各镇营，挑选上、中等将士。郑成功在演武场放置一重达三百斤的石头，令被选为上、中等的将士提石绕场三周，提不起者即不能入选虎卫镇。虎卫镇以班为基本作战单位，每班连班长六人，均配备弓箭，其中二人加配云南斩马（一种专斩马脚的战刀）、二人加配盾牌，全班均配有铁甲、铁面具护身。每班另配伙兵三人，负责平时挑运铁甲。虎卫镇设左右二镇，每镇设左、右、前、后四协，每协管四个正领，每个正领管二个副领，每个副领带十个班，其中刀牌班六班、弓箭班四班。每镇还配有一个配备铳器的火攻营，共配备十员战将一千二百名士兵。虎卫镇全身铁衣披挂，时称"铁人"，粮饷是同等士兵的三四倍不等。"铁人"早晚披挂，操练二次。操练内容一日武艺，一日弓箭。经一段时间的操练，发现铁面具受日晒易发热，且不便于观察，遂不用铁面具。

不久，郑成功率虎卫镇和左武卫镇从海上突袭许龙把守的潮州澄海县南洋港要寨。许龙为当时的"潮州五虎"之一，凭借港口要寨，长期与郑成功对峙，拒不纳粮交饷，成为郑成功的心头之患。他与左武卫林胜密议："先取许龙，牵其船只，破其巢穴，免其出没海上，使我师此征，无南顾之虑。"于是假意传令北征，命中提督甘辉、后提督万礼并右武工周全斌首程先行，俱泊围头。郑成功率林胜及左虎卫陈魁、右虎卫陈鹏等至浯州，然后星夜改向，出其不意而攻之。此次攻打许龙，虎卫镇首试锋芒，许龙大败而逃。郑军焚其巢穴，夺取粮草辎重无数。郑成功锻造的穿铁盔、铁铠、铁臂、铁裙的"铁人"从此威名远扬，军中有歌唱道："亦敲亦溜，后行先到，铁人着做，一出便好。"

郑成功不忘父亲郑芝龙"南有许龙"的告诫，现在终于干掉他，去除心头之患，一块石头落了地，便准备大举兴师北征。关于这次北征的背景，夏琳《闽海纪要》有记：

> 初，永历己丑开科于粤东，诏各勋镇考送诸生赴试，成功遂送生员叶后诏、洪初辟等十余人，令黄志高赍本诣行在。舟至潮阳，遇风飘散，十余人不得达，独志高至粤。诏为兵部职方司监。命成功以师直抵南都。成功承旨，至是议欲大举直攻袭南京。

经过选兵、择将、颁布出军严禁条令等一系列准备工作，郑成功于五月十三日统兵十余万、战船数千艘，沿闽浙海道一路北上，在平阳、瑞安等地征足够用七个月的粮饷之后，于七月初到达舟山，八月初转往江浙交界处的金山卫附近的洋山候风，准备进入长江。八月初十，洋山海面突发狂风，大雨如注，郑军水师遭受重创，共损失兵士数千人，船数百只；随军家眷更是伤亡惨重，仅郑成功所在的中军船队，便有郑成功的六妃嫔和二儿子郑睿、三儿子郑浴、五儿子郑温等231人葬身恶浪之中。由于损失惨重，郑成功不得不率水师退回舟山，一边修补受损船只，一边到附近州县征收粮饷。

清顺治十六年（南明永历十三年，1659）五月，郑成功以招讨大将军的名义，请鲁王部将张煌言作监军，再次下令进取长江。五月十八日抵达崇明岛；十九日进入吴淞港；六月初一师至江阴县；十五日占领镇江城外的长江水上战略要地瓜洲；二十四日镇江清军献城投降；七月初四，郑军沿长江向南京进发，初七抵达南京城外的观音门；初九进抵仪凤门外。

此时的郑军，对外宣称战船千余艘、甲士二十万、铁人八千。实际上，除去配载家眷的船只和专门负责家眷防卫的水师之外，有战船数百艘、将士近十万，其中号称铁人的虎卫镇二千余人。但清军的塘报称：郑军的铁人"全身是铁，箭射不透，刀斩不入。瓜（洲）、镇（江）二战，败回者魂魄犹惊，策战者鞠缩不前"。因此，郑军所到之处，清军望风披靡。数日之间，长江沿岸的府、州、县不是被攻克，就是献城投降。江南各地人民已经有十五六年来没有见到明朝的衣冠，明朝大军重到江南后，各地人民都欢欣鼓舞。据清代著名史学家全祖望记载，当时远在北京的清朝政府听到这个惊人的消息，也为之震撼。

郑成功从仪凤门登陆上岸，率领文武官员在狮子山朝明孝陵祭拜。

这时的郑成功信心满满，令手下书写招降文书，用箭射进南京城内。守城清军将领管效忠回信虚与委蛇，暗地里对布防进行调整，同时急报清廷从各地征调军队增援南京。但郑成功被胜利形势冲昏了头脑，滋长了轻敌思想，认为南京已是囊中之物，寄希望于南京守军不战而降，于是命令大军分头驻扎，围而不攻。将士们也产生了骄傲情绪，斗志松懈，有的甚至在防守的阵地撒网捕鱼。

中提督甘辉深感忧虑，小心提醒郑成功："大军久屯城下，师老无功，恐援房日至，多费一番功夫，请速攻拔，别图进取。"郑成功不仅未能听取甘辉的建议，反倒怀疑甘辉等主张速战的将领"非兵有故，必粮不足"。

有部下恰到好处地送来情报说："管效忠自镇江败回，已向苏、松等处讨援，并飞报燕都告急，谓'海师二十余万，战船千余艘，其兵全身是铁，刀箭不入。瓜、镇二战，兵则闻声惊惶，将则畏缩不前。州郡纷纷归附，马进宝阴约送款。南京被围，危如累卵，乞发大兵，免致燎原'。"郑成功接报大喜，说："似此南都必降矣。"殊不知，这是管效忠等人故意施放的烟幕弹。

清江南总督郎廷佐也来忽悠郑成功。他一面命令将城外房屋悉行烧毁，近城十里居民俱令入城，并令军士乔装成百姓，载柴酒菜肉，日与海船贸易，以观动静；一面遣人假装向郑成功求情："大师到此，即当开门延入。奈我朝有例，守城过三十日，城失则罪不及妻拏。今各官眷口悉在北京，乞藩主宽三十日之限，即当开门迎降。"

郑成功心一软答应了。参军户官潘庚钟请求说："此乃缓兵之计，不可凭信。可速攻之！"郑成功自信地说："自舟山兴师至此，战必胜，攻必取，彼焉敢缓吾之兵耶？"令诸提督严防谨守，以待其降。

战机稍纵即逝。清援兵络绎不绝而至，南京城内的防守不断加强。七月二十三日，清军从南京城仪凤门、钟阜门向郑军发起攻击，郑军退至观音山。二十四日，清军兵分二路，一路由观音山后攻打观音山，一路由水路攻打郑军水师。

郑军大败，退至镇江。郑成功找不见甘辉、潘庚钟、万礼等一批将领，悲声自责道："是我欺敌，非尔等之罪也！"决定弃守镇江、瓜洲，于二十八日退出长江。

北征就此结束。此役郑军损失兵、船十之六七，甘辉等一大批将领阵亡，元气大伤。郑成功后来在祭祀甘辉时追悔莫及："吾早从将军之言不至此，十年之功隳于一旦！"

北征失败，郑成功丧失了与清朝谈判的主动权。八月初四日，水师泊于吴淞港，郑成功派遣礼部都事蔡政往见清苏松提督马进宝，表示愿意与清政府进行和谈。郑成功与清政府和谈，有史记载的共有六次，其中五次均由清政府主动提出，只有南京之役失败后的这一次是郑成功为了争取喘息的时间而主动派人赴北和议的。

马进宝与郑成功曾有交往。马进宝原为明朝安庆副将都督同知，清军南下时，在九江降清。他对郑成功一连串的军事胜利存有观望，郑成功曾两度派人约其"反正"。郑成功进攻南京时，再度约其出兵，合力进击清军。但马进宝以家眷在北京,心有顾忌,未给予明确答复。现在,他则成了郑成功向清朝传达信息交涉的重要人物。

郑成功一面表达求和之意,一面派兵进攻长江口的崇明县,想以此逼迫清朝进行和谈,并增加谈判的筹码。终因崇明县守军严防死守,援军即将到达,不得不作罢。马进宝的使者这时来到营中,对郑成功的军事行动表示不满:

> 既欲奏请讲和,仍又加兵袭破城邑,教我将何题奏?贵差将何面君?不如舍去崇明,暂回海岛候旨,成否之间,再作良图,亦未为晚。

那时候,郑成功的地盘还不小,舟山以南岛屿仍为郑军所据。马进宝的话不无道理,郑成功于九月初七日回到思明州,开始招兵修船,整顿军务,静候清朝回音。

清朝对郑成功这次派人求和一事,虽然没有拒绝,但态度与以往大不同。他们明确告诉郑成功,若要停战言和,必须剃发归降。这个条件是过去多次谈判中清朝所提出来的坚决主张,也是让郑成功最不能接受的要求。现在清朝认为优势在自己一边,这一先决条件不可退让。顺治皇帝诏谕地方官员说:

> 如海贼郑成功差人来投降书,仍系前番屡次诡称投降,此等因由,不必具奏。如亲身剃发,自行绑缚来降,情确,准题奏。

奉郑成功之命去京城交涉的蔡政开始得到隆重接待,顺治皇帝赐予一品袍褂。但朝中一些大臣对郑成功和谈态度的反反复复深感愤慨,要求拘禁来使。蔡政连夜逃出京城，告诉郑成功清朝已不可能接受和谈。

蔡政的预感没有错，历时八年的和谈彻底破裂，清朝决定出兵征剿郑成功。清顺治十六年（南明永历十三年，1659）十二月，清廷安南将军达素率增援南京的万余兵马入闽征剿郑军，后又调动浙江、直隶、广东的水师共同进剿郑成功，想一鼓作气，铲除郑成功的势力。

北征的失败极大地挫伤了郑成功的自信心。对外，他还是坚称要养精蓄锐，"候明年再进长江，以图大举"；内心里，他对自己能否在沿海立稳脚跟已经开始产生疑虑。他一方面将驻守各汛的水师调回思明州，一方面开始考虑出征台湾的事宜。杨英《先王实录》记载：郑成功曾与部下"议遣前提督黄廷、户官郑泰督率援剿前镇、仁武镇往平台湾，安顿将领官兵家属"。但此时达素的兵马已经到达福州，大概是考虑到大战之前不宜分散兵力，派兵前往平台湾的计划暂时被搁置在一边。

清顺治十七年（南明永历十四年，1660）四月，清军兵力部署和船只修造基本完成，大战一触即发。郑成功下令将官兵家眷撤到金门岛，准备与清军决一死战。为激励全军士气，郑成功宽待南京之役失职将领，勉励他们戴罪立功；同时公开为死去的将士立庙祭祀，弘扬忠贞气节，借此共同抵抗清军。

四月二十六日，清军水师从泉州港南下，郑军水师从崇武港退至围头港，又退至刘五店港，堵住同安湾的航道，阻断泉州水师与同安清军的联系。

五月初一，福建总督李率泰与郑成功降将黄梧率部从漳州月港出击，达素与郑成功另一降将施琅率部分别从嵩屿、浔尾（今集美）、丙洲、刘五店出击，曾败在郑成功手下的广东许龙率水师北上，与清军水师形成合围之势。

郑成功派郑泰扼守金门，准备阻击广东许龙的水师；忠靖伯陈辉与前提督、右提督、右武卫镇、援剿左右镇、正兵镇等驻守海门岛，抵御漳州月港清军水师；令虎卫右镇陈鹏防守五通至高崎东一带；援剿前镇防守高崎寨；殿兵镇、前冲镇、智武镇防守蟹子寨和赤山坪（今高崎国际机场东南侧）；游兵镇防守东渡寨；仁武营驻守崎尾（今开元路与开平路交界处），兼管神前港防务。另派戎政王秀奇督守高崎，协理戎政杨朝栋督守东渡，宣毅后镇吴豪、后冲镇黄昭、援剿后镇张志、左冲镇领兵陈广和吴裕率水师作为机动兵力，郑成功则坐镇水师中军船，督师海门。

五月初十上午九时许，海战爆发。清军水师四百余艘船从漳州月港冲出。郑军水师在圭屿（今称鸡屿）海域拦击。郑成功传令：风力不顺，战船不准起碇。清军水师乘涨潮之利，顺风顺流冲入郑军船队之中，围攻忠靖伯陈辉所乘之船，船上郑军官兵大部战死，二百余名清军蜂拥登船。忠靖伯陈辉下令点燃船上火药，与清军同归于尽。巳时（约上午十一时），潮平风顺，郑军水师开始反击。午后，南风大作，郑军驻泊浯屿的水师乘

高崎寨遗址

风前来助战，清军大败。三艘清军战船在圭屿搁浅，三百余名清军逃到岛上，被郑军俘获，翌日全被沉于水中溺死。

另一路清军从同安港（原同安东溪出海口，清末淤积）、浔尾港与漳州月港的清军同时出击。因郑军守将陈鹏暗通清军，清军得以在高崎与五通之间的赤山坪登陆。但陈鹏降清之事未能与其余将领形成共谋，殿兵镇陈璋、虎卫右镇陈蟒等将领率部奋勇抗击清军，戎政王秀奇率援兵前来助战，前冲镇刘俊从东部赶来截杀登陆的清军。郑军水师宣毅后镇出动船只拦截清军海上后援，后冲镇水师从高崎赶到参战，左冲镇水师从新城港（即丙洲港）冲出增援，刘五店港的郑军水师也随后赶到。从同安港、浔尾港出击的清军水师船只大部分是小船，经不起郑军水师船队的冲击，纷纷败退。已经登陆的清军失去后援，在岸上的非降即死，退至海上的不是被淹死就是被郑军水师杀死。为了警告清朝勿再轻启战端，此次战役结束后，郑军将捕获的清军士兵斩断左手掌或割去耳、鼻后放回。

五月十三日，郑军中冲镇、宣毅前镇水师突袭浔尾港，重创清军水师船队。而从江浙南下和从广东北上的清军水师因为水途遥远、阻于风浪，均未能按计划赶来参战。听到清军海战失利的消息后，便掉头撤回。至此，清军准备多时的围剿宣告失败。

收复台湾

郑成功在明清转接时期所占特殊历史地位，主要源于他击败荷兰、收复台湾的历史功绩。这让我们想起一个成语：失之东隅，收之桑榆。

北征失利后，郑成功虽然取得思明州保卫战的胜利，但从全国形势来看，清朝的统治已渐趋巩固。南明永历小朝廷先是被靖南王耿继茂赶到云南，后又被平西王吴三桂赶到缅甸。在福建，清朝在军事方面对郑成功占据的沿海岛屿仍保持着高压态势，大陆沿海的府县基本上都被清军攻占。郑成功不得不对各镇将的饷地进行再次调整：左先锋镇驻扎佛潭桥，宣毅右镇驻扎铜山、古雷，宣毅左镇、右冲镇驻扎云霄，义武镇、游兵镇驻扎旧县、杜浔，智武镇、前冲镇驻扎南溪、钱山、龙井，援剿右镇驻扎海门，礼武镇驻扎三都，援剿左镇驻扎崇武，奇兵镇驻扎湄洲，正兵镇驻扎南日，宣毅前镇驻扎海坛，后劲镇驻扎诏安悬钟，援剿前镇驻扎高崎，左冲镇驻扎丙洲新城，前提督驻扎思明州，亲兵等镇随郑成功驻扎浯洲（今大金门岛）。

清顺治十七年（南明永历十四年，1660）六月，郑成功下令驻扎思明州的将士把家眷移居浯洲、烈屿（今小金门岛）等处，命令岛上的居民迁出岛外。这固然有防备清军再次攻打思明州的用意，但实际上，此时郑军内部军心严重不稳，接连发生多起叛逃事件，实行"空岛"，一方面可以防备岛上居民在清军再次进攻时充当内应，一方面可以通过家眷牵制军中将士，预防发生叛逃事件。

此后，郑成功大部分时间驻扎在浯洲（今金门），指挥各镇水师北上、南下掠地征粮，但气势已不复以往。北上的周全斌水师最远只到达福州长乐附近的一个小山寨，平寨夺粮后当即返回；南下的水师亦只攻破广东潮阳县的凤山寨。七月，清朝廷将靖南王耿继茂的军队从广东调至福建，郑成功在军事上开始处于劣势。为了加强兵力，郑成功派兵官张光启前往日本借兵。

这时，在漳州生活过一段时间的八旗子弟房星焕上书朝廷，说郑成功军队之所以能称雄海上，主要是因为得到沿海人民的经济资助，如果将沿海的老百姓全部迁到内地，不准一个人与郑成功发生联系，不许一条船到海上航行，那么郑成功军队就如同没奶吃的婴儿，很快会饿死。建议被采纳，八月，清朝廷在闽浙沿海全面实行"迁界"，强令距海三十里以内以及所有岛屿的居民迁往内地，"筑短墙，立界碑，拨兵戍守，出界者死，百姓失业流离死亡者以亿万计"。

十一月，赴日借兵的张光启返回思明州。因郑成功只给国王写信，忽视了掌握兵权的大将军，未能如愿，但日方还是给了些铜煩、鹿铳、倭刀等装备。此时，清军的"迁界"开始发生作用，思明州真正成为一座孤岛，守岛郑军只能靠贿赂守界清军从内地购得少量生活用品。

经济封锁让郑成功深刻感受到困居一隅非长久之计，开始思考下一步的出路。清顺治十八年（南明永历十五年，1661）正月，郑成功在思明州传令大举修造船只，听令出征，并召集文武官员，郑重宣布：

前年何廷斌所进台湾一图，田园万顷，沃野千里，饷税数十万，造船制器，吾民鳞集。所优为者，近为红夷占据，城中夷夥不上千人，攻之可唾手得者。我欲平克台湾，以为根本之地，安顿将领家眷，然后东征西讨，无内顾之忧，并可生聚教训。

实际上，郑成功早在上年九月就下令修造船只以备进取台湾，作为战略转移、继续抗清的根据地。但手下将领多数不愿意去台湾，因此修造船只的进展极慢。此次郑成功再次强调，并正式宣布了进取台湾的计划，仍不能打消手下将领的疑虑。"时众俱不敢违，然颇有难色"，到过台湾的宣毅后镇吴豪京此时仍与郑成功唱反调，称台湾"风水不可，水土多病"。反对最激烈的还是原鲁王部将张煌言，说军队有进无退，退到台湾等于自绝大陆，将自己孤悬海外，脱离整个反清复明大潮。军中士兵听说要过台湾，不少人萌生叛逃之心，以致郑成功不得不派英兵镇陈瑞在海上巡查，堵截逃兵。

郑成功意志坚定，力排众议："本藩矢志，切念中兴，恐孤岛之难居，故冒波涛，欲辟不服之区，暂寄军旅，养晦待时，非为贪恋海外，苟延安乐。"

清顺治十八年（南明永历十五年，1661）三月二十三日，郑成功率将士两万余人、战船数百艘从金门料罗湾出发，踏上收复台湾的征程。郑成功长子郑经、兵官洪旭、前提督黄廷镇守思明州。

清顺治十八年四月初二（1661年4月30日），郑成功水师突然从大员鹿耳门登陆，这让荷兰人非常惊慌。鹿耳门是两岛之间宽约一公里的水道，虽然水道不窄，但平时海水非常浅，水底都是淤积的沙石，坚硬得像铁板一样，航船如果碰上就会破碎，十分危险。因此，荷兰人在这里不设任何兵哨，依靠地势的险恶防守。而在另一处进港水道则筑起坚固的炮台，严加控制。郑成功坐快船悄悄驶进鹿耳门侦察一番，心中有了计谋。他命令所有船只潜伏于外海等待时机，当听到鹿耳门方向传来阵阵风涛声时，即刻下令船队急速驶进鹿耳门水道，直奔台湾岛。守卫台湾城的荷兰总督揆一听到消息，吓出一身冷汗。

郑军登陆后首攻热兰遮城（台湾城），久攻不下，灵活改变策略，实行围而不攻的战法。其间，在普罗文查堡（赤嵌城）一带设承天府，下辖天兴、万年二县。

清顺治十八年十二月十三日（1662年2月1日），经过长达九个月的围困，荷兰东印度公司驻大员司令官揆一与郑成功达成协议。同年十二月二十一日（1662年2月9日），荷兰人携带他们的财产和部分武器撤离热兰遮城。郑成功改热兰遮城为东都明京，改赤嵌城为安平镇。

史学界将郑成功这次军事行动定义为"收复台湾"，是基于以下认识：从国家层面，台湾从外国人手里回到了中国人手里；从个人角度，郑成功重新夺回了父亲郑芝龙等父执辈最早开发的台湾南部土地。郑成功《复台》诗就有"十年始克复先基"句，并附注云："先太师会兵积粮于此，出仕后为红毛夷酋揆一窃据。"实际上，即便是明崇祯元年郑芝龙归顺朝廷后，也未曾放弃对台湾南部的控制。黄宗羲著《赐姓始末》载："崇祯间，熊文灿抚闽，值大旱，民饥，上下无策；文灿向芝龙谋之。……乃招饥民数万人，人给

大员（今台湾省台南市）郑成功登陆处遗址

台南赤坎城郑成功议和雕塑

银三两,三人给牛一头,用海舶载至台湾,令其芟舍开垦荒土为田。厥田惟上上,秋成所获,倍于中土。其人以衣食之余,纳租郑氏。"22年后,施琅代表中国中央政府从仍在使用南明永历年号的地方割据政权郑氏集团手中接管台湾,施琅在给康熙皇帝的奏折中亦称:"郑芝龙为海寇时以为巢穴,及崇祯元年郑芝龙就抚,将此地税与红毛为互市之所。"尽管郑成功撤退到台湾是形势所迫,但他客观上却是代表中国政府(哪怕是早已名存实亡的南明政权)在台湾岛上实施行政管理的第一人。

攻克热兰遮城之后,郑成功下令将驻守沿海岛屿的将领家眷搬迁到东都明京。洪旭、黄廷等将领对于将家眷迁到台湾的做法心存异议,认为会伤害留守官兵的士气,他们自己也不情愿把家眷迁到台湾,因此这项工作进展极为缓慢。

在郑成功攻打热兰遮城期间,发生了两个与郑成功密切相关的重大事件。一是清顺治十八年十月初三(1661年11月24日),因遭家人举报与郑成功有联系，郑芝龙及其家眷 11 人被杀于北京柴市。郑成功稍后得到报告，"叱为妄传，中夜悲泣，居常郁悒"。二是清顺治十八年（南明永历十五年）十二月初三（1662 年 1 月 22 日），缅甸人将流亡缅甸的永历皇帝朱由榔送至吴三桂军中，南明小朝廷就此寿终正寝。郑成功虽然在告示中屡屡出现"开国立家""建都"等字样，自行设立府县、划拨土地、分封职官，但还是坚持奉行永历年号。

时间无情，厦门岛上迄今只留下一处标明永历年号的题刻，即厦门万石植物园内"樵溪桥"三字题刻落款："永历七年阳月岱州余宏志。"永历七年是 1653 年，阳月即十月。余宏是鲁王的谋士，鲁王被迫依附郑成功后，余宏羁留郑军扎营藏兵的樵溪，实属无奈。樵溪桥也是目前所知厦门岛上最古老的石板桥，桥跨南北，溪中孤石自然成墩，两端各架石板，经数百年风吹雨打和游人踩踏，原本粗糙的石板早已被磨平，脚踩上去滑溜溜的，生怕跌入桥下清冽的溪水。溪水里游着放养的红鲤鱼，桥头栽有朴树和乌桕树，不知名的鸟儿在树上叫个不停，好像要给游人讲述它们知道的前尘往事。

清康熙元年（1662）正月，郑成功再次发出檄令，敦促洪旭、黄廷以及驻守金门的郑泰等人速将家眷迁移到台湾，但众将领未肯遵命，不发一船到台湾。三月，驻守南澳近二十年的陈豹投靠清廷。四月，郑成功得知郑经新得一子乃私通奶母陈氏所生，狠心下令处死陈氏、郑经母子，并以治家不严之罪处死夫人董氏。洪旭、黄廷等人以不敢弑主母、世子为由，仅将陈氏母子处死复命。郑成功大怒，先派出黄毓持所配宝剑前往执行命令，后又派周全斌、洪有鼎持手谕前往思明州刺杀郑经和董氏夫人，均被郑经设法化解。

清康熙元年（1662）五月初八，郑成功因病逝世，年仅 39 岁。

十月，郑经从思明州祭江率水师东渡赤嵌，经过一场小规模的战役，

"樵溪桥"石刻重见天日（林良材摄）

顺利接管郑氏集团的领导权。

清康熙二年（1663）三月，荷兰人由十六艘夹板船组成的舰队靠泊闽江出口的闽安镇，派人投书靖南王耿继茂、福建总督李率泰，表示愿意协助清朝廷征剿郑经，回报是：事成之后清朝廷应同意让荷兰人在浯屿从事贸易活动。耿继茂、李率泰正苦于清军水师船小势弱，敌不过郑军水师的大船，现在荷兰人率领夹板船主动前来相助，无疑正中下怀，竟顾不得考虑日后能否将浯屿作为荷兰人的贸易场所，双方一拍即合，开始着手准备对郑经发动新的军事行动。

此时，郑氏集团内部却酝酿着一股分裂的风暴。驻守金门的郑泰因为与郑经不合，被郑经拘禁，郑泰之弟郑鸣骏与郑泰之子郑缵绪率海船137艘，载文武官员431人、士兵5200余人降清，郑泰自杀身亡，金门岛与厦门岛互为犄角的战略态势不复存在。郑经原先驻守思明、金门的官兵总数不上两万，战船也只有几百艘，郑鸣骏投降清军后，清军水师的力量大大加强；加上得到荷兰夹板船队的支援，清军的军事实力已远远超过郑军。

十月，清军攻打思明和金门的战役正式打响。靖南王耿继茂率陆兵进驻浔尾（今集美），福建总督李率泰率陆兵进驻嵩屿，福建提督马得功率水师停泊泉州围头港，施琅率水师进驻漳州月港，荷兰夹板船则在金门外港待命。

郑经仿效郑成功的做法，实行"空岛"策略，令岛上的居民迁出岛外，守岛官兵的家眷则集中到船上，集中停泊在浯屿港湾。郑经令周全斌率二十艘艍船把守同安与金门间的水道，堵截从泉州湾和福州南下的清军水师以及揆一的夹板船；令正兵镇陈升镇守高崎；黄廷带二十艘船在南山边防御从月港出来的清军水师；另派林顺领十艘船在高崎一带海面、杨祥领十艘船在料罗湾负责接应。郑经则与洪旭、王秀奇等将领率船队在大担岛和浯屿海域靠泊，视战况出动。

十月十九日，郑军周全斌船队在金门乌沙头与马得功率领的清军水师相遇。周全斌全力围攻马得功乘坐的指挥船，马得功在四面受敌、弹尽兵亡的情况下投海自尽。在月港方向，施琅趁涨潮之时在海门岛海面集结船队，但按兵不动。二十日，郑经、周全斌率战船出击，施琅船队炮火齐发，借助风力潮势一举冲出，郑军船队被迫退回厦门港。郑军驻守高崎的陈升早已投靠清军，二十日晚，进驻浔尾、嵩屿的清军夜间渡海，从高崎登陆思明州，二十一日寅时（凌晨五时左右）突击至思明州西南部的草仔垵。清军与荷兰人的联合船队在厦门港对郑军水师发起攻击，嵩屿一带的清军则从岸上发炮轰击郑军战船，郑军水师受到海、陆夹攻，损失惨重，仓皇退往外海。几天之后，清军相继攻占浯屿、铜山。

清军费尽九牛二虎之力攻占了厦门，随即又以运输维艰、内地重兵不宜久驻海岛为由，放弃了厦门。《同安县志》仅用一句话匆匆带过："总督李率泰令弃其地。"与清顺治八年（1651）马得功攻占中左所的匆匆而来、仓皇而去不同，清军此次是善者不来，来者不善。清道光《厦门志》记载："冬十月，官军大搜（厦门、金门）两岛，墟其地而还。""搜"，指的是对财产的搜索；"墟"，指的是对建筑物的破坏。驻守厦门的郑军官兵长期在海上集体漂泊，除了随身携带的少量金银之外，大部分财产都收藏在岛上。清康熙中叶之前，清军因为国库空虚，军费无着，常常采用允许劫掠财产的方法维持官兵的士气。而在长期与郑军的对峙中，清军知道郑军官兵大都是比较富有的，登陆厦门之后，几乎将全岛翻了个遍，厦门成为一片废墟。"嘉禾断人种"的民谚不幸成为现实。

与厦门成为一座荒岛同时发生的是，此时，厦门这一地名更加频繁地出现在清朝官员的奏折上，逐渐取代了嘉禾屿、中左所的名称。

康熙十三年（1674）三月，靖南王耿靖忠趁吴三桂在云南起兵，在福建竖起反清大旗。同年四月，郑经趁机率兵西渡，以厦门为跳板，几个月间占领了同安、海澄、漳州、泉州等府县，最盛时期据有福建的泉州、漳州、兴化、汀州、邵武和广东的潮州、韶安、惠州等八府。但好景不长，康熙十五年（1676）十月，清军入闽，耿靖忠降清，郑经被迫退守厦门、金门等沿海岛屿。

清康熙十七年（1678）十二月，清廷再次实行"迁界"，对郑经实行全面封锁。

康熙十八年（1679）十二月二十日康熙皇帝发布上谕：总督姚启圣、水师提督万正色屡次提请出兵破灭海贼，进取金门、厦门，如总督姚（启圣）、将军（陆路提督）杨（捷）、巡抚吴（兴祚）、（水师）提督万（正色）等以所备兵力能破海贼，断无疏漏，真有灼见，则可酌量而行。

清康熙十九年（1680）正月二十四日，吴兴祚率领所部从省城出发，从陆路赶赴同安；万正色率水师从闽安镇出发，兵指海坛；姚启圣与平南将军赖塔、提督杨捷率兵马赴漳、泉等地，对郑经占领的厦门、金门等地形成夹攻之势。

二月初六，万正色率水师占领海坛后，乘风南下攻克崇武，进入泉州臭涂港。杨捷率部从漳州一路进击，顺利占领海澄。

二月二十六日，姚启圣与赖塔兵出嵩屿，吴兴祚与宁海将军喇哈达从浔尾出击，杨捷从海澄海路杀出，万正色率水师攻打金门。厦门岛内兵民大乱。郑经与文官武将匆匆收拾珠宝家财，撤往台湾。

厦门从此不作思明州……

XIAMEN
THE BIOGRAPHY

厦门 传

第五章 通洋正口

开界

清康熙十九年（1680）二月二十七日，福建总督姚启圣、宁海将军喇哈达率部进入厦门。福建水师提督万正色的船队三月初二占领金门，次日便赶往厦门与各路清军会师。

依照清议政王大臣会议诸大臣意见，清军驱逐郑经"海贼"、占领厦门等沿海诸岛后，将继续实行"弃岛守岸"政策，继续维持清顺治十七年（1660）开始实施的"迁界"令，并依清康熙二年（1663）例，清除厦门等沿海岛屿的建筑，将岛上居民强行迁移。

厦门岛面临再次成为荒岛的危机。岛民们不忘当年"迁界"令下，逢山开沟二丈余深、二丈余宽，名为"界沟"；沿沟筑墙厚四尺余、高八尺，名为"界墙"；遇溪流，置以木栅；每五公里设一炮台，台外建二烟墩（烽火台）；每三十里设一营，屯以重兵。人民失业，离乡背井，"老稚填于沟壑，骸骨暴于荒野"。谁愿再过这样悲惨的生活？

值得庆幸的是，经过多年征战，福建的疆臣们对于如何经营沿海防务有了新的认识。当时镇守福建的四位疆臣关于福建防务的看法完全相同。

福建总督姚启圣、福建提督杨捷、福建巡抚吴兴祚、福建水师提督万正色一致认为：厦门、金门"急宜固守，不可轻弃"，且"边界断须还民"，并先行指定总兵杨嘉瑞率水师驻守厦门，同时将石浔巡检司从同安石浔移驻厦门岛。石浔巡检司是同安县下辖管理地方治安的机构，将它移驻厦门岛标志着清政府已经重新把厦门岛纳入同安县的管辖范围。石浔巡检司设署在厦门港碧山岩（今巡司顶巷）。

与郑军打了多年交道的姚启圣就"平海善后十策"上书康熙皇帝，阐述自己统筹全局的平台方略，明确提出"台湾断须次第攻取、永使海波不扬"的主张，并要求展界诸岛，恢复因为连年征战以及"迁界移民"政策而遭受破坏的地方经济。康熙下旨令议政王等大臣会议此事。随后，清朝廷派出兵部侍郎温代会同刑部尚书介山、礼部侍郎吴努春到福建实地考察。

清朝的官员到福建考察后，于七月十一日上书称：未设有边界时，海逆郑成功盘踞厦门、金门等处，恣意抢掠。后设立边界，迁移百姓，贼势渐衰，陆续大半投诚，余剩贼寇，我兵进剿及弃厦门等处逃遁台湾。耿靖忠反叛复行平定之时，将叛时越界百姓未经迁移，以致贼寇郑经仍踞厦门等处，任意妄行。续后因叛时越界居住百姓收入内界，贼势又衰，我兵一进，郑经等败遁台湾、澎湖。迁界二十余年，且贼寇败遁未久，今不便开界，仍照顺治十八年例，将界严禁，或贼投诚尽净，或贼万不得来之日，该督等开界之处议题后议。今界外之厦门、金门等处已经设立水陆官兵防守，则所迁界外之地，已在内地，应复还迁民开垦输课。但恐奸民透越，只准无篷桅平底小船沿边采捕，除水师官兵船只外，其一切有篷桅船只相应拆毁，如违即照定例处分。

议政王、贝勒、大臣奉康熙旨意会议，报称：查侍郎温等既称贼寇败遁不久，不便开界等语。应照前议将边界仍令严禁。今厦门、金门等要地具设官兵驻扎，俟官兵具各安设完毕之时，如开界无有妨碍，可以移令百姓照旧垦种,听该督、抚、提等公议具题请旨可也。

康熙即刻批复:依议。著俟厦门、金门等处安设官兵完毕,如果地方无虞,将应开界之处该督抚提督等具题请旨。

十一月初四,姚启圣、吴兴祚、万正色为开放边界上书请旨。此时,杨捷已调任江南提督,虽表示"不便越俎擅议",但仍在奏折上具名。

四位封疆大臣在奏折中称:数月来仰仗皇上威灵,渐见海波不扬矣。此时正宜臣等遵旨请还海界之日也。况贼遁台湾,而迁民之为盗又有相随而去者,实因迁界无地可耕,故不得不随波逐流耳。今日台湾逃归之众,咸称人人皆望回乡,止边界严切,归恐无地。即今投诚数千之官、数万之兵,臣等备极委屈安插之法,而尚多未尽者,总因无伍可入,无地可耕耳。若一还边界,则上可以增国课,下可以遂民生,并可以收鱼盐之利,以饷新兵,安投诚之兵,永无反侧。远可以使台湾之众望风来归,近可以使春夏之交米不腾贵。是还界一事,是今日闽省第一要务也。况时已岁暮,春耕届期,若再差池,眼见又误一年矣。

奏折说的是开放边界之事,实际上与厦门岛息息相关。若沿海边界仍为禁区,则厦门成为一座孤岛、死岛;边界开放以后,岛上从事农耕、渔业的居民方能从事正常的生产,驻岛水师所产生的商业效应亦可为岛民提供新的谋生之道。可以说,开放边界真正是当时厦门岛的第一要务。

十二月二十一日,康熙皇帝在外地视察途中就闽省官员请开沿海边界的奏折发话:今金门、厦门、海坛等处具经收复,为我军所驻,凡此设立边界,皆我军内地,则设界似属无用。此事携回京城,从容定夺。

尽管迟至清康熙二十年(1681)二月,清朝廷同意开放边界的部文才下达,但由于厦门、金门等岛屿均安排了水师驻守,原先划定的边界实际上已经成为沿海岛屿的内地,边界的取消只是履行公文手续而已。

对于厦门岛的岛民而言,清康熙十九年(1680)是个不幸的年份。清军占领厦门时，岛上的居民约有数万人，大多数为郑经部属的逃兵及家眷。尽管历史上把康熙与乾隆二朝合并称为"盛世"，但在康熙中叶之前，清朝廷的财政收入实际上是处于极度困难中，八旗兵出征时甚至只能用"允许掳掠"来代替发放军饷，参与攻占厦门岛的清兵也不例外。万正色在《覆喇将军咨》中写道："厦门空虚，陆军进取民间家赀，荡焉一空。待本提督沿海扑剿之后，师次其地，遍行招徕，而两岛遗孑，始知有生全之乐矣。"由万正色出面向喇哈达将军指控其所率部下劫掠岛民的行为，足见清兵的劫掠已经达到连万正色都忍无可忍的程度。姚启圣多次上书朝廷，要求进入福建的清兵尽快撤出，名义上是可以减少军费开支——一名清兵每月米饷、草料钱是二十二两银，一名汉兵每月饷银还不到二两；实际上，清兵每到一处便野蛮搜刮民财，往往使局势乱上加乱，也是汉族将领不满清兵的重要原因之一。

但对厦门岛来说，清康熙十九年（1680）却是十分重要的一年。清政府将沿海岛屿纳入管辖范围所产生的行政效应对于这座小岛即将产生无可限量的影响。这座小岛方圆不过百里，相比于大清王朝广袤的国土几乎可以忽略不计，但对于在兵灾匪害中煎熬多年的岛民来说，这座小岛就是他们的家，就是他们的一切。

中国自古就有"宁做太平犬，不做离乱人"的说法，尽管不怎么好听，但却真实道出平民百姓对平静生活的向往。对于大清王朝来说，它与郑氏政权力量对比彼消此长的变化，将这座小岛由"海贼"进攻大陆的跳板变成海上防卫、出击的桥头堡，这座小岛的军事地位日显重要，名声越来越响。

施琅征台

收复沿海岛屿之后,清政府再次考虑解决台湾问题。

早在清康熙二年(1663)清军第二次攻占厦门之后,清政府就企图乘胜追击,一劳永逸地解决郑氏集团的问题。康熙三年(1664)十一月、康熙四年(1665)三月,福建水师提督施琅"二度渡海远征,均受风涛所阻",半途折回。

清朝廷对郑成功旧将施琅起了疑心,据清代著名史学家、文学家全祖望说,"成功殁,琅以平台自任,出兵不克,疑其贰"。靖南王耿继茂、福建提督李率泰等详细询问总兵以上出征官员数十人,"特将所有被风缘由,合词密题",为此所上奏本长达近万言,足见清朝廷了解真相的愿望有多么迫切。

攻台不成,清朝廷决定派员招抚。康熙六年(1667),总兵官孔元章、道员刘尔贡、知州马星任招抚之责,前往台湾招抚郑经,返回后称郑经"已允受抚"。施琅分析认为此说不足凭信,于这年十一月以"边患宜靖乘便征取台湾"为题再次上书康熙皇帝,判定郑经"未必有归诚实意",建议"乘便进取，以杜后患"。他还总结前此两征台湾无功而返的经验教训，盼望再有"矢志报国"的机会。

康熙七年（1668）四月，施琅再上《尽陈所见疏》，说"逆孽郑经逃窜台湾，负隅恃固。去岁朝廷遣官前往招抚，未见实意归诚"，倘若郑氏"收拾党类，结连外国，联络土番耕民"，窥伺边场，则将后患无穷。疏上，康熙下旨："渡海进剿逆贼，关系重大，不便遥定。著提督施琅作速来京，面行奏明所见，以便定夺。其施琅之缺，着施琅自行择人暂令代管。兵部知道。"施琅奉召入京应询方略，平台之议未被采纳，"事下部议，以风涛莫测，难以制胜，寝其议"。施琅因此被封了个闲职留在宫内。未几，撤福建水师提督，授施琅内大臣，隶属镶黄旗汉军。裁撤福建水师提督说明清朝廷对施琅疑虑未消。

施琅担任内大臣十多年，不忘攻取台湾，常与福建籍在京官员讨论海上形势。康熙皇帝也曾召施琅于内廷赐宴，问海上事情。施琅"度己度彼，指掌条奏甚悉"，康熙因之对他的军事才能有较深的了解。即便如此，康熙十七年（1678）复设福建水师提督，还是不用施琅。

清康熙十九年（1680）春，清军攻占厦门不久，施琅在北京府邸宴请即将返回厦门的福建老乡阮旻锡。这次看似不起眼的宴请对于厦门乃至台湾的历史产生了一定的影响。

阮旻锡，字畴生，出家后称释超全，晚年号梦庵，自署轮山梦庵、鹭岛遗衲梦庵等。祖籍南京，明初因戍防迁居中左所，遂为中左所人。阮旻锡自小习举子业，后师从曾樱，曾樱逝世后与郑成功部将郑泰、郑鸣骏等从事海上贸易。清康熙二年（1663）清军占领厦门岛后，阮旻锡辗转北上，在被清朝廷封为慕恩伯的郑缵绪府中任西席，与施琅素有交往。康熙十九年春，应该是清军占领厦门岛的捷报抵达北京之后，阮旻锡决定返乡安葬停棺多年的双亲。施琅设宴为其饯行。阮旻锡赋诗一首，题为《庚申春南归施琢公将军有诗饯别奉答》：

> 曾为揖客追随久，乍对离筵感慨生。
> 谁念鲁连归海上，奚疑乐毅下齐城。
> 云迷故国家乡杳，潮落空江岛屿平。
> 早晚重闻分虎竹，楼船当日忆专征。

阮旻锡在诗中谈到两人多年的交情，将施琅比作名士鲁连、名将乐毅，相信他早晚会得到重用。阮旻锡虽为书生，但年轻时博览群书，对兵书韬略素有研究，对台海作战要点颇有心得。从诗句中可以看出，两人一定谈到海上作战风波变幻、战机稍纵即逝的特点，因此为将者必须有"专征"之权。施琅于康熙七年（1668）之前主持台海兵事时并未考虑过这一问题，"专征"的主意应该是出自阮旻锡。

时局的发展果然不出阮旻锡所料。清康熙二十年（1681）正月二十八日，郑经在台湾病逝，郑氏集团发生易嗣换主的内乱。姚启圣奏称："郑经已伏冥诛，长子缢死，冯侍卫自立其婿，乃天亡海贼之时也。"康熙皇帝决计趁此大好时机剿灭郑氏集团："进取台湾事情，关系重大，著将军、总督、巡抚、提督等同心速乘机会，灭此海贼。"但时任福建水师提督万正色却有畏难情绪，上"三难六不可疏"称"台湾万不可取"，康熙怒斥其"畏服贼将，不成说话"，"不能济事"，遂起用施琅复任福建水师提督。

据《清史稿》载，施琅的复出，闽南安溪老乡、康熙朝大臣李光地起了很大作用。据说李光地开始对夸夸其谈的施琅也没什么好感，"施将军时来说他的本事，海上可平。予亦不在意，以为此人骄狂，未必能成事，亦未知其实际若何"。后来在讨论郑成功围南京失败的原因时，施琅的深刻见解让李光地心服口服，由此改变了对他的看法，在康熙皇帝召对时

厦门水师提督衙门

"力保其平海",说施琅"全家被海上(郑经)杀,是世仇,其心可保也。又熟悉海上情形,亦无有过之者。又其人还有些谋略,不是一勇之夫。又海上所畏,惟此一人,用之则其气先夺矣"。福建总督姚启圣也十多次举荐施琅,称他是水师帅才。但因施琅长子施世泽在此期间两度叛清降郑,加重了康熙皇帝的猜疑,直到后来施世泽全家被郑经所杀才释疑。七月,施琅终于再度出任福建水师提督,万正色改任陆路提督。康熙皇帝在送别施琅时说:"平海之议,惟汝予同。同愿努力,无替朕命。"对施琅寄予厚望。假设施琅与郑成功未分道扬镳,郑氏驻守台湾会不会是另一种结果呢?很遗憾历史无法假设。

施琅熟悉福建沿海情况,坚定地把目光投向厦门。福建水师提督署原本设在漳州,但此时九龙江下游河道淤积十分严重,月港已经无法为清军日渐庞大的船队提供足够的泊位和训练场所。厦门良好的港口自然成为施琅造船、练兵的首选。施琅复出后的第一个决策便是将水师提督衙门迁到厦门。这是提升厦门地位的一件大事。

清康熙二十年（1681）十月初六，施琅抵达厦门，这位实际上的一岛之主马上点验福建水师的兵船。十一月十六日，施琅在厦门鹭江举行祭江仪式，由此揭开了越海征取台湾战役的序幕。

郑军得知施琅复任水师提督，在积极备战的同时，遣人持书到闽议抚："请照琉球、高丽外国之例，称臣进贡。"康熙断然不允："查台湾贼寇俱系闽地之人，不可与琉球、高丽比。"命令施琅随时进剿。

规取澎湖、台湾，全靠水师。但攻台战役早期的指挥权并不在水师提督施琅手里，而是掌握在福建总督姚启圣、宁海将军喇哈达手中。在他们的指挥下，清军水师从清康熙二十年（1681）冬开始，多次以兴化平海卫（今莆田秀屿区平海镇）为出击点，乘北风出征台湾，均因风向不顺，未获战果。

清康熙二十一年（1682）三月初一，收到兵部密札的施琅向康熙皇帝呈上《密陈专征疏》；同年七月十三日又上《决计进剿疏》。疏文对此前的对台军事行动提出批评，指出姚、喇二人未谙海情，不宜指挥海战，阐明出征台湾应从铜山出发，乘南风而进；疏文还指出，海战关键在于抓住时机，若多人指挥，动辄请示、商量，势必贻误战机，并直截了当地要求康熙皇帝授予他"专征"即独掌征战台湾的指挥权，姚启圣只负责后勤援助。

施琅的密疏很直率，也很实际，但却使康熙皇帝十分为难。康熙皇帝本来就不怎么信任闽人，这也是他在福建沿海局势动荡不安的形势下将骁勇善战的施琅雪藏在内廷的主要原因之一。现在，这个赋闲十几年刚刚出山的福建人又提出要独霸征战台湾的指挥权，而且所持理由又那么充分。若照疏文所提建议行事，似乎无法消除康熙皇帝心中的块垒；若驳回疏文，台湾战事迁延多时，姚启圣等人耗费许多钱粮，却无一丝斩获，朝中官员早已议论纷纷，而施琅对战局的分析，似乎有必胜之把握。

拖延至十月初四，朝中大臣就此事面奏请旨，康熙皇帝才下旨：进剿台湾事宜关系甚重，如有机会，断不可失。当度势乘机即图进剿。所奏著议政王大臣会议具奏。

议政王大臣会议的结果认为施琅疏文可行：若以一人领兵进剿，可得行其志，两人同往，则未免彼此掣肘，不便于行事。康熙皇帝下定决心：施琅"深知水性贼情，专畀以进剿海逆之责"；著该督抚同心协力，攒运粮饷，毋敢有误。继而施琅与姚启圣又有乘南风还是乘北风进兵之争，施琅说："北风刚硬，骤发骤息，靡常不准，难以逆料。南风柔和，波浪颇恬，故而南风破贼，甚为稳当。"朝廷支持他"用南风则十全之算"的意见。陈伦炯《海国闻见录》自序有记："康熙壬戌（1682），圣祖仁皇帝命征澎、台，遣靖海侯施公琅提督诸军，旁求习于海道者。先公进见，聚米为山，指画形势，定计候南风以入澎湖，遂借神策庙算，应时戡定。"

兵不厌诈。十一月，施琅率水师北上兴化平海，摆出一副依照旧法、准备从平海出征台湾的架势。

清康熙二十二年（1683）正月，总督姚启圣驻扎厦门，居中调度，策应粮饷。四月，施琅水师悄悄南下铜山（今东山）。六月十四日，施琅率水师2万余人、大小战船200余艘，铜山开驾，乘南风直指澎湖。十五日抵达澎湖外围岛屿猫屿、花屿。十六日至二十二日，清军水师与郑氏集团刘国轩所率水师在澎湖海域展开激战。此役，郑军水师各式战船被清军击沉、焚毁137艘、被清军缴获35艘，郑军自沉、自毁22艘，官兵伤亡1万余人，5000余人临阵投降，郑军水师基本全军覆灭。清军水师成功占领澎湖36岛，但亦有许多战船被火炮打损破坏，阵亡将士300余人，负伤1800余人，施琅右眼也被铳击伤，幸无大碍。统领郑军的刘国轩乘小快艇逃回台湾。

澎湖被清军占领之后，台湾失去海上屏障，郑氏政权水师损失殆尽，刘国轩等主要将官亦萌生就抚之意，郑克塽见大势已去，遂于清康熙二十二年（1683）闰六月初八派人将降表送到澎湖施琅大营，转呈清朝廷。八月十三日，施琅统领水师从鹿耳门登陆台湾，当年郑成功就是从这儿登陆的。八月

为表彰施琅功绩所建同安"绩光铜柱"石坊（林良材摄）

十八日，郑克塽、刘国轩、冯锡范以及故明朱氏宗室成员剃发就抚。施琅派船陆续将郑氏集团主要成员运往厦门交朝廷异地安插。后康熙皇帝封郑克塽为正黄旗汉军公、冯锡范为正白旗汉军伯，刘国轩授天津总兵之职。

清康熙二十二年（1683）十一月，施琅派同安镇总兵吴英留守台湾，自率水师回厦门。吴英自述说：

> 余以澎湖荡平，台湾投顺，可以不用陆师，即欲辞回。施提督曰：此行赖公大展智略，三日登舟，一月成功，扫除数十年海外之巨寇，不世之勋也。但台湾虽降，必须同往商酌，遣发降弁渡海，共收全功。遂于八月十三日，齐进台湾安抚。兵不血刃，民获安堵。即发伪首领渡海入京。十月内，施提督班师回厦，造报功册。余在台湾弹压焉。

十二月，施琅大胆进呈《恭陈台湾弃留疏》。收复台湾后，清朝廷对台湾的弃留问题曾有一场争论。康熙自己就认为台湾"弹丸之地，得之

无所加,不得无所损",对台湾的重要地位缺乏充分认识。绝大多数官员与康熙持相同观点,认为台湾土地狭小,人口稀少,财赋无多,又远隔重洋,如派兵驻守,不仅糜费粮饷,而且鞭长莫及。他们主张"守澎湖,徙台湾人民而弃其地"。施琅在洋洋近两千言的《恭陈台湾弃留疏》中,详述了台湾与东南海防的重要关系,对弃守论的种种错误论点一一加以驳斥,坚决主张留守台湾,"弃之必酿成大祸,留之诚永固边围",对台湾战略地位的深刻认识溢于言表。康熙皇帝终于被施琅说服,康熙二十三年(1684)四月,清政府设立台湾府,下辖台湾、凤山、诸罗三县,隶属福建省。福建总督府设置道官一名,称台厦兵备道,督察台湾、厦门兵备事务,兼管学政。

政务繁忙的靖海侯施琅有一天突然想起观音菩萨在海上托给他的一个梦,旋即开始着手复建明末清初毁于战火的普照寺,复建殿宇,增建大悲阁,辟为观音菩萨道场,因位于浙江普陀山观音道场南边,改称南普陀寺。毗邻厦门大学的南普陀寺至今还是厦门香火最旺的寺庙。

台厦兵备道的设立是中国行政管理史上的一个特例。在清代,道是介于省与府、州之间的专司监察的机构,如当时的兴泉道,管辖兴化与泉州二府。而厦门岛只是同安县下辖的一个小岛,依照前明的行政区划,只是绥德乡所辖的一个里即嘉禾里,下设二十一都、二十二都、二十三都、二十四都。将一个里(相当于现在的行政村)提升到与台湾府平起平坐的地位,表明了清政府对厦门岛战略地位的极端重视。

台厦兵备道在厦门、台湾设有公馆,一般状况下一年驻厦门,一年驻台湾。台厦兵备道在厦门的公馆设在厦门港太平桥头,旧称台湾公馆,所在道路亦称公馆巷。清康熙六十年(1721)改台厦兵备道为台厦道。直至清雍正六年(1728)改台厦道为台湾道,厦门、台湾同属一道维持了45年之久。台厦道撤消后,台湾公馆改为负责为过台船只配送军需民用物料的机构，公馆改称配料馆，路名也相应地改为配料馆巷保留至今。公馆之前停靠船只的码头称料船码头，码头位置就在今料船头路海滨，旧称海沙坡，由对岸九龙江下泄的沙子积淀形成，由于沙质晶莹细腻，又称玉沙坡。其西南部称为沙坡头，东北部称为沙坡尾。清光绪二年（1876），清政府在厦门设立抚垦司，招募百姓迁移台湾，迁台百姓均由海沙坡渡海。所谓"台郡与厦门如鸟之两翼，土俗谓厦即台、台即厦"的说法承载了许多关于厦门港海沙坡的记忆。

沙坡头还有朝宗宫、风神庙、龙神庙，后成为厦门岛首家发电厂厂址。

驻扎厦门的福建水师兵额约为五千人，分为前、后、中、左、右五营。水师提督署设在厦门城内（今厦门市公安局）。出旧厦门城西门，穿越城外的街市抵达厦门岛西南海滨，就是水师提督专用码头，旧称提督路头。水师统辖全省水师，节制金门、海坛、南澳三镇，兼管台湾、澎湖海防军务。驻守台湾、澎湖的官兵三年分四批更换；水师提督则与驻闽将军、福建总督、陆路提督分年巡阅台湾、澎湖。

台厦兵备道的设立和福建水师提督署长驻厦门岛，标志着厦门港成为福建东南沿海最重要的军港。

创设闽海关

尽管清军设置的边界已经撤除,岛民可以安心从事农耕,但这个小岛的土地比较贫瘠,岛上又缺水,原本就不发达的灌溉系统经过多年战乱,已经全部毁坏。山场靠海的岛民历来有以渔补农的传统,但朝廷厉行海禁,民间的船只不能有篷桅,岛民只能摇着橹桨在海边等着鱼虾自投罗网。这些跟着郑氏集团在海上闯荡多年的岛民大都知道,浩瀚无垠的海洋蕴藏着无尽的财富和商机,但这些财富和商机都被朝廷禁海的命令隔绝了。

清康熙十九年(1680),清政府开放了山东的海禁,但朝廷似乎尚未意识到海洋对于这个古老的帝国有着什么价值。清康熙二十二年(1683)八月,曾在任广东香山知县时擅开海禁被罢官的福建总督姚启圣就战后沿海重建之事连上八本,其中《请开六省海禁事本》建议:"沿海六省听民采捕,以资生计,贩洋船只照例通行,税宜从重,禁宜从宽,使六省沿海数百万生灵均沾再造,而外国各岛之货殖金帛入资富强。"

此时的康熙皇帝十分讨厌刚被左都御史徐元文上书参劾的姚启圣,接到他的奏本之后,康熙皇帝根本不去探究奏本所提建议是否可行就给予严厉斥责,称其"行事颇多虚妄""预行借端陈请,明系沽名市恩"。

姚启圣是当时清朝官员中对厦门比较了解的人,也是福建少数和皇帝说得上话的高级官员之一,他在康熙皇帝面前碰了钉子,其他的官员再也没有人敢站出来说话了。一些善于揣摩圣意以及一些可以在禁海中谋取私利的地方官员也赶紧上折子,声称东南海疆刚刚平定,不宜轻易开放海上贸易。一些地方官员倒是知晓开海等于开启财富之门的道理,但他们希望将开启财富之门的钥匙掌握在自己手中。收复台湾的头号功臣施琅上书康熙,称:"以臣愚见,此飘洋贸易一项,当行之督、抚、提……其欲赴南北各省贸易并采捕渔船,亦行督、抚、提作何设法,画定互察牵制良规,以杜泛逸海外滋奸。"历史在这一时刻似乎与厦门岛开了个玩笑,假如康熙皇帝的圣旨不改变,厦门岛将不得不再蹈故辙,重操宋、唐之前的农耕生产方式。

幸好康熙皇帝对姚启圣的斥责只是出于对姚本人性格的厌恶,并不是对其所奏之事的否决。相反,正当盛年的康熙皇帝许多思路还是符合实际的。他冷静下来再细瞧姚启圣的奏本,心有所动,废除海禁之事重现一线生机。

就在这时,工部侍郎金世鉴于清康熙二十三年(1684)四月向康熙皇帝上书,奏请"照山东等处现行之例,听百姓以装载五百石以下船只往海上、贸易经商。预行禀明该地方官登记名姓,取具保结,给发印票。船头烙号,其出入令防守海口官员验明印票,点名人数。至收税之处交与该道计货之贵贱定税之轻重"。四月十六日,康熙皇帝对金世鉴的奏折作出批复:"具应如所请。从之。"

至此,东南沿海放松了海禁,允许商船出海进行贸易。其中重要的一环是在沿海地区的福建、广东、浙江、江苏四省设置海关,福建、广东为第一批，浙江、江苏为第二批。自唐代置市舶使以来，宋、元、明各王朝都设置市舶使来处理外国使节船、外国商船及中国商船事务。清朝的做法是设置新的海关来处理外国商船和中国商船的出入境事务。海关本署的设置地点，清政府原拟设于江苏云台山、浙江宁波、福建漳州、广东黄浦，具体实施时改设于江苏上海、浙江宁波、广东广州、福建厦门。厦门能与上海、宁波、广州并列，地位凸显。

厦门的闽海关衙署原先设在养元宫边，后迁移到养元宫稍北的塔仔街张厝保（今定安路东侧与局口街连接处）。因为海关隶属户部，原先由通奉第巷连接养元宫的巷子因而得名户部巷。雍正元年（1723），闽海关业务改由福建巡抚兼理，雍正七年（1729）恢复由中央直派海关监督，乾隆元年（1736）改由闽浙总督监理，其辖下驻厦门的兴泉永道被授予监视海关日常事务的特别职责。乾隆三年（1738），驻福州的镇闽将军被授命兼管闽海关事，其在厦门派驻佐领或协领负责管理日常事务。

闽海关厦门衙署的具体职能是管理渡台及国内沿海港口与厦门港之间的贸易，检查进出口商品，征收船税，以防走私漏税。清道光《厦门志》卷七《关赋略·税口》记载："凡外洋渡台、南北商船出入，到关请验。米粟、书籍免税，余皆照例征收。"本地出港商船亦应到正口大关报税，凭青单放行，俗称"出水"。

厦门海关正口亦称"税馆"或"大馆"，设在岛美路头（今镇邦路与中山路交接处一带），厦门正口下辖厦门港、鼓浪屿、排头门、刘五店、石码、浦头、玉洲、澳头、石浔等九个小口。

厦门港小口在海沙坡，负责稽查"金门、烈屿、安海、浯屿、岛美各渡货物"；鼓浪屿小口在内厝澳，负责稽查"石码、海澄及漳属各小船货物"；牛家村小口在东渡，后移排头门，负责稽查"同安、内安、澳头、鼎尾各渡货物"。这三个小口只负责验货给单，受验船主凭验货青单到正口征税放行,故称青单口岸。

石码小口在龙溪县石码街,负责查验"龙溪、漳浦往泉州货物";刘五店小口在同安县西南,负责查验"金门、烈屿、后埔、大小嶝及本地水陆各货"。凡不从厦门正口经过的货物均须在这两个小口纳税,故称钱粮口岸。

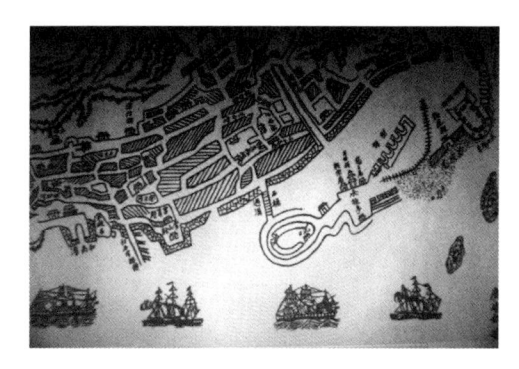

海沙坡厦门港海关小口图

玉洲、浦头、澳头、石浔四个小口均设哨船巡游,只负责稽查,无征税任务,故称稽查口岸。

这里所谓"外洋渡台",指的是大陆与台湾之间的航运。清政府将台湾收归版图之后,便将厦门港划为大陆唯一对台通航港口,与台湾鹿耳门一口对渡。由厦门与台湾鹿耳门对渡的商船因为东西对渡,称为"横洋船"。台湾具有一年三熟、四熟的优越的粮食生产自然条件,但明代之前生产技术十分落后,产量极低。郑成功率部初到台湾时,甚至需要从大陆调运粮食。经过郑氏集团几代人的努力,大陆先进的农业生产技术在台湾得到广泛推广。台湾府设立后,清政府实行一些优惠政策,鼓励拓荒垦田,台湾的粮食生产水平迅速提高。清康熙二十四年(1685)后,台湾粮食不仅可以自给,而且有余粮销往大陆。清雍正年间(1723—1735),台湾征粮供给福建东南沿海以及龙岩驻军的军粮和戍台官兵家眷的口粮每年达85297担,闰年达89595担。在清乾隆四十八年(1784)之前,这些兵、眷米谷都是由厦门港与鹿耳门港一口对运的。乾隆四十九年(1784),增开台湾鹿子港与福建蚶江对渡;乾隆五十三年(1788)增开台湾淡水厅八里坋口与福建五虎门、蚶江对渡。但由厦门与鹿耳门二口对运的兵、眷米谷仍有四万九千余担。厦门商船对渡台湾鹿耳门，除了配运米谷之外，还运送"台厂木料、台营马匹、班兵、台饷、往来官员。人犯，海外用兵所需尤甚"。

上述清道光《厦门志》所说的"南北商船"，又称"南艚""北艚"，南艚指南下漳州、南澳以及广东各地的商船，北艚指北上温州、宁波、上海、天津、登莱、锦州等地的商船。

海关的税收对于清朝的财政来说，与盐的专卖收入一样占有非常大的比重。据清雍正三年（1725）的定额，驻厦门的闽海关一年上交朝廷税额近7.36万两，盈余11.3万两，其中厦门关年征税银占闽海关上交全部钱粮一半以上，达10.5万余两，这10.5万余两税银还不包括地方官员明明暗暗截留的数目。而直至清乾隆二十三年（1758），整个泉州府全年实际征解的地丁银仅有98101两，足见厦门岛在经济方面已经有了举足轻重的地位。这种情况一直持续到嘉道年间，在闽海关所有税口中，"惟厦门一口为最大，一岁征收额税，厦门居其大半"。

厦门港除了设有海关小口之外，还是对台通洋正口。康熙五十七年（1718），康熙皇帝在浙闽总督觉罗满保的建议下颁旨之后，所有行驶于台湾的船只必须在厦门停靠，缴纳关税并验明身份。为此，海沙坡的沙坡头建有接官亭，以接待官员。为了祈求海上航行的平安，地方官员先后在沙坡头建风神庙、朝宗宫，乾隆皇帝先后为两庙题写"惠应波恬""恬澜贻贶"的匾额。还

对台通洋正口厦门港

建有一座龙神庙,为地方官求雨场所。官员求雨是对老百姓的安慰,高明如苏东坡、王阳明等为官时也都常干,还留下许多精彩的祈雨文。乾隆三十九年(1774),海防同知蒋元枢在沙坡头接官亭之前修建一座牌坊,高悬半空的石匾一面题写"南天都会",一面题写"盛世梯航"。

在开放海禁初期,清朝廷对于海洋的管制还是相当严厉的。清康熙十九年(1680),只准无蓬桅小船沿海采捕;康熙二十三年(1684),只准载重五百担以下的船只出海贸易;康熙四十二年(1703),允许出洋渔船配置单桅,但梁头不得超过一丈,商船可以用双桅,但梁头不得超过一丈八尺;康熙四十六年(1707),准许福建沿海渔船、商船一体往来。沿海船只造成之日就须由官府验明规格,在船体明显位置烙上字号,在蓬上书写编号,并发给船照。出海人数及所带铁器、粮食均有严格规定。出海船只须有船主所在保甲、里长、邻居、族亲连环保结,又须十船编为一甲,一船犯法,保结之人和同甲之船并坐。

尽管管制严厉,但厦门毕竟名正言顺地成为一个商业港口。除了国内贸易之外,与外国的通商也在悄悄地进行。从事对外贸易的主要有两种人,一是地方官员尤其是水师将领,利用他们掌管的权力和船只,以招降郑氏余孽、刺探军情和筹饷等名义,派出商船到日本、吕宋等地进行交易,施琅、万正色等著名将领均有这方面的记录;二是部分熟悉南洋海情、国情、民情的海商,利用出洋的机会,以风力潮信难以抗拒为由,将商船驶至华人聚居较多的南洋诸岛进行交易。当然,外国人的商船也会来进行贸易,但这种贸易一般是在远离港口的厦门湾进行的。

来自琉球的东洋船只和吕宋、安南等南洋船只有时也载着贡品来朝贡,换一些清朝皇帝赐予的奖赏回去。荷兰人因为在清王朝与郑氏家族的战争中出过力,也获准若干年通商一次。这些进行朝贡贸易的洋船与荷兰人的夹板船有时靠泊福州城外的闽安镇,有时靠泊在厦门港。

民间对外贸易的兴起渐渐引起一些地方官员的忧虑。他们频频向朝廷呈上奏章，声称商船到南洋贸易引发"愚民私聚""盗卖米粮""透漏消息"诸弊。我们无从知道这些官员的忧虑究竟是源于无知而产生的杞人之忧，还是出于因为没能从海上通商的财富中分得一杯羹而产生的怨恨。他们的说辞最终说动了年老的康熙皇帝。清康熙五十六年（1717），康熙皇帝下令"严禁南洋通商"。实际上，这道禁令究竟有多大效果是十分值得怀疑的。虽然朝廷对于出海船只的人员、所载货物、到达港口签证等都有一套极为严格的查验制度，但这些制度都要靠地方官吏去执行，而船主一般都能买通这些官员。一旦买通地方官员，船只一出港口，茫茫大海就无可阻拦了。因为朝廷禁的是到南洋贸易，而南洋并不在清朝廷的管辖范围内，船主回到厦门时只要准备一张国内港口的抵达签证就万事大吉了。

禁令下达不久，厦门岛就经受了一次重大事件的考验。清康熙六十年（1721）四月十九日，漳州长泰人朱一贵在台湾起事，不数日便占领台湾府治（今台湾省台南市），全台震惊，难民纷纷搭船避至厦门，厦门岛人口剧增。浙闽总督觉罗满保进驻厦门督师，征调兵马，筹集军需。厦门岛先后汇聚从征将士120余员、兵1.2万余名、大小船600余艘，外兵甫至之时，岛上码头船满为患，市场米价腾升。觉罗满保下令所有外来兵士全部留守船中，每艘船只许派一人上岸采购，且不得压价。厦门粮食历来靠湖广、粤东等地供应。粮贩得知厦门粮价飙升，纷纷携粮赶往厦门。没多久就有数万石粮食运至厦门，粮价又恢复到日常水平。水师提督施世骠、南澳总兵蓝廷珍分别于五月十三日、六月初一率大军从厦门港出征。经过一个月的征战，于闰六月初一平定全台。闰六月初七，朱一贵等主要骨干从台湾被押解到厦门，又从厦门押解到北京处死。

事实上，从明末以来，厦门岛就不乏驻军。在岛民的记忆中，有兵就要用粮，用粮就要向老百姓征，征不到就逼、就抢。平朱一贵之役期间，厦门岛聚兵上万，老百姓不但未受其扰，反而普沾益处，真是旷古未闻。这一事件说明：经过数十年的运作，厦门岛的商业经济已经极为成熟，可以从容应对大规模的突发事件。

直驶南洋

厦门岛在平朱一贵之役中所发挥的作用对于传统的农本商末的观念产生了有力的冲击，也使得一部分地方官员认识到发展对外通商对于维持沿海百姓生计乃至繁荣地方经济的重要性。清雍正四年（1726），浙闽总督高其倬上书请求准许福建对外通商：

> 福、兴、漳、泉、汀五府地狭人稠，无田可耕，民且去而为盗。出海贸易，富者为船主、为商人，贫者为头舵、为水手，一舟养百人，且得余利归赡家属。曩者设禁例，如虑盗米出洋，则外洋皆产米地；如虑漏消息，今广东估舟许出外国，何独严于福建？如虑私贩船料，中国船小，外国得之不足资其用。臣愚请弛禁便。

以对外商通市而言，福建沿海，泉州开埠最早，早在北宋太宗太平兴国四年（979），已诏诸蕃国宝货至广州、交趾、泉州、两浙（当指明州、杭州）市易。此后在哲宗元祐二年（1087）泉州置布舶司，与广州、明州、杭州同为宋代著名港埠。泉州市舶司于南宋尤盛，元明两代续有发展。厦门为泉州所属，偏在海岛，向不著名，地近漳泉两要府，自不能与两者颉颃。现在高其倬大力呼吁，清朝廷有了回应，清雍正五年（1727），厦门港正式开放对南洋通商，稍后开放对东洋通商。

厦门商船出港每在年终，值腊尽春初，乘东北贸易风，满帆直驶南洋，直至次年秋初，西南季风大盛，再满帆回棹。如懋商羁迟，风汛愆期，则不及回帆，而称之为"压冬"，须再候至次年乘西南季风回棹。

尽管这一时期的通商只是准许中国商船前往东、南洋进行贸易，不允许外国商船前来（直到1758年才准许吕宋番船到厦门贸易），但厦门在这一时期的表现确实是十分令人鼓舞的。清道光《厦门志》详载了厦门与东洋、东南洋、西洋、西南洋各处港口的交往。从厦门出发到达的港口之多，货物之丰富，令人咋舌——

日本长崎：台湾的白糖、青糖，鹿、獐的皮价格较高，书画古玩更是备受欢迎。运回之物则有铜、日本刀、东洋参、珠宝、海参等；

琉球：喜好中国图书、古器；

吕宋、大港、宿务、班爱、呐哗哗、猫里雾、莽均达老（今属菲律宾）：物产有金、银、苏木、燕窝、海参、香料、珍奇动物等；

苏禄、高乐、吉里问（今属菲律宾）：物产有珍珠、玳瑁、苏木、香料等，吉里问有名产檀香；

文莱：物产有珍珠、玳瑁、玛瑙、砗磲等；

旧港、文郎马神（今印度尼西亚加里曼丹岛南部）：物产有珍珠、金银、犀角、象牙、琉璃、水晶、香料、藤、药材等，喜用中国铜钱、布帛、瓷器、铜鼎等物；

越南清化港、顺化港、广南港、新州港、提夷港、占城等：地多占米，有鱼盐、金珠之利，物产有珊瑚、犀角、象牙、贝、玳瑁、铜鼓、油料、香料、燕窝、槟榔、木、藤等；

暹罗、六坤、六昆、赤仔、宋腒朥、大泥（在今泰国）：稼穑丰熟，多珍宝；

噶喇吧、亚齐、丁机宜（今印度尼西亚雅加达）：物产有金银、珍珠、犀角、象牙、玳瑁、槟榔、胡椒、椰子、香料、海菜、珍奇动物等；

麻喇甲、柔佛、彭亨（今马来西亚一带）：物产有猫精石、珍珠、犀角、象牙、香料、麻、蜡、硫磺、燕窝、椰子、槟榔、珍奇动物等；

柬埔寨：木料、象牙、犀角、燕窝、香料、珍奇动物等。

从厦门出口的货物则主要有漳州、泉州一带生产的布、丝、绸、纱、绢、瓷器、陶器和雨伞、纸扎、衣帽等手工制品。铁、茶为严禁出口之物。铁被严禁出口是因为铁是冷兵器时代制造兵器的主要原料，全国各处关口都不准出口。茶则只许从广州出口，因为当时的茶叶出口利润丰厚，是清朝宫廷庞大费用的主要来源之一，所以茶叶只准许内务府直接管辖的广州海关独家出口，厦门等关口不得染指。厦门海关一度可以经营茶叶从厦门经海路运往广州的业务，因为担心船商在途中私自将茶叶转卖，随即禁止厦门关的茶叶出口。福建本是产茶大省，但福建以及经福建输出的所有茶叶一律不准出洋，改从内河山岭行走。

不准厦门关经营茶叶出口的规定给福建茶叶生产、销售带来许多麻烦，但却意外造就了一个商业奇才。

此人名潘振承，通用名潘启，出生于同安县西界二十都白昆阳保（今白礁）栖栅社一个农家。厦门获准通商南洋后，年方十四的潘启被一位船老大雇用，在一艘商船上当船工。有一年，商船滞留在吕宋候风。吕宋岛当时是西班牙的殖民地，通行西班牙语。潘启似有语言天分，在滞留吕宋岛期间，学会了西班牙话，成为小有名气的"船工兼翻译"。接着，又利用帮人洽谈生意的机会，渐渐学会了葡萄牙语、英语。十年之后，这个从同安文圃山走出来的小船工成为一个航海、商务、语言的通才。

因为茶叶只能从广州出口，福建茶商云集广州。清乾隆三年（1738），潘启被广州一位福建籍陈姓茶商聘请为业务主办。潘启入行后，由于为人厚道、诚实，办事得力，很快就成为独当一面的贸易行家，而且通过商场、官场之间的周旋，领悟到官、商之间微妙、复杂的关系。

清乾隆七年（1742），陈姓经理闭行停业。潘启申请开设了自己的洋行"同文行"，同时启用文岩为名号。同者，同安县也；文者，文圃山也；文岩二字则为文圃山龙池岩的缩写。这些命名除了寄托对家乡的思念，也与潘启的经营有关。

文圃山周围山海相依，物产丰富，由于受到明代开放邻近漳州月港的影响，百姓的手工业生产和商业贸易的意识比较浓厚。清乾隆时期，这一带盛产丝绸、棉布、陶瓷和糖等产品，并开始大面积种植茶叶。文圃山周围的潘君雅、黄砥园、李擎辉、潘振元、潘振芳等富商，均与潘启多有交往，文圃山成为潘启重要的的供货基地。当然，他的供货基地不止一处，武夷山也有同文行的茶园。在以银两、银元作为货币的时代，大额交易很难进行。潘启的同文行是最早在对外贸易中使用汇票的洋行，因此，同文行的生意动辄几万、几十万两银子，一般商家难以望其项背。清乾隆十八年（1753），潘启与英国东印度公司做成一笔贸易，货单为：生丝1192担、丝织品1900匹、南京布1500匹，仅生丝一项贸易金额就达20.86万两白银。能做成这么大的生意，同文行的实力可见一斑。

清乾隆二十五年（1760），同文行等九家洋行向朝廷呈请设立包办西洋贸易税收的公行。名义上是对西洋贸易实行税收承包，实际上，在承包的额度中已经加入送给有关官员的好处费。这样做的目的是将官员的贪墨控制在可以预知、可以接受的程度。另一方面，由于负责承包海关的对外贸易税，任何一项贸易都必须通过公行才能进行，公行垄断了对外贸易。

发起组建公行的九家洋行是十三行街上最具实力的行商，潘启被选为公行首任商总，而且是连续出任时间最长的商总。可见此时潘启所拥有的财富和影响已经达到顶峰。但此时的潘启仍然没有忘乎所以。清乾隆四十八年(1783)，潘启做出一个惊人的决定：将几年间售到英国后因质量不合格而积压的1402箱茶叶回购。这一举动使他遭受10000元番银以上的损失，却树立起同文行商业信誉的一座丰碑。潘启被外商视为"最可信赖的行商"，各国商人到广州谈生意，首先要找的便是"潘启官"。

地方典籍称潘启"素乐善好施"。家乡文圃山龙池岩兴建华圃书院，潘启捐献番银1000元，又出资修建紫阳祠和登山道，在山上建造湛园别墅，营造景观，使书院成为一方胜景。在广东，他捐米万石赈济广州饥荒，重资赞助越华书院，还曾捐助30万两银子充作军饷。潘启事业在广州，逝世后仍归葬家乡，与妻子黄氏合葬在文圃山麓。

得益于允准南洋通商而获益的厦门人不少。龙溪人黄日纪，原籍龙溪县，后移居厦门。黄日纪原本只是个生员，因为家里做生意发了财，买了个从七品的小京官中书科中书，后来升为兵部武库司主事，为六品官。因其父逝世守制回到厦门，遂不再复出。黄家的生意做得相当不错，赚了不少钱，黄日纪花巨资买下厦门岛西南部濒海的凤凰山西南部，建造厦门民间最大的园林式住宅凤山园，依"升平宰相"蔡新的建议改称

榕林别墅局部遗址

榕林别墅。别墅中有洗心堂、有镜塘、石诗屏、钓鳌亭、小南溟、半笠亭、三台石、百人石、踏云径、漏翠亭、披襟台、摩青阁、漱玉峰、榕根洞、亦灵阿、赋闲亭、芃岛等24处景点,是厦门岛代表性的园林式建筑。

因为准予通商南洋,厦门岛成为闻名遐迩的商埠,诞生了真正的商民。商民古已有之,但传统的农耕社会始终将商民视为"四民之末"。厦门在明代月港繁荣时期就受到海商的熏陶,郑成功时期的厦门港海外通商也曾盛行一时,但这一时期的通商在相当大的程度上带有武装胁迫的成分,海商通常就是武装团伙的头目。厦门港成为商埠之后才出现了正常意义上的商民。清乾隆时期,厦门岛上的商民大致有四种类型:一是船商,即利用自有或租用的船只从事运销的商民,此类船商主要经营国内南北航线及对台通商,称为南艚、北艚和横洋船,厦门港繁荣时期,有"商船、洋船千余号",其中属于厦门岛、在同安县领取船照、在厦门关保税的"顺"字号大商船、洋船各有5艘,"盛"字号小商船293艘、小渔船12艘,可见当时的厦门岛仅本地船商就有不下300人;二是坐商,即从事国内贸易的商行老板,商行除了进行货物交易,还负有为船商担保的职责;三是洋商,即洋行老板,除了与夷船交易之外,还负有为贩夷洋船作担保的职责;四是一般传统意义上的坐商和挑担提篮的小商贩。乾隆三十四年(1769)前后,厦门岛内已有码头13处,有洋行8家、大小商行30余家,出现了类似碗街、磁(瓷)街、纸街等以主营商品命名的街道。以此观之,当时岛上的商民人数必定在千人以上。清朝廷长期推崇"重农轻商"的观念,而《鹭江志》却不无自豪地写道:"市所以通天下之货也。……今以僻陋海隅而富甲天下,则太平景象之征也。"可见商民在厦门岛内的地位和影响已非昔日可比。

岛上的农民也受到商业的影响。厦门不外山石沙滩,平田稀少,不利于农作。旧时海水可以淹至金榜山下、江头一带,岛上的农民大多数兼顾渔业，沿海村落则以渔为主。与传统的以粮为主、自给自足的农耕社会不同，厦门岛上的农耕方式对于商业有着较强的依赖性。人们必须用他们生产的杂粮、水果或鱼货去换取维持日常生活所必需的粮食、布匹等产品。清乾隆三十四年（1769），厦门岛内已经出现后埔的荔枝、店前的柿果、浦南的甘蔗等地方名产。不少农民通过商业经营积累了财富和经验，最终脱离了农耕，成为商民，甚至成为巨商富贾。

厦门是个港口型的商埠，岛上的工人大都与船有关。清道光《厦门志》称："厦门土、木、金、银、铜、铁诸工率自外来，船工大盛，安其业者，多移居焉。"最先出现的是船工，时称舵水即海员，其后才有造船、修船工人。先来看看舵水的数量。清道光《厦门志》载：当时的"南北通商之船，每船出海一名（即船主）、柁工一名、亚班一名、大缭一名、头碇一名、司杉板船一名、总铺一名、水手二十余名或十余名"。而"通贩外国之船，每船船主一名，财副一名司货物钱财，总杆一名分理事件，火长一正一副掌船中更漏及驶船针路，亚班、舵工各一正一副，大缭、二缭各一管船中缭索，一碇、二碇各一司碇，一迁、二迁、三迁各一司桅索，杉板船一正一副司杉板及头缭，押工一名修理船中器物，择库一名清理船舱，香工一名朝夕焚香楮祀神，总铺一名又司火食，水手数十名"。根据上述用人规模，当时的《中枢政考》规定：国内商船每船所用工人限制在十四名至二十八名之间，渔船每船所用工人不得超过二十名，国外通商船只每船所用工人限制在六十名至八十名之间。如前所述，厦门港繁荣时期，有各式商船、洋船和渔船三百余艘，以大船每艘有舵水八十人，小商船、小渔船每艘有舵水二十人计，厦门籍船只的舵水就有七千人左右，加上在非厦门籍船只上工作的厦门籍舵水，总数应该有八千人以上。厦门岛出现比较专业的修船、造船工人的时间应该与岛上开始有船厂的时间同步。由于受到地理位置、交通条件和战争因素的影响，厦门岛的造船业开始的时间远比沿海其他城市晚。康熙十九年（1680），清政府开始经营厦门岛之后，战船厂设在厦门港沙坡头。康熙三十九年（1700），在厦门岛西南侧水仙宫之西侧设立军工战船厂，负责维修驻扎在厦门本岛及附近海域的福建水师提标诸营的战船。雍正七年（1729），福建水师提标诸营的战船改由汀漳道负责维修，军工战船厂遂停办。乾隆元年（1736）兴泉永道负责维修福建水师金门、海坛二镇和提标中、右营的战船共七十九艘，军工战船厂又复办。复办的军工战船厂坐落在妈祖宫东面，即今和平码头西侧，东西四十丈（132米），南北十五丈（49.5米），建有官厅即办公用房三间、护房六间、厂房四间、厨房一间，规模不大，估计工人人数在百名左右。军工战船厂只负责水师战船的维修，出入于厦门港的众多商船、渔船的维修，只能由民间的船厂承担。地方典籍没有留下民间船厂的记载，但从商船、渔船的数量并参照军工战船厂的情况推算，民间的修船、造船工人人数当在四五百人之间。加上间接为修船、造船服务的冶铁、木作等工人，厦门岛上的工人应该有二千人左右，规模着实可观。

人潮汹涌

康熙二十二年（1683），施琅上表重修厦门城。这一工程从当年年末动工，直至康熙二十四年（1685）才完成，在废墟上重建的厦门城总长从原先的四百二十五丈增加到六百丈。随后，施琅在厦门城内建造福建水师提督署。这是当时厦门岛内规模最大的官方建筑，从南到北依次是将牌官厅、辕门、鼓吹亭、仪门、甬道、露台、两廊、正堂，正堂后有穿堂、内署，内署后有传统园林建筑来同别墅。

与水师提督署同时修建的，还有在城东门内的水师提标中营参将署、在城外祖婆庙边的中营守备驻防浯屿公馆、在洪本部渡头的左营守备署、在西门外双连池的游击署、在西门外打锡巷的右营守备署、在西门外岐西保的前营游击署、在城外碧山岩前的前营守备署、在西门城外关仔内的后营游击署、在南门城外局口街的后营守备署。

清康熙二十五年（1686），在厦门港鸿山寺之东购买莫姓山场建造海防同知署，因为是移泉州海防同知驻厦门的厅署，故俗称厦防厅，署后有园林称为"快园"。

清康熙年间陆续建成的官署还有厦门港太平桥供台厦道使用的台湾公馆、厦门港鱼仔市供金门总兵使用的金门公馆、凤凰山前供南澳总兵使用的南澳公馆、黄厝河供同安县使用的同安公馆、城内提督衙旁供五营官员使用的五营大公馆，厦门城内外还建有各营的兵器库。

清雍正五年（1727），在城北的柳树河建造兴泉道道署，道署建筑群有照墙、辕门、大门、二门、大堂、二堂，后依魁星山，颇具规模。

在官方大兴土木的同时，民间也出现了建房高潮。清康熙二十八年（1689），厦门岛已经人居稠密。当局在厦门岛的北部仍旧设二十一都、二十二都、二十三都、二十四都四个都，在厦门城的周围地带设立四个社：福山社即今白鹿洞、虎溪岩山麓一带，和凤社即今大中路、定安路一带，怀德社即今溪岸路以西至大同路一带，附寨社即今蜂巢山、鸿山山麓一带。四个社范围内大大小小的民房就有15175间。在闽南话中，"间"并非指四堵墙之内的有限空间，而是相当于"一座"的意思。这一万多座房屋纵横错落，形成宽窄不一的街巷，其中商肆繁华的街市多达26条：厦门城附近的有桥亭街、关仔内街、桥仔头街、菜妈街（以上在今桥亭街、思明东路东段、公园西路、菜妈街一带），岛西南沿海有火烧街、石埕街、神前街、碗街、磁街、竹子街、提督街、亭子下街、纸街、中街、木屐街、关帝庙后街（以上在今人和路、横竹路、大同路西段一带），港子口街、岛美街（以上在今镇邦路、升平路东段一带），五崎顶街、走马路街（以上在今大中路、小走马路一带），塔仔口街、局口街、轿巷街、新街仔（以上在今局口街、轿巷、台光街一带），厦门港厦防厅前市仔街、厦门港圆山宫下市仔街（以上在今厦门港碧山路、圆山宫巷一带）。

上述厦门城附近的4个社以及26条商业街道，基本上集中在厦门岛南部狭小的区域里。而清乾隆三十四年（1769）前后的厦门岛南部，筼筜港的海水西南方向淹到今海岸路，北面可以淹至今江头、乌石浦；厦鼓海峡的海水涨潮时可以淹到今横竹路、镇邦路一带；筼筜港的分支长寮河沿着今思明北路一直延伸到今思明南路与中山路的交界处，所设码头称为后路头。除去海水、滩涂和当时尚无力开发的石头山，厦门城与四社的总面积大约在3平方公里左右，在这面积有限的地面聚集了15000多户岛民，其拥挤和热闹程度可想而知。

虽然在行政区划方面仍为同安县绥德乡嘉禾里，但是，厦门岛在官场上可以说是威风八面：直属清朝廷户部的海关监督署官员不论品衔高低，都有直通京都的人脉，就连省城的官员也不敢轻易得罪。福建水师提督名义上是从一品衔，但早期的提督如施琅、吴英等人，都深受皇帝眷爱，有封侯赏爵之功，一般官员望尘莫及。即便是提督麾下的五营中的参将、游击、守备、把总等将官，最小的把总也是和同安县知县一样的七品官员。驻厦门的泉州府海防同知为六品官，兴泉永道道台官居四品，且握有监督、管辖同安县的大权。

清王朝虽然与元朝一样，是以少数民族入主汉族居大多数的中原地区，但清王朝较早重视文教事业。清代学校设置沿袭明制，京师设国学，各省设府、州、县学。顺治朝开始，先在省会设置书院，后推广至府、州、县。书院教育体系的设立，为厦门岛改善教育状况提供了良好的机遇。

清雍正二年（1724），海防同知冯鉴在厦门城西门外的朝天宫（今思明东路思北小学）创办紫阳书院，厦门岛的教育开始独立于同安县。因为创办紫阳书院的海防厅略高于县级衙门，因此，紫阳书院的规格也略高于同安县学。

清乾隆十六年（1751），兴泉永海防兵备道道台白瀛与福建都督李全庵、代理福建水师提督倪鸿范等人在厦门城东北玉屏山下创办玉屏书院。玉屏书院为兴泉永道所主办，其规格比厦防同知主办的紫阳书院和同安县学高出一级，不仅山长的薪资、生员的补贴远远高过紫阳书院和同安县学，还可以接纳兴泉永道所辖各府、县的生员。因此，玉屏书院所出的人才也远比紫阳书院多。如道光十年（1820）莅任的兴泉永道道台周凯所言："厦门虽分同安之一里，而士则四方咸集，不仅同安也。"周凯也是清道光《厦门志》的总纂。至此，厦门岛教育方面的影响开始超越同安县。据统计，有清一代，厦门岛共产生举人89人、贡生70人，其中进士10人，这还不包括户籍在岛外、学籍在岛内书院的生员，在同安县下属11个里之中堪称独占鳌头。

这座崛起在东海之滨的新城很快就表现出善于吸纳的性格。经历了清王朝与南明郑氏集团长达数十年征战导致的人口、文明方面的空白，这座小岛向周围一切愿意到岛上来的人敞开了胸怀，在许多领域创造了大量的工作机会。于是，移民和旅居者不断涌入厦门。读书人有学问、有影响的，可以到书院任山长；一般水准的，找个客厅旧庙，可以开办私塾；再不济的，街头摆张案台替人代书，也可以谋口饭吃。活跃于贸易活动的不仅有本地人，还有从福建其他地方来的移民，特别是泉漳地区的人。有本钱的生意人可以来开店，本钱小的可以摆地摊、挑货担，就连小孩也可以提只竹篮买卖时令果子。有技术的船工当然受欢迎，没技术有力气的可以到码头扛麻袋，没技术又没力气的帮人跑跑腿、洗洗盘子也不至于饿肚子。甚至连手无缚鸡之力的老太婆，凭借帮人缝补衣服，也可以在岛上站立脚跟。清康熙六十年（1721），清军欲到台湾镇压朱一贵造反，兵屯厦门，苦无船只渡。浙闽总督觉罗满保的幕僚潘兆吾建议以官职悬赏：有商船愿意载士兵赴台者赏给五品衔。开始时无人相信。稍后一船商带着试试看的心思响应。当即被授予守备官衣官帽。民间戏说，到了厦门岛，运气好时连官帽都捡得到。

据新加坡学者吴振强研究，雍正年间的浙闽总督高其倬明显注意到了厦门人口的多样性，用他的话来说，"各处人民辏集于此"，指出岛上人口就其来源和经济地位来说十分复杂。除官员和乡绅外，上至社会经济金字塔顶端的成功商人，下至城中到处都是的零工，还有农民和渔民，构成了广泛的基础。我们由此可以得出厦门是一个移民社会的结论，这个结论到现在也不过时。

人口数量是经济社会发展的晴雨表，也是构成港埠的必要条件之一。据清道光《厦门志》载，1680年左右，岛上人口数为"数万口"。1716年的另一份文献记录的岛上总户数大概是1万户。1769年，户数总计达到16100户，就户数推测人口，保守估计，按每户5口计算，当在8万口以上。官方第一次计算的人口数量可在《厦门志》中查到，即1832年登记的144893人（男性83229人，女性61664人）。但据道光二十六年（1846）西方人所发布的厦门人口估计，大约分散在各处乡村居民约有10万人，而聚居厦门城及其连接港埠，其居民当有25万到30万人，合计共有35万人到40万人之多。人口流入有许多原因，但最重要的是经济动机、经济发展背景。

因为厦门岛的善于吸纳而到来的新岛民大都具有和这座小岛相同的性格——不排外。传统的厦门西南部多石，东北部为海相沉积土且为崩岸地区，常常受到海潮的侵蚀，植物生长的条件差，岛上除了少量的松、榕、枫、樟、柏之外，没有什么值得一提的原生植物。允准南洋通商之后，不啻为这座小岛开启了一个宝库。一大批农作物、果树、行道树、观赏植物被引进这座小岛。许多老厦门人心目中的本地品种，如木棉、菩提、相思、玉兰、木麻黄、芒果等，都是从外地引进的，其中有两个品种值得多说几句。

20世纪80年代，厦门市决定设立市花、市树和市鸟。市鸟为白鹭基本上没有争议。市花和市树则分歧较大。后来，经过市民投票评选，市人民代表大会常务委员会讨论等程序，1986年10月20日至23日召开的厦门市第八届人民代表大会常务委员会第二十三次会议作出决议：三角梅为厦门市市花，凤凰木为厦门市市树。

三角梅原产于南美，19世纪70年代前后引进厦门。三角梅属紫茉莉科宝巾属常绿灌木，木质藤本，叶略薄，近似心形，花小，簇生于三片大苞叶之内，故得名。苞叶有红、黄、白、紫诸色，且有单瓣、重瓣、斑叶之分，各具韵味。因花型独具特色，且易于栽种，亦可供制作盆景，在厦门几乎到处可见。20世纪80年代初，厦门诗人舒婷诗咏《日光岩下的三角梅》，称其"最有限的营养／却献出了最丰富的自己"，"只要阳光长年有／春夏秋冬／都是你的花期"，赋予三角梅乐于奉献、长盛不衰的人格形象，使其芳名远播。厦门万石植物园已经引种超过300个不同品种的三角梅，先后筛选推广了60多个三角梅优良品种，是目前我国唯一一个国家三角梅种质资源库。

凤凰木属豆科乔木，高可达20米左右，树冠宽广。由10对至20对羽片构成二回羽状复叶，每羽片有长椭圆形小叶20对至40对。夏季开花，总状花序，花色红艳，一树似火，故俗称"火树""红楹"。花谢后结木质荚果，长数十厘米，俗称"关刀豆"。凤凰木原产于非洲，1933年厦门修建公园东路、公园西路、公园南路时从国外引进。夏季红云如盖，遮阳效果极佳且景色艳丽。20世纪50年代末诗人郭小川到厦门，惊讶于凤凰木"花如朝霞一片""花开红了一城"的奇观而为之赋诗，凤凰木自此成为朝气蓬勃、热情洋溢的象征而誉满全国。厦门用凤凰木作为主要行道树的街道有中山公园一带、市府大道、悦华路、湖中路、故宫路等，市园林部门还计划在文园路高架桥南侧修建以凤凰木为主题的观赏园。

从国外引进的农作物中，对早期厦门岛影响最大的是番薯，"厦岛田不足于耕，近山者率种番薯"。厦门人说话的腔调被称为"地瓜腔"，显然不是指厦门人说话时透出一股地瓜的味道，而是与地瓜最早经由厦门港登陆中国有关。有意思的是，被指讲"地瓜腔"的厦门人其实称它为"番薯"，只有北方人才叫它"地瓜"。

番薯，别称甘储、甘薯、朱薯、金薯、番茹、红山药、玉枕薯、山芋、地瓜、山药、甜薯、红薯、红苕、白薯、阿鹅、萌番薯等。清代厉荃原辑、关槐增增纂的《事物异名录》载"甘薯"条：朱薯，番薯，《本草》甘薯一名朱薯，一名番薯。今俗通谓之番薯。也有叫它"蕃茹"的。据学者苏枕书在《蕃茹》一文中说，他在日本留学时，有一次讲地方志的老师提到"番薯"，问一位中国同学知不知道是什么，那位来自浙南的同学回答说，他们老家把这个叫作"蕃茹"。苏枕书说，听他的发音有点含糊，那个"茹"音介于"芋"和"茹"之间，有点鼻音的感觉。

番薯原产美洲，由西班牙人携至菲律宾等国栽种。据胡文辉先生考证，番薯在东亚的传播路线大抵是：吕宋（今菲律宾）—中国福建—琉球—萨摩（今日本鹿儿岛）—日本本土，故中国称其为"番薯"，琉球、萨摩称之为"唐芋"，而日本本土却称之为"萨摩芋"。如此命名，源于当初不知来历时的想当然耳。

厦门为何会成为番薯传入中国的第一站呢？这要感谢福建长乐人陈振龙。明万历二十一年（1593），在吕宋做生意的陈振龙见当地种植一种叫"甘薯"的块根作物，皮色朱红，心脆多汁，生熟皆可食，产量又高，广种耐瘠；想到家乡福建山多田少，土地贫瘠，粮食不足，决心把它引进家乡。当时菲律宾处于西班牙殖民统治之下，视甘薯为奇货，"禁不令出境"。陈振龙经过精心谋划，"取薯藤绞入汲水绳中"，并在绳面涂抹污泥，巧妙躲过检查，"始得渡海"。航行7天，于万历二十一年五月下旬回到厦门。陈振龙引进番薯之事，明代《闽书》、徐光启《农政全书》、谈迁《枣林杂俎》、清代《闽政全书》《福州府志》等均有记载。清代《金薯传习录》援引《采录闽侯合志》说:"番薯种出海外吕宋。明万历年间闽人陈振龙贸易其地,得藤苗及栽种之法入中国。值闽中旱饥。振龙子经纶白于巡抚金学曾令试为种时,大有收获,可充谷食之半。自是硗确之地遍行栽播。……以得自番国故曰番薯。以金公始种之,故又曰金薯。"

番薯传入后,即显示出其适应力强、产量高的特性,"一亩数十石,胜种谷二十倍"。加之"润泽可食,或煮或磨成粉,生食如葛,熟食如蜜,味似荸荠",对土质要求又不高,所以在厦门广为种植,成为明末至民国时期厦门岛种植面积最大的粮食作物,为一代又一代的厦门先民提供了果腹之物,还是厦门一带地方小吃不可或缺的重要原料。著名的"同安炸枣"(一种以糯米为主要原料的油炸小吃)就必须适当加入番薯,要烹制地道的"厦门海蛎煎",先决条件是必须有上好的番薯粉。为此,当局为维持地方百姓食粮来源起见,曾一度禁止番薯或薯粉、薯干出口。

清乾隆三十一年(1766)纂修的《鹭江志》开篇慨然而言:"国初海氛四起,郑成功踞其地四十余年,其间城池宫室兵戈焚毁,而鹭江遂成战场,亦一时之厄也。万中庵疏复两岛,施靖海继莅斯邦。十年生聚,十年教诲。市井乡都,诗声振响,少习长成,甲科辈出,而武职戎功又指不胜屈焉。盖气运流转,品汇咸亨。如花之着地,逢春得雨,甲折勾萌,无不各畅其生机矣。若夫天不爱道,地不爱宝,田园日辟也,市肆日闹也,货贿财物日增而日益也,宾客商旅日集而日繁也。四夷八蛮,道里所通,舟车所济,则又日往而日来也。"一座新崛起的、充满生机活力的商城跃然纸上。

XIAMEN
THE BIOGRAPHY

厦门 传

第六章 厦门开埠

最后通牒

从本质上讲，清王朝是个封闭、保守的王朝，被外国人视为神秘的"幽闭王国"。它的城墙高大坚固，与外部世界自我彻底地隔绝，每一扇门户都紧紧地关闭着，防备所有外国人的侵扰。即使允许对外通商，也只是允许本国商船到外国做生意，外国商船并不能到厦门进行自由贸易。

康熙是个有作为的皇帝，但他不了解外面的世界，对欧洲列强始终保持戒备心理。他曾告诫身边的大臣："海外如西洋等国，千百年后中国恐受其累。此朕逆料之言。"这还真不好说。就是对曾经协助清朝打败郑氏集团的荷兰人，康熙皇帝也不放松警惕。台海平定之后，康熙皇帝只同意荷兰人八年通商一次，后经荷兰人请求，才改为五年通商一次。五年、八年通商一次，这生意怎么做？

正因为清朝对"外夷"始终持有戒心，英国商船只被允许在广东进行贸易，这才有了清乾隆五十八年（1793）英国政府派出以马戛尔尼为首的800人使团前往北京觐见乾隆皇帝商谈有关通商、建交事宜的事件。法国作家佩雷菲特的名著《停滞的帝国：两个世界的撞击》以翔实的史实、有趣的细节、精彩的笔致，再现了这一中西文明冲突事件。英方在这次谈判中提出的关于增设广东之外的通商口岸、另划定小岛供商船靠泊、降低税收、允许传教士在中国传教、派员进驻北京等种种要求，被乾隆皇帝一一拒绝。乾隆为此还写了一份"诏书"给英国国王，"诏书"中称："咨尔国王，远在重洋，倾心向化，特遣使恭赍表章，航海来廷，叩祝万寿，并备进方物，用将忱悃。朕批阅表文，词义肫恳，具见尔国王恭顺之诚，深为嘉许。……至尔国王表内恳请派一尔国之人住居天朝，照管尔国买卖一节，此则与天朝体制不合，断不可行。……天朝抚有四海，惟励精图治办理政务，奇珍异宝并无贵重。尔国王此次赍进各物，念其诚心远献，特谕该管衙门收纳。其实天朝德威远被，万国来王，种种贵重之物梯航毕集，无所不有，尔之正使等所亲见，然从不贵奇巧，并无更需尔国制办物件。是尔国王所请派人留京一事，于天朝体制既属不合，而于尔国亦殊觉无益。特此详晰开示，遣令贡使等安程回国。尔国王惟当善体朕意，益励款诚，永矢恭顺，以保乂尔有邦，共享太平之福。"

大概是觉得言犹未尽，乾隆皇帝紧接着又写了第二封"诏书"，对英国的诸多要求逐一驳回："昨据尔使臣以尔国贸易之事，禀请大臣等转奏，皆系更张定制，不便准行。……天朝物产丰盈，无所不有，原不借外夷货物以通有无。特因天朝所产茶叶、磁器、丝斤，为西洋各国及尔国必需之物，是以加恩体恤，在澳门开设洋行，俾得日用有资，并沾余润。今尔国使臣于定例之外，多有陈乞，大乖仰体天朝加惠远人、抚育四夷之道。……不但于天朝法制攸关，即为尔国王谋，亦俱无益难行之事。兹再明白晓谕，尔国王当仰体朕心，永远遵奉，共享太平之福。"

康熙皇帝对大臣的告诫表现出一个生于忧患、饱经沧桑的帝王的戒备心理，而乾隆皇帝致英国国王的信件则充斥着以自我为中心、傲慢无知的狂妄，但两种心理体现在政策上都是闭关自守。在这种政策背景下，厦门港口只能依靠国内航运维持运转。清乾隆四十九年（1784）之前，清朝廷规定厦门港为对台航运的唯一港口，厦门对渡台湾鹿耳门的商船多达千余艘，厦门的航运盛极一时。但厦门是个海岛，从台湾来的商船到厦门后还得改变航线驶到其他港口，使船商殊觉不便，又增加了运输成本。乾隆四十九年后增开台湾彰化县鹿子港与晋江蚶江口对渡、台湾淡水厅八里坌与闽侯五虎门及蚶江口斜渡等多条航线。到清道光四年（1824），台湾的淡水、彰化、嘉义、凤山等地出现多处与大陆私渡港口，大陆晋江、惠安、南安等地相应出现多处渡台私口。厦门港逐渐被冷落。但朝廷官员的胃口依旧。清乾隆年间，洋船（指出洋的船只，非外国船，外国船称番船）每年"进贡"总督、巡抚的陋规费分别高达一万两、八千两银子。乾隆二十九年（1764），浙闽总督杨廷璋就因为收受洋船贿赂被革职，此案由驻扎厦门的福建水师提督、海澄公黄梧曾孙黄仕简查访举报，乾隆皇帝亲自全程督办，不仅查处了一批官员，还对厦门、泉州、漳州进行了批量人事调整。但积重难返，清道光元年（1821），最后一家洋行宣布关门；道光十二年（1832），三十余家商行仅剩五六家。

起初，洋行与商行有个大体的分工。经营外国商品的官方商号叫洋货行，它们既出口土产到南洋，也为国内贸易进口洋货，基本上控制了沿海和海外贸易。1726年巡抚毛文铨的奏折中报告，在所有的授权商家中，洋行在厦门数量最多。有多少呢？具体数字不知道，但知道福建的所有洋行都在厦门。1727年，政府出台一项新规定，所有的海外贸易应归洋行管理，沿海贸易应归商行管理。由于沿海贸易进一步扩张，商行的数量随之增加，乾隆初年达于极盛。据《厦门志》统计，1796年厦门洋行尚有8家，商行数量则超过了30家，每年进出洋船、商船达千余艘。到18世纪末，商行甚至取代了洋行在海外贸易中的作用。过此七八十年间，由盛转衰，洋行相继倒歇，现在连商行也被迫关门，地方官员不无伤感地哀叹道:"关课亏却。每岁饬令地方官招徕劝谕,始有洋驳一二号贩夷。燕菜、黑铅来自外洋者,遂须购自广东。及应缴津贴各费,均不能如期呈纳。关课日绌,而商行之承办者不支矣"。

在国内商船离开厦门港的时候,外国的商船和军舰来到这个港口。

这是一段史学界早已耳熟能详的历史:清道光十八年十一月十五日(1838年12月31日),林则徐出任禁烟钦差大臣,厉行查封鸦片、销毁鸦片。随后发生的林维喜案件、包围外国商馆、断绝澳门供应以及川鼻海战等事件进一步激化了矛盾。道光二十年三月初六(1840年4月7日),英国议会以5票的微弱多数通过了对大清帝国开战的法案。影响议会投票结果的议员托马斯·斯丹东爵士曾是阿美士德勋爵使华时的见习侍童,后又作为英国东印度公司的专员和该公司的代理人在澳门和广州居住了近12年,熟识中文和中国人,没有一个英国人比他更了解中国。因此,他在议会辩论时的鲜明姿态具有很大煽动性:"如果我们在中国不受人尊敬,那么我们在印度也会很快不受人尊敬,并且渐渐地在全世界也是如此!正在准备中的战争是一场世界性的战争,它的结局会产生不可估量的影响。如果我们要输掉这场战争,我们就无权进行;但如果我们必须打赢它,我们就无权放弃。尽管令人遗憾,但我还是认为这场战争是正义的,而且也是必要的。"经过一番激烈辩论,英国议会以5票的微弱多数通过了对大清帝国开战的法案。五月二十九日(6月28日),英国军舰全面封锁进入广州的所有航道,鸦片战争正式爆发。由于清朝廷上上下下的腐败,不管在这场战争之前、之中还是之后,大清帝国都始终处于战和皆误的处境。

清道光二十年六月初四(1840年7月3日),英国军舰"布朗底"号以请福建官员转交给清朝廷的文书为由入侵厦门港,被厦门守军拒绝,双方还发生了冲突。英军只有一艘军舰,占不到什么便宜,随即掉头北上。

一份奏折对此事件作了以下描述:

> 此次有夷船一只驶至厦门港，称欲求和。该文武等并力斥阻，不许上岸。该逆夷胆敢换旗开炮，船头一人夷服而口操官音，甘言辱语，直扑炮台。当有署水师中营守备陈光福施放一箭，射中能作官音夷人，洞胸毙命，仰跌船内。兵丁连放鸟枪，击中夷人二名落海。护参将陈胜元手执长矛，刺中白夷一人身死。哨船及岸上弁兵，枪炮联络，中伤夷人，多寡不能籍记。

报复在意料之中，只是比预想的来得快。清道光二十一年七月初九（1841年8月26日），一支由三十余艘战舰和运兵船、两三千名士兵组成的英国舰队抵达厦门港。一封以"大不列颠女王陛下全权大臣亨利·璞鼎查爵士、海军总司令威廉·巴加爵士、暨本地区大不列颠陆军总司令休斯·郭富爵士"签名的"最后通牒"发给福建水师提督：

> 鉴于大不列颠与中国两国之间存在某些迄未消除的争端，签字人全权大臣暨总司令已奉本国国王之命，如果不接受去年在天津提出之要求，达成明确之协议，以彻底消除争端，签字人将有责任诉诸战争以强制实现这些要求。但签字人全权大臣暨总司令不愿如许之多的官兵死于必死之战争，乃起恻隐之情，强烈要求本省水师提督即刻把城池及厦门所有的防御要塞交到大不列颠军队手中，暂由他们据守。如遵照执行，准许全体官兵携带个人武器和行囊撤离，并对居民不加伤害，争端一旦平息，大不列颠的要求全获满足，所有一切将归还中国人。

这种赤裸裸的威胁不可能得到回应。七月初十下午一时许，英国舰队对厦门港发起猛烈攻击，炮弹像雨点一样密集地落向清军防御阵地，同时英军一支部队悄悄登陆，从背后绕过去突袭炮台。清军金门总兵江继芸、护理延平副将凌忠、署灌口都司王世浚和水师把总杨肇基、纪国庆、李启明等战死。在虎头山路头"指挥作战"的浙闽总督颜伯焘、兴泉永道道台刘耀椿、厦防同知顾教忠以及镇守右翼的水师护中军参将陈胜元等仓皇"退守同安"。下午四时，战斗结束。第二天，英军进占厦门城，入据水师提督和道台衙门。

一个厦门远远满足不了他们贪婪的胃口。清道光二十二年（1842）七月，英军攻占吴淞、宝山，到达长江口，扬言要进入长江，北上京津。已调任江南提督的厦门人陈化成在吴淞口西炮台阵地与登陆英军激战，身上七处负伤，最终英勇牺牲在战斗岗位上。道光皇帝惊慌失措，连忙派原盛京将军耆英为钦差大臣同英国人议和，并密授旨意，只要英国同意停战退兵，可以答应割让香港等要求。英国却决心打到南京，逼签城下之盟。八月初，由85艘军舰、战船混合组成的英国舰队开到南京江面威胁攻城，耆英及副都统伊里布于清道光二十二年七月二十四日（1842年8月29日）登上英舰"汗华丽"号，与曾经侵略过厦门的英国特派全权公使璞鼎查，共同在以中方割地、赔款、开放通商口岸为主要内容的《南京条约》（亦称《江宁条约》）上签字。这是中国近代史上第一个不平等条约，开创了资本主义国家用条约形式掠夺和奴役中国人民的恶劣先例。正是这个条约，逼迫广州、福州、厦门、宁波、上海成为首批通商口岸。

《南京条约》于清道光二十三年（1843）六月在香港互换批准书。同年九月十一日（1843年11月2日），厦门正式开埠，为五口中第二处开关的港埠。这是屈辱的开放。条约规定，不仅开放通商，还要允许英人携眷居住，英国政府可派设领事官居住通商城邑，就近管理商务。

清同治元年三月初一（1862年3月30日），根据此前同西方列强签订的《天津条约》及其附约《通商章程善后条约》，外籍税务司制的厦门

1843年前后的厦门港口（陈亚元藏图）

关税务司署成立，通称新关或洋关，专管厦门港进出口贸易事务。美国驻华公使之弟华为士为首任税务司。原来的闽海关职能调整为管理内河民船贸易，通称旧关或常关。至此，大清帝国在福建东南沿海的大门，在西方列强的坚船利炮面前彻底洞开。

对于大清帝国而言，《南京条约》的签订，无疑是这个王朝崩溃没落的开始。这个帝国封闭在铁幕之后的门户被强行打开之后，面对明火执仗的列强，清王朝大大小小的官员个个目瞪口呆，方寸大乱。但厦门岛的岛民，面对这动荡的局面，却表现出一种相对平静的心态。

岛民的相对平静，原因是相当复杂的。

历史上，这座小岛对中原的主流意识形态似乎保持着若即若离、敬而远之的态度。这种态度也许可以从厦门岛早期文化的代表人物"南陈北薛"身上找到"草蛇灰线"。被称为"南陈"的陈僖是为了躲闪豪强势力才不得已登陆这座"四向沧波""人所罕至"的海岛；而被称为"北薛"的薛令之更是遭到唐明皇贬斥后才无奈选择到此隐居。按常理推测，在这座小岛开发的早期，如果不是受到中原或其他繁华之地政治、经济或社会等方面的挤压，一般人是不会把这座孤悬海外的荒岛作为人生庇护所的。因此，"南陈北薛"的遭际和思维方式很容易在早期的岛民中引发同情和共鸣。而坐落于天涯海角的特殊位置，又成为这座海岛远离主流意识形态的合适地理条件。唐宋时期中原主流意识形态浸淫的少许成果，因为元代的统治和明代的禁海政策而消失殆尽。明末清初，大清帝国在用铁骑入主中原的同时，也埋下深深的民族矛盾；奉南明政权为正朔的郑氏家族在与清王朝抗争过程中施行的横征暴敛，也使得岛民对代表中原主流意识形态的汉族统治者丧失了信心。清嘉庆之后，大清帝国从鼎盛走向衰落，原先被"康乾盛世"掩盖住的民族矛盾再次凸显且日益尖锐，这座海岛与中原主流政治的隔阂也日渐加深。

厦门海域的居民素来靠贸易和捕鱼为生，"服贾者以贩海为利薮，视汪洋巨浸为衽席，北至宁波、上海、天津、锦州。南至粤东，对海渡台湾，一岁往来数次。外至吕宋、苏禄、实力、噶喇巴，冬去夏回，一年一次。初至获利数倍至数十倍不等，故有倾产造船者，然骤富骤贫，容易起落。舵水人等藉此为活者以万计"。但在清王朝的控制之下，厦门港的对外贸易被禁止，国内贸易和海上捕鱼又受到清政府的种种限制，比如造船须有保甲、族亲取具连环保结，船户出事，保家同罪；不得私自租船、卖船；限带粮食——商船每人每天不得超过一升五合，渔船每人每天不得超过一升；外海捕鱼不得越界，否则治以越境之罪，船只变卖入官；本港捕鱼只能早出暮归，不得在洋过夜；出海船只十船编为一甲，取具各船保结，一船犯事，余船连坐，等等。烦琐严密的禁例加上地方官员借机勒索，使得岛民谋生变得困难重重。

厦门岛经历了清顺治十七年（1660）的迁界、清康熙二年（1663）的毁城墟地以及郑氏家族的强制空岛等事件，岛上的居民外流殆尽，清康熙十九年（1680）后才开始又一轮的繁衍生息。因此，岛上没有源远流长的世家，也少有一般历史悠久、居住民相对稳定的区域常常发生的主、客、老、新之类的矛盾和纠纷。至清道光十二年（1832），岛上已有岛民144893人。这十几万人大都移居自外地，典籍称为"五方杂处"。他们从四面八方辗转流落到这座小岛上，初衷都是为着谋生存、求发展，而不是为着和人一较高低。这种人口特点使得岛民们在对待外来事物方面往往表现出一种宽容、豁达的态度。以岛上的民间崇拜而言。岛民中有拜孔子的，有信佛教的，有信道教的；安溪移民供奉清水祖师，莆仙移民供奉妈祖娘娘，同安移民供奉大道公、池王爷；读书人拜文昌君，做生意的拜财神爷，农民拜神农氏，木匠拜鲁班，演戏的拜唐明皇、雷海清，卖药的拜药王，岛民普遍拜天公、关帝爷、土地爷、石敢当、石狮爷，也有人拜大树、拜石头，甚至拜海上漂来的木头、井里浮现的女尸。尽管所拜各异，但却互不干涉，并不以自家为正统，视他人为异端。总之，只要不侵犯到身家之计，岛民们一般是善意相待、和睦相处的。

这种态度在岛民们喜好的"工夫茶"上表现得最为充分。这里的"工夫茶"，不是指某一种茶，而是一种泡茶的方式。因冲泡过程有一定步骤，每一步都精细讲究，所以很费工夫，"工夫茶"的名字由此而来。喝"工夫茶"不分雅俗，以茶会友，不管是谁，只要站到正在泡"工夫茶"的茶桌子旁边，主人都会招呼一句："来，饮一杯。"

与这种随和、豁达伴生共存的是，厦门岛的岛民性格中强悍的一面似乎有所欠缺。当然，这种欠缺很难说是好是坏、是喜是悲、是福是祸。但也许就是因为这种性格，当英国的士兵在兴泉永道的衙署中安营扎寨的时候，多数岛民仍旧默默地守在他们的茶桌子旁。

不饮茶又能怎么样呢？小岛资源奇缺，沿海居民就连不可或缺的饮用水，也要靠水船运来。经过自清康熙十九年（1680）以来160余年的经营，已经学会了与农耕经济迥然不同的生存、发展模式，懂得了如何依赖商品经济的运转方式维持生计。在厦门这座小岛上，如果一味排外，不要说生意无法维持，就连最基本的生存都会成问题，"厦门土木、金、银、铜铁诸工悉自外来"。在岛上商家的眼里，到岛上来的外来人员无非两种人：不是供货方就是买货方。由于厦门岛农耕资源缺乏，耕作技术、作物品种全都来自岛外，有许多作物甚至是从国外引进的，因此，即便是岛上独居山场、自给能力强于商民的农耕户，排外意识也比较淡薄。

对于海外通商，岛民们也并不陌生。如果要追溯前朝历史的话，泉州刺桐港、漳州月港就是扯不完的话题；说到本朝，岛民们对于雍正、乾隆年间"商贾辐辏，帆樯云集"的繁华景象堪称是记忆犹新；即便是严禁通商的时期，岛民中也有不少人偷偷摸摸地驾着船只，去和停泊在外海的番船洋人打交道、做生意。现在，洋人们明火执仗地闯进来了，这不免让人有点儿心惊肉跳。但洋人们说，这只是为了和中国做生意。在厦门，为了做生意而动刀动枪，似乎是古已有之。远在嘉靖年间，就发生过巡海副使柯乔斩杀九十余名到浯屿海面与洋人做生意的商贩的事件；明末清初，郑氏家族凭借强悍的武装控制了海上通商，岁入数千万银两。这次，洋人驾着战舰、轰着大炮来厦门做生意，结局又将如何呢？

清人林树梅所著《从军记略》有一段文字记述了英军在攻占厦门后的所作所为："以闻民有告盗于夷者，夷为驱除；又为护送台米入港；或鬻夷货，故贱其值；或市民物，故厚其偿……"翻译成白话文，大致意思是：英国舰队根据市民的告求，派兵驱除海盗；又帮助米商护航，从台湾运送粮食进港；在市场上，故意便宜出售外国货，高价收购市民的物品。他们也懂得争取民心。

林树梅出生于清军水师将领家庭，主要活动时间在清道光、咸丰年间，清道光二十一年（1841）一度作为闽浙总督颜伯焘的谋士参与谋划厦门战役，他从"所谓专以安民为务，而御贼在其中也"的角度来记载英军占岛后的作为，其可靠性应该是毋庸怀疑的。这应该也是厦门战役之后岛民相对平静的原因之一吧。客观上，厦门港被定为对外通商口岸后，迅速地摆脱了多年来萧条沉寂的状况，开始跻身国内少有的国际港口行列。

英国商船捷足先登，列强紧随其后利益均沾。清同治二年（1873），清政府官办企业招商局的轮船也开始加入海上贸易的竞争。据清光绪七年（1881）的统计，英国船队的吨位数占进港船只总吨位数的比重达八成，居首位；德国船队居第二，中国船队居第三，其余的分属美国、法国、荷兰、丹麦、西班牙、俄国、瑞典、挪威、日本等国船队。到民国十九年（1930），英国船队吨位还是居首位，但比重降至一半，之后依次为荷兰、日本、中国、美国、挪威、法国、德国的船队。数字未必准确。中国人也会把自己的船在别的国家注册、悬挂别国的国旗，以逃避本国官员的干扰。早在清同治六年（1867），登记在英国名下的67艘帆船中，就有17艘为中国人所有。

数字是枯燥的，却最有说服力。清光绪七年（1881），进出厦门港的船舶数达1640艘，总吨位突破100万吨。在上一年度，进出厦门港的轮船和帆船数量大致相等，到光绪七年，进出港的轮船达1212艘、总吨位达908595吨，分别是进出港帆船的2.83倍和6.53倍。从光绪七年到大清帝国被推翻的清宣统三年（1911），每年进出港船舶数量大约在1600至1900艘之间，但轮船数量和总吨位的增长趋势并未减缓。光绪十七年（1891），进出港船舶总吨位超过160万吨，其中轮船数量占90.31%、轮船总吨位占95.03%。光绪二十七年（1901），进出港船舶总吨位接近189万吨，其中轮船数量占98.10%、轮船总吨位占99.61%。到清宣统三年（1911），进出港船舶总吨位超过212万吨，帆船已经全部被轮船取代。厦门海关税务司吴得禄在1880年的海关年度贸易报告中这样评价厦门："厦门作为航运中心的有利条件是非常明显的。她是一个极好的港口，船只易于进入，并有着灯塔设施极好的航道，同时船只停靠也极方便。她是南部沿海地区唯一与其余的世界保持电讯联系的港口。"

在航运事业迅速发展的同时，厦门岛一跃成为遐迩闻名的商业中心。最早来到厦门从事商业活动的是北拉米公司、福斯特公司、基利斯公司、腊牌公司、宝顺洋行、水陆洋行、协隆洋行、旗昌洋行等，随后，德记、宝记、和记、怡和、太古等洋行也陆续在岛上建立他们的贸易机构。在英国、美国、德国之后，奥地利、法国、丹麦、西班牙、荷兰、瑞典、挪威、葡萄牙、日本等国的商人接踵而至。中国的商人也活跃起来。据清同治六年（1880）的海关年度贸易报告记载：当年，厦门岛国际、国内贸易已经相当发达。岛内有英国洋行16家、德国洋行3家，美国、丹麦、西班牙和葡萄牙的洋行各1家；有16家中国商行从事厦门与香港之间的贸易，有11家中国商行从事与新加坡等海峡殖民地的贸易，有15家中国商行从事与今印度尼西亚群岛的贸易，有15家中国商行从事与菲律宾群岛的贸易，有9家中国商行从事与今泰国、越南的贸易；上述中国商行同时也从事与英国、日本、澳大利亚、印度等国的贸易。

在国内，厦门与许多口岸建立了密切的商业关系，从事与台湾贸易的商行有40家，从事与宁波、上海、天津、牛庄、烟台等北方沿海口岸城市贸易的商行有42家，还有一些商行从事与福州、汕头、广州之间的贸易。利用小型民船在沿海口岸之间进行的小规模商业贸易也十分频繁。

在厦门岛附近，则形成了比较固定的5条商品集散路线：一是厦门经安海、水头往泉州、晋江、南安、惠安、永春、兴化等地；二是经石浔往同安、安溪、永春、德化等地；三是经浦南（今漳州北溪）往长泰、漳平、宁洋、龙岩等地；四是经漳州西溪往漳州、龙溪、南靖、漳浦、龙岩、汀州等地；五是经白水营往海澄、龙溪、漳浦、平和、南靖、汕头等地。除上述5条线路，厦门还同这片海湾沿岸的几乎所有乡镇，以及附近的沿海地区有贸易往来。

厦门港进口的商品主要有鸦片、棉纱、原棉、布匹、毛织品、米、麦、豆类、豆饼、油饼、煤，以及铁、铅、水银和锡等金属，清光绪十二年（1886）开始进口的煤油改变了厦门地区照明、燃料的历史；出口的商品主要有茶、糖、纸、瓷器、铁器、桂圆干、面线、烟丝、米粉干、南京布（土布）等。

厦门本岛具备天然良港形势，在中英通商之前已具备相当好的条件。仅厦门岛西南沿海便有13个码头，厦门人叫作"十三路头"，即水仙宫路头、寮仔后路头、岛美路头、港仔口路头、新路头、太史港路头、小史巷路头、磁街路头、得胜路头、打铁路头、洪本部路头、典宝路头、竹树脚路头。除十三路头之外，还有打石字渡、龙泉宫渡等渡口，厦门岛北面沿海的还有石湖、高崎、五通、下尾、钟宅、东澳、香山等津澳通航大陆。成为通商口岸之后，厦门成为中国大陆通向世界的门户。

鸦片之痛

鸦片在中国人心中投下的阴影很长很长。

18世纪欧洲人兴起喝茶的风气，流行的部分原因与"中国风尚"关系密切。中国与西方长期交流下，透过传教士及欧洲知识分子对中国文明的阐释，以及中国文物在欧洲的大量出现，而使得欧洲人产生对中国人生活方式的想望。喝茶是体现这种想望的方式之一。而当时世界上只有中国产茶、出口茶叶。闽南产乌龙茶，味清香，畅销于欧美，英语里tea（茶）这个单词就公认源自闽南方言te。因此，大多数欧洲公司在与中国贸易的同时，都想从中国进口茶叶，其中英国是欧洲消费茶叶最多的国家。因为喝茶，使用茶具，因此中国瓷器也普遍流行。到十八世纪中叶，不只是上流社会喝茶，下至庶民也都喝茶。英国首相庇特在1784年时估计，英国有三分之二的人每年消费三磅茶叶，即使贫穷人家也都饮用不少的茶叶。艾登爵士也说，在用餐时间进入穷人家的屋里会发现，"茶不分早晚是一般唯一的饮料，而且总是在晚餐时大量饮用"。欧洲原来的无酒精饮料只有白水，茶叶的输入，大大丰富了他们的生活情趣。

几乎在同一时期，中国人却迷恋上了鸦片。

鸦片又有阿片、阿芙蓉、膏土、公班烟、大烟、烟土、福寿膏、洋药等诸多叫法，是罂粟的果实取汁熬炼而成。罂粟为一年生草本植物，原产于亚热带、热带。据相关文献记载，罂粟和鸦片在古埃及、古希腊作为治病以及消除忧虑、传递快感的特殊物品已经有数千年的历史。古希腊的医学认为鸦片可以预防中毒和有毒的虫子叮咬，能治疗慢性头痛、头晕、耳聋、癫痫、中风、视力模糊、失声、气喘、各种咳嗽、呼吸紧张、腹痛、肠骨中毒、肝硬化、结石、泌尿系统疾病、发烧、水肿、麻风病、妇科疾病、忧郁症和瘟疫等。

罂粟作为观赏及药用植物，大约在唐代或稍早传入我国，唐开元年间陈藏器编纂的《本草拾遗》是最早介绍罂粟的中文著作。宋代同安人苏颂编纂的《图经本草》详细记载了罂粟的栽培方法以及籽、壳、苗的药效。明嘉靖、万历年间，鸦片作为贡品成为皇宫专用奢侈品，民间则传为"金丹"，可"通治百病"，价格堪比黄金。据明嘉靖二十七年至万历十六年（1548—1588）李时珍编纂的《本草纲目》载，"阿芙蓉，释名阿片，俗作鸦片。……前代罕闻，近方有用者，……云通治百病，皆方伎家之术耳"。

清康熙六十年（1721），漳浦人蓝鼎元随族兄南澳总兵蓝廷珍从厦门发兵平定台湾朱一贵后，又在台湾住了一年多，提出了在台湾增设绥化县、淡水厅，升澎湖通判为海防同知等很多治理台湾的策略。他深入了解岛上民情时发现，当时吸食烟丝鸦片混合物从"南洋岛夷""传入中国已十余年，厦门多有，而台湾特甚"，"遂成风俗"。传说大约在清乾隆末年，一位广州富商卧病在床的母亲无意中将鸦片直接在火上烧烤、吸取燃烧过程中产生的烟气。此种方法迅速传开，在清嘉庆六年（1801）之前就已形成浸泡鸦片、烧烤烟泡、点燃烟泡、吸食烟气等一整套程序，制作出包括烟盘、烟膏盒、烟签、烟灯、烟枪等一系列吸食工具。这种单纯吸食鸦片的方法,加快了鸦片上瘾和鸦片烟毒蔓延的速度。

明末清初,葡萄牙人以澳门岛、伶仃岛为据点,向中国输入鸦片。清乾隆三十八年(1773)英国东印度公司获得与印度、中国的贸易垄断权,实际上垄断了对印度、中国的鸦片交易权,成为中国最主要的鸦片进口商。

据相关历史资料记载,英国东印度公司早年从印度的鸦片产地收购一箱公班土成本仅为237卢比,而转卖给国内鸦片贩子的价格为2428卢比,利润率高达924.5%。鸦片以药材进入中国,清康熙十年以前岁不过数十箱,清乾隆三十年(1765)前每年尚仅二三百箱,乾嘉之际吸食者渐多则不过千箱,清道光初年已逾四千箱,清道光十二年(1832)则多至二万三千六百余箱。

清咸丰九年(1859),厦门海关开始以"洋药税"的名义征收鸦片税,鸦片船公然进入厦门港,鸦片贩子贩卖毒品的罪恶行径就这样披上了"合法贸易"的伪装。但此时,贩卖鸦片的角色开始发生变化。据厦门海关的介绍:"1870年(清同治九年),本地的欧洲洋行已渐渐放弃进口鸦片。鸦片进口贸易被限制在中国人和印度袄教徒手中。为了避免损失(如果他们的主顾不是知名的中国商行),他们一般便由4至5名小的零售商联合起来经营。用这种办法,除了更安全之外,他们还可望获得比别人更多的利润。"

从清同治三年至清光绪十九年(1864—1893),鸦片贩子每年从厦门进口的鸦片维持在4700担至7400担之间,其间的光绪七年(1881)高达10567担,光绪八年至光绪十一年(1882—1885)间保持在9000担上下。光绪十七年(1891),西方毒品贩子把吗啡引进厦门,声称使用吗啡可以戒除鸦片毒瘾,此后,吗啡进口量逐年增加,鸦片进口量逐年下降,但光绪二十年至清宣统三年(1894—1911),每年从厦门进口的鸦片仍在2200

担至 4300 担之间。同治三年至宣统三年（1864—1911），鸦片贩子从厦门口岸输入的鸦片达 248834 担。以光绪七年（1881）每担鸦片 445.40 元（折合 296.93 海关两）的价格计算，毒品贩子通过贩卖鸦片从厦门搜刮走的财富高达 11082.95 万元之巨。这些数字尚不包括鸦片贩子为了逃避厦门关较高的海关税收，从汕头间接进口的鸦片。

其实不是厦门关税收高，而是规费名目太多。闽海关时期已有规费，乾隆二十四年（1759）福州将军曾在奏折中列举各口规费名目达 30 条之多。1862 年后厦门常关承袭闽海关旧例，征收的规费名目有增无减，诸如进口单钱、出口单钱、出口礼钱、青单钱、销单钱、声明单钱、件钱、例钱等达几十种，以至厦门常关收入出现了规费大于税的现象，比如某月厦门常关计征常关税 4074 元，而征收的规费却达 4841 元，形成了倒挂。规费这么高，鸦片贩子一定会想尽办法规避，厦门间接进口的鸦片不会少。

尽管直至 18 世纪，鸦片在世界范围内没有被哪一个国家禁止，但随着这一商品是一种麻醉剂、毒品的事实被越来越多的人所了解，鸦片贸易开始受到广泛的质疑。即便在鸦片战争爆发之前的英国，也有一些正义人士是坚决反对鸦片贸易的。英国议会在讨论是否对华宣战时，鸦片贩子把禁烟和清政府的垄断贸易混淆在一起，蒙骗了不少议员。加上英国议会中本来就有一些代表鸦片贩子利益的议员，英国政府发动鸦片战争的议案最终获得通过。英国社会中健康的、正义的力量未能通过他们的努力制止英国的资本经由罪恶的鸦片贸易获取高额利润，使得英国政府被永远地钉在历史的耻辱柱上。

同样应该被钉在历史的耻辱柱上的还有当时的大清帝国。如果说，英国政府还能从鸦片贸易中获得经济利益的话，大清帝国从中得到的只是国弱民穷，大清帝国有一万个理由反对鸦片，禁止鸦片，铲除鸦片。可是，鸦片资本面对的是一个政纲颓废、法纪无存的王朝。道光皇帝本人在登上皇位之前就是个瘾君子，他手下的大臣吸食鸦片成风，其中烟瘾大的在上朝时需买通太监，在茶水中放上烟泡，以免烟瘾发作，下不了台。传说端茶太监此项收入最高的一天可达上千两银子。朝廷派水师前往海上堵截鸦片船，鸦片贩子送上几箱鸦片后，成千上万箱鸦片便通行无阻，水师船只甚至可以代运鸦片。在鸦片资本幕前幕后的运作之下，鸦片很快就冲破大清帝国的铁幕，在偌大的疆土上泛滥成灾。从道光元年至道光十四年（1821—1834），清朝政府连续颁布8道禁令，严查鸦片走私。但道光三、四年间，英国东印度公司的鸦片船公然停泊在厦门港外海，勾结境内鸦片贩子，大量贩卖鸦片。道光七年（1827）后，福建水师每年都派出兵船泊驻外洋，驱赶鸦片船，但收效甚微。英国鸦片贩子通过走私鸦片赚取中国的银元，用中国的银元收买中国的官员，利用中国的官员走私鸦片，再通过走私鸦片赚取中国的银元。仅鸦片贩子查顿一人，每年用于收买泉州府官员的钱就达2万银元。年复一年，一箱又一箱的鸦片通过厦门港再转口到福州、烟台、台湾等地，并通过以厦门港为中心的五条国内贸易线路传输到内地。厦门很不光彩地成为福建东南沿海鸦片贸易的中心。

值得一提的是，大清王朝在抱怨西方列强通过鸦片贸易搜刮白银的同时，也通过提高"洋药税"达到充实国库、筹措军饷的目的。清康熙二十三年（1684）厦门海关设立时，每10斤鸦片征收税银3钱，比明万历十七年（1589）多收1钱。道光二十三年（1843）开设五口通商之初，未对鸦片能否进口及收税问题作出裁定，鸦片只能以走私的形式进入厦门港。清咸丰五年（1855），驻厦门的兴泉永道对每箱鸦片（120斤）加征厘捐48圆（约35两银子），以充军饷。各通商口岸所在地官署几乎同时对进口鸦片开征厘税。咸丰八年（1858）在上海签订《中英通商章程善后条约》，其中第五款规定："向来洋药不准通商，今稍宽其禁，听商遵行纳税贸易，准其进口，每百斤纳税银三十两。"实际征收则为每百斤80两。清政府称：每百斤30两为洋税，由洋商缴纳；另征收30两华税、厘捐20两，皆向华商征收。清光绪七年（1881），左宗棠建议实行"寓罚于征"的政策，加征鸦片税厘，每百斤共征税银、厘捐150两，经与印度总督、英国外交部协商，自光绪十一年（1885）四月初一起，每百斤鸦片征收洋税、华税各30两不变，厘捐增至86两。鸦片开征厘税使得鸦片进口合法化。清同治三年至宣统三年（1864—1911），仅仅在厦门口岸，鸦片贩子输入的鸦片就达248834担（每担100斤），清政府从中征收的税金、厘捐高达3000万两左右。

在厦门岛这个新生的商埠，鸦片资本似乎更加无所顾忌。尽管朝廷多次颁布禁令，严禁开设鸦片烟馆，但在极度腐败的官场里，朝廷的禁令等于一张废纸。鸦片商只要买通官员，便无所畏惧了。他们以开钱庄的名义开烟馆，称之为"大窑口"。窑口本来是指烧制瓷器的窑。瘾君子吸食鸦片时，鸦片被火点燃，在烟锅里形成暗红的泡子。这种场面同烧制瓷器一样，都会给主人创造财富。只不过开烟馆卖鸦片的利润远远高于烧制瓷器。因此，烟馆老板将烟馆称为"大窑口"。厦门的鸦片商同外国的鸦片商一样，自己也是不吸食鸦片的。数以万计的瘾君子们消耗家产、加速死亡，而鸦片商的腰包却逐日膨胀，富甲一方。

厦门岛既是鸦片贸易的中心，也是鸦片的主要消费地之一。如蓝鼎元所述，早在清康熙末叶厦门岛就有吸食鸦片烟的陋习。清同治九年（1870），厦门城及附近城镇吸食鸦片的人口在成年人口中的比例已经高达15%—20%，乡村中吸食鸦片的人口约占5%—10%。在清光绪六年（1880）前后，当地鸦片二道贩子进口一箱公班土的税后价格大约是640元至710元，精制后转手卖给烟馆则在890元以上，利润率达25.4%—39.1%。厦门岛上的烟馆老板向二道鸦片贩子买一粒32两即320钱的精制公班土的成本是25600文；卖给瘾君子则是1钱卖100文，320钱可卖32000文，利润率达25%。而烟馆老板经常将价格较低的地产鸦片混入进口鸦片，赚取更高的利润。光绪七年（1881），小小的厦门岛上竟然有420家鸦片馆，旅居厦门时间最长的欧洲传教士麦嘉湖写道："走过卖鸦片的商铺，它们看起来总是一副肮脏、昏暗的样子，就像是故意躲避阳光一样。"据测算，厦门每天花在吸食鸦片上的钱最低是1820元，最高达3140元。也就是说，全厦门岛的鸦片馆一年的收入在66.43万元至114.61万元之间。参考光绪六年（1880）厦门海关进口大米每担价格仅为1.80元，鸦片消费之巨可谓惊人。

鸦片之灾很快就蔓延到农村。清道光三十年（1850）前后，与厦门岛一水之隔的同安县从南洋引进罂粟，开始试生产鸦片。到光绪十三年（1887），罂粟在同安县已经广泛种植，年产鸦片约400担。这也是资本的杰作。种植鸦片的收益是种水稻收益的四至五倍，这诱使周围的农民积极扩大罂粟的种植面积，并下了很大的功夫去提高罂粟的种植技术和制作鸦片的技术。到清光绪二十七年（1901），同安县罂粟的品种有了很大改良，单位面积的产量增加了，有的种植户一年甚至可以种植两季罂粟。清光绪三十四年（1908），同安县年产鸦片高达3750担。可悲的是，朝廷中一些高级官员希望用土产鸦片代替进口鸦片，以阻止白银外流；地方官员也因为可以征收可观的鸦片捐默许甚至鼓励农民种植罂粟。当时的外国人说，每年三月间，在罂粟的主要种植地同安县，罂粟花盛开的田野，呈现一片五彩缤纷，官员们不可能看不到。这种犯罪行为就由大清王朝的官员和农民在光天化日之下公开进行。

任其泛滥，有亡国灭种之虞。

清雍正七年（1729），清政府开始查禁鸦片。但当时只禁止贩卖鸦片和烟丝的混合制品、禁止私开鸦片烟馆，单纯的鸦片并不在查禁之列，吸食鸦片烟者亦不受惩处。

清嘉庆十五年（1810）开始在京都查禁鸦片，令闽、粤两省查禁鸦片进口。查禁的结果是"自是入口者，率暗中偷运，价值益增"。

道光元年（1821）重申对夹带鸦片的洋船和行商加等治罪以及"开馆者议绞，贩卖者充军"的措施，首次对吸食者加以"杖徒"的惩罚。道光三年（1823）规定文武官员失察鸦片"一百斤以上者该管大员罚俸一年，一千斤以上者降一级留任，五千斤以上者降一级调用"。由于惩罚不痛不痒，每年进口鸦片反倒"骤增至数万箱"。

此后，清政府禁烟措施日渐严厉。但此时漏卮已经洞开，朝廷虽声色俱厉，无奈此时的大清王朝已经无法控制受到鸦片资本严重侵蚀的庞大官僚机构，不仅所有的禁烟法令成为一纸空文，更为可怕的是，朝廷所有的禁烟措施反而成为腐败官吏寻租的赢利点，鸦片之祸愈演愈烈。

鸦片战争之后，一方面是大量白银继续外流，一方面是朝廷从进口鸦片中获取高额税收；一方面是无良商人继续从罪恶的经营中谋取利润，一方面是社会上的正义力量坚持不懈地开展禁绝鸦片的斗争。

清道光二十四年五月十八日（1844年7月3日），美国在中美《望厦条约》中规定禁止本国商人从事鸦片贸易。此后，一些西方国家先后禁止本国商人进行鸦片贸易。清宣统三年（1911）12月，波斯土鸦片被禁止输入中国。民国三年（1914）5月1日起，禁止向福建输入印度鸦片。但是，即便是鸦片被禁止进口之后，厦门境内被鸦片资本控制的官员和不法商人仍在不遗余力地从事鸦片交易。大批鸦片从台湾、香港走私到厦门，四川、云南等地出产的土鸦片则从汉口沿长江顺流而下，再从海路偷运到厦门。

清光绪二十六年（1900）、光绪二十八年（1902），厦门先后两次发生鸦片烟馆为抗拒缴纳"膏捐"而举行的"罢市"，足见躲在鸦片后面的鸦片资本气焰何等嚣张。

清光绪三十二年十月十五日（1906年11月30日），清朝廷颁布禁烟章程十条，定期十年禁绝鸦片。对于祸国殃民的鸦片毒害，禁绝之期竟然长达十年，其决心可想而知。清宣统三年（1911）六月八日，厦门居然发生"瘾君子"围攻设在南普陀寺的"去毒社"事件，可见大清王朝已经丧失了制约资本邪恶一面的能力。

民国期间，厦门的鸦片之灾也毫无停歇。一方面，国民政府屡次下令，严禁鸦片；另一方面，鸦片资本以列强、地方官员为靠山，继续寻求高额利润。在相当长的一段时间内，鸦片商凭政府发放的特殊执照可以继续经营鸦片，吸食人员凭政府发放的许可证可以继续吸食鸦片。贩卖、吸食鸦片成为合法行为。民国六年（1917），控制厦门周围地区的军阀为了筹备军饷，强迫、引诱同安、金门的农民种植罂粟，乡间称为"种乌米"。几年间，厦门成为精制土产鸦片的销售中心，大量鸦片从厦门走私到香港、上海等地。民国九年（1920）9月，陈嘉庚发起成立"闽南烟苗禁种会"，但由于执掌地方大权的军阀名义上支持禁烟，实际上纵容种植罂粟，"禁种会"成效甚微。

民国十七年（1928），南京国民政府下令全国禁烟，福建省政府成立禁烟局，厦门相应成立禁烟分局。10月，禁烟局发布厉行禁绝鸦片公告。10月24日，厦门经营鸦片的顶盘商、二盘商和三盘商竟然联合成立"物产同业公会"，同时派出代表与厦门禁烟分局局长共赴省城，向省政府请愿，要求暂缓实行禁烟法令。而福建省政府竟然同意禁烟令暂缓两个月实行。就在同一天，厦门公安局派去取缔台湾人设在局口街的烟馆的警员，竟然受到围殴。民国二十二年（1933）起，曾在上海杜月笙"禁烟局"缉私运输课任职的厦门鸦片大王叶清和搭上蒋鼎文的关系，贿买厦门军政要员，以他任董事长的鹭通公司（后更名为裕闽公司）每月纳税7万元的条件，向福建省禁烟督察处厦门事务所承包闽南的鸦片专营权。叶清和

1898年出生于鼓浪屿，毕业于英国教会办的英华书院，做过华侨家庭英语教师，因父亲叶水来在鼓浪屿龙头街经营一家烟酒食杂商店，便常往上海进货。那时厦门吸鸦片的人很多，走私贩运鸦片利头大，叶清和便利用办货的机会，从上海贩运云南、贵州、四川的烟土来厦门，赚了不少钱。民国二十二年（1933）起，又以每月纳税7万元的条件向福建省禁烟督察处厦门事务所承包闽南的鸦片专营权，靠鸦片成为厦门巨富，隐于厦门莲坂附近的"清和别墅"曾是中国东南最大私家园林。此人后被中共抗日武装东江纵队擒捕，病死狱中。

厦门沦陷时期，日伪厦门市政府设立鸦片公卖局，公开贩卖鸦片。为了掩人耳目，再改公卖局为禁烟局，下设福裕、福和、福庆（后改福隆）3家鸦片公司，在全市设有20多家二盘商、130多家烟馆，民国三十年（1941）开始在金门大种罂粟。一方面毒害中国人民，一方面通过鸦片贸易攫取高额利润，充当侵略军费。

厦门禁烟首见成效的是鼓浪屿。岛上的基督教会自登岛之始就反对吸食鸦片，并在医院中开展戒除鸦片的医疗服务。清光绪三十四年（1908），鼓浪屿纳税人大会一致通过决议：自布告发布之日起，所有烟馆必须在60天内停业；所有贩卖鸦片的药店应办理许可手续，其中一半在1909年3月31日停止，另一半到1910年3月31日停止。公告于当年7月发布，鼓浪屿所有的烟馆随即关闭。到1910年3月31日，鼓浪屿找不到一家卖鸦片的店铺。

鼓浪屿成功禁绝鸦片固然是件大好的事情，但却使得大清王朝处于十分尴尬的境地。因为此时的鼓浪屿已是"公共地界"，由工部局履行管理职责，不受大清王朝的管辖。鼓浪屿成功禁绝鸦片，而一海之隔的厦门岛依旧烟毒横行。两相比较，大清王朝官员的腐败、管理的无能显而易见。民国取代大清帝国之后，尽管国民政府多次严令禁烟，民间人士长期尽力"去毒"，仍然在鸦片资本的淫威之前败下阵来。直至民国三十八年（1949）9月的一次调查，小小厦门岛竟然还有165家烟馆。

厦门岛的鸦片烟毒禁绝于1952年。中国共产党领导的新生政权抛弃历代旧政权"寓禁于征""寓禁于捐"的暧昧政策，中华人民共和国政务院成立的第四个月，便颁布了《关于严禁鸦片烟毒的通令》，实行严厉的专政手段，严厉打击生产、运输、贩卖、吸食鸦片的人员。1950年11月至1952年8月，厦门市先后枪毙3名大烟毒犯，摧毁贩毒集团24个，对数百名贩毒人员实施逮捕、集中教育，对近千名吸食鸦片的"鸦片仙"实行强制登记、戒毒。蔓延、危害厦门岛百余年的鸦片烟毒就此肃清禁绝。

鸦片是中华民族历史上挥之不去的噩梦，是中华民族躯体上永远的痛。这场噩梦和躯体上永远的痛不仅仅源于外部的侵袭。著名思想家朱熹的师祖、闽学四贤之一罗从彦面对南、北宋之交积贫积弱、百孔千疮的局面，一针见血地指出："天下之变，不起于四方而起于朝廷。譬如人之伤气则寒暑易侵，木之伤心则风雨易折。故内有李林甫之奸，则外有禄山之乱；内有卢杞之邪，则外有朱泚之叛。《易》曰'负且乘，致寇至'，不虚言哉。"鸦片资本正是勾结、利用了晚清朝中奸邪的一面，才得以大举入侵并最终击垮庞大的古老帝国。

鼓浪屿在清光绪末叶率先禁绝鸦片，也从一个侧面说明，即便是以资本立国的社会制度，对于资本在扩张过程中所表现出来的罪恶的一面，也必须加以遏制。这应该是有生命力的社会制度自我完善能力的体现。

当然，一个政权要引导社会向前发展，是不可能永远不和资本发生联系的。真正强有力的政权，应该有能力吸引资本，充分发挥资本在社会发展过程中的积极作用；同时应该有能力约束资本，遏制并消除资本在追求利润时可能产生的消极作用。鸦片之痛告诉我们：当权力受到资本的侵袭从而丧失对资本的约束时，腐败随之产生，资本就暴露出罪恶、血腥的一面。

番客之城

厦门移民潮的出现是一个信号。

清康熙二十三年（1684）设立厦门海关、次年正式对外办公之后，厦门港成为对台通洋正口，并一度开放对南洋通商，但在此期间，清政府对百姓出国仍严加控制。《大清律例》规定：严禁百姓"违禁下海、私渡台湾、迁居海岛居住"，"凡官员兵民私自出海贸易及迁徙海岛居住耕种者，具以通贼论斩"；厦门海关设立之后，严禁五百石以上船只出海；康熙四十二年（1703）允许商贾船使用双桅，但严格控制水手人数，最大船只水手不得超过28人，并设汛口严查，有"多带人数、诡名顶替"的，均按"其违犯之罪名处分"；康熙五十六年（1717）甚至颁布了出洋百姓限期归国、康熙五十六年后出洋的不许归国的禁令。康熙之后的历代皇帝基本秉承康熙的法制，视私自出国的百姓为"流民""汉奸"，非盗匪即弃民。清雍正五年（1727）开放南洋贸易的同时，下令严防百姓借贸易机会出洋，出洋商船"如有报少载多及年貌箕斗不符者，即行拿究，保甲之人一并治罪"，回港时"如有去多回少，先将船户人等严行治罪，再将留住之人家属严加追比"。因此，在厦门港成为通商口岸之前，被迫离乡背井、出国谋生的沿海百姓只能通过偷渡这种方式出境。而福建沿海的三沙湾、罗源湾、兴化湾、湄洲湾、泉州湾、围头湾、月港、东山湾等港湾都是适宜偷渡出海的地点，相比之下，福建水师重兵驻守的厦门港倒是不便于偷渡客的出行。

厦门开埠之后，国际性港口的重要地位使厦门成为海外移民的重要港口。

19世纪初，西方的资本主义经济进入高速发展时期，但由于奴隶制度已经被废除，劳动力十分紧张。西方列强瞄上了适应热带、亚热带气候且体力良好、吃苦耐劳的华人。而这一时期的大清帝国正处于江河日下的境地，国内动乱不断、灾害频繁，成千上万的百姓挣扎在生死线上，形成了庞大的价格低廉的劳动力市场。厦门开埠之后，西方殖民者利用他们在第一次鸦片战争中攫取的外交特权为掩护，半公开地进行贩运劳工的活动，形成厦门人口外流的第一次高潮。贩运者为出国劳工提供路费和途中开支，将劳工送达目的地后，转手卖给急需劳工的外国老板。外国老板则将购买劳工的费用加上利息记到劳工身上，从劳工的劳动所得中扣除。劳工将老板垫付的所有费用还清后即成为自由劳工；亦有按劳动时间计算的，即劳工无偿为老板劳作一定时间以偿还出国费用，约定时间过后即成为自由劳工。

清道光二十五年（1845），英国商人在鼓浪屿开设德记洋行，在经商的同时也从事贩运劳工的勾当。当时的清政府严禁百姓出洋，外国公司在中国招收劳工随时可能遭到当地官员的干预。但德记洋行的老板利用身兼西班牙、葡萄牙和荷兰三国驻厦门领事的外交特权，雇佣了一批当地人，到附近农村招收劳工，将非法招募的劳工藏匿在洋行的地下室，等到有外国轮船出港时偷偷送上船，隐蔽在不见天日的底舱，以躲避海关检查。由于身兼外国驻厦门领事的德记洋行和外国轮船均享有特权,地方官员对此束手无策。有的官员甚至与洋行串通一气,从中捞取好处。这种劳工实际上可以称为"偷渡劳工"。偷渡劳工在到达目的地之前被关闭在环境极其恶劣的地下室和轮船底舱,贩运者为了降低成本,攫取最大的利润,通常都把生活费降低到最低水平,导致许多劳工惨死途中。有的劳工不堪忍受非人待遇,在途中奋起反抗,但最终亦难逃一死。这种偷渡劳工的贩运方式类似运送生猪,故时人称之为"贩运猪仔"。当"猪仔"的人绝大多数在国内走投无路、坐以待毙,所以明知偷渡途中风险巨大、生死莫测,不惜以命相搏,希望搏出一条生路。贩运"猪仔"的洋行则从中大获其利。

清咸丰十年(1860)十月,清政府与英、法等列强签订《北京条约》,并先后与列强诸国签订在华招工移民的有关章程,使得列强在华招收劳工合法化。与先前的"贩运猪仔"不同,这一阶段劳工出国从偷渡变成公开进行。贩运者公开张贴招工广告,与报名者事先订立契约,后人称这种通过签订契约到海外务工的移民为"契约劳工"。但无论是"猪仔"还是"契约劳工",都是由贩运者为劳工提供途中开支,到达目的地后将劳工转手出售给外国老板,从中谋利。据1939年新

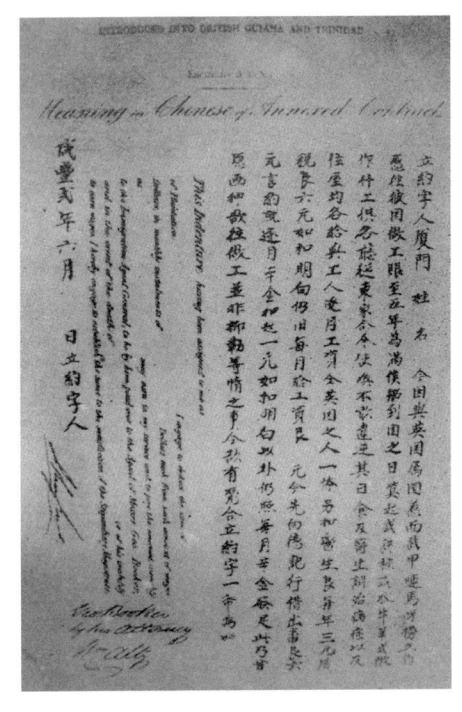

1852年德记洋行与契约劳工所订合约

245

加坡《南洋年鉴》第一回所载，贩运一个"猪仔"的成本大约在20—40元之间，转卖给外国老板的售价则为100元，利润率高达2-5倍；贩运一个"契约劳工"的成本约为100-150元，售价则高达400-500元，利润高达3-5倍。厦门从事"贩运猪仔"的洋行还有合记洋行、宝记洋行、和记洋行。从清道光二十五年（1845）第一艘运送华工的法国船从厦门港驶出，到清光绪二年（1876）美洲各地停止招收华工为止，厦门一直是福建东南沿海"契约华工"的运转中心。一批又一批华工被运往急需劳动力的澳洲、美国、加拿大、古巴、夏威夷群岛、英属圭亚那、秘鲁、法属波旁岛、日本、爪哇、马尼拉、西贡、曼谷、海峡殖民地（今马来西亚、新加坡一带）等地。青屿岛上的灯塔见证了这一段历史。

第一次出国移民高潮期间，由于清政府长期实行限制、歧视甚至迫害华侨的政策，外流人口远远多于回流人口。清道光十二年（1832），厦门岛市镇4社、乡村4都共有大小男女144893人，至光绪五年（1879），据厦门海关的年度贸易报告所述，厦门城内及郊区人口仅有88000人，减少了56000多人。

清光绪十九年（1893），海峡殖民地开发进入高潮，当地政府放开对外国移民的限制，清政府又在本年改变对华侨的政策，解除了移民出洋的顾虑。这一阶段的出国移民以投亲靠友为主要形式。就国内因素而言，厦门开埠后兴起的茶叶生产经历了半个世纪的兴旺，已经出现衰败的势头。茶叶贸易的种植、管护、采摘、制作、运输、销售等每一个环节都需要大量的人力，其衰败最直接的恶果就是导致大量人员失业，他们的出路主要是移民海外，从而形成厦门历史上第二次移民高潮。一个外国牧师认为："移民要归咎给茶叶贸易的损失，或者说这里不适合种茶。茶叶贸易一有衰退，劳动人民就被迫到处寻求生计。……我们并不希望人们谅解地说在茶叶贸易衰退之前没有存在移民，但直到它衰退的今天，这个口岸中国人出洋的人数才达到前所未有的程度。"仅清光绪二十年至民国二年（1894—1913）这20年间，从厦门港出发前往海峡殖民地的人数达1027077人，平均每年51354人；从海峡殖民地返回的人数则有449320人，平均每年为22466人。前往爪哇、菲律宾等地的移民每年也在万人以上。

同样值得关注的是落叶归根现象。

中国数千年的的宗族社会形成的家庭观念、宗族观念、家乡观念对于大部分海外移民的影响是根深蒂固的。在海外移民形成一定规模之时，回归故里的华侨也逐渐增多。厦门称华侨为番客。早期回国的番客所冒风险是极为可怕的。"凡挟资回国之人，有指为通盗者，有斥为通番者，有谓为偷运军火、接济海盗者，有谓其贩卖猪仔要结洋匪者，有强取其箱箧、肆行瓜分者，有拆毁其屋宇不许建造者，有伪造积年契券、藉索通欠者。"清同治年间（1862—1874），清政府开始转变对华侨的态度，清光绪十九年（1893）八月，清政府驻英国大使薛福成《请豁除海禁招徕华民疏》获准，实行200多年的海禁政策宣告废除，"自今商民在外洋，无问久暂，概许回国治生置业，其经商出洋亦听之"。就总体方面而言，清政府华侨政策的改变改善了归国华侨的地位，打消了海外华侨回国返乡的顾虑。据厦门海关《海关十年报告之三（1902—1911）》的调查：前往海峡殖民地的移民中约有50%的人回到家乡，前往菲律宾的移民回乡的比例约为65%。许多回国的番客并没有回到内地的老家，而是留在厦门。这座小岛的人口迅速增长。民国二年（1913）厦门岛人口达11.05万，比清光绪五年（1879）增加2.25万人。

归国番客们选择留在这座小岛的原因大致相同。

最吸引他们的是厦门岛相对比较平静。厦门开埠之后，中国社会进入一个动荡不安的历史时期，其荦荦大者有：清咸丰元年至清同治三年

(1851—1864）爆发洪秀全领导的太平天国起义；清咸丰五年至清同治七年（1855—1868）爆发捻军起义；清咸丰十年（1860）英法联军攻占天津、北京；清光绪二十年（1894）爆发中日甲午海战，翌年被迫签订包括割让台湾在内的丧权辱国的《马关条约》；清光绪二十五年（1899）爆发义和团运动；清光绪二十六年（1900）八国联军攻占北京……

而偏居福建东南一隅的厦门岛，似乎没有受到上述重大事件的影响。岛上发生的最大事件便是清咸丰三年四月十一日（1853年5月17日）黄德美、黄位率领小刀会攻占厦门的事件。由于小刀会的创始人为英国籍华人，起义队伍中许多中层以上的领导人本身就是归国华侨，所以在小刀会占领厦门期间，外国商行和华侨都未受到冲击。十月十一日，清军收复厦门岛，小刀会在岛上为时半年的统治宣告结束，厦门岛复归平静。此后，福建境内先后发生多起大大小小的起义和太平军各部多次入闽的事件。清同治三年（1863）四月，太平天国侍王李世贤所部占领漳州，在长达8个月的反复征战中，漳州几乎成为一片废墟。在内地，由于经济衰退，民不聊生，许多地方盗贼蜂起，动乱频仍。民国初年发生的闽南民军与北京政府统辖之下的北军之间的争斗持续多年，百姓深受其害。而在与大陆有着一海之隔的厦门岛，却幸运地免除了这些兵灾人厄，静静地编织着航运中心、国际商埠的梦想。1912年至1921年的《海关十年报告之四》说："由于实际上盛行于整个十年间的动荡环境，内地人口持续不断地向厦门地区移动，许多人都不再返回内地，而是定居在厦门或鼓浪屿。"

厦门也为归国华侨提供了相对安全的生活环境。尽管清政府的华侨政策已经改变，但在官本位的专制社会里，政策的善往往被专制的恶所取代，归国华侨被迫害的事件仍时有发生。朝廷关于保商的政令流于"空言"，回籍华商"无不疾首蹙额于地方胥役劣绅之需索刁难、种种苛扰"。清光绪二十五年（1899），厦门设立保商局，对归国华侨实施保护。尽管由于晚清吏治腐败已经到了极点，纵使朝廷三令五申，也无法从根本上改变局面。但厦门毕竟已经向世界敞开了大门，大清帝国贪渎的官员们在这座小岛上毕竟不敢像在内地那样为所欲为，无所顾忌。光绪二十九年（1903），海外华侨联名上书，控告驻厦门的福建保商局实为"勒捐局""害商局"，主持局务的厦防同知郑齐林和督办兴泉永道道台延年受到朝廷惩处，福建保商局撤销，改设商务局，但种种弊端仍无改观。光绪三十一年（1905），保护归国华侨之责改由厦门商务总会承担。尽管种种措施都未能有效铲除专制之恶，但在某种程度上还是使那些贪官污吏在向华侨敲脂吸髓时不能不有所忌惮，这就使得在厦归国华侨的处境得到一定的改善。

更重要的还在于厦门为归国华侨提供了内地无法提供的发展机会。厦门开埠之初，航运和国际贸易基本上被以英国为主的西方列强垄断。但中国人很快就显示出他们杰出的经商才能。清同治四年（1865），外国人惊讶地发现："在厦门口岸，中国人不必依靠外国人作媒介，独自经营着相当规模的贸易。中国人愈来愈意识到租用外国船只的便利，同时又学会摆脱外国人的帮助。"清同治六年（1867），在注册为英国籍的67艘帆船中，就有17艘实际上为中国人所有。这些船只在英属殖民地注册，雇佣印度水手，而船主却大多是居住在厦门的本地人。到清光绪六年（1880），厦门岛内有23家外国洋行，中国人开办的中国批发商行已经多达183家，零售业则基本上掌握在中国人手里。携带在海外积攒的财富归国的华侨可以根据自己的能力重新在厦门创业：资金多的可以办银行或钱庄，可以投资房地产或者办公司；资金少的可以开商行，置办店铺；再少的做个小本生意也可养家糊口。从投资方式来说，资金雄厚的可以独资创办企业，实力稍逊的可以合股、合资，即便是几十、几百元的游资，也可以存在钱庄里长利息。这些投资渠道和投资方式，是尚处在原始农业经济生产阶段

249

100多年前的同文书院

的内地所无法提供的。

大批归国华侨选择厦门作为居留地密切了厦门与海外的联系，为厦门提供源源不断的发展资金，为厦门岛从农业经济社会迅速转向以商业为主的工商业经济社会提供了人才资源。

清光绪二十三年（1897），菲律宾归侨叶清池等富商在美国驻厦门领事巴詹声的倡议下发起创办同文书院，翌年二月正式开学。

同文书院位于鹭江道东南侧寮仔后，后迁古凤凰山岗顶原榕林别墅遗址，俗呼同文顶。书院"设立之宗旨专欲启迪中国青年子弟精通英国语言文字及汉文各科学。所授之课程与美国高等之学校及商务学校功课相同"，"学生则是准备进入商界的年轻人"。尽管清朝廷在康熙二十三年（1684）就在厦门设立闽海关，将厦门港定为对台通洋正口，并于清雍正五年（1727）允许商船通贩南洋，但商业还是被视为末业。清道光初，地方官员仍将经营海外贸易的商人称为"奸富"，将借此谋生的平民称为"末游"（下等游民），嘲笑厦门岛企图通过商业变穷为富的努力像"龟毛织不成毛毡"。而同文书院竟然公开宣称办学校是为了培养准备进入商界的人才。这在此前是不可想象的。因此，同文书院的创办，从一个侧面说明厦门的商业文化已经步入社会主流文化的行列。同文书院实行英语教育，从人才需求的角度证明当时的厦门已经基本确立以国际航运和国际贸易为主要内容的外向型经济模式，因此引发对外语人才的巨大需求。

从文化的角度来看，厦门辟为国际通商口岸之后，一方面得益于外国人的输入，一方面是因为中国人自己的探索，海洋文化开始浸润厦门岛。

海洋文化指的是人类以海洋为依托进行的物质活动和精神活动的总和，具有开放性、包容性、能动性、扩张性、科学性等特性。以海洋为依托的国际航运和国际贸易成为厦门岛的经济命脉，海洋文化对厦门的影响日益加深。教育是地方文化的集中体现。同文书院以教授外国语为主要目的，体现了开放性；书院由中外人士联合创办，体现了包容性；书院根据社会需要办学，体现了能动性；书院在与当时处于优势的教会学校的竞争中不断发展，体现了扩张性；书院的科目设置，体现了科学性。概而言之，同文书院的创办成为海洋文化在厦门初步成熟的标志。

同文书院的主要创办人叶清池、叶清潭、邱振祥等富商是清光绪十九年（1893）清政府改变华侨政策后返乡的早期归侨中的佼佼者，他们在海外接触到先进的科学、文化，积累了丰富的社会经验和创业经验，具备比较广阔和开明的视野，这些人的回归，提升了厦门岛居民的人文素质，并对周围人的性格和素质产生了有益的影响，逐渐成为厦门经济社会发展的中坚力量。同文书院见证了华侨作为一个特殊社会阶层的崛起。

美舰来访

同文书院创办 10 年之后，星条旗驶向厦门。

1907 年 12 月 16 日，一支庞大的战列舰队离开了美国弗吉尼亚州的汉普顿海军基地，开始进行一次"和平与友谊"的环球巡航。该舰队舰艇全部用白色油漆涂饰，被称为大白舰队。

大白舰队沿大西洋一路南下，先后访问了巴西、阿根廷，然后穿越麦哲伦海峡北上，经过智利、秘鲁、墨西哥，1908 年 3 月抵达美国西海岸城市圣弗朗西斯科（旧金山）。休整两个月后，由旧金山出发，先后访问了新西兰、澳大利亚以及日本的横滨。随后，舰队一分为二，分别前往马尼拉和厦门。

根据美国牧师菲力普·威尔逊·毕在 1910 年编写的 *In and About Amoy*（陈国强先生译为《厦门方志》）所述，将接待美国舰队来访地点定在厦门，是清朝政府的决定。

没有任何文件可以说明清朝廷为何将美国舰队来访接待地点定在厦门。当时厦门的市政建设一片空白，除了城内水师提督署门前有一条不到

50米长的衙口街之外,城内城外没有一条可以称得上笔直或宽敞的街道。而1908年大清王朝对外开放的港口已经超过100个,从城市规模、接待能力等各个方面来衡量,天津、南京、上海、宁波、杭州、广州等地都具备比厦门好得多的条件,但清朝廷的衮衮诸公不知出于什么考虑,偏偏选择了厦门。

即将前来厦门的舰队由大白舰队第二中队的第三、第四分队组成。第三分队指挥官为额墨利海军少将,率舰艇路易思安娜号(路易森那号)、弗吉尼亚号(乏瑾昵阿号)、俄亥俄号(阿海阿号)、密苏里号(咪率梨号);第四分队指挥官为海军少将施罗德(石东达),率舰艇威斯康星号(威士肯心号)、卡尔萨奇号(凯尔刹区号)、肯塔基号(肯答机号)、伊利诺斯号(伊令揶意司号)。括号里的名称为早期不规范的翻译。8艘战列舰上有7000名左右的士兵。而当时的厦门,不计入偏远郊区的人口,城内城外大约有10万出头的住民。

接待美国舰队访问无疑是提升厦门地位与知名度的良好机会。刚刚成立3年的厦门商务总会敏锐地抓住了这个机会。1908年4月中旬,厦门商务总会总理、鼓浪屿菽庄花园主人林尔嘉邀请时任兴泉永道道台刘庆汾到厦门商务总会,商量利用美舰来访之机筹办百货陈列所,以促进实业。7月,林尔嘉又前往拜会厦门海关税务司,就筹办百货陈列所一事与税务司进行探讨。9月初,清朝政府农工商部任命林尔嘉为百货陈列所总办。厦门商务总会很快就向各省商会发出参展的邀请。

欢迎美国舰队的接待处设在南普陀前的演武场。规划中美国舰艇停泊泊位的海滨搭建了临时栈桥,岸边修建了宽阔的马路通往这片宽阔平整的旷野,旷野中间划出足球场、棒球场和表演台,周围用木材、竹篷搭建了十余座宽敞、漂亮的临时建筑,最大的主宴会厅长200尺、宽100尺,用绫罗彩缎、盆景盆花装饰得富丽堂皇,还有10座接待厅每次可供350人同时用餐，正中入口处西洋风格的"中外褆福"牌楼高达100尺。美方派出一名特派员乔治·马克协助开展各项筹备工作。

百货陈列所设在南普陀寺东侧廊房，因为场所狭窄，又在室外广场搭建3座临时陈列所。参展商品福州漆器、武夷名茶、铝铁盆花、泥捏人物、广州象雕、上海古玩、特色绣品、苏杭各色丝绸绣品、名家字画、景德镇瓷器等等，琳琅满目，美不胜收。

此次欢迎活动是中国最早在公共建筑使用电灯照明。厦门当局与厦门商务总会聘请了一批中外电气技师，制作了一批发电机用于照明。从临时栈桥、临时马路到演武场各座临时建筑，无不张灯结彩，灯火通明。

老天爷好像特意要考验厦门的应变能力似的，就在接待活动筹备期间的10月15日，一场夹带暴雨的台风袭来，演武场变成一片汪洋，临时搭建的十几座馆舍、牌楼等被狂风摧残，临时发电厂被雨水浸坏，此时离美国舰队来访仅有半个月时间。面对满地纸花、彩绸，置办接待的官员欲哭无泪。庆幸的是，停泊在厦门港的一艘德国军舰"尼俄伯"号上有一批电气技师，他们在马克先生的带领下迅速投入临时发电厂的修复，将几台发电机拆开，重新绕制部件，恢复了发电能力。被台风摧毁的建筑也很快重新搭建起来。

就在厦门紧锣密鼓地筹备欢迎美国舰队来访期间，中美之间发生了一件重大事件。1908年5月25日，美国国会通过退回一半"庚子赔款"用于为中国培养留学生的罗斯福总统咨文，7月11日，美国驻华大使正式将此事通知清朝政府。也许是受到这一事件的影响，清朝政府开始重新审视美国舰队到访厦门的接待工作，将以举世无双的"热情欢迎"让美国大兵大开眼界。

清政府任命了军机大臣贝勒毓朗、外务部侍郎梁敦彦负责接待美舰。为安排接待工作，先派两名接待美舰人员前往厦门，并请了厦门海关税务司威礼士、美国驻厦门领事馆领事阿洛尔特等洋人参与筹划。筹备开始，财政部门立即一次性拨款40万银两。

浙闽总督松寿向钦差大臣提出一系列需要置办的东西，其中最要紧的是要有一批新式枪械，于是朝廷命令上海江南制造局赶造新毛瑟枪1600支、马枪30支。枪造好后，松寿派要员乘"飞捷"号兵轮到上海装运。枪械到后，配给新军，这支队伍一律新衣、新帽、皮靴、洋枪、佩刀等，扮出"精锐之师"的样子。

清政府还命令总理南北洋海军提督萨镇冰铸造金牌200枚、银牌7200枚，分赠美海军官兵。牌面大小如银圆的二分之一，一面铸中美国旗，一面注明舰队抵厦日期。金牌每枚值银元30元，银牌每枚值银元1元，均向日本定制。

美国人当中不少是官，得坐车。于是，派人赴上海、香港购置马车、洋车（黄包车），然后搭乘"图南"号轮船运回厦门。

还要买花木盆景装点环境。于是，派人到广东买来大量花木盆景，其中有一盆灌木盆景，培植了300年以上，价值当时的银元5万元。还从广东购来了特等烟花和酒席上用的一切器具。

警察们也开始整顿市容，各家各户都要将门面粉饰一新，一切有碍观瞻的招牌和路障都要拆除。为防止出现意外，政府密电严查革命党人混入，厦门港实行封港，不准各船无端出入。南普陀寺和演武场不准行人进入。

一切准备就绪，达官贵人们开始登场：

10月23日下午，接待美舰大臣贝勒毓朗、外务部侍郎梁敦彦从上海洋务局行辕出发，乘军舰"海圻"号赴厦；总理南北洋海军提督萨镇冰率巡洋舰"海圻"号、"海容"号、"海琛"号、"海筹"号、"通济"号，驱逐舰"飞鹰"号等舰艇到厦迎候，福建水师的"元凯"号、"福安"号炮艇和厦门海关的"并征"号缉私艇、海底电缆铺设船"福州"号也聚集在厦门港，准备欢迎美国舰队；闽浙总督松寿、福建布政使尚其亨、福建水路提督洪永安、陆军提督孙道仁等省级要员齐聚厦门；驻厦门的大小官员从兴泉永道道台刘庆汾、海防同知钮承藩、海关委员翁立德、鼓浪屿会审公堂委员董廷瑞到最低一级小官吏石浔巡检司巡检吴奚尊也全部到齐。据说，闽南各州、县官员最后也都赶来厦门看热闹。

负责置办接待的官员向钦差大臣详细汇报接待安排：

华历十月初五日（10月29日），舰队抵埠。上午八点钟在美国领事署宴待统兵官及中国官员。初六日行欢迎礼互相拜会。上午九点三十分钟至十一点三十分钟举赛棍球，下午七点至十点大开华宴，兵弁等与宴者预计三千人。初七日上午九点三十分至十一点三十分互行拜会，并举赛足球，十二点三十分进茶点，下等两点三十分至五点赛船，七点至十点再开华宴。初八日游览各山胜境名胜。初九日九点三十分至十一点三十分举赛棍球，十二点三十分进茶点，正午，两国俱乐部款待员弁跳舞，并以音乐助兴，十一点三十分至夜半大放焰火。初十日上午九点至十一点接待各员及各国领事，并举赛末次足球。下等四点四十五分进奖赏品，七点至十一点，赛球并观中国戏乐、各种焰火。

两位钦差听后，点头赞许。

1908年10月30日清晨，美国海军舰队抵达厦门湾，中国海军提督萨镇冰坐镇"飞鹰"号驱逐舰出港导航，其他舰只停泊厦门港内列队欢迎。随着他一声令下，中国舰艇鸣礼炮欢迎美国军舰，刚好停在厦门港的法、德两国军舰也向美舰鸣炮致意。

美国军舰比预定时间推迟了一天到达。原定10月29日到达厦门，但因遇恶劣天气，在海上耽误了一天。上午八时，八艘美国军舰在中国军舰护送下驶进厦门港。道台以上清朝官员登上美国舰艇作礼节性拜访，随后在演武场彩楼举行盛大欢迎仪式，年方14岁的鼓浪屿少女周淑安用英语领唱美国国歌，大受美国海军将士称赞。周淑安后来作为清华学校官费留学生赴美攻读音乐理论、钢琴与声乐等课目，取得哈佛大学艺术学士学位后回国，成为中国现代第一位专业声乐教育家、第一位合唱女指挥家、第一位女作曲家。

　　欢迎仪式后，美国海军官兵陆续登陆，或赴宴，或观戏，或游览，或跳舞，或赛球，或赛船，或参观百货陈列所等，眼前的繁华与热闹令他们惊讶。厦门商务总会为足球、棍球比赛获胜方制作了精美的奖杯，还为每个到访者定制了景泰蓝、脱胎漆器纪念品。邮政局为美国舰队到访厦门发行一套明信片，并在最高的牌楼旁设立临时收发处，提供寄信、盖戳等服务。

　　1908年11月3日（清光绪三十四年十月初十）是慈禧太后生日，时称万寿节，举办方以此日为普天同庆，中外游人皆可入场游览，一时间人流如潮，摩肩接踵。上午，中美舰队联合举行舰炮演习。美舰居左，八艘巡洋舰分列两行，清朝舰队居右，四舰横列一行。一时炮声隆隆，涛声惊天。发炮间隙，港内舰只鸣放礼炮助兴。场面之壮观，阵势之雄伟，堪称一时之盛。中午，中国海军提督萨镇冰在旗舰"海圻"号上设宴招

美国"大白舰队"访问厦门时中方制作的纪念品景泰蓝花瓶（陈亚元藏）

待美国舰队高级将领，中方则有军机大臣毓朗、外务部侍郎梁敦彦等高级官员出席。萨镇冰在致辞中称赞说："舰队将士在竞技及各方面都显示了最令人尊敬的集体精神，他们的表现在各方面都堪称典范。"美国海军少将额墨利答谢时感动地说："舰队所到之处，都受到了最友好的欢迎，是其他任何地方所不能比拟的。人们高度地欣赏给予他们的隆重款待，这里比其他任何地方都更周到。所有将士都为此感到无上荣光！"

美国舰队在厦门的访问活动整整持续了一个星期。那几天，是厦门前所未有的节日，夜晚，几千盏装点南普陀、演武场的黄、红、蓝彩灯齐放光明，挂在港口停泊的船上的彩灯也竞放光彩，构成了壮丽的海上夜市。美舰也把灯全部打开，把厦门港照得一片雪亮。

人间没有不散的宴席。11月5日上午八时，美国舰队在"飞鹰"号驱逐舰的领航下，缓缓驶离厦门港，结束了这次载入历史的访问。

但这次访问的余波尚未停止。两年之后，1910年4月15日，美国海军上将哈卜率查尔斯顿号等舰再次访问厦门，哈卜上将带来一座银质纪念杯，对1908年美国舰队来访受到热情接待表示感谢。纪念杯高18英寸、直径14英寸，表面刻有1908年到访厦门的8艘军舰的浮雕，并刻有一行英文铭文，感谢1908年中国海军兄弟的热情款待。中方海军提督程璧光率海圻、海琛二舰前来厦门领取纪念杯。为了铭记中美双方这两次交往，厦门官绅在南普陀寺通往后山的路旁镌刻了两处石刻，成为珍贵的历史见证。

离这两处石刻不远的石壁上，还有一处石刻，记录了厦门与美国的另一次交往。

清宣统二年九月十七日（1910年10月19日），美国商务代表团一行42人访问中国，厦门为其中一站。美国商团在厦门只有一天，安排得十分充实：美国商团乘坐的轮船早晨抵达厦门港，厦门官商绅学各界代表登

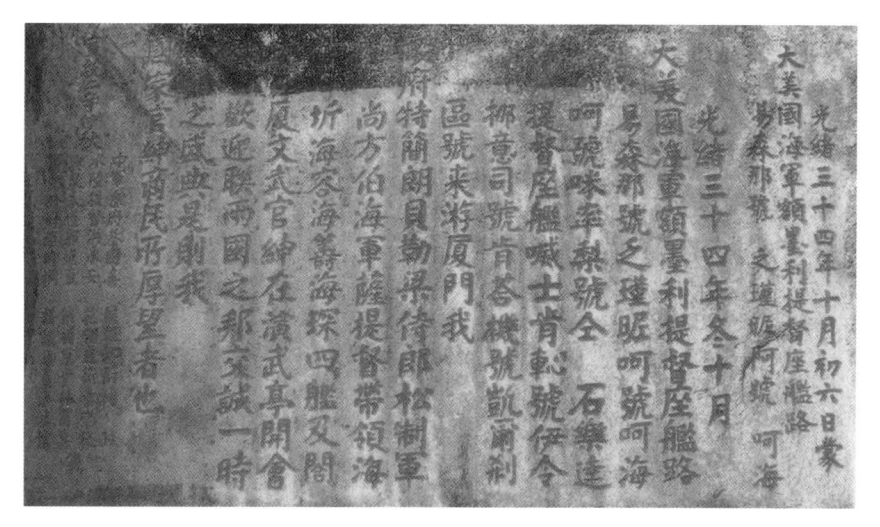

南普陀寺后山记载美国舰队访厦石刻

轮拜访，随即换乘小火轮往嵩屿参观厦漳铁路，之后登陆厦门，参观交通银行、商务总会和同文书院，中午赴南普陀寺出席欢迎宴会。宴会前，宾主各致祝词，紫阳学堂和吉祥学堂生员先后唱诵赞歌，美国驻厦门领事席间穿插介绍，气氛融洽。宴会后美国商团到鼓浪屿美国驻厦领事馆参观，随即登轮赴广东。此前，厦门商界与菲律宾因为赴菲商界人士签证受阻之事颇感苦恼，美国商团来访期间当场进行沟通，此前误解尽数扫除。

紫阳学堂当年所唱赞歌寓意深远：

　　五大步洲黄白种　商战君民重
　　东西各国人杰众　知识多争雄
　　群推欧美实业尚　民富国丰隆
　　航海商团游亚东　联络商情融
　　官绅商学出欢迎　鹭门山岳动

259

　　　　快哉快哉快快哉　维新气象宏

厦门商界、侨界翘楚叶崇禄在欢迎美国商团到访厦门的南普陀寺摩崖石刻中写道：

　　　　大美国太平洋各省二十五位商会代表团皆多财善贾为寰球有名巨商此次游历中国道出厦门崇禄以岷埠实业均依宇下与诸君有密切关系因邀之商务总会及在籍岷侨择南普陀寺铺设会场柬请地方官绅莅会欢迎是日也群贤毕至杯酒谈心复承美领事官安君左右介绍倍加浃洽席间各献颂词互相致敬诚一时之盛会也爰寿诸石以志感情
　　　　　　　　　　　　　　　宣统二年九月十七日
　　　　　　　　　　　　　　　　　鹭江叶崇禄谨识

紫阳学堂赞歌绕梁，摩崖石刻万年久远，都在诉说一个历史事实：中美门户开放，友好交往，厦门是一个缩影。

XIAMEN
THE BIOGRAPHY

厦门 传

鼓浪世界

第七章

鼓浪洞天

鼓浪屿是上天赐给厦门的珍宝。

有道是：到福建没到厦门，等于没到福建；到厦门没到鼓浪屿，等于没到厦门。转换一种更直白的表达方式就是：没到鼓浪屿，就没到厦门、没到福建。

鼓浪屿位于厦门岛的西南方，隔着约600米宽的鹭江与厦门遥遥相望。根据2010年《厦门市地名志》，全岛面积为1.91平方公里。岛上最高点日光岩海拔92.6米。

别看鼓浪屿面积不大，它的近百年历史却铺陈出一个很大的世界，恰如一名英国人所说：也许沿着这个蜿蜒伸展的海岸，没有同样的小岛曾有过比它更令人感兴趣和刺激的故事，许多轰动的事件在此地与毗邻发生。它是一个经历无数残酷斗争的剧场与战略要地，或者说它是通往所有人觊觎的辽阔领土的大门。一些事件的故事镌刻在石头上，或雕刻在牌坊上，可惜许多年代之刻已毁灭。它涉及家庭、国家、工业、关税以及人民的语言……

然而，这座以"海上花园"、建筑博览馆、钢琴之岛闻名于世的小岛，在宋、元时还是不为人知的荒岛，因为略呈圆形，且沙滩环绕，被称为圆沙洲，又称圆洲仔。

民间传说，圆沙洲从西北到东南有五座低丘绵延伸展，在面对厦门岛一侧的海滨即今之龙头路一带会合。按堪舆家的说法，此地势为五龙聚首，圆沙洲因此得名五龙屿。龙为古代天子化身，这小岛不仅有龙，而且有五条之多，这在古代官场上肯定是犯忌的。在厦门话中，"五龙"与"古浪"发音极为相似，明代的官员们在将这座小岛收入地图之时便把"五龙屿"转化为"古浪屿"。

在农耕经济的时代，鼓浪屿遍布岩石，只在西北部有少许零星旱地，按照农耕经济的标准，根本不适合耕种。因为人迹罕至，倒成为海盗理想的藏身之所。后来，与鼓浪屿西面隔海相望的嵩屿李姓渔民捕鱼时偶然间登岛，有时遇风只能在岛上过夜。为了方便，便在岛上西北部平坦之处搭盖了寮棚，作为栖身处所。形成居民群落后遂得名李厝澳，后演变为"内厝澳"。

明代施行海禁政策，明洪武二十年（1387）强令岛上居民迁出岛外，"空岛"鼓浪屿再次成为海盗的巢穴。1465—1487年即明成化年间，朝廷的禁令有所松懈，岛上人烟渐次恢复。这座岛屿开始以"古浪屿"的名称和曾厝垵、塔头等乡村划归嘉禾里二十二都管辖。

岛上现存最早的石刻残迹说明这座小岛最迟在明万历元年（1573）就开始引起人们的注意。明万历四十年至四十八年（1612—1620），日光岩石壁上出现"鼓浪洞天"的题刻，随即定名为鼓浪屿。

有一种至今还广泛流行的说法，说是小岛西北部海滨的一块礁石，受到海浪冲击时会发出擂鼓一般的声响，这块礁石因此被称为"鼓浪石"，鼓浪屿也因此得名，该礁石成为鼓浪屿最著名的景点之一。现今的"鼓浪

鼓浪石·碉堡·树

石"孤自兀立在海滨，似乎随时准备击水搏浪。实际上，在20世纪80年代之前的"鼓浪石"照片上，可以看到紧贴着礁石建有一座碉堡，礁石边上有一株枝叶茂密的大树，礁石顶上还长着小树，说明海水并不能抵达礁石，更不要说发出"擂鼓一般的声响"。鼓浪屿因该礁石而得名的说法纯属杜撰且以讹传讹之说。但该礁石作为海蚀地貌的景观石，还是十分珍贵的。涨潮时分，站在礁石顶上，眺望海浪鼓动奔涌而来，也是一种难得的体验。

"鼓浪"二字，古已有之。宋代文豪苏东坡在《石钟山记》一文中就有"下临深潭，微风鼓浪，水石相搏，声如洪钟"的描写。当然，对于矗立在万顷碧波之间的这座岛屿而言，就不是"微风鼓浪"，而是"千里雄风鼓万里浪"了。鼓浪之"鼓"，当释为"鼓动激荡"之意，而不宜作"鼓声"解。洞天则为道家之语。道教称藏修之地为"洞天福地",有"七十二洞天三十六福地"之说。鼓浪洞天,说的是这座浪涛簇拥的小岛是神仙藏修之地,当然是偏僻的场所了。

从现存最早的明天启三年(1623)福建巡抚南居益游鼓浪屿的诗句"野人惊问客,此地只临鸥。归路应无路,十洲第几洲"来看,鼓浪屿当时人烟几稀,发展相当迟缓。即便是这样的发展,也受到多次战乱干扰,最终在明末清初代表南明政权的郑氏家族与清王朝的争战中彻底中断。

清康熙十九年(1680),鼓浪屿与厦门岛一起被重新纳入同安县的管辖。康熙二十四年(1685),设在厦门的闽海关在鼓浪屿内厝澳设置钱粮口岸,负责稽查石码、海澄及漳属各县小船货物。闽海关的鼓浪屿小口设在内厝澳,只有一间税馆、一艘桨船,连单独的编制也没有,只是由厦门正口派出税吏轮流值守。康熙二十四年重建厦门城之后,在厦门城内外设立附城四社,并实行保甲制,鼓浪屿保改属附寨社,清道光十年(1830)前后改属和凤前后社。

这一时期,鼓浪屿主要的经济活动仍然是采石。清乾隆二十八年(1763)出版的《泉州府志》记载:"鼓浪屿 在嘉禾屿。……漳、泉用石多采于此,今浮石渐尽。"至今,人们仍可以在这座小岛的许多地方看到当年采用传统技法开采石头的遗址。

除了采石之外,这座小岛还长期被当作墓葬地使用。在清末拍摄的鼓浪屿的许多照片上,可以看到墓冢累累。岛上民众因为墓地所有权发生多次纷争。清光绪十三年(1887),前通商局曾在田尾路原英国领事官邸旁、土名牛脚廊一公墓立石勒碑,碑文称:"鼓浪屿孤峰独耸在水中央,昔时居民寥落,厦之无茔田者,每葬于此,代远年湮,累累者渐为平地。自中外通商后,洋人爱其岛幽静可居,于是租地为室,劈山成路,然皆无碍坟墓之所……"清光绪三十四年(1908)兴泉永道道台在拒绝英国领事官要求购买官邸旁边的土地的一份公文中称:"该地200年间系公共墓地。"据此推算,鼓浪屿被当作公共墓地的时间应该始于清康熙十九年(1680)之后。

清乾隆三十五年(1770)增编《鹭江志》第五卷收录有厦门岛"名胜八景","鼓浪洞天"被列为八景之一。《鹭江志》所附"鼓浪洞天"图中题诗云:"纵横四里环沧海,石洞开时别一天。鸡犬桃花云水外,更从何处问神仙。"诗中描述的完全是人迹罕至的桃花源之类的氛围。这一时期的地方典籍中关于鼓浪屿的诗文的主题,基本上没有超出上述题图诗的范围。

这一时期的鼓浪屿偏居厦门岛西南海域一隅,除了少数文人雅士登临游览之外,似乎无法引起更多人的关注。

由于面积太小,离厦门岛又太近,军事上与厦门岛"安危共之"。所谓"安危共之",实际上就是军事方面基本上依附于厦门。在防务上,鼓浪屿长期只是厦门范围内19个汛地(明清时军队驻防地段)之一,并在岛上设置专司报警的墩台,由福建水师前营派"外委额外"一员率40个兵士驻守。所谓"外委"是清军中最低级别的官员,饷银与战兵一样,只不过每年有18两的养廉银。"外委"再加上"额外",连养廉银的待遇也没有了,足见鼓浪屿在军事方面的地位很低。

清乾隆四十九年(1784)后,随着形势变化,厦门岛的航运优势被大大削弱。此时的厦门岛虽然保持着"商贾辐辏,帆樯云集,四方之民,杂处其间"的海滨都市的形象,但其经济活力已经受到很大的削弱。受到厦门的影响,鼓浪屿也呈现不景气的态势。这一时期编纂的《厦门志》,甚至以"沧溟大观,正不在此"为由,将包括"鼓浪洞天"在内的所谓八景、十二景排除在志书之外。

鹭江第一

根据《南京条约》第二条，作为通商口岸厦门附城四社范围内的鼓浪屿允许英国人（后扩展为外国人）及其眷居住、贸易，允许英国（后扩展为外国）派设领事机构。而根据《南京条约》第十二条，在大清王朝依照规定期限在道光二十五年（1845）十二月全数交清所议的赔款之前，英国军队可以驻守鼓浪屿。

英国的留守舰队就停泊在鼓浪屿南端的田尾海，不但控制了鼓浪屿，而且掌握着整个厦门海域的制海权。看惯了波光帆影的鼓浪屿人第一次看到轮船粗大烟囱里冒出的浓浓黑烟，本地方言中开始出现"乌烟船"的词汇。鼓浪洞天的静寂终于被军舰轰鸣的机器声打破。

清道光二十三年九月初四（1843年10月26日），英国首任领事记里布到任。记里布在田尾租了一间民房作为暂时的寓所，领事馆则设在厦门岛的兴泉永道道台署，每天由全副武装的士兵陪同，乘坐快艇往来于厦鼓海峡两岸。留守军队则在田尾一带安下营房，士兵轮流在岸上和舰上值守。

清道光年间的鼓浪屿基本上乏善可陈。没有任何娱乐设施和商业设施，甚至没有一条现代意义上的道路。空旷之地随处可见墓冢坟堆。垃圾遍地，污水横流，卫生条件极差。大概是由于环境和心理的双重因素，许多士兵相继生病。

但是，外国人很快就发现了这座小岛的诸多好处。

首先是民情平稳。作为厦门岛的附岛，早期鼓浪屿的人文因素与厦门岛十分接近甚至更为宽松，岛民与外国人相处甚安。一些人已经开始从外国人那里得到好处：他们的房子租给或卖给了外国人，而且价格还相当高，这在小岛的历史上可是开天辟地第一回。

其次是能确保安全。就自然条件而言，小岛横卧于漳州平原和厦门岛之间的碧波之中，东南面海域散落着浯洲、烈屿、大担、二担、浯屿、青屿等众多岛屿，构成天然的避风良港。从军事方面看，鼓浪屿地盘小，居民不多且居住分散，一个中队的兵力足以控制全岛局势。万一发生不可控事件，洋人可以随时登上停泊在田尾海的军舰，通过浯屿水道撤往外海。

第三是景色优美。远山近海构成的壮阔奇观，巨石奇岩造就的移步易景，加上阳光、沙滩以及海风送来的阵阵清爽空气，使得这座小岛具有令人着迷的气质。最早抵达鼓浪屿的美国归正教传教士雅裨理在田尾附近向当地人租了一间房子作为寓所兼布道场所。房子依山而建，推窗见海。雅裨理一下子就喜欢上这个小岛："这是我多年渴望和祈求的所在。它比我以前见过的任何地方都理想。"

继雅裨理之后，又有许多商人、传教士来到鼓浪屿，并喜欢上这座小岛。鼓浪屿这颗明珠终于被发现，而发现这颗明珠的竟然是外国人。

清道光二十五年（1845），英国商人德滴在鼓浪屿覆鼎岩海滨开设德记洋行；同年，另一位英国商人在三丘田海滨开设和记洋行。道光三十年（1850），德国人设立宝记、新利记洋行。之后，美国、荷兰、丹麦等国的

宛真照相馆所摄19世纪末鼓浪屿全景

商人陆续来厦门开设洋行、公司、工厂。这些工商企业很多把门面设在厦门岛，经营决策部门或主要经营者的住宅却设在鼓浪屿。

厦门港跻身国际通商港口之后，与国内沿海口岸的航运也迅速发展起来。鼓浪屿人没有让机会溜走。清咸丰八年（1858），家住岩仔脚经营南北货物的船商黄湖捐资，在晃岩与东山交界处扩建兴贤宫，头进供奉保生大帝，二进供奉关帝爷，后又修建了戏台。这样的规模在当时的鼓浪屿已经是首屈一指了，兴贤宫因此被称为大宫。说明此时鼓浪屿民间财力已经形成一定规模。

清同治元年（1862）四月初一，厦门洋关正式开关。洋关的洋人很快就发现毫无规划、又脏又乱的厦门岛根本不适宜居住。他们把目光投向对岸的鼓浪屿。

在厦门洋关的办公楼隔窗望去，可以清楚地看到鼓浪屿海滨新建的英国驻厦门领事馆。这座领事馆于清同治二年（1863）建成，此时，距英国首任驻厦门领事官登上鼓浪屿已有20年之久。可以想象，经过如此漫长时间的检验，英国人对于鼓浪屿的优越环境和有利条件有了充分的认识，所以把领事馆从厦门岛的兴泉永道道台署迁到鼓浪屿。应该说，英国人的选择是挺有眼光的。新建的英国领事馆位于鹿礁顶上，背后是巍巍晃岩（日光岩），脚下是滔滔鹭江，耳畔十里涛声，眼前两岛风情。

随后，厦门洋关也选择了鼓浪屿。清同治四年（1865），洋关在鼓浪屿石碥顶及附近相继购置税务司公寓、副税务司公寓，接着又在鼓浪屿建造或购置帮办楼、海关同人俱乐部，为海上航行提供旗号的信号台也从厦门岛的白鹿洞移到鼓浪屿弥陀山，弥陀山因此改名为升旗山。

英国领事馆和厦门洋关的选择起了推波助澜的作用。同治四年，美国人在三和宫附近建造领事馆，同治六年（1867）九月，厦门船坞公司在屿内开辟船坞；同治八年（1869），奥地利在屿内设领事馆；同治九年（1870）德国在屿内建领事馆和领事住宅……

众多的机构、企业的总部或负责人的住宅设在鼓浪屿，机构、企业的活动和经营却在厦门岛，这种状况有效刺激了两道之间航运业的发展，从而带动了商业、饮食业、服务业的繁荣。鼓浪屿再也不是人烟稀少的神仙洞府。

鼓浪依旧，洞天不再。对于鼓浪屿的这一变化感受最深的是寓居鼓浪屿的福建闽县人林鍼。林鍼在厦门开市之初就随其伯父在鼓浪屿洋行任职。他虽没有秀才举人之类的头衔，但中文功底深厚，英文的水平也得到洋行中外同人的认可。地方典籍称他的"译文为各国所重"。道光二十七年（1847）接受美商聘请，前往美国教授中文。道光二十九年（1849）二月返回厦门，同年五月刊印《西海纪游草》一书。

《西海纪游草》包含一首题为《西海纪游诗》的百句五言古风、一篇《西海纪游自序》和一篇《救回被诱潮人记》，并附有一篇《附记先祖妣节孝事略》，正文前有左宗棠、徐继畬等官员的题记、序跋、题诗数十篇。林鍼在纪游诗和自序中记述了在纽约耳闻目睹的美国社会、民俗、科技、法律、选举等方面的情况，第一次向国人介绍电报、幻灯、摄影、自来水、避雷器等新鲜事物。林鍼自称"往日之观天坐井，语判齐东；年来只测海窥蠡，气吞泰岱"，意思是往日看世界有如坐井观天，说些没有见识的话语；到纽约一年多所看到的好像是观测大海但只看到海边的贝壳，其气势已经足以盖过泰山。林鍼的《西海纪游草》是中国近代第一部访问西方国家的纪游作品。

清道光末年，林鍼开始参与鼓浪屿日光岩寺的管理，介入寺庙的维修、扩建。作为一个对传统中华文化相当熟悉的文人，林鍼完全理解"洞天"的含义。在他的心目中，彼时的鼓浪屿已经完全没有"洞天"世界冷清、僻静的氛围，虽然尚不能称其人烟稠密、商贾云集，但其环境、经济影响力已经超过了厦门岛，称得上"鹭江第一"了。

根据英国著名旅行家、摄影家汤姆森在清同治九年（1870）下半年拍摄的一张处于镌刻阶段的日光岩石壁照片，林鍼在这一年将日光岩石壁上"鼓浪洞天"的石刻改造为"鼓浪洞天　鹭江第一"，并刻上自己的姓名。"鹭江第一"的出现，标志着鼓浪屿已经完成了发展道路上的第一次蜕变。

镌刻中的"鼓浪洞天　鹭江第一"石刻

公共地界

根据鸦片战争后签订的《南京条约》《天津条约》等条约,鼓浪屿成为华洋杂居之地后,华人之间的土地和房屋的租用、买卖还是有章可循的,但涉及道路、墓地等公共设施时,很多事情无法进行。

1877年,英、德两国驻厦门领事联名照会兴泉永道,要求仿照上海外国租界,在鼓浪屿设立"工务局",以方便管理,遭到清政府拒绝。

当时常住鼓浪屿的外国人已经有300余人,加上因为经商、航运而来的暂住人口,鼓浪屿已经初步形成外国人的生活圈子。清光绪四年(1878)七月,英、德领事发起组织"鼓浪屿道路墓地基金委员会"。

鼓浪屿道路墓地基金委员会由居住在岛上的领事官员、海关、传教士、医生、企业家等各界代表组成,每年选举一次。该委员会规定:外国人每年每人缴纳人头税5元、人力车每辆每年缴纳5元、其他车辆每辆每年缴纳10元、马匹每匹每年缴纳10元、墓地每处每年缴纳15元。所得款项用于鼓浪屿的道路、墓地建设。

这个委员会貌似有侵犯大清王朝地方行政管理权之嫌,但它作为厦门历史上第一个由居民中的纳税人自治的城市建设协调、管理机构，主要业务是筹募资金来经营鼓浪屿的道路、墓地，应该是符合相关条约中允许外国人在通商口岸自由经商、办企业的规定的，因此，兴泉永道道台等当地地方官员也拿它没有办法。

鼓浪屿的近代城市建设由此开端。

由于道路墓地基金委员会成员基本上由外国人组成，经费主要由外国人提供，早期鼓浪屿的道路基本上以连接出资人即外国人所在居住区以及码头为规划原则。在这个基金会活动期间，鼓浪屿建成三处有规划、有管理的公共墓地：一处在日光岩山麓东侧（今鼓浪屿音乐厅），为洋人墓地，本地人称之为番仔墓；一处在屿西骆驼山（又称浪荡山），为日本人墓地；一处在鸡母山西南山麓（土名崎仔尾），为基督教徒公墓。时隔百年，平心而论，仅就墓地管理一事而言，这座小小的海岛在人口迅速膨胀的状况下不至于沦为乱坟岗，同这个委员会的有效管理是分不开的。

道路墓地基金委员会有效作为，鼓浪屿的居住环境逐渐改善。到了20世纪开始的第一个年头，鼓浪屿已经有了精心修建、四通八达的道路。这些道路大部分路段还种有行道树、立有以煤油为燃料的照明灯，使鼓浪屿的街容大为改观。许多外国人在岛上建房，从外国和台湾返回的许多富商把家安在鼓浪屿。就连原先一直住在道台衙署的兴泉永道道台，也在鼓浪屿谋到一座欧式楼房作为住宅，每天乘坐六浆的小艇来往于厦鼓之间。

作为寄居鼓浪屿的外国人，未得清政府首肯，径自成立带有市政管理职能的道路墓地基金委员会，似乎有点霸道。但这个霸道的委员会对于百姓似乎"霸"不起来。清光绪十四年（1888），厦门海关向本地人购买位于石勒顶的一段山地改建为税务司公馆的网球场和花园，但所购地段中有一座林姓坟墓，因为谈不妥迁移价格而未能迁移，税务司公馆的花园里便一直保留着一座十分碍眼的坟墓。直到7年之后，海关与林家达成协议，该坟墓才得以迁移，税务司公馆才有了一座漂亮的花园。

19世纪末，鼓浪屿人口增加了二三倍。偷盗窃夺、寻衅斗殴之事常有发生。居民中以行业、原籍地域为纽带开始形成一定的帮派——同安籍主要分布于码头船运，称为"同安竹篙"；惠安籍较多充当轿夫、挑夫，称为"惠安扁担"；菜馆、饮食行业中多为晋江、南安人，称为"晋南菜刀"……各帮派之间、帮派内部因地盘、生意甚至琐事引发的纠纷时有所闻。

针对鼓浪屿出现的新问题，清光绪二十三年（1897）夏，各国驻厦门领事联合起草了一份《鼓浪屿行政事务改善计划》，报送各相关国家驻北京公使审核。清光绪二十七年（1901），驻厦门各国领事共同商议，向清政府提出要求：将鼓浪屿划为各国公地。经过多次谈判、磋商，清政府与驻鼓浪屿各国领事于1902年1月10日签署《厦门鼓浪屿公共地界章程》和《厦门鼓浪屿公共地界规例》两份文件。《厦门鼓浪屿公共地界章程》的核心内容是：土地还是属于中国皇帝所有，但租界内行政、经济诸事由外国人为主组成的工部局依照所定法规实施管理。《厦门鼓浪屿公共地界规例》公然宣称："管理鼓浪屿主权者，系工部局。凡有一切呈禀词讼，可径递本局。如有人以本局判断未尽公允，然后可上控于领事公堂，应由领袖领事官转达，此外别有主权概不承认。"套用现代的词语，鼓浪屿实行的是所有权与管理权分离的体制，名义上承认土地属中国皇帝所有，实际管理权却掌握在由各国领事组成的领事公堂手中。11月21日经清政府批准，两份文件正式生效。

《厦门鼓浪屿公共地界章程》规定，鼓浪屿公共地界于"西历每年正月"召开常年公会。常年公会由有存案的财产在1000元（银元，下同）以上以及每年纳捐5元以上的外国人组成，俗称洋人纳税者会。常年公会每年1月召开会议，负责公举产生公共地界的管理机构管理人员，每年对管理机构的工作情况和财政开支进行审查。

《厦门鼓浪屿公共地界章程》还规定，鼓浪屿公共地界设工部局，又称界内工部总局,是鼓浪屿公共地界唯一的管理机构。工部局为英文Municipal committee的中文译名,现代的译法应该是"市政委员会"。大概是因为有关章程中规定的该机构的职权大部分属清政府"六部"中的工部,故清政府的翻译将其译为工部局。章程批准的"一切权柄势力"归工部局董事会,工部局董事会成员称为局员或局董。初期局董由洋人纳税者会公举6人、兴泉永道举荐居住鼓浪屿殷实妥当乡绅1人充任。由局董公举正、副董事长各1人。外国人在鼓浪屿财产在5000元以上或年纳租捐400元以上的,可以被选为局董。但同一个洋行、同一个教会、同一个公司或同居一屋的,只允许派出1人作为候选人。

根据《厦门鼓浪屿公共地界章程》的规定,鼓浪屿公共地界的审判机构是会审公堂。会审公堂是清朝廷设在公共地界的官方机构,官员、差役由兴泉永道和福建洋务总局委派。会审公堂负责审理主要是由工部局指控的公共地界范围内违反公共地界章程、律例、规例的案件,其他重大案件先行审问后则移交地方官审理。涉案人员如有外国人,审问时必须有相关国家领事或领事代表参与会审,会审过程中中外双方如不能达成一致,则该案可上控,由兴泉永道和相关领事提审。

清光绪二十八年十二月(1903年1月),鼓浪屿工部局正式成立。

鼓浪屿工部局运作的直接法律依据便是《厦门鼓浪屿公共地界规例》。这份"规例"的20个条款为:管理沟渠、监督私沟、窒碍街道、伸出街道各项(指房屋檐篷、招牌、篱笆等附属物——引者注)、打扫街道房地、公局定时之外挑除垃圾、坑秽、挑除污秽等物、查视房屋污秽、照顾水井、报犯瘟等(病)毙、阻止公局工役打扫之罚、盖房屋与华洋人居住先问公局、危险货物、执照费、不准嚷闹、不准身带利器、规例(此条款规定违反常规影响他人正常生活如何示惩——引者注)、罚数追缴,最后一条款规定当事人可以无偿索要此"规例"的印刷品。

工部局似乎认为《厦门鼓浪屿公共地界规例》的规定不够详尽，参照《上海外国租界工部局律例》，又制定了更为具体的《鼓浪屿工部局律例》。这部"律例"涉及的内容如下：粘贴广告、滥用风枪、游灌、脚踏车、妓院、建筑、轿馆章程、家畜、残酷家畜（指不准虐待家畜——引者注）、割伐树木、养犬执照、纸炮（禁止夜间燃放鞭炮——引者注）、赌博、羊照（养羊须领执照——引者注）、肩挑贸易执照、名胜石、垢秽物、旅馆执照、非法拘捕、码头章程、风筝（不准在有电线处放风筝——引者注）、牛奶厂章程、酒照（贩卖洋酒、国产酒均须领执照并接受卫生检查——引者注）、嚷酒（不准猜拳扰民——引者注）、工部局办公时间、鸦片、巡捕格外职务（关于巡捕兼职的规定——引者注）、结队游行传单表示（指游行和散发传单——引者注）、告谕（指非广告类的公示文件——引者注）、（食品）卫生、报告身故章程、双桨小船规则、招牌设置、屠场、遮阳（关于设置遮阳帷帐的规定——引者注）、禁止侵入私业、演戏执照。"律例"中，有的只有禁止施行的一句话，有的则附有具体的实施细则。总共37个事项，基本上涵盖了鼓浪屿生活的方方面面，非常接地气。

按照《厦门鼓浪屿公共地界规例》和《鼓浪屿工部局律例》的条款，鼓浪屿工部局实际上就是一个小政府。其下设机构虽迭经变化，但其对鼓浪屿税收、城市建设、社会治安、公共卫生实施管理的职权则始终如一。

《鼓浪屿工部局律例》至关重要的规定是："于本公界内不准非法拘捕，以致惊惧居民，违者即拿办不贷"；"本公界内不许居民逾入私界，违者必定拿办不贷"。两个"拿办不贷"，显示了工部局保护个人自由、保护私有财产的决心。由于得到工部局的有效保护——实际上工部局的后面是列强的坚船利炮，鼓浪屿在动荡不安、兵匪横行的晚清和民国初期成为名闻遐迩的"安全岛""避风港"，许多归国华侨和内地富户慕名而来，在鼓浪屿大兴土木，作为庇身之地，成就了鼓浪屿一段传说至今的历史。

讲古的人

伴随着西方列强在中国的扩张，现代科学知识和西方文化向中国传播成为一股不可逆转的历史潮流。承担特殊使命的西方传教士作为西方文化的载体之一冲在了前面。

美国著名传教士狄考文预言："中国与世隔绝的日子已屈指可数。不管它愿意与否，西方文明与进步的潮流正朝它涌来，这一不可抗拒的势力必将遍及全中国。"因此，在厦门成为政府批准的通商口岸之前，美国归正教会传教士雅裨理就已于清道光二十二年（1842）正月十五日捷足先登鼓浪屿，开启了基督教新教（以下简称基督教）在福建传教的历史。从目前掌握的资料判断，他应是最早涉足鼓浪屿的西方传教士。而有确凿的文字记载的基督教入华史，是从唐贞观九年（635）开始的，时称"景教"。

雅裨理来到鼓浪屿两年后的清道光二十四年（1844）七月，英国伦敦传道会的约翰·施敦力牧师夫妇抵达鼓浪屿。几个月之后，约翰·施敦力的胞兄也来到鼓浪屿，此后的很多年里，他们兄弟二人是厦门及其周边地区最成功的美国传教士。

约翰·施敦力兄弟开始向公众布道的初期，老百姓以为这是一种新的说书艺人来了，私下称呼他们为"说书艺人"，或者叫"讲古的人"，没事时喜欢围着他们听讲过去未曾听说过的上帝的故事。福建海事监察徐邦曜在一份公告中提醒说："其为邪说惑人，明白易见，然其巧词深辩，足新好毕之听闻，细小伎能，又足动小民之嗜好。"

或许是受他们影响，英国长老会的养雅各（亦译为用雅各）也于清道光三十年（1850）接踵来到鼓浪屿。

至此，"三公会"齐聚鼓浪屿。在闽南基督教传教史上，美国归正教会、英国伦敦会、英国长老会称为"三公会"，鼓浪屿成为"三公会"总部所在地。

总部的重要职能在于整合资源。清同治元年（1862），英国长老会和美国归正教会在鼓浪屿联合成立"泉漳长老大会"，英国伦敦会则于清同治十二年（1873）统合厦门、漳州、汀州等地所辖教会，在鼓浪屿成立基督教厦门和会（后改称五带会议，又称省议会），鼓浪屿成为基督教中国教会合一运动的发源地。清光绪二十年（1894），"漳泉长老大会"改称"闽南长老总会"。民国七年（1918），"三公会"在鼓浪屿成立"中华基督教闽南合一会"，宗旨为"联络闽南基督教会，合力进行，共图自养、自治、自传之教会"，鼓浪屿成为中国基督教会"三自"运动的发起之地。民国十五年（1926），"中华基督教闽南合一会"改组为"中华基督教会全国总会闽南大会"。民国二十四年（1935），厦门基督教青年会会议决定把鼓浪屿新建的教堂命名为"三一堂"。

西方传教士到中国传教，撇开政府禁教等政策层面的问题，最迫切需要克服的困难是语言障碍。他们积极探索采用罗马字拼写各地方言，创制了"方言教会罗马字"，学界普遍认为，"厦门话教会罗马字"是其中最早

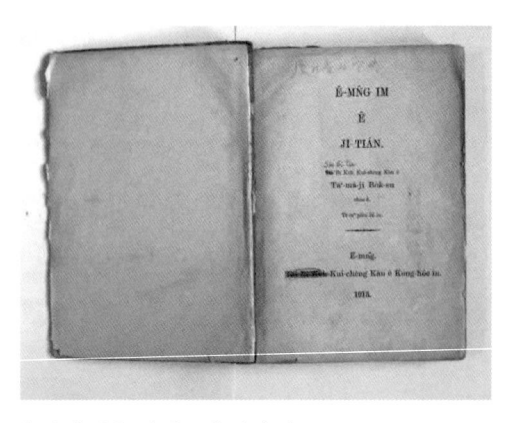

打马字编撰的厦门音的字典

通行、流传最广、影响最大、最成功的一种。可以说，创立厦门话罗马注音系统，是陆续来到鼓浪屿的西方传教士对厦门文化的一个贡献。

我们知道，中国文字传统的注音方法是"切"法，即通过两个字的快速连读拼出另一个字的读音。使用这种注音法的前提是必须有识字的基础，因而无助于初学者的学习。清道光三十年（1850），美国归正教会的牧师打马字（一个奇怪的名字）开始尝试用罗马字母为厦门话注音，时称"白话字"，又称"厦门罗马话"，并在厦门的教会学校里试用、推广。随后，英国长老会的养雅各牧师将《圣经》中《创世纪》的一部分用罗马注音字母翻译成厦门话，自由教会的养为霖用厦门话罗马字翻译了收入13首圣歌的《神颂》。这是最早一批厦门话罗马注音教材。

清咸丰五年（1855），美国归正教会的罗谛牧师编纂出版《英—中厦门本地话指南》，这是厦门历史上第一部方言专著。随之，英国长老会的杜嘉德牧师借助美国长老教会卢牧师搜集的部分资料，在约翰·施敦力和打马字牧师的协助下编纂出版了《厦门音汉英大辞典》，这是厦门历史上第一部方言汉英辞典。这部辞典有612页，为8开本、双栏版式，搜集的厦门方言词汇和短语相当齐全。打马字牧师还用罗马注音字母系统编纂出版了《罗马话汉字字典》，这部近400页的字典收入约7000个汉字，是国内第一部新式注音字典，对厦门人、外国人学习汉语都大有帮助。

罗马字母注音系统接近于通用的国际音标注音法，只要掌握二三十个字母和简单的拼读方法就可以进行阅读，较之传统的汉字识字方法更为简便易学。到20世纪初，厦门及附近地区所有的教会学校、教堂都普遍推广"厦门罗马话"，掌握罗马字母注音方法的读者已经多达五六千人。厦门市场上，用"厦门罗马话"印刷的出版物堪称琳琅满目，除了《圣经》《圣礼随附礼仪》《天路历程》《赞美歌》《使徒信条》《十诫》《教会史》等宗教读物之外，还有《儿童故事书》《儿童的训练》《中庸之道》等市民读物，以及《博物学》《生理学》《地理大全》《中国历史》《古埃及历史》《天文第一课》《算术》《代数学》等教科书。

传教士创造、推广厦门话罗马注音系统的动机当然是为了更有效地宣传基督教。打马字牧师在一封关于试验罗马字注音系统的信中说："有个问题，即到底有什么途径能使这个民族变成阅读的民族，特别是通过它，信徒们能领悟上帝的话，并且可以自己聪明地阅读上帝的话。这个问题在这里的传教士的脑海里占有重要的地位……"传教士们为此找到了罗马字母注音系统，厦门话罗马注音系统还成为了中国近代文字改革的滥觞。

在鼓浪屿鸡山的基督教公墓，有一座被列为厦门市文物保护单位的坟墓。这座坟墓的墓主卢戆章被称为"发明中华新字始祖"。卢戆章创制的"切音字"虽然最终未被采用，但他在统一国语、推行白话文、注音识字等方面所做的贡献一直得到学术界的肯定。卢戆章，清咸丰四年（1854）出生于同安县古庄村，后迁居鼓浪屿，是厦门早期的基督教徒。他在阅读《圣经》时开始接触"厦门话罗马字"，久而久之便萌生了改革汉字的念头。他提倡的"切音字"从厦门话罗马注音系统中汲取了不少有益的元素。1919年"五四"运动后，中国文字改革进入制定"国语罗马字"的阶段，而这一阶段的源头，实际上可以追溯到厦门的传教士们创制的"厦门话罗马字"。

雅裨理

西方传教士在华活动是早期中西文化交流中最显著的渠道，他们传播心目中的"福音"时，也带来了异域的文化。有人这样描述接触传教士的感受："此夷藏奸为市忠，助铳令人喜其有微功；祈雨令人疑其有神术；自鸣钟、自鸣琴、远镜等物，令人眩其有奇巧。且也金多喜结，礼深善诱。"

雅裨理登上鼓浪屿之时，正值春寒料峭的季节，因为气候和卫生条件不好，很多人生病。雅裨理亲眼看到有的病人到庙里去求香灰治病，有的人则听任病魔肆虐。尽管雅裨理曾一度学医，当传教士后也曾进修过医学，但未取得行医资格的他不敢冒昧行医。雅裨理就给在新加坡的好友甘明医生写了一封信，请他尽快来厦门。清道光二十二年（1842）六月，甘明医生搭乘英国舰队的舰只来到鼓浪屿与雅裨理会合，在住所里办起诊所。这是西方现代医疗进入厦门之始。清道光二十四年（1844）一月，这间诊所迁到厦门岛寮仔后妈祖宫（潮源宫）附近，原先被称为猪屎窟的污秽之地有了一个新名称——知识窟。清同治十年（1871），这间诊所的英籍医生派特立克·梅逊首先发现蚊子是疟疾寄生菌的宿主因而能传播疟疾，为防治疟疾做出重要的贡献。清光绪九年（1883），诊所迁到竹树下，改称竹树下医馆。

尽管教会从来没有停止过办医院和诊所的努力，但直到清光绪二十三年（1897）美国归正教会医疗传教士郁约翰创办鼓浪屿救世医院前，厦门还没有出现真正现代意义上的正规医院。

光绪十五年（1889），郁约翰在漳州平和县小溪创办尼尔保赤医院。

在此之前，大文豪林语堂的父亲林至诚牧师已经到平和传教。光绪二十三年（1897），荷兰鹿特丹范德夫妇组建的促进中国医院医疗传教协会和美国归正教会决定在鼓浪屿开办一家新的医院。当年10月，闽南第一家现代意义上的正规医院在鼓浪屿河仔下（今鼓浪屿三丘田码头附近）落成，设内科、外科、产科、耳鼻眼等科，辟有问诊室、药房、手术室、实验室等，计有男病床45张、女病床25张。翌年4月正式举行奉献典礼。医院原名希望医院，光绪三十一年（1905）改称救世医院，俗称男馆；同年创办专门收治女患者的医院，因为得到荷兰女皇威赫敏娜的资助，命名为威赫敏娜医院。

郁约翰主持下的鼓浪屿这所医院创造了多个第一：清光绪二十六年（1900）创办闽南地区首家附设医学专科学校，学制五年，培养当地医学人才；光绪三十一年（1905）创办的威赫敏娜医院为福建首家妇女医院；因为中国的妇女不肯让男医生看病，更不愿意让男医生接生，郁约翰为此创办了一个"护士之家"，目的是培训女护士，特别是女助产士，这是中国最早的护士组织；因为有"护士之家"的基础，清宣统元年（1909）来自全国各地的外国护士在鼓浪屿召开会议，选出兼职的主席和秘书，这就是中华护士会的前身。

郁约翰去世后，救世医院仍旧是厦门乃至闽南医学教育的中心。民国十五年（1926），救世医院开办护士专科学校，这是闽南第一家培养护士的专科学校。医学专科学校至民国二十一年（1932）培养了6届毕业生共40人，成为闽南华人西医的中坚力量，为现代医疗技术在闽南的推广作出重要贡献。

来到中国的西方传教士发现，基督教与儒家文化的差异使他们寸步难行，他们逐渐认识到，武力能够打开中国大门，不平等条约也可以帮助他们把教堂建立在中国，但西方无法强迫中国民众接受基督教教义，要让作为外来意识形态的基督教被接受，必须强调基督教与儒学的共同点，通过设立学校、出版书籍和主办报刊等来输入现代科技知识和西方人文与社会科学知识，逐步推进基督教的传播，完成其传教使命。这就是"以学辅教"的由来。

清道光二十四年（1844），英国伦敦公会约翰·施敦力夫妇在鼓浪屿和记崎创办福音义学，这是福建省教会创办学堂之始。紧接着，美国归正教会毕德牧师于清道光二十六年（1846）在寮仔后创办厦门第一所新式小学，英国伦敦公会的杨为霖夫人于道光二十七年（1847）在寮仔后创办第一所女子学校。清光绪七年（1881）美国归正教会和英国长老会于田仔学（现安海路）创办男子中学堂，又称寻源、协和中学，光绪三十三年（1907）将伦敦公会所办澄碧中学并入，改为闽南寻源书院，英文称打马字书院，与廻澜圣道学院同为厦门最早的高等学院，民国五年（1916）高年级部分并入福建协和大学，改称寻源中学堂。清光绪二十四年（1898），英国伦敦公会的山雅各牧师创办英华书院，又称中西学堂，民国十七年（1928）改为英华中学。

牧师娘也不甘人后。清同治九年（1870），美国归正教会的三位牧师娘在厦门竹树脚创办女子学堂培德女学，清光绪六年（1880）迁往鼓浪屿田尾，时称田尾女学堂，清宣统二年（1910）改称毓德女学。清光绪二年（1876），英国长老会倪为林牧师娘与吴罗宾牧师娘在乌埭角创办乌埭女学，又称红毛女学，清宣统二年改名怀仁学校，后分设怀仁小学及怀仁女学校附中师范。清光绪十年（1884），美国归正教会打马字牧师娘玛丽创办田尾妇女福音学堂，简称田尾妇学堂，专收已婚妇女。清光绪二十四年（1898），英国长老会牧师韦振玉夫人在岩仔脚创办全国第一所幼儿园怀德幼稚园，中国的幼儿教育始于此，著名的妇产科专家林巧稚就是在这儿度过了美好的幼儿时光；光绪二十六年（1900）又创办福建最早的幼儿师范教育机构怀德幼儿师范学校。

据统计，截至清宣统二年（1910），"三公会"在厦门地区所办教会学校有小学139所、学生3258人，女子小学16所、学生282人，成年女学5所、学生95人，中学2所、学生239人，幼儿园3所、园童140人。在闽南地区，长老会办的学校有学生4124人，归正教会有3798人，伦敦公会有2057人，共计9979人。这些分布在闽南广袤乡村间的教会学校，都是由鼓浪屿的传教士们创办的。

传教士们开办学校，基本出发点无疑是为了传教。尤其是早期的教会学校，非常注重的就是通过教会学校传播宗教知识，培养信众，并从中发现和培养华人牧师和传道者。比如"三公会"早期创办的廻澜斋和寻源斋圣道书院就培养出林语堂父亲林至诚、周淑俭父亲周之德，以及陈秋卿、许声炎、吴封波、陈甘泉、林温人、郑法力、许嘉会、林贞会、蔡育之、陈宣令、张益三、郑鹏程等人，成为闽南各地堂会的骨干。

国人办学也日益兴盛。清光绪中叶（1891年前后），黄氏家族在岩仔脚（今市场路）祠堂"黄氏小宗"开办私塾，这是鼓浪屿首家由中国人创办的教育机构，清光绪二十四年（1898）后改为育普小学堂、育普小学。随后，由厦门市政府、华侨创办的女子师范学校、高等女学、慈勤女学、闽南职业中学、普育小学、康泰小学、光华小学等也成为鼓浪屿教育的重要力量。沈省愚、林安国、邵庆元、陈竞明、叶谷虚、陈兆麟、蔡丕杰等华人教育工作者成为鼓浪屿现代教育的中坚力量，岛上邵氏家族两代人涌现9名教授、10位校长，成为教育界的美谈。

鼓浪屿教会学校的现代教育理念最突出的表现是教育的男女平等。在中国传统的教育体系中，除了汉、唐个别历史时期外，基本没有女子的位置。"女子无才便是德"的观念流传了数千年。教会通过创办女学彻底打破了中国传统的男女不平等的教育理念。教会办女学的一个重要衡量因素是为了培养信奉上帝的"贤妻良母",另一个重要原因是传教士们从基督教"人人生而平等"的教义出发,力图使妇女通过接受教育获得独立自主的能力,改变妇女的社会地位。除了美国归正教会于清道光二十七年(1847)在寮仔后创办第一家女子小学校,以及其他正规女子学校、妇女学堂,传教士们还在鼓浪屿先后开办过多所短期女子教育机构。教会的女子教育改变了许多穷苦和普通女子的命运。比如美国生物化学博士陈慰中的母亲、朱昭仪朱思明的母亲,都是出身贫苦,在教会女子学校提高了自身的素质和独立生活的能力。教会的女子教育还培养出林巧稚、何碧辉、黄墨谷、黄萱等一批闺阁女杰,宣示了男女平等的真理。黄萱是著名学者陈寅恪先生晚年的得力助手。

相对于中国传统的以科举为目的、"学而优则仕"的封建传统教育体系,由传教士引进的现代教育,以其注重科学、培养全面发展的个体而引领时代潮流。用现在的话说,就是注重素质教育。创造"幽默"一词的著名作家林语堂,就是在鼓浪屿受教育、长大,并娶鼓浪屿女子为妻的。

素质教育从幼儿的启蒙教育就开始了。创办于清光绪二十四年(1898)的鼓浪屿"怀德幼稚园"被誉为"中华第一园"。采用当时先进的福禄贝尔和蒙台梭利"尊重幼儿,关注幼儿个体自由成长"的幼儿教育思想和教学法,怀德幼稚园在歌声与游戏中培养孩子们的观察能力,建立"秩序""规则"意识。民国二十三年(1934)怀德幼稚园的一份《幼稚生成绩报告表》,标明的科目就有言语、国文、常识、计算、公民、唱歌、游戏、图画、手工等9种之多。

从19世纪末开始,传教士们引进的一些新鲜事物在厦门出尽风头:
清咸丰十年(1860),鼓浪屿出现主要供外国人使用的游艺场,在这里可以进行网球、板球、曲棍球等健身活动。岛上建有中国第一个标准足球场，清光绪二十四年（1898），英华书院组建厦门乃至福建省第一支足球队，分为虎、豹、狮、象4个组进行训练，这家书院之后屡屡更名，但足球传统却一直保留下来，百年不衰。

清光绪元年（1875），德国驻厦门领事馆工作人员巴德热在厦门岛三十六崎顶创办厦门或许也是福建第一家面向公众的图书馆，名为博闻书院。兴泉永道道台、海防同知、厦门海关监督每月也分别捐助8元至2元不等。光绪十年（1884），博闻书院还开办了代售香港和上海报纸的业务。据目前所知，这是厦门最早关于报纸发行的记载。

清光绪十四年（1888），美国归正教会打马字牧师夫妇创办厦门话罗马字刊物《漳泉圣会报》（后改名《闽南圣会报》），这是厦门最早的教会刊物。

清光绪二十七年（1901）五月，英国伦敦会牧师山雅各创办第一份综合性的时事旬刊《鹭江报》，并亲自主撰。山雅各于清同治六年（1867）到厦门传教，清光绪二十四年（1898）创办英华书院，对中国有相当的了解。他主持的《鹭江报》注意和中国的环境相结合，除了设有一般报刊的新闻报道、中外纪事、地方消息、时事评论、副刊类诗文之外，还设有上谕恭录、紧要奏折等专栏；坚持有见辄书、有闻必录、言论自由的编辑方针，所刊内容不受基督教教义限制，时事评论可以刊登批评西方各国的文章；注重帮助读者增见识、广见闻，积极宣传、推广新学、新政、新风尚。《鹭江报》刊登了不少诸如《论中国应广识书籍》《电灯利用》《论美利坚学校之程度及其规制》《论美国民主之事迹》等宣传科学、民主思想的文章，不失为观察、了解中国和世界的一个窗口。

得风气之先

历史上的小小鼓浪屿，除了教堂，还曾接纳14个国家的领事机构。他们为了自己生活舒适，想尽办法改善岛上公共设施。

清道光二十四年（1844），美国在鼓浪屿设立邮政办事处，此为近代邮政首次进入厦门。

清同治十一年（1872），设在鼓浪屿的丹麦大北电报公司在香港至上海的电缆间铺设接连厦门的电缆，鼓浪屿和异地之间的信息转瞬即可互通，刚开始只是在厦门与香港、厦门与上海之间，不久便扩大到世界上许多大城市。

民国元年（1912），日商在大宫前（今中华路）创办川北电话公司，鼓浪屿人开始懂得，不管离开多远，声音也可以通过电波传递；民国十二年（1923），厦门首富黄奕住创办的厦门电话股份有限公司收购厦、鼓两家电话公司后，铺设了过海电缆，实现了厦、鼓之间的通话。

民国二年（1913），鼓浪屿电灯厂开始发电，原先使用煤油为燃料的街灯改为更为明亮且不惧风的电灯。

民国十九年（1930），在梨子园修建蓄水池，在岛上铺设配水管道，鼓浪屿用上自来水。

民国二十四年（1834），拥有配套的消防设施，其中公共消防水龙头24处、消防水管200丈、配有发电机的电动喷水灭火机1台、化学灭火机3台。

民国二十六年（1937），厦鼓之间开始使用安全系数高、载客量大的轮船代替帆船、舢板过渡。

基础设施之外，鼓浪屿的教育、卫生、文化等文教设施的水准也是一流的。当时的鼓浪屿有全厦门乃至闽南最系统、水平最高的幼稚园、小学、中学教育，英华书院领有最优等文凭的毕业生可免试进入英国及香港大学专门实业、医学等科。工部局设有卫生股负责全岛的防疫和公共卫生，鼓浪屿是闽南最早实行药物防疫的地区，岛上医院在闽南地区首屈一指，教会医院还对贫困患者实行减免费用的慈善治疗。岛上有多家报刊、书局、图书馆、图书室、阅报处，为岛民开阔眼界、增长见识创造了良好的条件。众多的工商、文教机构为鼓浪屿人提供了比较充分的就业机会，使得鼓浪屿人在经济方面处于相对宽松的境地，从而使鼓浪屿人多了一份闲情逸致，得以去追求风雅。

鼓浪屿是美丽之岛、财富之岛、舒适之岛，魅力无穷。

工部局成立不到10年，鼓浪屿人口激增、经济实力猛涨。1903年（清光绪二十九年），鼓浪屿只有3000人左右，工部局的年收入只有15416.50元，其中产业税收入9595.36元。到大清王朝的最后一个年份1911年（清宣统三年），岛上的人口增至约12000人。总面积不到两平方公里的小岛上，除了领事馆、教堂、领事与传教士以及海关职员的住宅之外，还办有罐头厂、机器电气行、制冰厂、米厂等多家工厂，有德记、和记、宝记、瑞记、协隆、宝顺、水陆、旗昌、振昌、美利时、三五、义和等洋行，有汇丰、台湾两家银行，有屈臣氏、主利、台湾记、广顺、德建、和利、裕记、安记、三达石油、亚细亚火油、大阪轮船等公司。工部局的年收入几乎翻了一番，达到27264.89元，其中产业税收入18584.86元。

大清王朝被推翻后，中华民国国民政府继承了清政府与诸列强签订的一系列不平等条约，鼓浪屿作为公共地界的地位没有变化。由于众多杰出华人、华侨的参与，鼓浪屿在经济方面的优势仍在继续。民国二年（1913），台湾富商林尔嘉在港仔后修建菽庄花园，成为鼓浪屿华人富商营造中西合璧私家豪宅的滥觞；1913年前后，旅菲华侨杨忠权在今鼓新路、安海路陆续建成名为杨家园4幢别墅；1915年，林尔嘉在今鹿礁路建造八角楼别墅；1918年，法国籍华人黄仲训在日光岩山麓建造瞰青别墅、1927年建造西林别墅；1920年，旅菲律宾华侨施光在今福建路营建大型别墅，后转移至黄仲训家族手中，成为黄荣远堂；1920年，黄奕住在田尾兴建黄家花园；1920—1930年，旅菲律宾华侨黄秀烺、黄念忆在今福建路兴建由5幢别墅组成的海天堂构；1921年旅菲建筑商黄世美在鹿耳礁购地营建美园别墅；1924年，旅菲律宾华侨黄赐敏在泉州路购置金瓜楼；1926年，黄奕住在田尾兴建观海别墅；1926年，旅菲律宾华侨李昭北、李清泉在升旗山麓建造容谷别墅；1927年，旅菲律宾华侨许经权在泉州路建成番婆楼。据统计，至1931年左右，这座小岛建造的大大小小别墅达1000座以上，别墅密度居全球岛屿之首。在富商巨贾竞相营造别墅洋楼的同时，黄奕住、李昭北、郭春秧等投入巨资，在鼓浪屿面对厦门岛的滨海地带建造楼房，形成龙头路、日兴街、锦祥街等商业街区。

到民国十九年（1930），鼓浪屿人口已经增至21042人，其中外国人约300人。工部局年收入达113113元，是工部局成立初期的7.3倍。其中产业税收入75058元，比工部局成立初期增加近7倍。1940年总人口约6万人，年收入达473180元，其中产业税139336元，当年新开征的货物进口税187189元。鼓浪屿成为名副其实的财富之岛。

当然，这座财富之岛并非不存在世界各地均无法消除的贫富不均的问题。富者家财万贯，贫者身无分文；富者拥有华堂豪舍，贫者难得蔽身之地。鼓浪屿的贫富差别尤其显著，但岛上贫富之间的对立未出现激化的现象。民国十一年（1922），工部局开征店铺牌照税，遭到各商铺反对，最终由黄奕住捐献1000银元抵扣当年店铺牌照税。民国十二年（1923），由岛内富裕阶层和知识分子阶层为主成立的华人顾问委员会向工部局提出免除提篮叫卖的老人和小孩的小贩牌照费的建议并得到采纳。在岛上的教堂、学校、医院等公众场合，极少发生以富欺贫的现象。岛上著名的富翁黄奕住、林尔嘉、黄廷元、卓全成等，同时也是著名的慈善家。即便为许多人所诟病的黄荣远堂堂主黄仲训，也有顺应社会舆论、把购来准备修建私家花园的大片土地捐出，以供建造延平公园之举。一些贫困者通过接受教育、苦心经营等途径改变了自己的地位。

鼓浪屿对世界开放之后，打通了这座小岛与世界各国的联系。岛上的中国居民通过多种渠道观察世界，了解世界，走向世界，使得当年的鼓浪屿人成为得风气之先的先行者。

鼓浪屿人走向世界的渠道之一是出国务工。尽管有着极大风险，付出了惨痛代价，但是，客观地说，华工出洋从总的方面来看还是符合各方利益的。因此，清光绪三十年（1904），美国向清政府提出续签《中美合订限制来美华工保护寓美华人条约》时，遭到全国各界的共同反对，鼓浪屿华人还到美国领事馆举行抗议活动。对于贫苦百姓来说，出洋虽然有风险，但与待在家里等死相比较，还是值得一试的。时论评说道："出洋的动机不仅仅因为田园广袤，而是因为工资较高。普通的苦力每月可赚五六元，在海峡殖民地与马尼拉可以轻易地加赚一倍。……但同时必须记住，移民的利益不仅在经济领域。几乎不反省、不可塑的中国人移民到新加坡（及马尼拉）受到很大的道德教益。他们被导致与善政、自由、公平的法律、公正的管理、好的路、好的教育等等接触。在这种条件下，他们兴隆发财，并产生朦胧的向往在中国必须建立同样的幸福。"华工出洋不仅对本人有好处，"年复一年，成千上万贫困阶层的人移居国外，他们中有一定比例的人又回来。……许多回来的移民，尤其是少数成功者，有着较丰富的经验，较广阔和较开明的视野。……他们最终将对邻近地区人民的性格和气质产生一个有益的影响"。今天的厦门，就是这样形成的。

鼓浪屿人认识世界、融入世界的另一个途径是游学。目前，我们可以追溯得到的这方面的先驱者是周慕西（又译为周摩西）。这位周慕西，1879年出生于鼓浪屿，其父为商人，曾多年兼任厦门伦敦布道团的执事。周慕西13岁考入福州鹤龄英华书院，22岁赴英国不莱福特约克郡学院学习神学，25岁赴德国哈勒大学学习神学，后转入柏林大学学习哲学，31岁时获柏林大学哲学博士学位，是中国最早的留洋哲学博士。周慕西曾短暂到英国吉尔福的公理会任教职，旋被京师高等学堂（北京大学前身）聘请为英德文教授。周慕西擅长语言学、哲学、神学，通晓英语、德语、拉丁语、希腊语和希伯来语。民国三年（1914）发起创办北京大学哲学系，同年7月病故，年仅36岁。周慕西"是一位受过西方规范教育、热爱教学且为学生尊敬爱戴的好老师，在师生中享有极高声誉"。周慕西逝世后，北京大学和北京基督教人士相继为其召开追悼大会，参加人数达2000人。出席追悼会的有北京大学校长胡仁源、预科学长徐崇钦、京师大学堂西学教席美国人丁韪良、北大英国籍法学教授毕善功、英国汉学家欧格非、北京国民政府外交总长陆征祥、直隶民政长赵秉钧等。北大文科教席陈衍作哀辞，范文澜、张崧年、袁同礼、傅斯年等学生撰写祭文。周慕西临终前将1227册西文藏书赠送北京大学图书馆，成为向北京大学图书馆赠书第一人。为表彰周慕西在为人师表方面的业绩，北京国民政府授予周慕西四等嘉禾勋章。

周慕西之后，一批又一批杰出学子从鼓浪屿走出，或远行天下，或近守家国，驰骋于各自领域，成为鼓浪屿风华绝代的记忆。从英华中学走出了王应睐、黄祯祥、顾懋祥、卓仁禧、洪伯潜、张乾二等6位院士（学部委员），还有考古学家、剑桥大学教授郑德坤，系统控制工程及运筹学专家、清华大学教授吴沧浦，生化博士、神学博士陈慰中，剑桥大学教授、禽病学家朱晓屏；寻源中学为世界贡献出"两脚踏东西世界，一心评宇宙文章"的文学大师林语堂，天文学家戴文赛、余青松，园艺学家李来荣等杰出人物；鼓浪屿几家女学堂培养出著名妇科专家林巧稚和何碧辉、著名音乐家周淑安等。这个名单还可以增加厦门大学校长卢嘉锡，厦门大学外文系主任巫维涵、黄希哲、刘贤彬，厦门大学人类学系主任陈国强、经济系主任吴宣恭，菲律宾中正学院院长邵建寅、世界级钢琴家殷承宗……

鼓浪屿成为许多出身未必显赫，但却志向远大、不屈不挠向上攀登的普通人走向世界的跳板。

有些鼓浪屿人因为某种机缘巧合走向世界。清道光二十五年（1845），时任英国驻厦门领事李泰郭的夫人看到被放在箩筐中随父亲沿街叫卖食品的吕文经，心生怜爱，将其收为养子。吕文经后被带到英国、苏格兰接受教育，20岁时回到中国，在海军服役，后成为著名的伏波舰的管带即舰长。李鸿章出使外国时被召为重要幕僚。

被西方文化浸染的鼓浪屿人也爱讲好人得好报的故事。清光绪二十年（1894），同安石浔两个十一二岁的吴姓娃娃手攥3枚铜板到厦门谋生，在厦鼓之间摇双桨船。十八九岁那年，两兄弟送一个荷兰人过渡到鼓浪屿。

客人上岸后，两兄弟发现客人把一个皮包遗忘在船上，连忙重新靠岸。老大拿着皮包，一直追到升旗山，把皮包还给荷兰人。因为皮包里的文件极其重要，荷兰人感激不尽，此后介绍了很多生意给这两个"诚实的年轻人"。兄弟俩生意经不错，成了荷兰一家轮船公司的代理，最后发达成富商。这就是厦门大名鼎鼎的天一楼巷庆让堂主人发家的故事。20世纪初，一个为了躲避瘟疫被母亲带到鼓浪屿的穷孩子，因为母亲在教会学校当工友，获得免费进幼稚园、教会学校的机会，后来出国深造，成为博士，成为福建协和大学农学院院长、福建农学院院长，这就是著名园艺学家李来荣的传奇经历。

在鼓浪屿，类似的机缘巧合故事还有很多，但任何一种偶然的机缘巧合都有其内在的必然因素。一个向世界开放的鼓浪屿才能有走向世界的机缘巧合。许多人正是因为踏上鼓浪屿这座连通世界的岛屿，才获得走向世界的机会。

公共地界时期，鼓浪屿报业蜂起。晚清时期，西方各国的新闻事业已经有了一二百年的历史。各国驻中国使领馆具有报刊登记的职权，只要在使领馆登记注册，就可以建社办刊。因此，鼓浪屿成为各国驻厦门领事馆驻地之后，成为晚清时期厦门报刊的滥觞之地。早在鼓浪屿划作公共地界之前的清同治十一年（1872），英国人就在鼓浪屿英国领事馆登记创办英文报刊《厦门航运报道》，与著名的《申报》同时创刊。清光绪二十八年（1902）创办的《鹭江报》，聘请日后著成《台湾通史》的学者连横为总编。民国七年（1918），一位英国籍华人在鼓浪屿英国领事馆登记创办《江声报》，后来成为闽南地区历史最长、影响最大的民营报纸。日本领事馆登记的报刊有黄乃棠和连雅堂于清光绪三十年（1904）创办的《福建日日新闻》，翌年更名为《福建日报》；林尔嘉以其子林景仁名义为主于清光绪三十三年创办的《全闽新日报》。民国五年（1916）由菲律宾华侨林翰仙和闽南革命党人许卓然创办的《民钟日报》则是在美国领事馆登记的。除了前述各报之外，还有《厦门画报》《厦门时事商业报》《鹭江报》《厦门时报》《思明日报》《厦声报》等数十家报刊，包括同盟会会员创办的《南兴报》《南声日报》《闽南日报》等报刊。

报业兴盛背后是各种意识形态相互宽容、多元文化共生并存。包括基督教新教（俗称基督教）、天主教在内的耶稣教文化进入鼓浪屿的时间较晚，到20世纪30年代也不过只有七八十年的历史，岛上的耶稣教信徒大约有二三千人。岛上还有儒、释、道等中国传统文化。公共地界时期的鼓浪屿，大多数的居民隶属中国传统文化圈。儒家文化在中国源远流长，但却迟至清康熙二十三年（1684）之后才进入鼓浪屿，以致清道光十九年（1839）刊印的《厦门志》不得不将明代厦门岛的名士池显方建在同安县城外的晃园附会在鼓浪屿日光岩山脚下。清光绪三十年（1894）中日爆发甲午海战后，清政府被迫将台湾割让给日本，一批不愿充当日本臣民的士大夫内渡厦门，寓居鼓浪屿，成为这座小岛儒家文化的代表人物。林尔嘉是这批人的领袖。他以菽庄花园为主要活动场所，与清进士许南英、施士洁、汪春源、陈海梅，举人沈琇莹，画家兼诗人龚植以及厦门名士周殿修、周殿熏、李禧等，成立菽庄吟社，出资刊印《菽庄丛刻》8种、《菽庄丛书》6部，保存地方文献，以极大的热忱传播传统文化。著名富商郭春秧以尊孔著称，民国十三年（1924）捐款重修曲阜孔庙。《民国厦门市志稿》称其"慨世教陵夷，因创设孔圣大道会，号召海内外"。鼓浪屿的释氏文化可追溯至明万历年间，但因为地偏人少，加上闽南多数佛教信徒大多持"重拜拜、轻佛经"的态度，号召力反而不如其后进入的耶稣教。不知是否受到基督教教会医院的影响，民国二十年（1931），由香港商人郭大川资助，鼓浪屿日光岩寺聘请精通青草药和中医外科的名医陈焕章，在寺内施诊赠药,民国二十七年(1938)增办黄家渡难民所施诊点,但其影响和社会效果不如教会医院。鼓浪屿民间的道家文化严格说来只是一种民间俗神崇拜,并无严格意义上的宗教内容。信众虽多,但多数为释、道不分。说起鼓浪屿的道教,不能不说到了闲社。民国十五年(1926),寓居鼓浪屿的闽侯人林端医生在鼓浪屿设立了闲分坛,又称了闲社。同一般的道教神坛不同,参加了闲社的大部分是知识分子,著名的厦门城市改造的总设计师周醒南就是其中一员。了闲道坛应该是归于道教的。可鼓浪屿的了闲社却也供奉地藏菩萨和观音菩萨,弘一法师、圆瑛法师以及会泉、转逢等名僧也多次到了闲社举办法会或讲经。

尽管多种文化共同跻身于鼓浪屿,使这座小岛显得尤为拥挤,但公共地界时期的鼓浪屿从来没有发生过诸如"教案"之类的群体性冲突,这在中国近代史上几乎可以称得上绝无仅有。

形成公共地界时期鼓浪屿多元文化共存并生局面的原因多种多样,但

20世纪20年代林尔嘉与外国友人合影

最重要的也就两条：一条是公共地界的常年公会以及工部局董事会在管理公共地界的过程中基本排除意识形态的因素。尽管常年公会即洋人纳税者会绝大部分为耶稣教信徒，工部局董事会洋人董事均为耶稣教信徒，甚至本身就是传教士，但他们在决定工部局事务时并不夹杂有宗教方面的因素。鼓浪屿儒家文化代表人物林尔嘉，多年担任工部局华人董事。鼓浪屿人黄省堂因能力突出、人品出众，先后任英华书院教师、工部局华人委员和副董事长、英华书院董事长，但黄省堂却是著名的佛教信徒。再一条是鼓浪屿宽松、自由的氛围使得不同文化类型的共生共存成为各方人士的共识。基督教刚进入鼓浪屿之时曾有严格规定：欲进入教会学校就学者和到教会医院就医者均需信奉基督教。清光绪三年（1877），基督教传教团体一名负责人提出意见，反对在医疗机构里布道和进行与基督教牵连的一切事情。这个反对意见得到采纳。以传教手段出现的教会医院逐渐演变为慈善医疗机构。随后，大部分教会学校也取消了入学者一定要信奉基督教的规定。宽松、自由的意识形态氛围为各个不同文化形态之间的交流创造了可能性。教会办的毓德女中、寻源书院、英华书院等学校，在传播科学新知的同时，将儒家的代表作《四书》作为国文课本。英华书院的创办者、《鹭江报》的总理兼主笔山雅各数十年如一日提倡"上帝加孔子"的救世主张。钢琴家闵义群辉牧师娘在传播西洋音乐的同时，也没有忽视中国传统音乐。她组织了鼓浪屿第一支民族乐队——懿德女中国乐团。毕业于鼓浪屿廻澜圣道书院的华人传教士庄垂青在闽南各地传教、办理地方公益及教育事业，同时潜心国学研究，立志冶儒、耶为一炉。他为自己取字重华、号舜同，浓厚的传统文化色彩不言而喻。他声称"阐扬教旨，不离经术"，成为闽南基督徒中能精研儒学的第一人。居住在笔架山的厦门大学校长林文庆，成长于基督教的文化氛围中，对中国传统文化也有深入的研究。他秉持"国学与西文两者不可偏废，而尤以整顿国学为最重要"的办学方针，强调"学新科学而不要忘记旧文化"，提倡尊孔崇儒，致力于研究和发扬国学，成为在中、西文化中都有重要建树的著名学者。这些领袖级人物对于中、西文化的态度，显然对鼓浪屿这个方寸之地有着举足轻重的影响。

共存并生不等于不同文化形态之间永远一团和气。基督教登陆鼓浪屿的背景就是硝烟弥漫的战争。登陆之后，局部的、小规模的冲突仍是不可避免的。有人质疑：年年拜神，为什么瘟疫还是年年发生，死者不计其数？主事者回应道：如果没有神明的庇佑，死于瘟疫的人会更多。1903年夏天，厦门发生瘟疫，鼓浪屿工部局为控制疫病传染，禁止在疫病发生期间举行聚会。兴贤宫却于7月28日请戏班演戏酬神，祈求神明帮助消弭瘟疫。工部局巡捕闻讯前来制止，爆发冲突，导致五六人受伤。民国三年（1914）2月18日，两个印度巡警在巡查鼓浪屿龙头街时，发现福恒发菜馆违反《公共地界规例》第四条"伸出街道各项"的规定，将门板堆放在店外，妨碍行走，便令店员将门板收起。当天下午，巡捕巡查时发现该店又将门板堆放在店外，欲对店员进行处罚。双方发生争执引起民众围观。争执、围观过程中，发生了巡捕被打事件，巡捕队闻讯集体出动，并向围堵民众鸣枪示警，引起恐慌，龙头街各店铺纷纷关店停市。事态平息之后，福恒发菜馆店主到工部局投案自首，被判处拘禁。后人将两个事件演绎成国人反抗工部局统治的斗争。实际上，只要客观、冷静地想一想，就不难明白：两个事件只不过是传统农耕经济文化背景下形成的生活习惯与市民生活规范之间的冲突。

值得一提的是，当年发生在鼓浪屿的大大小小的此类事件，最终都在公共地界所颁布的法律、法规范围内得到解决，其中影响最大的是著名富绅、工部局董事会华人董事林尔嘉与几任厦门海关税务司因土地纠纷引发的官司。

林尔嘉与几任厦门海关税务司的官司从民国十一年（1922）开始，官司从工部局、思明县打到厦门，厦门道（原兴泉永道）、福建高等法院、北京，最后又回到鼓浪屿，到民国二十年达成和解，前后达9年之久。据传林尔嘉为了这场官司，还特意派自己的一个儿子到英国攻读法律。这场官司影响虽大、时间虽长，但说到底就是不同文化背景对地权、物权理解不同所形成的对立。厦门海关税务司这边以英国法律为背景，认为自己兴建在前的税务司公馆的价值包括该公馆观海、下海的便利在内，且与下海途中的相关地段主人签订有置留权契约，因而应该受到保护；林尔嘉在海滨建桥，未获得工部局建筑执照，亦未得到厦门理船厅的批准，违反了《厦门鼓浪屿公共地界章程》第十条和《厦门口理船章程》第二十款的规定，故不应受到保护。林尔嘉则从中国法律背景出发，认为自己既然购得海滨土地，就有权在相应地界之内营造建筑。最终双方达成妥协：厦门海关税务司承认税务司公馆下海所经之地所有权属林尔嘉，公馆为使用该地，每年给付林家租金10元；林家划出长、宽各25英尺的地块作为税务司公馆通海的路径，并声明"无意"在可能影响海关税务司公馆观海之处兴建高大建筑。

对于林尔嘉与厦门海关税务司的这场官司，轻言孰是孰非、孰赢孰输似乎有失之草率之嫌。若说林尔嘉无理取闹，林尔嘉应该不会对海关税务司无理取闹；若说海关税务司仗势欺人，海关税务司应该不会仗势欺负林尔嘉。双方以达成妥协的结果结束这场官司，说明不同文化形态之间并非一定要较量出非胜即负、你死我活的结局。这也是鼓浪屿公共地界文化生态给予世人的启示之一。

第二次世界大战的爆发改变了世界的政治格局，也中止了鼓浪屿发展的步伐。战争摧毁了鼓浪屿原先的经济、政治、社会基础，鼓浪屿的往日就此成为无法复制的历史。

独占鼓浪屿

1941年12月8日，日本奇袭美国珍珠港，太平洋战争全面爆发。同一天，日军出兵攻占了鼓浪屿。

这不是巧合，而是日军长期策划的一个阴谋。事实上，他们窥视鼓浪屿已经很久了。

俗话说，贼总惦记着别人家的好东西。早在1895年，在中日甲午战争中获得胜利的日本通过逼迫清政府签订丧权辱国的《马关条约》窃得台湾之后，就已经开始打厦门和鼓浪屿的主意了。他们先收购鼓浪屿一处山坡作为日本人共同墓地，又于1899年1月24日由驻厦领事上野专一照会福建兴泉永道，要求"将厦门城外对鼓浪屿之火仔垵、沙坡头及中间各该沿海一带背后至山顶之地方12万坪，又生屿及大屿内对鼓浪屿之沿海10万坪，共22万坪，作为专管租界"。

其时，甲午战争惨败痛犹在心，但日本政府恃强凌弱，又有两国条约为据，拒之不得。若贸然答应，鼓浪屿将被划去三分之一。接到日本照会后的第三天即三月二十九日，清政府总署就致电闽浙督署和闽海关，称日本政府"肆意婪索，希冀联接台湾声势"，指示闽浙总督"派出明干妥员详勘，拟议绘图贻说速复，以备辩驳"。前电发出后才过一天，总署又致电闽浙督署，再次强调："台澎既被允据，厦门近在咫尺，租界久远之事，不可不慎之于始。"电文还明确指示"须密向税司（指厦门海关税务司，当时由英国人担任）察访情形"。

根据总署的指示，厦门地方官员陆续向厦门海关税务司及各国驻厦门领事通报有关情况。当时的鼓浪屿已经成为英、美等西方列强的主要居留地之一，日本要在鼓浪屿设立专管租界，显然对西方列强在中国的利益构成威胁。清光绪二十五年（1899）正月，美国驻厦门领事照会兴泉永道，声称奉美国政府命令表明立场，反对在厦门通商口岸内设立他国的专管租界，并声称如果清政府答应日本在鼓浪屿设立专管租界，则美国要求将鼓浪屿日本未请之地设为美国专管租界。英国大使也向清政府施压，表示英国政府不同意在鼓浪屿设立日本专管租界。英国驻厦门领事照会兴泉永道，威胁道："如因日本坚要专界滋事，致碍英人商务，抑或英人生理被所阻挠，惟要向地方官是问，赔偿一切。"由英国人担任的厦门海关税务司也多次表示反对在厦门单独设一国的专管租界。

那个时候，日本还没有强大到可以无视美、英、德的存在，见英、美等国反应强烈，不得不放弃在鼓浪屿设立专管租界的想法，转而图谋厦门岛西南沿海的虎头山。参与此事的清廷各级官员借助鼓浪屿的经验，通过外交谈判、商户请愿、市民阻扰等各种手段与日本人周旋，日本独占虎头山作为专管租界的图谋最终未能得逞。在晚清外交史上，像鼓浪屿、虎头山日本专管租界事件这样不动刀枪、通过软缠硬磨挫败列强强取豪夺的事例，可以说是绝无仅有。

阴谋一时未能得逞并没有让日本人真正死心，他们时刻窥伺着时局的演变。

1900年，我国爆发了声势浩大的义和团运动，偏居东南一隅的厦门也出现了来自北方的义和团团员的身影和招募团员的布告。各国驻厦领事闻讯，顿时惊慌莫名，立即通知在厦门及周边地区活动的外国传教士集中到鼓浪屿避难。在厦相机行事的日本领事以为别国领事此时岌岌自危，无暇他顾，遂于8月24日借口保护侨民，命令停泊在厦门港的日本"须磨"号、"筑波"号、"千早"号、"高千穗"号等战舰，立即派遣陆战队队员强行登陆厦门和鼓浪屿，日夜站岗巡逻，企图浑水摸鱼。

　　但是，急不可待的日本人这次又错估了形势。英、美两国从自身利益考量，也坚决反对日本独占厦鼓，于是分别派出"爱西斯"号和"卡士登"号军舰来厦示威，警告日本不要一意孤行！双方剑拔弩张，一触即发。日方见势不妙，下令撤兵。

　　时序进入了1937年。"七七"事变，中日断交。同年8月，在厦日人及日本总领事馆灰溜溜地撤离厦门。但是，仅过了不到一年的时间，即1938年5月，日军便卷土重来，并于5月12日完全占领了厦门。随后，日本驻厦总领事馆重新在鼓浪屿开张。那个时候，鼓浪屿已经成为各国的公共地界。但日本人独占鼓浪屿之心不死，他们公开扬言："鼓浪屿潜藏抗日分子，中国游击队，支那特务机关，给予厦门皇军政治上军事上不少威胁。厦门居民，大多迁居鼓浪屿不肯回归，使皇军繁荣厦门工作，遭遇不少阻碍，欲排除厦门的威胁及繁荣厦门，必须占领鼓浪屿！"经过处心积虑的准备，终于在1939年5月11日，借口伪厦门治安维持会委员、伪商会会长洪立勋被暗杀于鼓浪屿龙头街，"基于保护的必要和自卫权的发动"，由日本海军司令宫田下令海军陆战队200人武装占领鼓浪屿，并贴出布告要"根绝不逞的匪徒"。于是，"数百中国青年在一夜间失踪，日台秘密警探布满全鼓，绑架暗杀，无所不为，宁静的岛屿变成恐怖世界"！

　　与此同时，日本总领事内田五郎向鼓浪屿工部局董事长毛候士递交照会，以"鼓浪屿岛与福建大陆接近，容易成为抗日策动的据点"为借口，提出改组工部局的要求。背后有美、英、法领事撑腰的鼓浪屿工部局没有理会，反而要求日本从速撤兵。为了向日本人施加压力，英舰"谦德"号随带两艘驱逐舰，由怒勃尔大将率领，首先抵厦；美舰"达尔萨"号随之入港；法国也由远东舰队司令勒克中将自西贡乘旗舰"英德"号赶来。美国国务院为此发出通告："美国陆战队登陆是因为工部局力量不足，秩序纷乱，有产生不法行为的危险。"日人恼羞成怒，利用控制厦门的优势，一面封锁鼓浪屿与漳厦大陆的交通，企图使鼓浪屿居民因断绝粮食而不得不迁返厦门，一面指使日台浪人横行鼓岛，公然绑架劫掠，使岛上秩序纷乱不堪。尽管如此，美、英、法领事依然态度强硬，不与日本妥协。双方各执己见，僵局形成。

至9月3日，英、法正式对德国宣战，欧战全面爆发。于是，英、法陆战队撤下鼓浪屿，原来停泊在鼓浪屿海面的英、法军舰也突然驶离厦门港。日军认为时机已到，加紧对鼓浪屿的封锁和捣乱。工部局勉力支撑月余，终于屈服，不得不与日本签订包括"取缔反日行动""即时采用日本人为监督及警官部长"等内容的协定。日军由此获得了对鼓浪屿的"半统治权"，勉强同意撤兵。

"半统治权"显然不能满足日军独吞鼓浪屿的野心。但那时美、日还未交战，日军有所忌惮，只好暂时强压着日益膨胀的欲望。

1941年12月8日零时，日本成功偷袭珍珠港内的美军，迫使美国对日宣战。驻厦日军认为独占鼓浪屿的条件业已成熟，遂于当天下午派出海军陆战队，分别从龙头、内厝沃、田尾登陆，岛上所有的美、英等国人全部被俘，成为日军的阶下囚。日本军官得意洋洋地宣布："今天是大东亚圣战开始，大日本帝国对英、美、荷白魔宣战；皇军奉命占领鼓浪屿，一切敌对国人员，都成为俘虏。" 1943年5月20日，南京汪精卫伪政权在日本授意下发布"收回鼓浪屿租界政权"通告，并于5月28日成立汪伪厦门市政府鼓浪屿办事处，1944年3月15日改组为汪伪特别区公署。但实际上，鼓浪屿的大权仍然掌握在日本人手上。

日军独占鼓浪屿的黑暗时期持续到1945年。那年的8月15日，日本宣布无条件投降。1945年9月28日，中方海军在鼓浪屿鹿礁路2号原海滨旅社举行接受日军投降仪式，中方海军代表李世甲、刘德浦等接受日方海军中将原田清一等人的投降。

厦门和鼓浪屿回来了……

2008年底，厦门市启动鼓浪屿申报世界文化遗产的工作。2017年7月，鼓浪屿以历史国际社区的名义被第41届联合国教科文组织世界遗产委员会正式列入世界文化遗产名录。鼓浪屿申遗委员会在申遗报告中写道：鼓浪屿成为全球化早期阶段多元文化交流、碰撞、互鉴的典范，也为当今世界不同文化间价值观的相互理解与共同发展提供了宝贵的历史经验。世界遗产委员会认为：鼓浪屿是中国在全球化发展的早期阶段实现现代化的一个见证，具有显著的文化多样性特征和19世纪中叶至20世纪中叶的现代生活品质。鼓浪屿突出地反映了多元文化在各个方面的广泛交流，保存完好的历史遗迹真实且完整地记录了其曲折的发展进程和生动的风格变化，真切地反映了激烈变革时代的历史。两份文件清晰阐明了晚清至民国时期鼓浪屿多元文化的魅力和价值所在。

就在鼓浪屿被列入世界文化遗产名录之后不久，2017年9月3日至5日，金砖国家领导人第九次会晤在厦门举行，此次会晤发布的《金砖国家领导人厦门宣言》又一次提到"秉持多边主义，坚持开放包容，弘扬多元文化，促进人文交流"等内容，世人又一次认识到鼓浪屿多元文化的世界性价值。

XIAMEN
THE BIOGRAPHY

厦门传

第八章　厦门升格

脱离同安

清末,革命起义风起云涌。

武昌起义爆发后,中国同盟会厦门地方组织(下称"厦门同盟会")加紧在厦门及漳州、泉州等地的活动,起义风声不胫而走。兴泉永道道台庆藩颇识时务,不战而退,悄悄脱去官服,换上便装,搭乘英国轮船逃往上海租界。海防同知王子风也藏匿起来,不敢履职。

清宣统三年九月二十四日(1911年11月14日)下午三时许,厦门同盟会在寮仔后天仙茶园聚会,推举张海珊为革命军司令、谢承为副司令,同时成立军务、参谋、进攻队、先锋队、巡防队、民军义勇队、华侨炸弹队、侦探、外交、军医、粮台、账房、书官等临时机构。革命军连同临时参加起义的人员有1700余人。革命军自寮仔后天仙茶园出发,一路从关隘内涌入厦门城西门,一路从刣狗墓涌入厦门城南门,兵不血刃地占领了提督衙门(址在今新华路厦门市公安局),随后又顺势占领了道台署及岛上军事要地。清政府驻厦门的文官武将逃的逃、降的降。福建水师提督洪永安躲在战舰中未敢露头,水师中军曹春发经同盟会派人劝说,亦同意易帜起义。厦门同盟会遂不发一枪一弹,顺利光复厦门。

清宣统三年(1911)九月二十五日,厦门同盟会宣告成立福建军政府南部分府厦门民政厅,暂时使用前清厦防厅印鉴,推举张海珊为南部分府统制、蒋德清为副统制。九月二十八日,临时在天仙茶园参加起义的民兵和前清兴泉永道署警察因为奖赏金额发生流血冲突,张海珊等人自动辞职。十月初,福建军政府决定撤销南部分府,恢复兴泉永道,道署仍旧设在厦门。福建都督孙道仁委派前清兴泉永道海防同知原鸿逵出任兴泉永道道台,任命前清福建水师中军曹春发为厦门司令官。

民国元年(1912)4月召开福建省临时议会。按规定,每个县可以推选议员一名。此时,厦门仍旧依附于同安,如果维持现状,则必须与同安合选一名议员,能否选上还尚未可知。于是,厦门各界人士联名致电福建都督孙道仁,称厦门"户口之繁盛,财产之雄厚,均较同安为最。民国成立,自应脱离同安羁绊而独立。请饬临时议会,加入厦门区域议员,以符共和平等之旨"。同时,地方知名人士黄鸿翔、黄廷元赶赴省城,面见都督孙道仁,陈述郑成功时期设立思明州的旧事,请求将厦门升格为思明县。

厦门人的强烈要求,得到福建省临时议会、福建军政府政务院的同情与支持。民国元年4月15日,福建军政府政务院议决:"厦门改设县治,以厦门、金门及附属各岛为界。"同时任命原同安县知事陈文纬(紫垣)为思明县知事,并分配给新设立的思明县一个议员名额。

厦门未设县之前,岛上的行政事务是由兴泉永道海防同知管理的,海防同知署建在鸿山寺东侧。清朝被推翻后,不再设海防同知一职,在原海防同知署设民政厅,管理岛内政务。思明县成立后,即以原海防同知署作为县署。

厦门改设思明县八个月之后,福建省临时议会宣称:"厦门系通商巨埠，为各国观听所系，又改思明县为思明府"，并任命原思明县知事为思明府知府。

但福建军政府并不买临时议会的账，随即宣布取消省以下的府、厅、州，实行省、道、县三级地方政制。按照这一地方政制，福建设立东路、南路、西路、北路四个道，改道台为观察使。原兴泉永道被撤销，在其辖区内设立南路道，管辖思明、莆田、仙游、晋江、南安、惠安、安溪、同安、永春、德化、大田等11个县，南路道观察使署仍设在厦门。思明府无疾而终。

民国三年（1914）1月，从思明县析出大、小金门岛和大嶝、小嶝等岛屿设立金门县。同年六月，南路道改称厦门道，管辖区域不变。

民国十六年（1927年）5月，南京国民政府福建省政府成立，全省实行省、县二级地方政制，厦门道撤销。从清雍正五年（1727）兴泉道移驻厦门，到民国十六年撤销厦门道，"道"这个机构在厦门整整存在200年。在这200年内，"厦门"虽然只是厦门岛西南部一个小角落的名称，但因为"道"这个机构的存在，给了"厦门"许多风光。如今，没有了"道"这个机构，厦门的官绅商学各界才发现：思明县这个传统政区的设置，完全不能适应厦门发展的需要。

是的，这一时期的厦门，与原先那个"同安下面通海之门"完全不可同日而语。这一时期的厦门，是破茧而出的厦门，是新兴的厦门。

现代市民

从清道光二十三年（1843）厦门开埠到1912年中华民国成立，在这70年内，随着厦门港经济地位的提高，清朝廷对这座小岛的重视和控制日益加强，传统的中华文化在厦门的影响日益深厚，彻底改变了清初福建东南沿海这座小岛与中原文化若即若离的状态；与此同时，与海外通商浸染的西洋文化也卓有成效地在这座小岛打上鲜明的印记。不同文明在厦门岛上交融、汇合、撞击，催生出一种独具特色的厦门文化。这种文化最具特色的表现之一是市民阶层的觉醒、崛起与成熟。在人类文明发展的历史进程中，城市化是人类文明发展的标志性阶段，现代市民是城市化进程的产物。从这个角度讲，现代市民的产生具有划时代的进步意义。

所谓现代市民，大约有以下几个鲜明的特征：一是接受过教育，二是有法制意识，三是有自治意识，四是有开放包容意识。新生的厦门市民担得起这几条。

厦门的现代教育发轫于19世纪下半叶，经过半个多世纪的努力，到

20世纪20年代末,已经形成相当的规模。据民国十九年(1930)的统计,小小的厦门(不含鼓浪屿)居然有8所公立小学、48所私立小学、9所中等学校、6所专门学校、4所幼稚园、4所平民学校,还有1所大学、3所以吸收外籍学生为主的外国学校和11所知名私塾。这些教育机构绝大多数分布在厦门岛西南部不到4平方公里的人口稠密之处,这在其他地方是不可想象的。同一时期,厦门学龄儿童的入学率和人口的非文盲率都在33%左右,这一数据虽然比不上鼓浪屿,但比起当时全国非文盲率的数据,高出一倍多。厦门的教育受鼓浪屿的现代教育理念影响很大。现代教育承认"惟有读书高",但不承认"万般皆下品"。读书是为了提高人的素质,不是为了当官。读书人可以成为政治家,可以是学者,可以是艺术家,可以是工程师,可以是商人,可以是工人、商贩,也可以是家庭主妇。曾担任福建省社会科学联合会副主席的黄猷前辈认为:"为这种文化所化的一代、两代鼓浪屿人,男士是昂藏、洒脱而敬业、勤谨,女士则是修整、大方而喜乐、恬静,一群群男女青年学生走在街上就是一道道显得超凡脱俗的风景线。这是真情的流露而非对英国绅士、淑女贵族气派的仿真。"

厦门历史上衙门多、官员多,法制环境相当恶劣。尽管有《大清律》之类的典籍,但大清王朝就其根本而言,是个官本位的王朝。官官之间"官大一级压死人",官民之间则有"抄家的知县,灭门的知府"之说。厦门为同安县下辖的嘉禾里之一隅,同安县派驻厦门岛的石浔巡检司尽管是个从九品末级小官,对于百姓而言仍有极大的威慑力。恶吏欺掠良善,无须确凿证据,只说有人控告,需到同安见官,百姓畏惧山路海道艰险,且寻思即便去到同安,县里无人,也打不赢官司,往往选择花钱买通衙吏,就地了事的办法。此弊盛行之时,县衙的恶吏竟然勾结地痞,在蕹菜河公开设点,作为办事机构,人称"间仔"。经清道光十年(1830)上任的道台周凯惩办之后方告收敛。周凯是组织编撰《厦门志》的文化人，正义凛然。鼓浪屿工部局在鼓浪屿实施管理之初，相关章程规定：工部局捕人或处罚人，须经会审公堂审理无误后方可执行，且老百姓也可以控告工部局。这些规定使鼓浪屿人和一水之隔的厦门人感受到一种截然不同的治理风格。一些人对此将信将疑，更多的人则是完全不相信。但鼓浪屿的这些法规并非只是装装门面。清宣统三年（1911）九月，英国人吗磷家中贵重物品被窃，向工部局报案，指控雇工郑六、林依六、程春卿等人有盗窃嫌疑。九月二十八日，会审公堂会同英国驻厦门副领事就此事开庭审理，控方在审理时未能提供确凿证据，指控不能成立，被控方当庭开释。民国五年（1916），工部局在鹿耳礁鸡冠石地段黄李氏、黄杨氏、黄固、黄乾等人的世管坟园内树碑，划为公界。黄姓诸人通过会审公堂向领袖公堂提出申诉，经过一番交涉，工部局不得不将界石上的刻字改为"前中国地方官禁卖该地"的字样。

民国六年（1917），厦门设立地方审判机构和检察机构，开始实行独立审判，同时实施律师辩护制度，稍后成立厦门律师公会。厦门人的法制意识逐步得到培育和增强。

民国期间，各地方政府设有花捐局，负责征收风月场中风月女子的税收。民国十九年（1930），思明县花捐局征收的费用除了每人每月5元花捐，另有印花捐、卫生捐、警察捐等8种，平均每个烟尘女子每月缴交的税收约20元，相当于一个工人一个月的工资。

民国十九年3月，思明县花捐局在原先的花捐中设教育附加捐，拟加征花捐二成。消息传出，立即在风月场中激发一场风波。以旧四宝的花天慧、醉春亭的花宝玉和花嫦娥等人为首，率领200多位风尘女子到思明县政府请愿，要求撤销附加捐。刚刚到任不久的县长闻讯，大为吃惊，连忙到县衙门口好言劝慰：诸位请回，有事可派代表前来申诉。花天慧等人又分头到国民党思明县指导委员会和思明县妇女协整委员会谒见相关首长，痛诉处境之艰难、负担之沉重。两处机关首长深表同情，当即转函县政府。两天后，花天慧等4位代表再赴县政府，要求谒见县长。县长接待了4位代表，当场答应取消附加捐。在这一事件中，花天慧们懂得通过请愿来维护自己的权益，此事件中的那位思明县县长，面对治下"女贱民"闹事风潮，没有动用后来国民党政府常用的警察、水龙，甚至没有厉声厉色，而是好言相劝，最后竟然屈从于烟花女子，宣布取消花捐的教育附加捐。在国民党统治大陆的历史上，这可能是绝无仅有的一回。这位县长姓杨，晋江人，律师出身，是学法律的。

传统的中国社会是宗法社会，实行宗族管理。宗族中出能人的时候，可以管理得很好。大嶝岛田墘的红砖厝错落有致、排水系统、林希元倡导种植的风水林，都是传统宗法社会有效治理的实证。

清康熙二十三年（1684）设立闽海关后，厦门成为港口城市，宗法制度在厦门行不通了。以建房、丧葬为例，官府不管，没有族长等宗法制度的民间领袖管，其结果就是乱。现在广为人知的旅游胜地以及商业区、居住区如万石岩、虎溪岩、凤凰山、虎头山、镇南关、沙坡尾等，包括鼓浪屿，都成为坟茔狼藉的墓葬之地。

清光绪四年（1878）七月，英、德领事发起组织"鼓浪屿道路墓地基金委员会"，筹措款项用于鼓浪屿的道路、墓地建设，鼓浪屿的近代城市建设由此开端。鼓浪屿类似的自治机构还有洋人纳税者会、华人纳税者会、华人议事会、商业联合会等，都是市民的自治机构。学校也注重培养学生的自治意识。毓德女中学生会模仿社会管理机构，将学校称为毓德市，由学生任市长、局长等职务，锻炼管理能力。

清宣统二年（1910），在小走马路成立地方自治研究会，随即在厦门城内外及厦门港各保成立自治会，虽然是奉旨成立，但在辛亥革命厦门光复期间出现管理空白、社会秩序混乱、盗贼强横横行的局势下发挥了巨大作用，各自治组织成立保安会，组织保安团，日夜巡逻，保证一方安全和社会稳定。

厦门人口五方杂处，各地人士从业、生活多有交集，清末开始成立会馆、同乡会、公会等自治组织，遇有纠纷之事，自行协调解决，同时办理同乡之间互助、慈善事业。清末民初，设在今小走马路的广东同乡会设有会馆、学校、诊所、阅报所、惠济会等公益机构，甚至在会馆附近的望高石一带购地，辟为广东公园。台湾、福州、安溪、永春等地同乡会也为本籍同乡开办了子弟小学。20世纪30年代，江苏、温州籍民众在厦门设有同乡会，福建省内同安、安溪、惠安、晋江、南安、海澄、永春、永定等县在厦门设有会馆，成为非本地籍市民自治的一种主要形式。

市民自治的另一种形式是家族自治会。厦门的家族自治会所指家族不同于乡村传统的家族，成员之间的血统联系并不明显，实际上可称为姓氏自治会，主要依靠姓氏进行联系。厦门家族自治会的主要职能也是联络感情，排解纠纷，互助互济，不少家族自治会如陈姓、黄姓、李姓、吴姓、林姓、白姓、杨姓、孙姓等家族自治会都办有学校，为同姓子弟解决入学问题。

法制意识、自治意识与开放包容意识相伴而生。如果说，厦门早期善于吸纳、乐于包容是建立在这座岛屿本身资源缺乏、生产资料和生活资料不得不依赖外部输入的现实，进入20世纪之后，这种朴素的想法逐步演变成开放包容的文化。厦门的开放有如她的地理——一座无遮无挡的蕞尔小岛，敞开胸怀迎接天风海涛；厦门的包容，有如她的环境——海阔凭鱼跃，天高任鸟飞。

厦门没有她的两个近邻泉州和漳州那样历史久远，家底深厚。实事求是地讲，厦门所有的文化，不是来自两个近邻，就是来自更为遥远的海外，厦门只是默默地接纳来自岛外的一切，用海港的情怀加以孕育，将所有来自异域的事物纳入这座岛屿，化成躯体，融为灵魂。

譬如佛教，传入厦门未必早于泉州、漳州，但改寺庙子孙制为选贤的十方制、推行佛教改革、发展现代僧伽教育以及居士佛教的兴起，等等，均始于厦门南普陀寺。

譬如基督教，在十字架进入之时，现代医疗、现代教育、现代生活风尚、闽南话罗马字同时得到发扬光大。

譬如戏曲，厦门岛根本没有自己的地方剧种，但进入20世纪，京剧、闽剧（福州戏）、泉州的老戏（南词）、漳州的七子班、潮汕地区的潮州戏、同安的九甲戏（竹马仔）、台湾戏（歌仔戏）、闽南土戏（猴戏）在岛内争相出彩，其中京剧就有上海京班、本地京班七个剧团，还有业余票房七家，掌上木偶（布袋戏）和提线木偶（嘉礼戏）有漳州和泉州多个戏班，还有海澄的纸灯戏（托景仔）。

譬如南曲，这种传统音乐的原生地无疑在泉州，传入厦门的时间当在清康熙末叶，但在清道光十六年（1836），厦门已经有了闽南最早的南曲馆金华阁，之后陆续有安同阁、同华阁、文安阁、集源堂、东阳阁、锦华阁、集安堂等曲馆。祖籍泉州的厦门人林祥玉长期任厦门南曲馆集安堂乐师，清末赴台湾传授南曲，民国三年（1914）将多年积累的《南乐指谱》四册交付出版。祖籍漳州的厦门人林霁秋历时十余载，于民国元年（1912）编成《泉南指谱重编》，民国十二年（1923）由上海文瑞楼书庄出版，民国三十二年（1943）编著《南曲精选》13集。林祥玉和林霁秋的著述成为清代至民国期间南曲的传世之作。据唱片收藏家郭明木先生考证，清宣统二年（1910），厦门集安堂南曲馆应旅菲律宾华侨蔡浅邀请，在鼓浪屿录制南曲唱片，由美国胜利唱片公司和英国留声机和打字机公司发行，此为南曲通过唱片走向世界之始。之后，国内外唱片公司多次到厦门录制南曲唱片,厦门的开放包容对南曲的影响不言而喻。

譬如餐饮,在19世纪之前,厦门没有值得一提的传统餐饮品牌。但在开埠之后,满族人带来了京菜,福州人带来了福州菜,广东人带来了粤菜,回族地区的移民带来了清真菜,在各种菜系共生并存、相互融合的环境下,厦门逐步形成自己的菜系。地方风味小吃也是如此,厦门知名的小吃品种,如虾面、肉粽、鱼丸、花生汤、芋包、帛饼(春卷)、涂蚵冻(土笋冻)、炒面线、五香、面线糊、蠔仔煎、蠔仔糜(海蛎粥)、油葱粿、麻糍、橘红糕、马蹄酥、炸枣、盒饼(馅饼)、韭菜盒、炸蔻……林林总总,其原产地大都在周围各县,沙茶面独具厦门特色,但其风味却可以追溯到印度尼西亚。

市民阶层划分为士农工商,商为末流。这一制度贯穿封建社会始终。尽管从清康熙二十三年(1684)在厦门设立闽海关之后,商民阶层很快就发展成为厦门岛上最主要的经济力量,尽管厦门的商民阶层每年都要为大清王朝贡献10万余两的税收以及不少于正式税收的额外负担,但在鸦片战争爆发之前,商民阶层在士农工商"四民"中,仍长期处在最底层,属于被"抑"的对象。清道光十九年(1839),闽海关设立已有一个半世纪,但当年刊印的《厦门志》不仅对岛上商业经济的情况少有记载,就连传统正史人物传记中为商业界人物设置的类别"货殖传"也付诸阙如。在地方官员的心目中,商民的存在就是为了缴税、纳捐、承担各种名目的规费,谈不上什么社会地位。少数经济实力雄厚的商家为了改变自己的身份,通过捐款或变相捐款如赈灾、协办防务等,获得朝廷封赠职务官衔。如祖籍龙溪县的台北板桥人林维源,捐献50万元银元帮办福建海防、督造台北城小南门,被清朝廷授予四品卿衔,后又因多次捐款、协办防务、帮办垦务等功绩,先后被授予太仆寺卿(三品)和侍郎(二品)等职衔,其子林尔嘉也被封赠为四品京堂。在清代,四品官阶足可以与道台一级的官员平起平坐了。而大部分传统的商民在一些地方官员的淫威之下,只能忍气吞声、逆来顺受。

厦门成为商埠之后,商业活动日趋频繁,增加了商民之间连声通气的机会,并催生了厦门岛上特殊的商民组织——途郊。途郊为厦门方言。途,是行业的意思;郊,同交,是交际、交往的意思。也就是说,途郊是从事同一行业的商民日常交际、交往的组织。清嘉庆十八年(1813),为厦门岛洋船出海实行保结的是岛上唯一一家洋行和合成。因为为洋船保结有利可图,商行广郊金广于嘉庆二十二年(1817)向浙闽总督提出申诉,控告和合成独家包揽洋船保结业务,有"把持勒索"之弊。后浙闽总督将洋船保结业务批转给岛上的十四家商行共同办理。这件事情中出现的"广郊"指的是从事厦门与广州之间商务活动的商民民间组织。厦门南普陀寺保存的一方乾隆五十六年修庙捐赠芳名碑有"台厦南郊金永顺"的捐资记录,说明厦门岛的"途郊"最迟在清乾隆五十六年(1791)之前已经成立。此后,厦门岛的"途郊"继续发展,但不甚规范,有按行业成立的,如纸郊、碗郊、茶郊;有按贸易区域成立的,如泉郊(与泉州进行贸易)、福郊(与福州进行贸易)、笨郊(与台湾笨港进行贸易)。在清光绪二十五年(1899)之前,岛上关系较密切的十个途郊成立了联合组织十途郊,称"十途公所"。这十途是:洋郊、北郊、疋头(布匹、棉纺)郊、茶郊、泉郊、纸郊、药郊、碗郊、福郊、笨郊。十途郊中没有广郊,足见十途郊并非厦门所有的途郊。在光绪二十五年发生的日本索要虎头山作为厦门专管租界的事件中,十途郊已经可以派出董事向官府交涉,代表商民发表意见。足见此时厦门商民阶层的自我意识和社会地位都有了提高。

随着国内工商业的发展,为了"通商惠工",清政府于光绪二十九年(1903)七月十六日成立商部。同年十一月二十四日,光绪皇帝批准商部拟定的《商会简明章程二十六条》。商部在给皇帝的奏折中称："商会者，所以保商情，通商利，有联络而无倾轧，有信义而无诈虞。"而商部制定的商会简明章程第三款则明确指出：天津、烟台、上海、汉口、重庆、广州、厦门等"商务繁忙之区"应设立商务总会。光绪三十一年（1905）八月，厦门商务总会正式成立。清政府商部原定在籍侍郎林维源为总理，但林维源于当年六月十六日病逝，清政府商部改任林维源之子四品京堂林尔嘉为厦门商务总会总理。

当然，清政府成立商务总会的另一个目的是为了通过商务总会控制经济实力越来越强大的商民阶层。商务总会由清政府商部倡立。商务总会章程由清政府商部厘订，各地商务总会总理则由商部直接提名。因此，商务总会实际上是个半官方的组织。但是，不管怎样，商务总会的成立毕竟说明商民阶层的实力得到当权者的承认，为商民阶层提供了与官府沟通的渠道，为商民阶层维护自身权益、参与社会事务提供了舞台。

厦门商务总会正式运作之后，制定了一系列规范商业运作的章程、条例，又成功奏请朝廷免除厦门商界自清乾隆年间开始的"进贡燕窝"的额外负担，树立了商务总会在厦门社会、经济活动中的影响，成为厦门岛上最具影响力的社会团体之一，具备了维持社会治安、应对政权变更的能量。

清宣统三年（1911）爆发武昌起义前后，社会局势动荡不安，厦门商务总会挺身而出，筹集经费，组织自卫队，确保一方平安。政权鼎革之初，统治厦门的军阀频频变更，加上事件频发，社会秩序极不稳定，厦门总商会作为工商界重要团体，妥善应对李厚基、童宝暄、臧致平等军阀以及北伐军何应钦部、海军林知渊部、十九路军、"闽变"政府等武装集团催粮催饷的索求，为稳定厦门社会作出重大牺牲和贡献。

民国期间，羽翼渐丰的厦门商务总会（1916年更名为厦门总商会）

力图按照现代商埠的模式改造厦门，开始全面介入岛上方方面面的事务。征收税捐关系到地方政府财政收入，关系到商家经营甚至商民生存，但历来均由居于强势地位的征收者予取予求。民国十四年（1925）执掌厦门大权的漳厦海军警备司令部成立铺贾捐局，实行专人承包。承包者为了从中牟利，苛征税款，商家若有不从则武力威胁，甚至拘押入狱。商会出面抗议，严正交涉，漳厦海军警备司令部不得不收回成命，改由司令部派员会同商会共同处理铺贾捐征收事宜。福建省财政厅曾二度下文对厦门铺贾捐征收实行专人承包，厦门总商会据理力争，未予实施。民国十九年（1930）厦门总商会作三年会务总结，18项工作中要求减免捐税达14项，其中涉及火柴税、土货征收内地税、特种消费税、印花税、竹木税、糖类税、米税、肥料抵补税、进口货内地税、包办鱼税、五金特税等11种税和豆饼捐、茶务捐、铺贾捐等3种捐，商会的许多建议都得到采纳。

厦门总商会原址

到民国十九年（1930），厦门总商会拥有钱庄、南洋商业、绸布、药业、肥粉、面粉、糖油、杂货、珠宝、典途、茶商、火柴、棉纱、木商、华侨银信等近40个同业公会会员，还有中国银行、中南银行、厦门银行和商办电灯电力有限公司、商办电话公司、商办自来水有限公司、南洋烟草有限公司、六丰有限公司和淘化大同有限公司等非公会会员。在商会的组织、发动下，商民们不仅积极参与发展工商业、促进对外贸易、增进工商业界福利、维护工商业界权益等方面的工作，而且在城市建设、民众教育、社会治安、民生救济等事业上表现出极大的热情。

  应该说，厦门商务总会的努力是卓有成效的。民国《厦门市志稿》对于商业有一段论述："厦商埠也，唯商业最盛。严格言之，商，末业也，而非本业。非本业，则虚而不实矣。但自十九世纪以来，各国相互雄长，商战为亟。则证以我国旧说。太史公曰：'农不出则乏其食，工不出则乏其事，商不出则三宝绝。'（人民、土地、政事为三宝。无商则三事皆不活，故称'商不出则三宝绝'）商固与农、工并重。农以生之，工以成之，商以迁之，三者斯民衣食之原也。既同为衣食之原，乌可不志？况有土次有财，倘以经商余资转而发展农、工，安知无舍末逐本之日耶！窃欲为市民进一解。"这段议论实在是饶有趣味，充分显现了建立在外贸型经济基础上的厦门文化统合古今、综合中外的特点。

陈嘉庚办学

在厦门岛上的商民按照现代商埠的要求试图改变厦门的时候,与厦门岛北端隔海相望的一个半农半渔的小村庄里,有一个人也在密切地关注着厦门岛。这个人就是后来被毛泽东誉为"华侨旗帜　民族光辉"的陈嘉庚先生。

陈嘉庚先生所在的村庄位于浔江出海口,故称为浔尾,后雅化为集美,是陈姓的聚居地。清朝中叶之后,集美村许多人到海外谋生,寻求发展。陈嘉庚的父亲陈杞柏在清同治初(1870年前后)到新加坡,经过几年奋斗,成为一个小工商业者,开设了顺安米店,同时兼营房地产生意。

陈嘉庚诞生于清同治十三年九月十二日(1874年10月21日),由母亲独自抚养成人,对母亲感情特别深。细读陈嘉庚先生当年因避战难匿居印尼东爪哇玛琅"晦时园"时亲撰的名著《南侨回忆录》,深感陈嘉庚先生一生爱国爱乡,与心心念念于慈母的教诲密不可分,点点滴滴都注入了对母亲的挚爱。日后他坚持定居集美,并选择长眠于斯,恐都源于此一心结。

青少年时代，陈嘉庚在家乡南轩私塾读书，接受中国传统文化教育。1890年夏，17岁的陈嘉庚因从教9年的塾师陈令闻先生突然亡故而辍学。恰好父亲有信来，要他出洋学商。这是当时侨乡多数年轻人走的路。陈嘉庚先生不忍离开相依为命的母亲，但母亲为他的前程着想，把分离的痛苦深埋在心底，鼓励他走出去见世面开眼界。

是年秋，陈嘉庚先生在母亲的再三催促下，终于从集美龙王宫渡头登上小舢板，独自前往相隔十余里的厦门港候船。南渡的帆船经过30天的海上漂泊，行程7000里，把疲惫不堪的陈嘉庚先生送达新加坡。没有护照，也无须任何手续，陈嘉庚先生顺利离船登岸，开始了漫长的侨居生活。

陈嘉庚先生按照父亲的安排，在父亲开设于吊桥头的顺安号米店学商。据《南侨回忆录》记载，顺安号米店"系向暹罗（泰国）、安南（越南）、仰光诸米行采买，然后售于本坡零售米店，及外水商行"。本性纯厚的陈嘉庚不受都市繁华诱惑，"守职勤俭，未尝妄费一文钱"。父亲心生欢喜，一年多后便放心地将顺安米店交由陈嘉庚独自掌管。《南侨回忆录》有记：顺安米店原由族叔经理，"余十九岁族叔回梓，米业及财项交余料理"。

由此发端，陈嘉庚先生在新加坡经营实业30余年，先后开办30多家工厂，100多个商店，垦殖橡胶和菠萝园1万多英亩，雇用职工最多时达3万余人，成为东南亚的"橡胶大王"和著名的大企业家。他视野开阔，敢想敢干，在新加坡最早引进橡胶并进行大面积种植，首创橡胶制品大规模生产，促进当地民族工业大发展。他将橡胶制品打进国际市场，打破英商垄断国际市场的局面。他一生为东南亚居住地的资源开发、经济繁荣、社会发展，作出了巨大贡献。

或许很少有人想到，这位百万富翁在新加坡工商界的信誉，是从"代父还债"开始建立起来的。

1904年，陈嘉庚父亲陈杞柏经营的企业倒闭，负债20余万元。陈嘉庚知晓其中隐情。据《南侨回忆录》披露："家君在洋娶一侧室颇好，不幸早逝。后复娶一妾苏氏，性极好赌，虽畏家君，然每乘机往外，或招外间妇女来楼上，其癖性生成，终年如斯。……家君逐月规定准苏氏支家用一百五十元，彼因赌性难改，常要加支。"陈嘉庚掌管财款时，其加支"如属少许余或与之，若多则拒之"。后来陈嘉庚因守母丧回乡三年，父亲将多家商号财款交由苏氏之子掌管，"其母赌资可任意支取，为害非少"。如此，陈杞柏艰难辛苦创下的家业，被这对母子毁于一旦。

中国的传统是"父债子还"，但当时新加坡的法律却明文规定，父亲欠的债，儿子不负任何责任。但毕生以诚信为准则的陈嘉庚，虽然当时经济上处于窘境，却公开宣布："余是以抱恨无穷，立志不计久暂，力能作到者，决代还清以免遗憾也。"他勇敢地接过这个烂摊子，白手创业，开始了自己独立的商业之旅：于1904年创建菠萝罐头厂，号称"新利川黄梨厂"；承接了一个也经营菠萝罐头厂的日新公司；自营谦益米店。这一年，陈嘉庚之弟陈敬贤来新加坡习商，管理谦益米店财务，主理新利川菠萝厂业务。1905年，陈嘉庚创办"日春黄梨厂"。1906年，陈嘉庚入股恒美熟米厂，在福山园套种树胶。当时，同业竞争激烈，陈嘉庚提出了"与同业竞争，要用优美之精神与诚恳之态度"的理念，作为其恪守的职业道德。他在自己制定的《陈嘉庚公司分行章程》上，列出180条训词，如："定价不二，以昭信用""以术愚人，利在一时，及被揭破，害归自己""待人无欺诈，欺诈必取败"，等等。规章一经定出，一概严守，违者必究，亲人也不例外。

经过兄弟二人同心努力，自1905年起，三年间各年分别获实利5万多元、4万多元、13万元。又经一年的艰苦奋斗，终于有些盈利，陈嘉

陈嘉庚像

庚便不顾亲友反对，花了许多时间和精力找到债主，以罕见的轻财重义的气魄，连本带利还清了父亲所欠的债务。此事成为新加坡华人商业史上一大佳话，获得华侨社会的认可，从而夯实了他生存发展和实现理想的基础。此后，人们十分相信陈嘉庚的商业道德和信誉，都愿意与他做生意。可以说，陈嘉庚之所以能在家业衰败后艰苦创业10年成为百万富翁，实与他"一诺万金"的诚信商誉密不可分。由此一步步成长为"公忠谋国""才足以服众，德望足为群伦钦式"的华侨领袖。

许多年之后重新回想起这段经历，陈嘉庚在《南侨回忆录》中写道："对于轻金钱，重义务，诚信果毅，疾恶好善，爱乡爱国诸点，尤所服膺向往。"陈嘉庚此说诸点，核心内容是"诚信果毅"。"诚"，是指真诚，实在，不瞒、不骗、不欺、不诈。"信"，是讲信用、重承诺，讲话算数，说到做到。"果"，是"言必信，行必果"的意思，"果毅"可以理解为：果敢坚毅、锲而不舍。"诚信果毅"，就是做人要诚实，待人要真诚，处事要认真，有恒心，有胆识，有魄力，表里如一，言行一致，不食言，不失信，说到做到。纵观陈嘉庚一生的言行、所作出的巨大贡献及展现的品格，可以说"诚信果毅"既是他毕生的追求，也是他人生的真实写照。他将自己的理想、智慧、道德与能力，升华为超越常人的崇高精神境界——一种气势磅礴的人格美。

衡量一个企业家的人格美与不美，不仅要考察他如何赚钱，更要考察他如何用钱。陈嘉庚的看法是，"金钱如肥料，散播才有用""财是我辛苦得来，亦当由我慷慨捐出"。那么，捐出去做什么？陈嘉庚认为，第一要紧事是兴办教育。他说："教育是立国之本。国家之富强，全在于国民，国民之发展，全在于教育。"

心怀教育兴国理念的陈嘉庚，早在1894年遵母命回家乡与同安板桥大秀才张建壬先生之女张宝果完婚时，看到族中孩童玩野失教，便和母亲、妻子商议，将父亲给的结婚费用、亲友的贺仪以及妻子的陪嫁等，筹措2000圆银元，在古老的大祖祠内创办了一所"惕斋学塾"，解决族中子弟失学问题。

此为陈嘉庚先生兴学之始。因为所处时代所限，惕斋学塾教授的是传统的经书，后人因此在涉及此事时往往一带而过，这实在是巨大的疏忽。当年陈嘉庚为惕斋学塾撰写门联："惕厉其躬谦冲其度，斋庄有敬宽裕有容。"用今天的话来说，就是：行为要谨慎而勇猛，风度要谦逊而精进，对人要严肃诚敬且宽容大度。上联针对创业：只讲谨慎而不求勇猛，就会一事无成，只讲谦逊而不求精进，就会停滞不前；下联针对为人：处世认真严谨、诚心敬意又要襟怀宽阔、大度能容。16个字正反相辅，得失互补，言简意赅，发人深省。这是陈嘉庚对族中子弟的期盼，当然也是他对自己的要求。创办惕斋学塾时期的陈嘉庚只有20岁，对于人生已经有如此深刻的认识，成为他一生为人处世的准则。惕斋学塾对联在陈嘉庚精神世界中的地位和影响万万不可低估。

随着财富的累积，陈嘉庚"立志一生所获的财利，概办教育，为社会服务"。其间"虽屡经困难，未尝一日忘怀"。清朝覆灭，民国肇建。因为是同盟会会员，与孙中山等民主革命人士过从甚密，陈嘉庚对于中国历史上这件具有划时代意义的大事的体会自然比其他人深刻。民国初的厦门岛尽管换了旗号，但出没官府的照旧是前清衙门的旧面孔，这使得许多人混淆了民国同清朝的区别。而在陈嘉庚看来，辛亥革命的胜利使得他从爱新觉罗皇帝的"子民"变成中华民国的"国民"，这是最大的变化，他开始思考如何"尽国民份子之天职"，决定回国作两件事：兴办工厂和学校。陈嘉庚认为，国家落后的主要原因在于教育不普及导致民智未开，只有"发展教育，提高民智"，才能"改造社会"。因此，在工厂与兴办教育二者的关系方面，陈嘉庚更偏重于教育，他认为："振兴工商业的主要目的在报国，但报国的关键是在提倡教育。否则实业家与商人，难免私而忘公。"民国二年（1913）在家乡创办集美小学，此为后来名满天下的集美学村之发端。民国六年（1917）创办女子学校，民国七年（1918）创办集美学校师范部、中学部，同时决定创办水产和航海学校，从而建立起一个从基础教育到师范教育、职业教育、社会教育、高等教育的完整教育体系。据最新统计数据，陈嘉庚、陈敬贤兄弟先后创办、资助和代办的各种类型学校多达118所，所费资财在一亿美元以上，几乎等于他的全部家财。著名教育家黄炎培先生称赞陈嘉庚先生创办了"教育王国"，并说"发了财的人，而肯全拿出来的，只有陈先生"。郭沫若先生崇敬地说："陈嘉庚为什么伟大？因为他所做的事不是为他自己，是为老百姓。"

创办厦门大学是陈嘉庚先生兴学史上的一座丰碑。那是爆发五四运动的民国八年（1919），第五次回梓的陈嘉庚看到家乡高等教育落后，拥有一千多万人口的闽省连一所大学都没有，决意倾资创办厦门大学，"上以谋国家之福利，下以造桑梓之麻祯"。7月13日，陈嘉庚在集美陈氏宗祠颖川堂邀集地方人士开会，郑重宣布自己的计划。他在演说中指出："今日国势危如累卵，所赖以维持者，惟此方兴之教育与未死之民心耳。若并此而无之，是置国家于度外，而自取灭亡之道也。救亡图存，匹夫有责。民心未死，国脉尚存，以四万万民族决无甘居人下之理！今日不达，尚有来日，及身不达，尚有子孙。"当场宣布认捐厦门大学开办费100万元、常年费300万元（每年25万元，分12年交清）。殷殷爱国情切，听者莫不感佩。

随后，陈嘉庚风尘仆仆北上福州，拜访福建督军李厚基，请求拨出距南普陀寺不远的郑成功演武场遗址作为校址。深谋远虑的陈嘉庚看中这里"背山面海，坐北向南，风景秀美，地场广大"，傍依在千年古刹南普陀寺一侧，环境清幽，远离尘嚣，是个做学问的好地方。李厚基却不愿意无偿批地，百般刁难，但迫于媒体压力，最后还是同意发给250亩地照。陈嘉庚先生又前往上海，邀请蔡元培、汪精卫、黄炎培、胡敦复、邓萃英等10人举行筹备委员会议，详商办学计划，确定了《厦门大学大纲》。汪精卫原本愿意出任厦大校长，陈嘉庚也同意，但不久汪来信"谓将回粤办政治未瑕兼顾"，筹委会遂公举教育部参事、福建闽侯人邓萃英为校长。经过紧张筹备，民国十年（1921）4月6日，先成立、后建校的厦大暂借集美学校即温楼举行开学式。初创的厦门大学招收新生112名，设师范和商学二科。为使厦大的创办在海内外产生影响，陈嘉庚先生以个人名义邀请了官绅商学各界人士3000余人参加开学式。得知美国著名哲学家、教育学家杜威博士在上海游历，陈嘉庚先生热情邀请他参加。

就在陈嘉庚亲自指导兴建校舍的时候，校长邓萃英突然向陈嘉庚提出辞职。原因是邓萃英刚由教育部调任北京高等师范学校校长，身兼一南一北两职，遭到厦门大学学生"做挂名校长"的匿名攻击，只好自动辞职。大学不能没有校长！情急之下，陈嘉庚想到了自己视如兄长的新加坡名医林文庆。巧合的是，收到陈嘉庚急电时，林文庆也收到了刚在广州就任中华民国"非常大总统"的孙中山电召，要他回国襄赞外交。孙中山是陈嘉庚与林文庆共同的朋友，早在清宣统二年（1910），陈嘉庚就参加同盟会，募款支持孙中山的革命活动。因此当孙中山得知林文庆决定选择出任陈嘉庚创办的厦大校长时，当即表示理解和支持。

民国十年（1921）6月，新加坡橡胶之父、著名企业家、英国女皇奖学金获得者、爱丁堡大学医学院医学内科学士和外科硕士、香港大学名誉法学博士林文庆应陈嘉庚聘请，出任厦门大学校长，由此开始了躬耕厦大十六载的人生旅程。7月，厦门大学在厦门、福州、上海、北京、广州、新加坡和马尼拉等地招收120名学生。9月，厦门大学在集美正式开学。新聘请的教员大多数是留学美国的教授。民国十一年（1922）2月，厦门大学映雪楼落成，学校从集美迁入新校舍上课。至此，厦门大学正式在厦门岛上落户。至民国二十六年（1937）改为国立为止，陈嘉庚共为厦门大学支付办学经费440余万元，其间，黄奕住、曾江水、叶玉堆、李光前、黄廷元以及新加坡群进公司先后捐助20余万元，林文庆到新加坡向侨胞募捐30余万元，国民政府和由庚子赔款退回部分资金成立的中国文化教育基金也有适当补助。厦门大学在私立期间，最盛时设有文、理、法、商、教育等五院17系，堪称南中国最好的大学，时人谓"北有南开，南有厦大"。

维持一所大学运转，费资巨大。陈嘉庚独力负担厦大经费，困难可想而知。民国十八年（1929），经济危机席卷全球，陈嘉庚企业亏损百余万元。不少亲朋好友劝他停办厦大和集美学校，他坚决不同意："两校如关门，自己误青年之罪小，影响社会之罪大。"并说："宁可变卖大厦，也要支持厦大！"仍竭殚心力，多方筹措经费，艰苦支撑。后来他果真把自己在新加坡购置的三幢豪华大厦变卖了，作为维持厦大的经费。

说到厦门大学，不能不钦佩陈嘉庚在任用林文庆所体现出来的知人善任。闽南在历史上曾长期被视为"烟瘴之区"，经济、文化十分落后。而处于闽南之隅的厦门岛，直至20世纪20年代初，城市建设仍处于杂、乱、脏的状况，没有一条像样的街道。已经办了几年的厦门大学除刚刚建成的几座校舍之外，半是荒山，半是坟场。即便是此次事件之后的民国十五年（1926）被林文庆用高薪请来的鲁迅，也诧异为什么要把大学办在这么一座荒岛之上。

但是，林文庆和陈嘉庚都是闽南人的后裔，都有着在南洋披荆斩棘、从草莽中建造家园的经历，血液中都充满着闽南人爱家乡、爱拼搏的激情。在林文庆和陈嘉庚看来，就是因为荒芜，才需要开垦；就是因为空白，才需要建设。陈嘉庚曾梦想厦门大学将来会有"生额万众、基金万万"的盛况，林文庆下车伊始就宣称要把厦门大学办成"生的非死的，真的非伪的，实的非虚的大学"，两人的共同目标都是让厦门大学成为教育、学术方面的"南方之强"。共同的远大目标成为校主和校长相互信任的坚固柱石。在林文庆任内，曾遇到两次风波。第一次风波发生在1924年夏天，因为学校辞退几位被认为不合格的教员，引发这些教员的追随者罢课、游行，甚至到上海另设学校；第二次风波发生在民国十六年（1927）初，因为陈嘉庚的橡胶经营发生经济危机引发厦门大学国学院与理科的经费纷争，殃及林文庆。在两次事件中，陈嘉庚都立场鲜明地站在

2005年林文庆（塑像）重返厦门大学

林文庆一边，毫无保留地支持林文庆。

  林文庆也没有让陈嘉庚失望。自小接受中国传统教育，稍长即全面接受西方教育。在对偏重于个人社会责任的中国传统道德和强调个人权利、个人发展的西方道德加以深入研究之后，他形成"将来拯救世界还必须靠中国传统道德"的理念。接受厦门大学校长职位之前，他与陈嘉庚做过深入的探讨，形成"国学与西文两者不可偏废，而尤以整顿国学为最重要"的共识。所谓国学，当然包括中国传统道德在内。因此，林文庆把"止于至善"作为厦门大学的校训，把培养"仁人君子"作为学校的教育方向。当然，他的"仁人君子"是新时代的"仁人君子"，用林文庆的通俗说法，就是"学新科学而不要忘记旧文化"。林文庆本身就是个社会责任感较强的"仁人君子"，本身就用"止于至善"来作为自己执长厦门大学的追求。在他的思想里，既然答应陈嘉庚当厦门大学的校长，无论遇到多大困难、面临多少风险，都没有退缩的理由。这就是"人无信不立""君子一诺千钧"。林文庆在厦门大学建校五周年的纪念大会上说道：中国的许多问题"不是大声疾呼所能得到的，也不是各处骚动可以得到的。虽然我们各处的国民运动很多，不过建设的方法却很少"。林文庆深知，大声疾呼、骚动甚至破坏是容易的，但建设却很难很难。在厦门大学最困难的时候，有人徒呼奈何，有人悲观丧气，有人见机引退，有人拂袖而去，有人甚至借机闹事。而林文庆仍旧执着于自己的梦想，坚守着内心的理念，固守着自己的岗位。他亲自出马，到南洋向华侨募款，同时捐出他当年全年的工资6000元，又将自己在新加坡的51英亩土地的一大半捐赠给厦大，帮助厦大度过难关。从民国十年（1921）出任厦门大学校长到民国二十六年（1937）厦门大学移交给南京国民政府，厦门大学始终只有一个校长，这在中国教育史上也是不多见的。1957年1月，离开厦门大学20年的林文庆弥留之际留下遗嘱，将位于鼓浪屿笔架山的别墅捐赠给厦门大学。他的厦门大学情结由此略见一斑。此时，正在北京任全国华侨联合委员会主席的陈嘉庚一定为当年任用、支持林文庆感到无尚欣慰。

在创办厦门大学的同时，集美学校也日臻完善。从幼稚园到小学、初中、高中及水产、商业、航海、农林等，系统完整，设备完善，男女兼收，学生总数达 2400 余人。为了保证集美学校的经费有固定来源，陈嘉庚在民国八年（1919）就将在南洋的包括 7000 英亩橡胶园和货栈、店屋在内的所有不动产全部捐出，划作集美学校永久基金。

中华民族历来就有捐资办学的传统，厦门也不例外。厦门岛上的玉屏、紫阳两家书院，历来就是由地方官员倡导、地方士绅捐资开办的。清光绪二十六年（1900）清政府颁布"庚子诏令"，下令将全国各地书院改为新式学堂。光绪二十八年（1902），清朝政府颁布《钦定学堂章程》，规定全国办京师大学堂、省级办高级学堂、府级办中学堂、县级办小学堂。厦门非府级又非县级，改办学堂的资金无从划拨，书院、学堂两头落空。旅越南华侨王文德知晓此事，捐银万两，作为创办新学堂基金。这是陈嘉庚之前厦门岛上数量最大的一笔助学捐款。清光绪三十二年四月初四（1906 年 5 月 27 日），玉屏、紫阳两书院改为厦门中学堂（民国初改称思明中学校、民国六年即 1917 年改为省立第十三中）。王文德，字蔼堂，14 岁时赴越南谋生，以经营米业发家。为纪念王蔼堂助学善举，厦门沦陷之前，厦门中学堂每年七月初五都举办王蔼堂先生捐资助学纪念活动。民国期间，岛上各地同乡会、同业公会、宗亲会等民间机构以及华侨富商捐资助学的善举也十分普遍。同这些捐资助学活动相比，陈嘉庚捐资兴学除了规模大、规格高、尽其所能、不图回报之外，其用意之深远、目的之宏大，更是一般的捐资人所无法企及的。

陈嘉庚之前的历代捐资助学，直接目的或是为了同姓同宗的子弟有书可读，或是为了使地方的贫寒士子有学可上，但其最终目的都是"学成文武艺，货与帝王家"。陈嘉庚捐资助学的目的则全然不同,他在亲自撰写并手书的《集美小学记》的碑文中说:"余侨商星洲,慨祖国之凌夷,悯故乡之哄斗,以为改进国家社会,舍教育莫为功。"可见,陈嘉庚捐资兴学的根本目的就是为了改造国家、改造社会。因此,论及陈嘉庚在厦门历史上的功绩,绝不仅仅是创办了几所学校的问题。陈嘉庚通过捐资助学,带动了厦门社会各界兴办教育的热情。厦门《海关十年报告之五(1922—1931)》对陈嘉庚有极高的评价:"在过去几年里,厦门的教育事业从福建华侨那儿接受了超过100万元的捐赠。爱国人士和热心公益事业的陈嘉庚为一些学校的扩大、发展和日常开支捐献了数百万元。这些学校从幼儿园到大学均有,包括师范、农业和渔业等科系。这个真诚的爱国主义者把他的财产和精力都奉献给了自己的理想,奉献给这样一个愿望:应该让他家乡的人民享受教育的益处。"

教育的初步发展促进了文化的发展。《厦门指南》在介绍厦门报界发展变迁情况时指出:"自民十(1921)以来,厦门报界忽如春芽怒放。至于民十四(1925),已达极盛时代。"所谓"民十",就是陈嘉庚创办厦门大学的年份。据《厦门指南》统计,民国十四年(1925),厦门岛上正常出刊的有全闽新日报、民钟日报、江声日报、思明日报、厦声日报、厦门商报等6种报纸。而在民国元年至二十年间(1912—1931),小小的厦门岛竟然先后创办过24种报纸,调查到的定期刊物多达202种。虽然这些期刊有相当多的一部分是附于报纸出版且随办随停,但其数量之多仍足以反映出厦门岛上文化气氛的浓厚。民国二十年(1931)的厦门岛还有22家书局,其中的新民书社、中华书局分局、商务印书馆分馆、世界书局分局都是国内赫赫有名的出版单位。

陈嘉庚通过发展教育改造社会、改造厦门的努力没有落空。厦门教育事业的发展使得厦门这座具有百余年历史的商埠增添了颇为浓厚的文化色彩,有效地提升了东海之滨这座蕞尔小岛的品位和知名度。

林司令造街

民国初年，思明县大致可以划分为被称作山场的禾山、金门等岛屿和被称作厦门的市区三个部分。民国三年（1914），思明县全县人口15.63万人，其中的5.19万人居住在禾山和金门等岛屿，当时的禾山基本上属于地广人稀的农耕或半农半渔的作业区。其余的10.44万人主要聚集在厦门岛西南一隅。这一区域当时被称为厦门，总面积约6平方公里，除去山地石岩约3.5平方公里，再扣除河池溪流占地，可供居住的土地面积约为2.9平方公里。

民国初年，被称为厦门的这个区域局缩在筼筜港和由吴村山、西姑岭、阳台山、外清山、寿山、虎头山构成的洪济山脉西南余脉之间，共设16个保：濒临筼筜港的一面从东北到西南有溪岸保（今溪岸路一带）、大中保（今菜妈街一带）、连西保（今双莲池一带）、新和保（今福茂宫打索埕一带）、岐西保（今开平路、典宝街一带），比邻洪济山余脉的一面从东北到西南有吴厝保（今百家村一带）、外清保（今第一医院、双十中学一带）、黄厝保（今思明南路中山路口至镇海路口一带）、张后保（今同文顶一带），夹在山海之间的有祥溪保（今霞溪路一带）、张前保（今定安路、第九市场一带）、和后保（今大中路至泰山路一带）、和前保（今镇邦路至水仙路一带）、怀德保（今大同路大元路一带）、附寨保（今洪本部、打铁街一带）、福山保（今人和路、大同路、横竹路一带）。上述16保中，岐西保、附寨保、福山保、和前保、和后保、张后保同时濒临鹭江。大概是因为厦门城系防御工事类型的城，城内多官署、宫庙，没有多少居民，厦门城便划归濒临鹭江的福山保。

清康熙十九年（1680）后，厦门岛的房屋大部分依山而建，住宅区主要集中在厦门城外的北门外、外清山麓、同文顶和凤凰山、虎头山、山仔顶（今思明西路山仔顶巷）至涂崎（今大中路土崎巷）、岐山（今大同路土堆巷至开平路一带）等处。同清初相比，民国初年的厦门岛地域面积有所扩大。随着人口的增加，岛民开始向大海要地。厦门城西南原先沟渠纵横的滩涂横七竖八地搭盖起"枋皮仔厝"（方言，意为用带有树皮的劣质木板搭盖的房子）、石头屋；筼筜港的支流蕹菜河被截流建房，成为蕹菜湖；洪本部、神前港、港仔口、岛美路一带向海滩夺地建房，使得码头向海中延伸出一里多；厦门城东的双溪和城南的霞溪两岸，成为人口密集的住宅区；厦门城西门外关隘内的排水沟（俗称大沟）两旁，也建起房子；原先的双连池、月眉池更是见屋不见水。

在这片居住区，房屋建设可以说是毫无章法，市政设施建设更是一片空白。一位美国归正教牧师这样描写1910年厦门的街道："街道狭窄弯曲，石板罅裂，可以直接看到下水道。它迂回、扭曲、下降、上升，最后不知其所止。……在厦门没有一条直的街道，除了扭曲外，它们中间有一些还被狭窄恶化。厦门有的街道如此狭窄以致你无法打开雨伞走路。"当时的厦门被称为"宽"的道路，一般有10—12英尺（1英尺折合0.3米），最宽的有15英尺，即便在这样的地段，"街道车水马龙，摩肩接踵，

鹭江道水仙宫路口旧貌

行人稍不留神就会受推搡"。这位牧师总结道:"在这里,我们目击古怪的情形,耳闻奇怪的嘈杂声。通过弯曲与极端狭窄的街道,登上石阶,穿过泥污。……你简直想不到这些街道是多么令人发呕。"

与恶劣的市政建设同时并存的是极端恶劣的卫生环境。一位太古公司的老买办告诉来厦门调查的陈达教授说:"厦门从前是很脏的。据外国轮船的水手说,还有一个土耳其的城市也很脏,是和厦门成为世界两大脏市。"意思是厦门乃世界最脏的两个城市之一。近郊的虎溪岩、太平岩、醉仙岩、虎头山、麒麟山、破布山等处坟冢累累,专门用于收葬无名尸骸的义冢多达29处。民国初年厦门海关的港口卫生官员报告说:厦门的"卫生状况尤其难以知晓,人民生活的一般环境,从公众健康的观点来看,是很可悲的"。

民国七年（1918）3月，南北战争爆发，8月底，陈炯明率领粤军攻克漳州，随后在闽南建立以漳州为中心的闽南护法区。从民国七年（1918）9月至民国九年（1920）8月，陈炯明在漳州组织发起大规模的城市建设。组织一批建筑师和建筑队伍，拆除城墙修筑堤岸、码头，拆除破旧的衙署和低矮的民房，修建"上楼下廊"的"麦加顿"式楼房，并在漳州城区兴建钢筋水泥大桥、公共澡堂、公共卫生设施、公园、市场，使漳州成为远近闻名的近代化城市。

漳州的发展变化对于厦门的士绅无疑是极大的刺激。自从厦门开埠以来，厦门的商业成就远在漳州之上。厦门的许多士绅甚至岛民都以见多识广自诩。眼看漳州的城市建设远远走在厦门前面，而商务繁忙的厦门还蒙着"垃圾港""臭港"的恶名，厦门士绅的自尊心受到严重打击。

民国九年（1920）以前厦门之所以脏乱差，与当时的街道状况有关。那个时候的厦门实际上还是一个镇，市区局促于岛西南隅，东沿山，西滨海，北临筼筜港，南止于澳仔岭和鸟空园沙滩，略呈三角形。中有镇南关、麒麟山、虎头山，连绵自东迤西，横贯海滨，将全市截为两段，使厦门市区形成市中心和市郊厦门港两部分。市区总面积约3.5平方公里，人口近12万，地狭人稠。因居民想方设法占用公路以扩大住房，相习成风，街道因之狭窄，由条石或碎石铺成，曲折迂回。由于市区靠山，道路崎岖，坎坷不平。下水道也高低凸凹，又无出水的系统沟渠，污水排泄不畅，雨天到处泥泞，以致水仙宫、担水巷、鱼仔市等街道长年潮湿泥泞，路人行走极为不便。又由于粪便是农家的好肥料，可以卖钱，私人竞相设置公厕和便所，街头巷尾，转弯抹角处都有便缸。在私人地上乱建坟墓不说，闽南还有"死猫挂树头，死狗放水流"等地方习俗，河边树上，不时挂着死猫。河里海滩，经常有腐烂的狗尸。臭气熏天，行人莫不掩鼻疾走。加上随地乱倒垃圾，又无清理机构和设备，垃圾堆积如山，老鼠出没，春夏期间常发生瘟疫。

知耻而后勇，首先必须加强硬件建设，解决交通与街道问题。民国八年（1919）秋，厦门士绅发起组织厦门市政会，筹划厦门市政建设事宜。翌年六月，厦门市政会正式成立，林尔嘉任首任会长、黄世金任副会长，洪晓春、黄奕住等29人为会董。他们都是资金雄厚的富商，尤其是刚刚从印尼回国定居的黄奕住，口袋里更是"鼓胀鼓胀"。厦门地方政府相应成立市政局，思明县县长来玉林任市政局委员长，公安局局长任会办，厦门道道台陈培锟任督办。市政会为民间议事机构，市政局为政府办事机构。

市政会和市政局成立后议成开工的第一项工程是从提督路（打铁路）头至浮屿的马路。此路系1920年厦门市政局请准划拨全市铺捐2个月，充作开办经费。这年夏天开始实测路线，以提督路头为起点，沿提督街横过竹仔街，贯通土地公庙、万寿宫、夹舨寮至浮屿角。由于是厦门兴建的第一条马路，当时称"新马路"，后正式取名"开元路"。开元路设计全长700米，马路宽9.1米，两旁楼房同漳州新马路一样，为上楼下廊的英国"麦加顿"式，两廊人行道宽均为2.4米，达到了交通与街道同时并举的目的。这项工程于民国九年（1920）12月动工，民国十年（1921）路基本成形，民国十三年（1924）3月两旁楼房大部竣工，马路开始通行人力车，民国十五年（1926）改铺混凝土路面。尽管整整耗费了7年时间才竣工，但这毕竟使厦门人第一次看到现代化的马路给他们的经商、生活带来莫大的好处。特别是用一根根柱子架起的"麦加顿"式人行道，不仅为白天的出行带来巨大方便，而且成为炎热夏季夜晚纳凉憩息的好场所。岛民们形象地将这种人行道称为"路脚架"，后以音传音，讹传为"五脚器"。20世纪30年代曾来厦门实地考察的陈达教授在《南洋华侨与闽粤社会》一书中写道："开元路宽30英尺，长101丈，洋灰三合土造，面上加沥青,因此,路成之后,更能吸引游众。"书中还引述了竹树脚礼拜堂一位牧师的观察:"厦门近年的市政,真有惊人的进步!在1919年,本地的绅商人士,因街道狭隘,疠疫时生,于是成立市政会改革市政,结果第一条近代化的街道(开元路)就与厦门居民见面了。每逢礼拜六下午,和星期日,不论男女老幼,都喜欢跑到开元路去游玩,有些人去看看热闹,有些人到百货商店去买些零星用物。"

大部分史料将开元路的迟迟竣工归咎于一些拆迁户的阻挠。其实这只是一种表面现象。从有关史料披露的情况看,在开元路拆迁过程中,即便是闹得最凶的招宝楼业主,拖延的时间也没有超过1年,显然不能当作这条马路施工时间长达7年的主要原因。实际上,影响开元路施工进度的主要问题是资金缺乏。

民国十年(1921)秋,市政会决定开办市政奖券,筹措部分资金。首期厦门市政奖券总额4万元(银元),每张售小洋2角。陈嘉庚先生通过街上的奖券宣传广告得知此事,随即向市政会表示异议,认为发行奖券无异于"大赌博","将来贻害闽南非少"。当时的2角小洋可以维持贫民家庭一日的生计,主办者计划月月增加,"至数十万元",此乃"吸收全省膏血,贻祸至大,而尤以贫民为甚"。陈嘉庚先生在交涉得不到回应的情况下,写了一篇详析彩票危害的文章,发至市政会和厦门各报社,并印成传单,四处张贴。

当时的陈嘉庚先生已经是著名的南洋华侨领袖,他的意见具有举足轻重的影响。市政会不得不召开董事会,重新审议并最终取消开办市政奖券的决议,已耗经费由发起人个人承付。民国时期厦门首次开办彩票就此胎死腹中。

没有了彩票这一途径,修建开元路的主要资金来源是征收两个月的铺捐和发行公债,而两个月的铺捐只有1000元,只能充当市政会和市政局的办公费，建筑费用只能靠发行公债。但公债发行的情况并不理想。民国初期，因对厦门岛动荡不安的政局心存疑惧，许多华侨把投资重点放在鼓浪屿，而不是放在厦门岛上。

当时的厦门岛已经设立思明县，但全国范围内的军阀混战对厦门这座小岛的政局产生了巨大的影响。虽然岛上并未发生战争，但实际控制地方政府的军阀却屡屡更替。民国元年（1912），福建省由孙道仁为首的福建军政府控制，厦门先后由曹春发、李心田任炮台司令官；民国二年（1913）11月，袁世凯任命李厚基为福建镇守使，任命黄培松为福建护军使（驻扎厦门）、厦门要塞司令；民国三年（1914）4月，李厚基派陆军第10混成旅旅长唐国谟任厦门要塞司令（民国六年即1917年改厦门镇守使）；民国七年（1918）4月，浙江军阀童葆暄率混成旅进驻厦门；民国七年9月，李厚基率闽浙援粤军司令部撤回福州，北京政府增派浙江军队从陆路驰援厦门攻粤部队，同时派海军进驻厦门；民国七年10月，北京政府任命皖系军阀臧致平为福建陆军第二师师长，翌年9月臧致平移驻厦门；民国十一年（1922）6月，李厚基解除臧致平福建陆军第二师师长职务，任命高全忠为第二师师长，臧致平根本不卖账，索性发动部属，推举自己为闽粤赣军总司令，同时对广东方面示和；民国十一年11月，李厚基在各派势力的反对下彻底溃败，被迫离开福建，北洋政府随即派直系军阀孙传芳、周荫人率部入闽；民国十二年（1923）3月，北京政府任命臧致平为漳厦护军使。

踞守厦门的军阀最高执政原则便是守住自己的地盘，政治立场可以根据自家利益的需要随时变化，各派势力之间的关系更是错综复杂，叫人捉摸不定。北京政府与广州军政府之间随着执政派系的变更时好时恶；同属北京政府的海军与北洋军阀之间既有联系，又有矛盾；北洋军阀之间的直、奉、皖各派系之间既有共同利益，又有矛盾冲突；北洋军阀的各派系与闽、浙、粤、赣的地方军阀之间既互相利用,又互相攻击;同属广州军政府的粤系、桂系军阀时而拥护孙中山,时而反对孙中山;厦门附近的各式各样的民军时而为匪,时而为兵,时而投靠军阀,时而反戈一击。军阀派系的倾轧有时是十分残酷的。民国二年(1913)7月爆发反对袁世凯的"二次革命",7月20日,福建宣布独立,厦门炮台司令李心田奉福建都督孙道仁之命令,如有北京政府海军军舰进入厦门港,立即开炮阻止。8月,"二次革命"失败,福建宣布取消独立。民国三年(1914)3月,海军司令刘冠雄抵达厦门,设下鸿门宴,将前来赴宴的前厦门炮台司令李心田当场拖出枪毙。民国十一年(1922)11月,臧致平在厦门发动兵变,李厚基、高全忠仓皇出逃,李厚基任命的思明县县长来玉林被臧部囚禁,而此时的来玉林还身兼市政局的委员长。

面对这种城头随时变换大王旗的情状,地方政界人物根本没有心思过问岛上的市政建设,投资人对厦门岛也是望而却步。这才是民国九年(1920)开始的厦门第一次市政建设不能取得预想效果的真正原因。

由于地方军政负责人争权夺利和对市政委员会的作用不了解,于民国十二年(1923)取消市政委员会,市政局也于民国十四年(1925)年被撤销,另成立厦门市政督办公署,由陈培锟任督办,周醒南任会办,计划新修马路,筑海堤,改造街道,但都停留在口头上。

民国十三年(1924)4月,海军趁臧致平部在同安与周荫人部激战之机占领厦门,海军练习舰队司令杨树庄出任漳厦警备司令;民国十三年5月,北京政府任命张毅为厦门镇守使,要求海军移交厦门,遭杨树庄拒绝;民国十四年(1925)2月,杨树庄被北京临时执政府任命为海军总司令,参谋长林国赓出任漳厦海军警备司令。

从民国十三年(1924)以后,海军对于厦门这座小岛的控制权始终没有旁落。北伐结束后，林国赓仍旧担任海军漳厦警备司令部司令。

林国赓，字向今，福建闽侯人，清光绪二十九年（1903）毕业于广东水陆师学堂，清光绪三十一年（1905）公派到英国格林威治皇家海军学院（旧译格林维基海军学院）接受现代海军教育，清宣统元年（1909年）学成回国，成为海军骨干。民国六年（1917）在海军驻英国使馆任职，后出任驻日本公使馆海军武官。民国十一年（1922）回国，在海军署任职，后到厦门执掌一方。早年的留学和外交官经历使得这位海军将领具有时人难得的世界性眼光。

当时的厦门已经被称为国际通商港口，是海军经费的重要来源，但从海军基地的角度衡量，其条件和设施是完全不合格的。厦门港为半日潮港，而且潮差较大，平均潮差将近4米，最高潮差近7米，最低潮差近1米。历史上，除了水仙宫之前一小段岩石基岸之外，濒海大部分地段一天两次退潮时就裸露出大片滩涂，吨位稍重的船只进入厦门港只能停泊在深海区，再通过小船接应，效率和速度根本无法适应军事需要。世界上任何一个先进国家的舰队都不会在这样的港口建立基地的。林国赓参与厦门市政建设后，成立的第一个市政建设工程机构称为堤工处，专门负责建造厦门岛西南沿海的堤岸。

鹭江道堤岸建成后，创造了最早的深水口岸太古码头（和平码头），不仅为厦门开辟对外航运、促进国际贸易起了重要作用，而且同时满足了军舰全潮候靠泊的要求。林国赓这种将建设现代港口城市与缔造现代海军基地结合在一起的思路得到当时海军司令杨树庄的高度赞赏和大力支持。

民国十六年（1927），林国赓索性撤销督办公署，保留堤工办事处，并另行成立路政办事处，由海军警备司令部直接指挥，大刀阔斧地推行市政建设。民国《厦门市志稿》称："闽光复后，各县破坏多，建设少。惟海军驻厦,改革市区,不遗余力。筑马路,辟新区,建公墓,设农场,其见益者大。……厦门市区改革,在海军驻厦之日起,民国十五年迄民国二十二年,突飞猛进,市区规模于焉具备。"民国《厦门市志稿》为林国赓所立传记中多有褒奖之词:"其最大有造于厦者,对改革市区一事,积极进行。……十余年间,殚精竭虑,任劳任怨,始有此规模。以故侨胞闻风来归。中外人士咸深赞叹,皆曰:'厦市之有今日,非林司令不为功。'"

事要人去做,必须用对人。林国赓启用了两个人,一是任命美国芝加哥大学法学博士、厦门大学法科主任黄开宗为法律顾问;二是任命曾在广州、汕头、漳州等地主持城市改造的奇才周醒南为市政会、路政处、堤工处的会办。这两个人堪称林国赓开展厦门城市建设的左膀右臂。

民国二十年(1931)前后的厦门是已经有近百年积贫积弱历史的通商口岸,到这个口岸来捞天下的外国籍民和日籍台湾浪人,并不全是良善之辈。而驻厦门的各国领事馆官员,也早就习惯了胳膊肘不往外拐的工作作风。厦门城市建设尚未动工,一些外国籍民、日籍台湾浪人就开始兴风作浪,企图大捞一把。英、法、日驻厦门领事馆一些官员凭借外交强势,对城建事务横加干涉。林国赓深知,这一脚要是踢不开,厦门城市建设就可能沦为空谈。在法律方面堪称满腹经纶的黄开宗,引用欧美的做法,对洋人的刁难逐一加以驳斥。由督办公署起草的《改革市区向各领馆抗议文件》《复法领署拍卖籍民宋两仪园地理由函》《复交涉署收买泰关基督教会西边社坟地经过情形函》《至交涉员收买日籍民房可照陈前督办商议办法为根据函》《复外交部没收归正公会竹树脚滩地理由函》等文件中,无不以事实为依据,博引旁征中外法律条文。文件中诸如"无论何国籍民,均与华民同照市会定章办理,不稍歧视""不论华民、侨民,均定价收买,尤无非法之可言""泰关教会凭借外力,信口雌黄,……既敢公然侮辱,复敢为虚伪告诉,刁狡凶顽,莫此为甚""唯吾国开辟马路,效法欧美。商人而在他国商埠反对路政之进行,凡稍知自爱者,当不冒此不韪之名""中山、大同两路,本会开工在即,势在必行。督办公署函转英领要求各条件,亟应逐条驳复,据理力争。如英领再为抵抗,阻扰进行,定有对付办法"……此类章句,至今读来仍令人有理直气壮、荡气回肠之感。这大概是自晚清以来中国官员在与西方列强对话时发出的最为强硬的声音了。

当然,任何外交都必须以实力作为后盾。民国十七年(1928),为了开辟大同路,西门外观音亭至史巷路头全线开始拆迁。一些外国籍民事先放出风声,宣称不惜使用暴力阻止拆迁。林国赓司令果断派出海军陆战队,对全路段实行全面控制,保证了拆迁工作的顺利进行。

周醒南是广东惠阳人,曾任广东省公路处处长、"闽南护法区"官产局局长,因主持修建广东省第一条公路和漳州旧城改造名噪一时。他主持厦门市政建设之后,在林国赓的全力支持下,召集从日本留学归国的同乡冯重熙等一帮专业技术人员,为厦门市区改造作出巨大贡献。

磨刀不误砍柴工。周醒南足足花了一年多的时间勘察地形,然后根据勘察结果制定厦门改造方案。这个方案的总体思路是:整体规划,全面改造;开山填海,扩大地盘;筑路建房,滚动开发。

城市建设,规划先行。规划范围内建筑实行统一收买、统一拆除、统一平整、统一规划,同时在适当的地点设置码头、市场、消防监视设施、公园、公墓以及垃圾箱、公共厕所等卫生设施。

厦门西南部旧时多低丘海滩,山水入海以及海水涨潮,形成沟渠洼地纵横遍布的地形,改造规划从修筑沿海海堤和取高填低拓展城市用地两方面入手,共开辟新区35处:蕹菜河(今思明南路北段)、外海滩、内海滩(今海岸路以北至筼筜港地块)、镇南关(今大生里)、洗布河(今镇海路近海路段南侧)、大王冢(今开平路、八卦埕一带)、破布山(今实验小学一带）、深田内（今深田路、百家村靠厦门第一中学一带）、深田外（今深田路、百家村靠中山公园一带）、麒麟山（与鸿山寺隔路相对）、虎头山、白鹤岭（今中山公园东门外白鹤路）、蜂巢山、粪扫山（今蜂巢山沿海一带）、美头山（今美仁前、后社）、后江埭、虎溪岩、三峰山、窟仔底（今中山公园西门草埔尾街南侧）、大悲阁（今玉屏城石路街一带）、第一堤岸、第二堤岸、第三堤岸、第四堤岸（以上四段堤岸即今鹭江道内侧）、先锋营、美仁宫、厦门港、西边社（今将军祠路与厦禾路交界处）、福佑宫（今幸福路）、龙船礁（今厦禾路西端）、思明西路、升平路、大中路、关帝庙（今古城西路一代）、兜仔尾（今豆仔尾）。新辟地盘总面积约 13 平方公里，是民国十六年（1927）市区面积的 3.24 倍。

  为了加快推进速度，筑路建房滚动开发，资金就地平衡。市政督办机构负责修路，房屋建设由房产商开发。市区主干道规划为"一横四纵"：一横为贯通浮屿至南普陀的思明北路、思明南路，四纵从北到南分别为厦禾路西段、大同路、思明东路和思明西路、中山路和中华路（即今之中山路）；主干道之外，相应规划了次干道、小街巷。民国十五年（1926），当局拆除城墙填平雍菜河，修建思明南路，道路两旁出售给房地产商建房。民国十六年（1927）该路段竣工，附近地价从每平方米不到 20 元（银圆，下同）涨至 90 元左右，房地产商获利甚丰。当年，菲律宾华侨李昭北集资 300 万元，成立李民兴置业公司，投资厦门房地产业。一时间，海外侨资蜂拥而至，高峰时岛内房地产公司多达百余家，厦门房地产业进入兴盛时期。修路促进了房地产业的兴盛，房地产业的兴盛为修路提供了充裕的资金。厦门市政建设进入良性循环的发展轨道。从民国十六年至二十一年（1927—1932），厦门市区共修建主、次干道 63 条，总长度 33.44 公里（其中开元路为民国九年动工，民国十六年铺设水泥路面），加上一般街巷，街道总数达 360 条；新修街道两旁兴建的民房达 13500 余号，建筑总面积达 340 余万平方米。主要街道两旁的房屋都是钢筋混凝土结构的上楼下廊"麦加顿"（骑楼）风格建筑，配套设有路灯、垃圾箱、下水道。全市还建有 9 个菜市场、19 个码头、20 座公共厕所。思明县西南一隅被称为厦门的这一区域面貌焕然一新，卫生状况彻底改变。20 世纪 30 至 60 年代，这个区域的居民即便在蚊虫易于孳生的夏季，晚上睡觉也不用挂蚊帐。

在改造厦门旧市区的过程中，华侨投资发挥了巨大的作用。民国二十六年（1937）4 月编印的《厦门市政府公报》对厦门华侨在改造旧市区过程中所发挥的作用给予高度评价："查厦门岛自开辟马路，改良新市区，旅外华侨不惜以多年勤劳积累之金钱，返回投资，重金购买地皮，建筑新式楼房，繁荣市区，提高厦岛地位。虽然政府提倡有方，倘非华侨热心桑梓，踊跃投资，则建设新厦门恐非易事。"民国十六年至二十年（1927—1931）间，华侨在厦门开设的资本较雄厚的房地产公司有：黄奕住的黄聚德堂，资本 245 万元（银元，下同）；华侨银行，资本 200 万元；华侨黄君，资本 200 万元；李昭北和李清泉父子的李民兴置业公司，资本 190 万元；黄仲训和黄文华父子的黄荣远堂，资本 120 万元。其他在厦门房地产投资 20 万元以上的华侨还有曾上苑、柯清源、杨孔莺、丘德顺、曾咸浪、陈廷枕、汪昌庆、王紫如等。据统计，此期间华侨投资房地产总额达到 3000 万元，黄奕住占其中的 8.9%。厦门老市区的中山路、思明东路、思明西路、思明南路、思明北路、大同路、开元路、横竹路、镇邦路、升平路、大同路、水仙路、晨光路、同文路、海后路、鹭江道、虎园路、公园东路、公园西路、公园南路、公园北路、蓼花路、厦禾路、厦门港的大南新村，绝大多数楼房都是华侨投资兴建的。

一个城市的发展与一个人的成长一样，有时需要一点运气。当年林国

民国期间厦门市政改造示意图

赓主持厦门旧市区改造时特别重视堤岸建设，这与他的海军背景有极大关联。换一个人主持，不一定有这样的眼光与视野。这就是厦门的运气。

厦门港口建设始于清康熙二十三年（1684），虽然已经有了250多年历史，但直至20世纪20年代，码头设施仍基本处于原始状态，只能靠泊小型船只，吨位稍重的大船只能停泊在深水区，通过小船进行过驳作业。林国赓下决心重建堤岸。沿海新建堤岸从船坞（今厦禾路开禾路口北侧）至电厂（今厦门港避风坞）北端，称为鹭江道，长达3741米，现在是厦门的一条风景线。鹭江道堤岸建成后，将原先简陋的古"路头"改建为15个钢筋水泥结构的码头，提升了船只靠泊能力，其中水仙宫码头可靠泊500吨级的船只。民国二十二年（1933），英商太古公司在同文顶海滨营建太古码头（1958年更名为和平码头），修建驳岸近2000米，建造2艘长64米、宽9米的钢质趸船，架设长21米、宽4.8米的钢质引桥，3000吨级的轮船可以随时靠泊，成为厦门现代化码头建设的开端。鹭江道修堤岸、建码头的同时，对外海滩即船坞至尾头山的筼筜港南面海岸也进行了重点整治，清除了沿岸随意开挖的储肥坑和露天厕所，建造一批供小型船只靠泊的码头。堤岸建设彻底改变了厦门岛西南海滨原先涨潮时海水浸灌、港汊漫溢，退潮时滩涂裸露、污秽不堪的状况，大大改善了厦门岛的城市景观，堪比新时期厦门的环岛路建设。

公园是城市建设的灵魂，是城市生态系统、城市景观的重要组成部分。加强公园建设，是厦门旧市区改造的题中应有之义。

厦门首座公园为中山公园，由时任国民政府海军部部长、前漳厦海军警备司令杨树庄倡议修建。公园择址厦门城区东北部与道台署毗连的魁星河、盐草河、东岳河、蓼花溪、樵溪流域，规划区东西宽约320米、南北长约650米。早期的中山公园融运动场与园林于一体，公园南部除了魁星山（又称岐山）景区之外，还有篮球场、网球场、田径跑道，中部和北部以园林和服务设施为主。中山公园不能称福建公园之始，她的落成时间比漳州的福建省第一座公园整整迟了10年，但厦门中山公园的面积是漳州公园的10倍，规模和建设水平堪称东南数省之冠。林国赓司令曾撰文详述中山公园建设情形：

民国十六年，国赓督办厦门市政，承杨部长命，规建公园，以周会办醒南董其事。崎山、盐草河间山水殊胜，河南北多民居，重价购之，园址乃大拓。图凡数易，始鸠工。周缭短垣，外环马路。辟门四。来者便焉。内浚两溪三河，架桥十有六。亭台、池馆、筼榭、场圃、华表、丰碑之属，因地区处，惟备惟宜。而古木蓊郁，曲径纡回，海浪掀空，云根耸矗，崎山一隅，尤具天然胜概。园袤2073公亩有半，历三稔而成。迁民舍245家，买地费33.5万余缗，工程及常费37.4万余缗，悉取新区溢利充之。游斯园者，览规模之宏远，建筑之牢致，谓东南数省区此其选也，因功余。实则创意者杨部长、聿成者周会办，余何有焉？园名系以中山，从民望也。

文中的"缗"为货币单位，一缗为一千文即一贯，理论上相当于一两银子，按照民国初年厦门银两与银元的兑换率，一缗大约等于 1.53 元。照此计算，修建中山公园的拆迁费花了 51.26 万元，工程费用为 57.22 万元，总计 108.48 万元，堪称大手笔。20 世纪 30 年代考察过厦门市政建设的陈达教授在《南洋华侨与闽粤社会》一书中特别提到厦门中山公园："街道完成，市政革新。又于中山路顶点民国路之北，开辟中山公园，占地一千余亩，设有运动场、演讲厅、茶座、美术学校。园内有池塘，有湖泽，有小山，有顽石，树木青葱，竹荫深浓。公余之暇，游散其中，不禁尘氛尽涤，心旷神怡，不啻厦门深处，新添一处'人间乐园'！当地人告诉我们说：'公园建造等费，不下六十余万！'华南各处的公园，当推此园第一。"

中山公园竣工之后的第二年，即民国十九年（1930）冬，厦门又开始兴建虎溪公园。虎溪公园坐落在虎溪岩，一名玉屏山，为厦门"大八景"之一"虎溪夜月"所在地。山上原有玉屏寺，系明末名士池显方所倡建。清初毁于战火之后，威略将军、福建水师提督吴英主持重建。山上原有多处景点，此次营建公园，主要是修筑盘山公路，直通山顶的碧山岩，并在沿途栽种树木、修建凉亭。工程施工时间长达数年，但由于虎溪岩原先就是游览胜地，虎溪公园处于边建园边开放的状况，现在依然吸引游人玩赏。

民国十八年（1929），法籍华商黄仲训将购置的位于日光岩山麓准备建造别墅的一片土地捐献出来，建成延平公园。黄仲训是个有情怀的商人，他的题刻在厦门景区常见。这一时期，广东会馆也在水仙宫后山的望高石附近建成一座小公园，称为广东公园。这样，在 20 世纪 30 年代初，厦门人不仅拥有一个全新的街市，而且拥有多座公园，在当时的中华民国，简直就是一种奢侈的享受。

其实，在林国赓经营厦门岛的前前后后，厦门岛并不为国民政府所看好。尽管早在清道光二十三年（1843）就正式开埠，但限于历史、地理条件，海岛型的厦门发展极为缓慢。孙中山《建国方略》规划的全国3个世界大港、4个二等港、9个三等港中，将三等港之一的厦门港商埠定位在厦门岛之西，即今海沧、嵩屿一带。20世纪20年代中后期，国民政府已经开始编制嵩屿商埠的规划。如果这一规划得到实施，福建东南部的经济、政区布局就是延续传统的漳、泉两片格局。正是有了林国赓对厦门市区成功的改建，厦门才走到嵩屿的前面，历史才在漳、泉之间硬生生地插进一座厦门市，形成厦、漳、泉金三角。

厦门着实应该感谢林国赓林司令。

设市变奏曲

厦门市的称呼最早见于清乾隆二十八年（1763）编修的《泉州府志》。该书卷五《都里·街巷市廛》记载：同安县有"厦门市 在嘉禾里"。但这里的"市"，指的是贸易场所，所谓"致天下之民，聚天下之货，交易而退，各得其所"的地方。清乾隆中叶的"厦门市"，包括桥亭街、关仔内街、火烧街等 25 处街市。

作为行政区划建制意义上的市则始于民国初期。民国十年（1921），北洋政府内政部制定《市自治制》，规定经济发达的地方可以设市，市分为特别市和普通市，特别市的地位相当于县，普通市隶属于县。大概是根据这个《市自治制》，民国十六年（1927）5 月就出现"厦门市"的称呼。本月，厦门警察厅更名为"厦门市公安局"。5 月 18 日，"厦门市公安局"发布训令，指示原"厦门警察厅卫生局"开始启用"厦门市公安局卫生办事处"的新印章。当时的"厦门市公安局"同原先的厦门警察厅一样，下设三个分局，分别管理"厦门市"的三个区，厦门港一带只管到义和路（今碧山路）、沙坡尾、大埔头，美仁宫一带只管到尾头社、龙船河。

足见当时厦门市的范围限于原先的附城四社即福山社、怀德社、附寨社以及和凤前后社。目前尚未查到民国十六年（1927）5月的"厦门市"除了警察局之外还有哪些部门，甚至连市长是谁都无从查找。根据民国十七年（1928）8月厦门市公安局编印的《警务月刊》刊登的"厦门市公安局办理情形调查表"，可以确定，这时的"厦门市公安局局长"是由福建省民政厅任命的。显然，这个"厦门市"应该就是隶属于县的普通市。

隶属于县的"厦门市"还没全面开始运作，北洋政府就已经被推翻，厦门申请建市又得再走一遍程序。民国十七年（1928）7月，南京国民政府公布《特别市组织法》和《市组织法》，将行政建制市规定为特别市和普通市。同年12月又降低设市的条件，规定省辖普通市相当于县的地位，市长由省政府任命。

民国十九年（1930）5月，南京国民政府颁布新的《市组织法》，代替原先的两部关于设市的法律。这部新的《市组织法》将市分为行政院辖市和省辖市。设行政院辖市的条件是：首都；人口在百万以上；政治上、经济上有特殊情形。设省辖市的条件是：人口在30万以上或人口在20万以上且所收营业税、牌照费、土地税年收入占该地年总收入二分之一以上。

民国二十一年（1932）初，福建省政府民政厅提议在厦门设市，成立厦门市筹备处，任命许友超为筹备处处长。民国《厦门市志稿》称："民国二十一年，省通过厦门设市，许友超为筹备处处长。"厦门《海关十年报告之六（1932—1941）》称："1933年1月，省政府任命许友超为厦门市市长，协同县长治理事务。"

从"省政府民政厅提议""省政府任命""协同县长治理"等字眼来看，此时的"厦门市"应该是省政府管辖之下的"普通市"。但按照申报程序，设市必须由地方提出申请，报南京国民政府政务院批准。但福建省政府关于厦门设市的申请并没有得到南京国民政府政务院的批准。没获得批准的原因是当时设立的厦门市是以先前的厦门警区的管辖区域为境域的，人口只有166380人，离省辖市20万人口的标准还有较大的差距。

南京国民政府新的《市组织法》颁布实施时，厦门同昔日孤悬海上的小岛相比，已经有了天壤之别，街道整洁、公共设施基本齐全的新城区开始成形，加上与厦门岛仅有一水之隔的集美学村和鼓浪屿的帮衬，厦门俨然成为一个时尚、风光的近代都市。

《厦门海关十年报告之五（1922—1931）》是这样描述这一时期的厦门的："厦门的医学水平正在改进，训练有素的医生数量正在增加。本地的健康与卫生条件有了很大进步。而横贯厦门城的污水排泄系统也有了很大改善。街道拓宽工作迅速进展。在厦门及其郊区，建起了30哩（英里，下同）长的现代公路。现在正筹划再建50哩的公路。……兴建公路和公园建筑的新规划也正在迅速而有效的实施中。尤其是通向厦门码头的五条宽阔的马路两边，数百座旧房屋被拆除了，代之以现代化的、高质量的、用混凝土建造的楼房。高效率的厦门自来水厂于1926年竣工。……新建的公共花园和公园备受称赞，这些公共设施对厦门人民的健康极其有益。……自1920年以来，学校和学生数已增加了10倍以上。……厦门周围依然存在着一个奇异的教育发展和对外界影响、对世界信息和进步、对更高的生活水平的醒悟。……教育的发展已广泛传布于整个福建的南部沿海地区。因而现在的景况预示着一个美好的未来。"这是厦门海关开始编写工作报告以来对厦门最好的评价。在挑剔的洋人的眼中，厦门已经取得巨大的进步，难怪厦门当局和厦门士绅对于厦门设市充满渴望和热情。

设立建制市，从地方来讲，可以增加税费收入中的提留，用于城市建设，有利于地方发展。从地方士绅的角度讲，根据《市组织法》，建制市实行自治，条件成熟时，市长由选民选举产生。长期以来，厦门岛一直由大大小小的军阀所控制。南京国民政府成立后，岛上的重大事务还是由警备司令林国赓说了算。虽然社会各界对林国赓在厦门城市建设方面所作的贡献表示赞赏，但对他过多地干涉地方事务的霸道作风还是相当不满的。设立建制市后，可以成立市参议会，参议会对于市政工作有罢免权、创制权、复决权。参议员由公民直接选举产生。这些相关规定为地方士绅参与地方事务创造了有利条件。因此，尽管厦门设市屡经变故，但社会各界对于设市的热情还是十分高涨。

民国二十二年（1933）2月，厦门市政筹备处再次成立。这次厦门市的境域，是包括禾山在内的整个厦门岛。当时的禾山农村地区，人口大约有4万余人，加上此前为列入统计的数千名船户，人口总量方面就达到《市组织法》规定的标准。当时的厦门岛上，"厦门"这两个字仍然是厦门岛西南一隅的专属地名。为了不引起误会，厦门市政筹备处成立不久，就更名为思明市政筹备处，原厦门交涉署官员刘光谦出任市长。民国二十二年（1933）8月，思明市筹备处开始接管思明县署。

似乎与思明市的成立相配合，民国二十二年（1933）10月，中国航空公司开设了一条上海飞往广州的商业航线，途中降落温州、福州、厦门、汕头等地。这是曾厝垵海军航空训练处军民结合的尝试，成为厦门岛商业航空的起点。

一切似乎发展得十分顺利。但是，正当思明市准备开始进入实际运转的时刻，时局突然发生巨变。

民国二十二年（1933）11月20日，中国国民党第十九路军蔡廷锴等将领与国民党党内反蒋派别李济深等人发动"福建事变"；11月22日，宣布成立中华共和国人民革命政府，即福建人民政府。福建人民政府将福建划分为闽海、闽上（后改为延建）、泉海（后改为兴泉）、龙漳（后改为龙汀)4个省和福州、厦门2个特别市。十九路军参谋长黄强出任厦门要港司令部司令，取代原司令林国赓，同时兼任厦门特别市市长。原先的思明市尚未出世就胎死腹中。福建人民政府宣布废除与西方列强签订的一系列不平等条约，收回"万国租界"鼓浪屿，因此，福建人民政府设立的厦门特别市包括厦门警区和鼓浪屿，禾山仍属思明县，隶属新设立的兴泉省。

民国二十三年（1934）1月，南京国民政府的军队相继占领福州、漳州等地，"福建事变"宣告失败，成立不到两个月的厦门特别市被撤销，重新恢复思明县建制。林国赓官复原职。

思明县恢复后，设立厦门市的议题再一次提上议事日程。大概是不想在这个问题上表现得比被镇压的福建人民政府更差的缘故，民国二十四年（1935）2月，南京国民政府政务院通过厦门设市的议案。同年4月1日，西方愚人节，厦门市正式成立，公安局局长王固磐任第一任市长。这是福建省最早设立的省辖市。厦门市的管辖范围为原厦门警区和鼓浪屿。由于处于世界性经济大萧条期间，南洋一带的橡胶园、锡矿从民国二十一年（1932）开始大幅裁减工人，华侨纷纷回国，厦门和鼓浪屿成为他们定居的首选地，导致人口大增。据厦门海关年度报告的估计，民国二十三年（1934）厦门和鼓浪屿两地的人口约有29.5万人。这个估计有所偏高。但厦门和鼓浪屿的人口总数超过设立省辖市的标准20万人则是毫无疑问。厦门市设立后，思明县被撤销，原厦门警区之外的禾山郊区改设禾山特种区，直属福建省政府，但由同安县代管。实际上，尽管鼓浪屿被划入厦门市境域，还是处于工部局管理之下，公共地界的地位并没有实际改变。厦门市政府的实际管辖范围仅仅局限在厦门岛西南部十余平方公里的地段。

但是，将厦门岛上的禾山郊区交由一海之隔的同安县代管，在当时的交通条件下，显然极不合适，同时也为厦门的经济生活和城市发展增添了不便。民国二十六年（1937）9月，福建省政府将禾山特种区改为禾山区，归厦门市政府管辖。厦门岛的行政区划至此臻于统一。

新设立的厦门市仍然沿袭港口商埠、依靠侨汇弥补进口大量出超的经济格局。厦门市成立前十年的民国十五年（1926），进出厦门港的船舶总吨位首次突破500万吨，民国十九年（1930）更是达到创纪录的575.69万吨。由于受到世界性的经济萧条的影响，厦门港的航运从民国二十一年（1932）开始出现衰退，但仍维持在490万吨上下。由于大量华侨回国，侨汇进口急剧减少。民国二十三年（1934），橡胶和锡的价格开始上涨，南洋一带对华工的需求再趋增长，厦门市成立之时，再次出现劳工出境高潮。民国二十四年（1935），厦门海关税收达600.59万元（法币）。民国二十五年（1936），进出厦门港的船舶总吨位比上年增加了近100万吨，达到499.08万吨。民国二十六年（1937）上半年，侨汇开始增长。商业贸易开始恢复，新生的厦门市开始走上一条复苏、繁荣的道路。

就在这时，日本军国主义者发动了"七七"卢沟桥事变，开始全面入侵中国。日本舰队频频进出厦门港。面对虎视眈眈的日本侵略者，厦门人民展开了艰苦卓绝的抗日救亡运动。民国二十七年（1938）5月12日厦门沦陷，厦门市政府撤往海澄。日军占领厦门后，在厦门成立伪维持会，民国二十八年（1939）7月成立伪厦门特别市，辖区包括厦门、鼓浪屿、金门、浯屿诸岛，民国三十二年（1943）3月又升为汪伪南京政府行政院直辖市。

厦门市政府内迁海澄后，市长一职先后由福建省第五行政区专员萨君豫、王笑峰兼任。民国三十四年（1945）8月日本投降，10月3日，福建省政府委员兼厦门市市长黄天爵率市府机关回迁厦门。

1949年10月17日，厦门解放，鹭岛新生！

XIAMEN
THE BIOGRAPHY

厦门 传

第九章 华丽蝶变

天堑变通途

一位游客在网上写道:"没来厦门之前,一直觉得厦门是个海滨城市,来到后才知晓,厦门原来是个四周海水茫茫的孤岛。"

岛是厦门的特色,却也是厦门经济社会发展的局限。

300多年前清朝兴泉道道台黄澍登临厦门岛发出"此绝地也,设有缓

厦门海(韩慧摄)

急,岂能飞渡"的惊叹言犹在耳,连通大陆的课题摆在了面前。对于厦门这样一座海岛小城而言,且不说经济社会如何发展,光是几十万人的口中食、身上衣,离开外部的输入便是无法解决的难题。

1949年国民党退往台湾之后,新中国政府开始思考这个问题。当时,厦门还是孤岛,对外联系全靠船只。在敌对势力封锁、禁运之下,厦门经济发展和战备工作都受到严重影响。群众生活困难,有将近一万劳力失业。

1950年9月,陈嘉庚先生从南洋回到与厦门岛北端隔海相望的集美大社定居。曾在马来亚吉隆坡尊孔中学教过书的厦门市第一任市长梁灵光受中央委派,经常渡海去拜访他。有一天,两人谈起厦门与集美之间的交通问题,陈嘉庚先生提出,可以在厦门与集美之间建一座海堤并铺设铁路,把厦门与大陆连接起来,必定能促进厦门交通、经济的发展和海防的巩固,而且厦门港也有可能因此"后来居上",成为世界著名良港。

由于两人都曾在南洋生活过,对马来亚和新加坡之间的海峡长堤都有很深的印象和认知,因此当即形成了共同的决心,梁灵光交代副市长张维兹组织工程师们对相关地段的地质、水文情况进行勘探调查。经过三四个月的现场勘探研究,张维兹和厦门市建设局的同志以及几位专家教授一致认为,架桥从当时施工条件来看是不现实的,在军事上也容易被敌机空袭破坏,还是修海堤好,既可以利用本地的花岗岩材料,又可以大量使用民工手工操作。他们为此搞出了一个"抛石为堤"的工程设计方案,经市委研究并报省委同意后,派人去上海向华东局作了汇报。华东局交通部召集有关专家、教授审议了两次,认为在海峡上"抛石为堤"建设工程,过去还没有过,技术难度大,很可能"石沉大海",因此没有批准。

1951年春,华东军区司令员陈毅在叶飞陪同下来厦门视察。梁灵光抓住这个难得的机会,把陈嘉庚先生的提议和"抛石为堤"的方案向陈毅作了汇报。陈毅很感兴趣，专程到集美拜访陈嘉庚先生听取意见。陈嘉庚很高兴，还剥了一颗糖果给陈毅吃。

陈毅临离开厦门的那天晚上，梁灵光陪他坐一条小轮船经过高崎，此时刚好退潮，海面只剩下200米宽，两边露出一大片沙滩。梁灵光开了灯指给陈毅看，说："就在这里修一条海堤。这个地方的潮水有个特点，不是向一边流，而是一头是从金门那边流过来，一头是从厦门筼筜港那边流过来，两头潮水在这里交汇，群众称它为'八卦水'。这里的沙不是一年一年的少了，而是一年一年的增加，这个情况对建堤非常有利。"陈毅当场表示完全赞成梁灵光他们的意见，并说："回去以后，我就给你们去讲。"显出诗人率真的性格。

陈毅说话算话，前后三次向毛主席提出修建厦门海堤的问题。毛主席表示同意。可当时中央财政非常困难，一时拿不出钱来。所以，修建厦门海堤的事一年多没有再提起。

1952年，主持中央财政工作的陈云从国家预算外的建设资金中拨出1300万元作为厦门海堤建设经费。厦门海堤正式立项。工程由福建省省长叶飞、副省长梁灵光负责，厦门市市长张维兹负责厦门组织工程施工。交通部航务工程总局和福建省水利局负责勘测、设计。

初步设计方案出来后送给陈嘉庚先生提意见。陈嘉庚先生提了两条意见：一是堤宽21米太窄了，建议加宽至25米；二是在厦门一侧，铁路与公路要搞立体交叉。谁知两条意见都被中央请来指导海堤建设的苏联专家沙士可夫否决了，还坚持把原设计的堤宽21米改为19米。直到海堤建成了，陈嘉庚先生才知道不但没有立交桥，堤宽还减少成19米，极为生气，一再批评梁灵光他们没有远见。时间已经证明，陈嘉庚先生的意见是多么正确。

厦门海堤从1953年6月17日，国务院批准厦门海堤建设工程任务书，随即成立厦门海堤工程指挥部。工程指挥部设在禾山殿前村，机构组织、人员抽调、场地清理、物资调配、施工方案等各项准备工作紧张而有条不紊地展开。1954年1月，工程全面动工。

修堤的方法近乎原始，就是用石头、泥土在海里硬生生填出一道堤来。幸好所选位置相当合适，海堤所在处为厦门岛东部海域尽头和西部海域尽头的交接处，是潮力最弱的地方。当时的厦门，全市没有几辆汽车，更没有吊车、装载机之类的工程机械，所有的泥、石全靠肩挑车推。填海的石头不能太小，否则会被海浪卷走，但大的石头凭人力又无法采运。工人们便想了个办法，根据施工需要编制竹笼，将小石头装到竹笼里，起大石头的作用。

将装有石头的竹笼投放到指定位置是最惊险、最危险的操作。当时的施工船大多是以挂帆摇橹为动力的木船，根本没有起吊器械。施工时先把船驶到抛石海域，然后设法让船只左右轻重失衡，使船左右摇晃，将船上竹笼或石头晃到海里。这场面让人看得心惊胆战。好在驶船的艄公们水性极好，即便翻船落水也不会有生命之虞。

时任国防部副部长的粟裕在这期间来厦门视察时，看了修堤现场，提了一条意见：应在海堤的深水处留一条航道，以便船只通过，这对军需民用都有好处。陈嘉庚知道后，也竭力主张这样做。苏联专家和施工技术人员经过精心设计，用沉箱法做起两个高9米的桥墩，又用钢筋混凝土铺设了桥面，解决了建堤后小型船只通航问题。

海堤施工过程中，多次遭到台湾方面派来的飞机袭击，造成人员伤亡。解放军改装了水兵师负责海上防御和巡逻，在海岸线上派驻守卫部队，并安排一个高炮团驻守高崎。解放军福建炮兵部队也有计划地对台湾当局据守的金门列岛进行炮击，回击对方对海堤施工的袭扰。海峡两岸军事方面的对抗使得这场原本属于改造大自然的工程增添了血与火的激烈与悲壮。

经过两年多时间的艰难施工，厦门海堤（亦称高集海堤）于1955年10月27日全面竣工。合龙那一天，梁灵光陪叶飞到场观看，后来叶飞在回忆录中写道：

> 合龙时，运载条石的船只鱼贯而来，船只倾斜至九十度，驶至合龙口时，借助湍急流水的冲力，船舷接近水面，石块随即落水，趁着巨石破坏旋涡之时，船空载轻，飘然而起，急驶而去。真是险象百出！如若船的倾斜度掌握不好，石料倾倒后抓不住时机，都会船毁人亡。只见船只一艘接着一艘，巨石一块接着一块，不到一个小时，石块终于冒出海水之上，人们不禁齐声欢呼……此种景象，真是毕生只能一见！

叶飞亲眼看着合龙的这条海堤堤身为花岗岩砌成，全长2212米，中部留有宽13.3米、基准高度9.5米的涵洞供中小船舶通航；顶宽19米，设有6米宽火车道、7米宽机动车道和东2.1米、西1.5米宽人行道。总用石量70余万立方米，耗资940万元，节约工程款360万元。据梁灵光先生在回忆录中说，新中国成立初期厦门的工业，就是靠这笔资金的补充才得以改造和发展起来。

厦门海堤是我国第一条跨海长堤，它的建成，在厦门建设史上树起了一座丰碑，也创造了世界海堤建设的历史奇迹。如今在高崎的厦门海堤纪念公园可以看到一方"厦门海堤纪念碑"，原中国人民解放军总司令朱德为纪念碑题词："移山填海。"碑文称"1955年国庆节完成了全部工程"，立碑时间也定为"一九五五年十月一日"，系为了国庆献礼的需要。其实无论是10月1日竣工还是10月27日竣工，都不会影响厦门海堤对于厦门岛成功跨海的重大意义。

就在厦门海堤工程接近完工的时候，另一项与厦门岛走出去休戚相关的工程鹰（潭）厦（门）铁路于1955年2月开炮动工。

说到铁路，厦门人并不陌生。清光绪三十二年（1906）厦门就成立招股总经理处，集资筹建漳（州）厦（门）铁路。清光绪三十三年（1907）开始测量，至清宣统二年（1910）底，嵩屿至江东桥长28公里的工程完工，翌年五月即开始通车营运。这条铁路名义上叫"漳厦铁路"，在厦门磁街码头设有漳厦铁路厦门站，但厦门站的实际起点在与厦门隔海相望的嵩屿，其实是东边隔海未到厦门，西边隔江（九龙江）未到漳州，是一段"前不过海，后不过江"的盲肠路。铁路一端在嵩屿，隔着三千五百米深海而与厦门遥遥相望；另一端的江东桥在九龙江的支流北溪岸边，铁路通车时桥尚未开建，距漳州隔着一条江和17公里的陆路。当年倘若有厦门人要乘"漳厦铁路"的火车，先要到磁街码头的"厦门站"买票，然后乘小船过渡到专门来往于嵩屿和厦门之间的驳船，到嵩屿岸边时，又得换乘小船靠泊码头登岸，这才乘上火车。火车到达江东桥站后，又得乘船过江，然后改乘，抵达漳州。时谚云："农民上火车，草笠被风吹。下车拾草笠，火车犹可追。"由于既不方便又不经济，这条铁路长期亏损经营，到民国十九年（1930）终于坚持不住，惨淡收场。

厦门人民盼铁路望眼欲穿。

现在修铁路的梦想成为现实，多么令人振奋。厦门海堤已成，若铁路再修起来，火车就可以跨海进岛了。

按照当初鹰厦铁路修建计划，铁路进厦门岛的走向，是从漳州的角美向东北延伸至集美天马山前，再沿杏林湾东岸南伸，与厦门海堤相接。陈嘉庚先生知道这个计划后，把时任厦门市长张维兹请到集美他的住处。陈嘉庚先生向张市长建议线路走向应从角美向东经灌口至杏林，再从杏林修海堤到集美，与厦门海堤相接。陈嘉庚先生还说这样线路不用向东北去绕一大圈，可缩短里程近20公里，还可以围垦良田4万亩。张市长觉得陈嘉庚先生的建议很好，表示将把这一建议与政府其他领导及专家共同研究。市政府向苏联专家转达陈嘉庚先生的建议，他们以缺乏技术和资金为由给予否决。

这本是陈嘉庚先生预料中的事，但他并不就此罢休，又一次把张市长请到自己的住处。这回陈嘉庚先生有点不客气，话题一开始就问张市长："你读过《福建通志》没有？莆田有位钱四娘，修了木兰陂，形成了莆田的南北洋，你知道不知道？""知而不详。"张市长回答。陈嘉庚先生接着说："钱四娘是宋朝一位被遗弃的宫中妃子，回家后就把带回来的全部资产来修木兰陂，后又得一孀妇的资助，修成后，他们二人以身殉职了，共得良田4万亩，使这里成为全省有名的富庶之乡。"

说到这里，陈嘉庚先生有点激动了："一千多年以前的宋朝两位女流用自己的财力把4万亩荒坡海滩变成良田，难道今天共产党领导的政权，以国家的财力还不能把杏林湾围起来？为什么就要听苏联人的？修高崎海堤要用多少钱？不是周总理要我继续把集美学校办下去（嘉庚先生曾致函周总理，要把集美学校交给国家办理），修堤的钱由我来负担也没问题。修这堤不要说钱，就是连我这老骨头我也可以献出来！"

看到张市长静静地听着，陈嘉庚先生缓和了语气又说，这海堤围起来，单就缩短铁路里程，节煤节时间来说就是费省而利厚的工程，完全划得来，至于湾边滩涂的利用，湾中旅游景区的开发，那利益更是不可估量！

陈嘉庚先生讲到这里，张市长频频点头致敬。陈嘉庚先生对张市长说：人家说他是天上星辰下凡，鬼神都怕他，可风水先生说的，他不会全不信。他接着说，风水先生有说过，大动土木搞不好就要伤人，而这造海堤移山填海更是会损财折人，造高集海堤死了那么多人，他这"歹鬼母柴头"（闽南语，出主意的带头人）过了劫，再修集杏海堤他必死无疑，但只要海堤能修成，他死而无憾！

陈嘉庚先生的设想最后在王震的支持下实现了。

据当年在铁道兵三师政治部工作的王沛浩写的回忆文章，毛主席曾专门找王震谈过鹰厦铁路问题：

  毛主席在中南海单独约见王震，王震跟随毛主席步入书房。在书桌两旁坐定后，毛主席点燃香烟，吸了一口，往后一仰，靠在长臂椅上含笑问道："谈谈，最近读了么子好书啊？"

  "《远离莫斯科的地方》，一本小说。"王震答。

  毛主席说："小说我可没时间看。"顺手推过一本书："你翻翻这本书，倒是有些意思。"

  王震接过来一看，是孙中山的《建国方略》。

  毛主席说："看起来，这位孙博士相当偏爱铁路呵！"

  王震说："是的，他辞掉临时大总统，去当铁路总裁。《建国方略》用整整一章讲铁路，设想很大呢！"

  毛主席说："对、对，黎（广西黎塘）湛（广东湛江）线、鹰厦线也包括在规划之内。但规划归规划，实现不容易，这回要不是洋鬼子逼迫，还上不了马咧！"

  又问王震："你们看，有困难吗？能完成吗？"

  王震回答："铁道兵是支有战斗力的部队，打过许多硬仗啊！尤其在朝鲜，创建了一道钢铁运输线。"

  "那是不简单，"毛主席点点头，"天上飞机炸，地上定时弹，还要随炸随修，保证运输畅通"。

王震补充说："还突击抢建了几条新线。"

毛主席说："那种精神实在叫人感动，许多同志读电报时都流了泪。"

王震向毛主席汇报了铁道兵党委的安排：集中兵力抢建黎湛、鹰厦铁路，准备把兵部机关从北京搬到工地去，以便加强对工程的领导。

毛主席笑道："你们想连锅端啊，这样好，很好。不过搬下去就没有北京舒服啰，不像个大衙门啰，大家通得过吗？不会骂你吗？"

毛主席讲的"洋鬼子逼迫"，是指美国第七舰队封锁台湾海峡，阻挠我们解决台湾问题。在这样的战备背景下修建鹰厦铁路，王震麾下的铁道兵决心很大，一下子派来12个师的部队，在地方十万民工的协助下神速推进，在全长694公里的路段，开掘隧道47座，修建桥梁159座，浇筑涵洞1658座，比原定计划提前一年多时间完成。

全长24公里的鹰厦铁路厦门段于1955年7月29日动工，1956年12月9日完成铺轨。在此期间，解放军铁道兵部队在地方政府和厦门海堤施工队伍的支持配合下，用了15个月的时间修建成杏（林）集（美）海堤。杏集海堤全长2820米，顶宽11.5米，用石量88万立方米，耗资470余万元。

1957年1月6日，第一列货车从上海驶抵厦门。同年4月，厦门火车站落成。4月12日，首列客车抵达厦门火车站。4月21日，鹰（潭）厦（门）铁路正式通车。1958年1月1日，鹰厦铁路正式投入营运。如果说厦门海堤的建成成为厦门实现岛屿突围的标志，那么鹰厦铁路的通车无疑为厦门新的突围插上翅膀。

厦门海堤给孤悬海中的厦门岛开辟了一条突破大海封锁的通道，成为当时厦门一条重要的动脉。但这条动脉只有19米宽，输送能力极其有限。而且这种方式是不可复制的。很难想象，可以在厦门岛与大陆之间的海峡建造几座海堤，将海峡隔成几个相互独立的咸水湖。厦门因海而生，伴海而立。厦门必须在善待海洋的前提下突破大海的封锁。

改革开放之初，厦门就意识到进出厦门岛交通的重要，1984年组建了厦门市进出岛交通通道工程筹建处。它是后来善于在路桥建设领域攻关克难、屡建功勋的厦门路桥建设集团有限公司的前身。

海堤不能再修了，但可以修桥。

1987年10月，厦门大桥开始动工。

中国已经有了几千年建造桥梁的历史，20世纪30年代就建成第一座现代桥梁钱塘江大桥，但横跨海峡的大型桥梁，厦门大桥是国内第一座，没有实物可以参观模仿。好在厦门已经开放，大桥建设者们汇集国外建造跨海大桥的信息、技术资料和施工方法，根据厦门的实际情况灵活运用，攻克了一道道难关。厦门湾的第一座大桥整整用了50个月的时间，1991年12月建成通车。

厦门大桥连接厦门岛高崎和集美学村，全长6695米，主桥长2070米，桥面宽23.5米，双向4车道，设计行车时速为每小时60公里，日通行能力2.5万辆次。主桥结构为46孔45米等跨预应力混凝土连续箱梁，集美端为总长3.77公里的大型立交桥，高崎端引道长845.5米，设有停车场、收费站，引道旁还建有桥头公园和"金钥匙"雕塑。工程总投资1.56亿元人民币。在建设过程中，建设单位留下了对厦门海域水文、地质等方面的详细记录资料，为后续进出岛通道建设积累了宝贵经验。

1996年12月动工建设厦门第三条进出岛通道海沧大桥。海沧大桥连接厦门东渡港和海沧投资区，是亚洲第一座、世界第二座"三跨连续全漂浮钢箱梁悬索桥",大桥全长6319米,主跨长648米,桥面宽度32米,双向6车道,设计行车速度为每小时80公里,日通行能力为5万辆次,代表着20世纪中国建桥最高成就,工程总投资28.7亿人民币。1999年12月建成通车。

2006年10月25日开工建设杏林大桥。杏林大桥位于厦门北部西海域,连接厦门岛内高殿和集美区杏林,系公铁两用跨海大桥,公路桥和铁路桥平层合建。公路桥全长8530米,其中主线桥长7480米,海上桥长5034米,引道路基1050米,桥面宽32米,双向6车道,设计行车速度为每小时80公里,日通行能力为3.38万辆次,大桥工程总投资27亿元。2008年9月1日建成通车。杏林大桥把厦门岛交通快速路网与岛外的国道和高速公路便捷地连接起来,形成厦门市又一条完整的交通主动脉,大幅度缓解了厦门大桥日趋严重的超负荷交通压力。

2006年12月20日动工建设集美大桥。集美大桥南起厦门市岛内环岛干道,下穿高崎机场跑道后,跨海连接集美区。大桥主线全长8438米,跨海大桥长3820米,桥梁总宽度36米,主线道路为双向6车道,设计行车速度为每小时80公里,日通行能力为8万辆次。大桥中间设快速公交专线,双向2车道,设计行车速度为每小时60公里。项目总投资30.19亿元。2008年7月1日建成通车。集美大桥建设采用了国内外最先进的"短线匹配法节段预制悬拼"工艺,实现"施工规模第一、施工跨度第一、施工速度第一",该工艺获评为"国家级工法"并在全国范围内推广。

相继建成4座大桥,使进出厦门岛难的问题得到极大改善,增强了厦门的发展潜力。但厦门是台风多发地区,当台风风力达到10级时,大桥会临时关闭,禁止车辆通行。

为了进一步改善进出岛的交通条件,保证全天候运输畅通,厦门开始筹划建设海底隧道。

杏林大桥和集美大桥（阮俊杰摄）

2005年9月，翔安隧道正式动工。翔安隧道位于厦门东海域，是厦门市本岛东部进出岛公路通道，连接厦门本岛和岛外翔安区西滨。

全世界已建、在建的跨海隧道有20多条，主要分布在欧洲、日本、中国香港，翔安隧道是中国内地第一条海底隧道。翔安隧道工程跨越海域宽度约4.2公里，最深处位于海平面下约70米。修建水下隧道一般有两种施工方法：一是沉管法，就是将若干个预制段分别浮运到海面现场，然后逐个沉放，安装在已疏浚好的基槽内，这种施工法安全系数较高、便于操作，但对水域环境会造成一定破坏。另一种是钻爆法，俗称"打眼放炮"，机械开挖、人工开挖和爆破相结合。世界各国大都采用沉管法。翔安隧道所在海域是中华白海豚生态保护区，施工方从保护中华白海豚生存环境以及保护海洋生态环境、海洋珍稀鱼类、海床现状及弃渣利用考虑，决定采用钻爆法。

翔安隧道建设过程中遇到多项世界罕见难题：一是世界上覆盖层最浅的海底隧道，最薄处只有5.7米；二是行车主洞开挖断面面积达170.7平方米，在世界海底隧道建设史上尚属首例；三是软弱围岩（俗称烂泥巴）、富水砂层、风化槽群（囊）等不良地质段，规模之大为世界罕见。

翔安隧道的建设者依靠科技进步，采购了世界最先进的多功能钻机，使用传统与创新相结合的办法，因地制宜，安全稳步推进隧道建设。针对覆盖层薄的难题，他们加强地质超前预报，严格遵守"有险必探、无险也探、先探后干"的原则，确保每前进一步都心中有数；针对大断面施工难题，他们将断面分为上、下、左、右4个区，分别开挖支护，并创新性地改造传统CRD施工作业法，在软弱围岩中连续月掘进速度超过60米，最高月份达73米，创造了同等地质条件下特大断面海底隧道施工进度纪录；针对不良地质段问题，他们采用地下连续墙井点降水法、全断面帷幕注浆技术和注浆小导管技术等施工方法，成功穿越630多米的富水砂层和强风化槽地段。依靠科技、依靠自主创新，翔安隧道的施工工艺达世界顶级水平，抗腐蚀、抗渗水度均达到最高等级，能抵抗8级地震，装有国内最先进消防系统，安全性得到了最大程度保障，工程质量合格率100%，被交通运输部确定为全国三大样板工程之一。2009年11月5日，翔安隧道实现全线贯通，2010年4月26日正式通车运营。隧道全长8.695公里，其中通过海底的隧道长6.05公里，行车主洞宽17.2米、高12米，设双向6车道，设计行车速度每小时80公里，工程总投资40.7亿元。

翔安隧道可全天候24小时运营，极大地完善了厦门进出岛车辆通行方式，使厦门进出岛通道形成了从海上到海底的立体交通格局，对台风多发的厦门具有特殊的战略意义。

2017年12月31日厦门地铁1号线开始运营，则是厦门岛进出岛通道正式进入轨道交通地铁时代。

厦门地铁1号线起于思明区镇海路站，沿镇海路、文园路、湖滨中路、湖滨南路、嘉禾路敷设，在厦门海堤、集杏海堤则以高架和地面方式跨海出岛，过海后又重新沿地下敷设，沿杏锦路、诚毅大街、厦门铁路北站，终点站为集美区后溪镇岩内。2019年12月25日正式开通运营的厦门地铁2号线，始发站为海沧区天竺山站，经过马銮湾新城、海沧新城，在海沧湾公园通过海底隧道，经厦门岛东渡厦门国际邮轮中心、筼筜湖、江头、观音山，终点站在五缘湾。2021年6月25日开通运营的厦门地铁3号线，把厦门火车站与岛外的翔安区联系起来。至本书写作之时，厦门岛已经有了十多条进出岛的通道。

前清才子赵翼，字耘松，阳湖（今浙江武进）人。原为乾隆二十六年（1761）殿试一甲第一名即状元。乾隆皇帝钦点前十名进士时，以陕西自乾隆朝以来未有出过状元为由，将第三名的陕西人王杰与赵翼对调，赵翼降为第三名即探花。虽然与状元失之交臂，但赵翼的才干是无可否认的。他写得一手好诗。且不论其诗集《瓯北集》在清诗中的地位，单凭他所作"李杜诗篇万口传，至今已觉不新鲜。江山代有才人出，各领风骚数百年"这首诗广为传诵的程度，就可以想见他的文学造诣。乾隆五十一年（1786），赵翼应新任闽浙总督李侍尧之邀来到厦门，参与筹谋镇压台湾林爽文起义。军务之余，赵翼肯定要写诗的。他有多首关于大海、飓风的诗。在《飓风歌》中，他想象出一个"老作阴怪多神通"的飓风神，他建议飓风神"何不吹转帆向东？不然更刮海水竭，平步可达扶桑红"，就是让飓风神干脆把海水吹竭，现出陆地，好让军队可以直达台湾；在《厦门大风望海即事》中，他幻想"安得鞭驱石，排成万里桥"，就是用一条神鞭驱赶石头，建成穿越大海的万里长桥。倘若赵翼有灵，得以亲身体验当今厦门岛从天上到海中多种出海通道，当会惊讶不已、感慨万千！

放胆飞出去

海堤、桥梁、隧道像一根根血管联通厦门岛内外，困守海中的孤岛满血复活，不再孤单。

1953年11月3日是厦门发展史上应该大书特书的日子，就在这一天，同安县集美乡划归厦门市，旋即改为集美镇。这是厦门市行政区划拓展到岛外、实现岛屿突围迈出的第一步。此后，厦门的"胃口"越来越大：

——1957年4月，同安县灌口区的灌口镇和东孚等11个乡正式划归厦门市；

——1958年10月，同安县和海澄县的海沧乡、新垵乡正式划归厦门市；

——1970年7月，同安县划归晋江专区，1973年9月又划归厦门市，此后一直归属厦门。这是厦门市行政区划的重大变化：民国之前厦门长期作为同安县下辖的一个里，民国期间开始与同安县平起平坐，1958年"吃"掉同安，实现"儿子"管"老子"的乾坤大挪移。

……

身躯膨胀不等于真正强大。厦门从清康熙年间成为港口型的商埠，清末至民国期间长期维持依靠侨汇和商业生存的经济模式，工业特别是制造业相当落后。厦门要强大，必须改变旧有的经济模式。但厦门当时是海防前线，适宜大规模发展工业吗？

不发展就要落在人后。从20世纪50年代中后期开始，厦门开始打造后江埭工业区、杏林工业区、厦门港沙坡尾工业区和文灶—将军祠—厦禾路工业区等，建成一批骨干企业，初步改变了厦门工业落后的面貌。

但考验接踵而至。为了向全世界昭告台湾、澎湖、金门、妈祖地区是中国领土的一部分，1958年8月23日，厦门沿海炮兵36个地面炮兵营和7个海岸炮兵连总计463门大炮发出怒吼，震惊全球的"八·二三"炮战由此爆发，大小金门岛瞬时陷入烟雾火海之中。两个多小时之内，解放军发炮2.39万发，有效破坏了金门通信系统、大炮阵地和雷达阵地，正在参加金门防务部周末鸡尾酒餐会的金门防务副司令长官赵家骧等3名将领重伤不治。在炮弹铺天盖地落到金门岛的第二天，1958年8月24日，中国人民解放军福建前线广播电台开始正式播音。

这是一场精心策划的政治战。10月6日凌晨2时，毛泽东亲自起草《告台湾同胞书》，宣布炮击金门是惩罚性质，为让国民党军充分地向金门输送供给品，炮击暂停7天，但以没有美国人护航为条件；台澎金马是中国的一部分，建议举行谈判，实现和平解决。从此，炮击金门进入打打停停阶段。1958年10月25日，解放军宣布单日打双日不打，只打海滩，不打阵地、不打村庄。

厦门一时吸引了全国的目光。到外地出差或探亲，说句"我从厦门来"，便能引发一阵"啧啧"声，总有许多人围上来打听厦门前线打仗的事，各个省、市、自治区，各个系统、各个部门派来的慰问团一拨接着一拨。地处东南沿海一隅的厦门人有幸目睹梅兰芳、袁雪芬、侯宝林等艺术大师的风采。上海电影制片厂根据同名话剧改编摄制的故事片《英雄小八路》就是取材于厦门何厝"前沿英雄小八路"的事迹，片中主题歌《我们是共产主义接班人》后来成为中国少年先锋队队歌。

战争状态持续了许多年，厦门以海防前线的形象呈现在全国人民面前。当慰问团的身影消失，海峡上空的硝烟退去，厦门人惊讶地发现：除了增添几处炮弹留下的痕迹，厦门岛面貌依旧。

1979年1月1日，中美建交。同一天，全国人民代表大会常务委员会发表《告台湾同胞书》，国防部长徐向前发布《关于停止炮击大、小金门等岛屿的声明》。

5年后的一天，全国政协主席邓颖超视察厦门。在厦门岛最高峰云顶岩的部队观察所，一位年轻的解放军战士引导她走到高倍望远镜前，朗声道："报告首长，大海对岸就是敌军控制的小金门。"邓颖超笑着拍拍解放军战士的肩膀，说："不是敌军，是友军。"年轻战士一下子懵住了，许久才回过神来。

历尽劫波兄弟在，相逢一笑泯恩仇。厦门人不用挖防空洞了，不用在透明的玻璃窗上贴米字形绵纸条预防玻璃被炸飞伤人了，更不用担心下海游泳会被怀疑投敌了……

但是，问题来了：厦门海防前线牺牲了30年时间不搞建设，现在两岸和平了，往后的路该怎么走？

厦门人不乏探索的勇气。

1979年4月底，悬挂五星红旗的"闽海105"号轮船从大连港南下，穿过台湾海峡北部靠泊泉州后渚港，然后经崇武，沿着金门岛以东12海里航线行驶，从青屿和大担诸岛之间的外水道进入厦门港；7月，悬挂五星红旗的广州"陆丰"号货轮穿过台湾海峡北部进入厦门港。这两次航行

繁忙的鹭江（阮俊杰摄）

宣告封闭了30年之久的台湾海峡南北通道正式打开。

1980年元旦，大型客轮"鼓浪屿"号从厦门港出发，驶过台湾当局军队据守的大担至五担岛一带海面，顺利直航香港。厦门至香港航线正式开通，曾经硝烟弥漫的台湾海峡呈现和平之光，厦门以一种新的姿态走向世界。

邓小平注视着厦门，注视着台湾海峡，创办经济特区的构想越来越清晰。

1980年3月，谷牧在广州召开广东、福建两省会议，研究特区建设问题。他在会上指出，厦门可先进行规划，作好准备，逐步实施。还说，厦门可利用侨资、外资，进行东渡港的建设。会后，一份《关于建设厦门经济特区的报告》呈递到了最高层。8月26日，五届全国人大常委会第十五次会议批准公布《广东省经济特区条例》，正式宣布在深圳、珠海、汕头、厦门设置经济特区。

设置经济特区是厦门发展史上重大的转折，国家把特别的爱给了特别的厦门，厦门必须抓住机会乘势而上。

厦门经济特区成立的时候叫出口加工区，只能从事出口商品的加工。为了便于管理，这个出口加工区设在厦门岛的西北部前线人民公社湖里大队（今湖里区湖里街道湖里社区），西、南、北三面临海，东边是福厦公路。这个出口加工区面积很小，规划只有2.5平方公里。1981年10月15日，厦门经济特区湖里加工区第一期1.1平方公里工程破土动工。针对长期以来厦门城市建设发展缓慢，基础设施严重滞后，远不能适应发展对外经贸合作需要的状况，厦门集中力量改善投资环境，冲破"无债一身轻"的传统观念，举债搞建设，多渠道、多形式筹措资金近13亿元，用于交通、通讯、能源动力等基础设施建设。壮胆向科威特阿拉伯经济发展基金会争取优惠贷款600万第纳尔（合2100万美元），用于高崎国际机场的建设，创下举外债搞基础设施建设的先例。之后又争取到世界银行、日本协力基金会提供的贷款，同时采取租赁、合资、合作等方式，进行东渡码头二期工程、自来水工程、航空公司、码头、集装箱运输等项目的建设。1983年5月，社会上传闻厦门开通了和香港的直拨电话，不少人斩钉截铁地判定："无影！骗人的！"其实，这个时候不但开通了厦门—香港之间的直拨电话，而且已经着手从国外引进3万门电子程控自动电话和960路微波通讯设备。

随着投资环境的日益改善，前来厦门洽谈投资等事务的客商明显增多，1982年，特区内第一家外资企业印华地砖厂动工兴建。同年，厦门经济特区建设发展公司与中国银行总行信托咨询公司及香港集友银行、华侨商业银行、南洋商业银行、金生银行、澳门南通信托有限公司等5家港澳华资银行共同组建厦门经济特区联合发展公司，通过贷款、合办等形式，全面负责湖里加工区的开发建设。港澳金融界的投入，增强了特区建设的力量，扩大了特区的影响。1983年共接待19个国家和地区的280多户客商，总投资额为1.8亿美元，其中客方投资1亿美元。数据并不耀眼，但厦门人从中看到了未来，因为这是厦门岛30年来迎接的第一批来自其他国家和地区的客人，是厦门岛30年来第一次承接来自国际的资金，显得弥足珍贵。

1984年是厦门经济特区建设的关键之年。

这一年的2月7日，邓小平在王震的陪同下抵达厦门。

这一年，邓小平正好80岁。

2月8日上午，邓小平和王震在省市领导陪同下，来到东渡港，视察了正在建设中的深水泊位码头后，登上"鹭江"号游艇，一边观赏鹭江的两岸风光，一边听取汇报。福建省委书记项南把一张厦门市地图摆在邓小平面前，说："厦门特区现在实际上只有2.5平方公里，实在太小了。如果把特区扩大到全岛，使整个厦门岛开放……"

邓小平问："为什么？"

项南回答说："现在太束缚手脚了，即使很快全部建成，也没有多大实际意义。厦门岛四面是海，是天然隔离带。如果全岛建成特区的话，对于开展对台工作很有利。厦门离金门最近只有1000多米，一开放，再搞一个落地签证，'三通'的问题就是不通也通了。"

邓小平仔细地看了看地图，然后扭头问身旁的王震："你说行不行？"

王震说："我完全同意。"修建鹰厦铁路时，王震曾多次到厦门视察，对厦门印象很深。

邓小平接着说："我看可以，这没得啥子问题嘛！"

在场的省市领导都露出了灿烂的笑脸。

项南继续谈自己的想法："现在台胞到大陆都不是直来直去，而要从香港和日本绕道。如果把离台湾、金门最近的厦门建成自由港，进出自由，对两岸人民的交流会起到很大的促进作用。"

邓小平听到建成厦门自由港要实行"货物自由进出、人员自由往来、货币自由兑换"时，他点起一根香烟望向大海思索了好一会儿，然后说："前两条还可以，最后一条不容易。但没关系，在这个问题还没解决之前，可以先实行自由港的某些政策。"

项南笑着对邓小平说："我们还有个建议。"

邓小平问："还有啥子建议？"

项南说："我们想把'厦门机场'改叫为'厦门国际机场'，有利于对外开放。"

邓小平当即拍板："就是应当放胆飞出去嘛！就用'国际机场'这个名字！"

在场的人都激动地鼓起掌来。

"鹭江"号游艇环绕鼓浪屿一周，邓小平登上鼓浪屿，步子稳健地走在熙熙攘攘的游人中。

一个小女孩笑着向他走来。

邓小平伸出双手抱起小女孩问："你认识我吗？"

"你是邓爷爷！"稚气的童音格外清脆。

邓小平笑了。他同寻常百姓一样，徒步穿过龙头路，参观了"园在海上、海在园中"的菽庄花园，沿途观赏了日光岩和鼓浪屿建筑的杰出代表八卦楼。岛上居民和当时还不多的游客见到邓小平，齐聚道路两边向他鼓掌。邓小平满面笑容地向他们招手致意。鼓浪屿给邓小平留下美好的印象，他动情地对身边的人说："没想到在中国南方还有这么一个美丽的岛屿。"

在厦门，邓小平还视察了正在建设中的湖里出口加工区、厦门高崎国际机场、厦门大学、集美学村，并冒雨在厦门万石植物园亲植了一株云南香樟树，作为永久性纪念。临行前，邓小平给厦门经济特区留下了一幅题词："把经济特区办得更快些更好些。"

对邓小平题词的真意，厦门人琢磨了好一阵子。

邓小平从厦门回到北京后，同中央几位领导同志进行过一次十分重要的谈话。这次谈话，对中国改革开放发生了至关重要的作用。邓小平说："我们建立特区，实行开放政策，有个指导思想要明确，就是不是收，而是放。"他还谈到了厦门：

> 厦门特区地方划得太小，要把整个厦门岛搞成特区。厦门岛全部搞成特区，就能吸收一批华侨资金，不仅华侨，许多外国人也会来投资，这样就能把周围地区带动起来，为它服务，使整个福建省的经济活跃起来。厦门特区不叫自由港，但可以实行自由港的某些政策，这在国际上是有先例的。

根据邓小平的提议，1984年5月4日，中共中央、国务院发出《关于转发〈沿海部分城市座谈会纪要〉的通知》，正式宣布厦门经济特区扩大到全岛（包括鼓浪屿），实行自由港的某些政策。在这份文件中，厦门经济特区不再仅仅是"出口加工区"，而是"以工业为主，兼营旅游、商业、房地产的综合性、外向型的经济特区"。

特别的爱给特别的厦门：1988年4月，国务院批准厦门为计划单列市，赋予相当于省一级的经济管理权限，为厦门经济特区的发展插上翅膀，厦门的改革开放进入全方位推进的新阶段。1989年5月20日，国务院批准厦门经济特区及市辖的杏林、海沧地区为台商投资区，杏林、海沧台商投资区实行厦门经济特区的优惠政策。至此，厦门经济特区实际上完成第二次拓展，特区范围由初创时湖里加工区2.5平方公里扩大到全岛131平方公里，又由岛内拓展到岛外，基本构成厦门经济特区全方位开放的格局。1992年10月15日，国务院批准设立厦门象屿保税区，实行自由港某些政策有了突破口和示范点。

厦门的建设发展驶上了快车道！

历史选择了厦门，厦门还历史一片精彩。2020年是厦门经济特区成立40周年，40年来，厦门地区生产总值增长304倍，工业增加值增长787倍，财政总收入增长948倍，城市建成区面积扩大了8倍以上。换一种更直观的说法，厦门以占全省1.4%的土地面积，创造出全省14.5%的地区生产总值、26.2%的财政收入和近50%的外贸进出口总额。厦门不愧是大厦之门、对外开放之门。

大厦门湾时代

厦门曾被定位为港口风景城市。1995年在建设海沧大桥时，提出建设海湾型城市的设想，1997年撤销同安县改设同安区标志着海湾型城市建设开始起步，2003年4月26日国务院下达《关于同意福建省调整厦门市部分行政区划的批复》，标志着海湾型城市建设全面铺开。

调整后的厦门市以鹭江、厦门西港、厦门东海域等海湾为支撑，串联起思明区、海沧区、集美区、湖里区、同安区、翔安区6个行政区，构建"城在海上，海在城中"的海湾型城市。2019年，厦门市土地面积从民国三十五年（1946）的110.8平方公里增至1700.61平方公里。这是一次彻底的蜕变与历史性的跨越。

厦门自古以来就被称为"地属弹丸"，"区区一坞，孤悬海中"，"唐宋以来，并为村墟"。大航海时代之后，这座岛屿及其周围海域的经济价值逐渐被世人所认识。明朝中叶，西方列强装备有"佛朗机"炮的夹板船穿越大半个地球来到这座岛屿周边的海域，使出各种文韬武略，要求与古老帝国进行自由贸易。明末清初，郑氏集团凭借强可敌国的海上武装，在福

鹭江两岸（阮俊杰摄）

建东南沿海乃至台湾海峡聚敛财富，并上演了一场激烈对抗的全武行。但这一时期的厦门岛，在两个王朝统治者的眼里，只是泉州、漳州两府军事上的咽喉要地。

清康熙二十三年（1684），清朝在厦门设立闽海关，厦门成为"往来内洋及南北通商"的港口。厦门港港口在虎头山西南侧（今寿山路北侧）至沙坡头（今料船头街海滨），当时这一带的海岸线在今鹭江道西南端以内200米左右，形成一个海湾，这就是当时的厦门港。

作为港口的厦门港存在整整250个年头，民国十九年（1930）前后将厦门岛西南部海岸线截弯取直，修建濒海的鹭江道，沿鹭江道修筑了15个钢筋水泥结构的码头，原先的厦门港消失了，只留下令人遐想的地名。这是厦门港第一次改变，由具体的港口实体变成厦门港口的泛称。

20世纪30年代之后的厦门港，靠泊条件较好的是虎头山下海军的码头、同文顶海滨的太古码头以及厦门海关前面的海关码头。这一时期的造船技术已经有了很大的进步，进港船只特别是外国轮船的载重量几乎都达到几千吨，除建有趸船、飞桥的太古码头可供千吨级船舶直接靠岸，其余码头则须让轮船停在深海中，再通过小船过渡。

1950年后，太古码头改名为和平码头，成为厦门港最具代表性的码头。此后，在厦门岛西海域和东部海域陆续修建了一些码头，但靠泊能力较高的也只有几百吨。1984年12月，东渡港区第一期工程4个泊位正式投入使用，标志着厦门港进入万吨级码头阶段。

1994年2月26日，海沧港区一期工程破土动工，总投资4亿多元人民币，建设年吞吐能力100万吨的3万吨级集装箱泊位1个、年吞吐能力50万吨的散杂货泊位1个。1995年11月，海沧港区嵩屿电厂煤码头通过验收并投入使用；1997年5月可接卸10万吨级船舶的嵩屿博坦油码头正式投入使用。

海沧港区所在位置就是孙中山先生当年在《建国方略》中所提到的全国9个三等港之一的厦门岛之西的港口。当年孙中山还设想在这个港口的岸上铺设轨道，开通火车，把港口和矿产资源丰富的闽西、江西连接起来。这一切，今天的厦门都做到了。今天的海沧不仅有码头、铁路、高速公路，还是拥有以机械制造、电子、新材料和生物医药等产业为核心的工业区，是中国工业百强区之一。

海沧港区的开发建设是厦门港进入厦门湾时代的标志。

厦门湾，明清时期称为嘉禾海。清道光《厦门志》记载：嘉禾海"北望高浦，西界海澄，东厄烈屿，南临大海。……外与金门相为犄角，二嶝（大嶝、小嶝）防于内，二担（大担、小担）御于外，浯屿则孤悬海表，控制要冲。……潮汐瀁洄，常一日而再至；港汊孔多，喷余波以四达。斯大小帆樯之集辏，远近贸易之都会也"。

清代厦门港船运最盛时期，港内洋船、商船上千号，大船载重量300余吨，一般商船载重量200吨上下，即便"大小帆樯集辏"，年货物吞吐量也只有10万吨上下，相当于当今的厦门港接驳一艘10万吨级以上的货轮的载货量。

设立经济特区之后，厦门港全速发展，1984年货物吞吐量突破500万吨。1994年进入厦门湾时代后更是突飞猛进，2000年达到1965.26万吨。

2006年1月1日，厦门湾内港口体制进行一体化整合，由新组建的厦门港口管理局统一管理厦门湾内的东渡、海沧、嵩屿、刘五店、客运、招银、后石、石码共8个港区。厦门湾港口管理突破行政区划的范畴，开始形成大厦门湾的雏形。2010年8月，漳州港的古雷港区、东山港区、云霄港区、诏安港区并入厦门港，进一步巩固了大厦门湾的格局。2010年厦门港货物吞吐量突破一亿吨，成为海西首个亿吨大港；2014年，厦门港完成货物吞吐量突破两亿吨。

2017年3月，厦门港被中国交通运输部设立为中国（福建）自由贸易试验区厦门片区国际船舶登记船籍港，成为中国自由贸易试验区8个国际船舶登记船籍港暨国内首批国际船舶登记船籍港之一。当年9月，厦门港主航道扩建四期工程竣工，实现了全航段20万吨级集装箱船与15万吨级集装箱船组合全潮双线通航，改变了此前20万吨级集装箱船进港需封航的历史。

如今的大厦门湾，可以靠泊20万吨级集装箱船舶和20万吨级散杂货船舶。从大厦门湾发出的集装箱班轮通达全球，向外覆盖欧洲、美西、美东、波斯湾、非洲、澳大利亚、南美、日韩、东南亚及中国香港、台湾等50多个国家和地区的130余座港口，对内连接大连、上海、温州、福州、泉州、汕头、潮州等十余个国内港口。

世界邮轮经济发展迅猛，一些国际大都市在经济发展中相继渗入邮轮经济元素。大型邮轮纷纷下水，发展邮轮经济正当其时。厦门港抓住机会兴建相关设施，努力提高服务质量，招揽邮轮停靠。1987年，第一艘邮轮靠泊厦门港，开启了厦门湾发展休闲旅游邮轮经济崭新一页。经过20多年打拼，2014年9月，厦门港跻身国家四大试点邮轮母港行列。2016

年9月，厦门国际邮轮母港正式启动码头泊位升级改造，改造后的邮轮母港具有同时靠泊2到3艘大中型邮轮、停靠世界最大22万吨级邮轮的能力。

从虎头山麓到沙坡头之间的厦门港，到大厦门湾的厦门港，不是简单的海域变迁，凝聚了港口人几十年的心血和努力。他们清醒地认识到，要发展厦门港，就要让人家到你这里发货；要人家到你这里发货，你就要比别人发得快，还要省钱。

为了达到快和省的目的，厦门港做足了岸上的功课。多年来，厦门港陆续研究开发多项服务创新举措，提高了货物通关效率，降低了客户物流成本。同时推动智慧物流平台建设，加快信息化、智能化发展步伐，缩短运输时间。厦门港大力发展现代港口物流，延伸和完善港口、保税和口岸服务功能，挖掘内陆海铁联运市场。厦门港拥有5A级的综合物流企业，能提供海峡西岸规模最大的外轮代理、物流、陆路运输、拖轮企业，形成了完备的港口综合物流服务供应链，服务延伸至福建内陆、广东、江西、湖南经济腹地，能为客户提供最快、最好、最省的服务。

海还是那片海，岛还是那个岛，但嘉禾海已经变成了大厦门湾。从突破海岛束缚，到跨岛发展，再到岛内外一体化，厦门人最终总结出最理想的载体——海湾型城市。

准确定位使城市建设目标更清晰。2003年，厦门开始实行海湾型城市战略，逐步在沿海湾滨海地带规划建成厦门岛高新技术产业集聚区、海沧临港与生物医药产业集聚区、集美机械产业集聚区、同安传统优势产业集中区和翔安新兴产业集中区等五大工业集聚区；依托港口、机场、铁路、高速公路等交通基础设施，逐步建成东渡——保税区——航空港现代物流园区、海沧物流园区、前场物流园区和刘五店物流园区。一个充满活力的创业创新城市横空出世在大厦门湾。

大厦门湾时代，特区人对高新技术特别感兴趣。他们搞经济特区引进的第一个外资项目就是技术含量很高的印华地砖厂。事实上，厦门经济特区早期为出口加工区，引进项目只限于来料加工，印华地砖厂项目不在引进目录之内。经办人员了解到，印华地砖厂引进的是当时联邦德国先进技术和自动混料、真空炼泥、射出成型、自动切割、烧干煅烧等工艺技术及全套自动化生产设备，属于国际先进水平，在国内更是第一套，产品质量达到联邦德国工业标准DIN8166。为了不使这一先进科技项目落空，经办人员不厌其烦地上下奔跑几个月，终于说服有关部门批准立项。

厦门人对高科技就是这样敏感和向往。

1986年3月，国家组织200多位科学家编制《高技术研究发展计划纲要》，时称"863计划"。为此，科技部（原国家科委）推出促进高技术、新技术研究成果商品化，推动高技术、新技术产业形成和发展的"火炬计划"，准备选择几个城市，和地方政府合作建设高新技术产业开发区，推动"火炬计划"真正落地见效。

厦门抓住了这个机会。1990年6月，国家科委与厦门市签署在厦门岛内划出1平方公里土地共同创办厦门火炬高技术产业开发区的协议。按照协议，3年内，国家科委每年向开发区提供专项贷款2000万元，拨款300万元，其中200万元用于垫息，回收后仍留在开发区使用。厦门市政府以对等的比例进行相应的匹配。

1990年12月30日，厦门火炬高技术产业开发区破土动工。1992年6月22日，国家科委授予厦门火炬高技术产业开发区"国家高新技术产业开发区"标牌，此后，厦门火炬高技术产业开发区以"厦门火炬高新区"的简称扬名立万。同年10月10日，第一批入驻高新区的企业举行动工典礼。至年底，高新区12家开工企业创造产值2亿元、利税2600万元，创汇1400万美元。

厦门火炬高新区一起步就占据了较高的起点。高新区产业发展的重点主要包括4个方面：电子与信息产业，包括微电子、计算机、软件技术、通信、激光和基础元器件等；机电一体化产业包括各种数控显示机床和超精密设备、自动化装置、医疗器械、办公自动化设备等；新材料产业包括稀土材料的研制开发、新型感光材料、特殊有色金属材料、电子信息材料和化工材料等；生物技术产业围绕基因工程、蛋白质工程、酶工程以及细胞工程等手段，发展生物技术及其产业。

1993年初，火炬高新区面积扩大为2.67平方公里。同年5月，厦门市人民政府颁布《关于支持厦门火炬高技术产业开发区改革与发展的决定》，赋予开发区管委会以相当于市一级经济管理权限，具有开发区内生产性投资项目的审批权、开发区兴办企业和其他事业的审批权、开发区内引进出国留学人员和各类专业技术人才审批权、允许开发区建立免税生产资料市场等9项审批权。火炬高新区进入快速、良性发展的轨道。目前，已开发园区占厦门不到3%的土地面积，实现厦门43%的工业产值，其中高技术产业产值占规模以上工业总产值比重达82%以上。聚集各类企业12000多家，国家级高新技术企业1000多家，世界500强企业在园区设立项目31个。厦门的实践再次证明：科学是发展的重要内在推动力！

鸟是树的花朵

明天启三年（1623）二月，厦门名士池显方与削职回乡的名宦蔡献臣结伴北上安徽和州（今和县），探望正在和州任知州的长兄池显京。沿途游览浙江、江苏等地的鹅湖、钱塘、姑苏、秦淮等名山胜水。

江浙一带古称花团锦簇之地、人文鼎盛之乡。池显方泛游杭州西湖之后，不禁发出"山色之娇嬬，湖光之潋滟，画舫之参差，弦歌之婉转，已荡豁心目"的感叹。感叹之余，素以"人奇""文奇"著称的池显方复发"奇言"，评价道："吴越山水之佳，大半为人妆点。只三分山水，得七分刹宇、十分文章，则洞天福地矣。"

真个是"谁不说俺家乡好"，池显方身处繁华之地，仍不忘东海之滨的蕞尔小岛，说："鹭门倘得一好事妆点，则洪济可敌灵隐，玉屏可敌飞来，醴洞可敌中泠，鼓浪可敌金、焦。"

鹭门是厦门岛的别称，洪济指厦门岛的洪济山，灵隐指杭州的灵隐寺，玉屏指玉屏山即虎溪岩，飞来指杭州的飞来峰，醴洞指醴泉岩（又称醉仙岩）之下的醴泉洞，中泠指长江镇江河段金山"天下第一泉"中泠泉，鼓浪即鼓浪屿，金、焦指长江镇江河段的江心岛金山岛和焦山岛（金山岛于清末与长江南岸连陆）。

池显方一腔爱乡情，足可教后人感佩。

洪济山，矗立于厦门岛东南部海滨。峭拔耸秀，为岛上诸山之冠。明代山上有方广寺、黯济岩、云顶岩、留云洞等寺庙。山中巨石屹立，有一片瓦、风动石、星石诸胜。山之南石叠成洞，可容数百人，人称和尚石。绝顶有观日台，鸡鸣时遥望，日如火轮从海中跃出，紫涛苍雾蔚为奇观。人称"洪济浮日"，被列为鹭岛八景之首。池显方之前，丁一中、池浴德、洪朝选等乡贤多有登临，留下石刻多处。池显方多次作诗吟咏洪济山，从其中的"潮鸡初唱扶桑红，日观何须登泰岱""九万里风生足下，八千国土在眉间""掀天缩地杖头间，一座梵宫辖万山""寺众槌钟迎紫日，渔人踏笠上青天"等佳句来看，洪济山景观碧海浮日的雄浑壮阔，确有令人终生难忘的魅力。

玉屏山即虎溪岩，以石景称奇。山上遍布巨石，有孤然突兀者，有相依而立者，有上下重叠者，有左右拱卫者，有挤攒列队为小径者，有拔地腾空为洞穴者。虎溪岩秀峭嶙峋，人迹稀至。明万历四十三年（1615）冬，池显方寻幽到此，为山上奇观所吸引，在山上修建玉屏寺，作为藏修之所。时人林懋时同时在虎溪岩拓石径，扩石洞，摹石像，镌石刻，遂为一福地洞天，被列为鹭岛八景之一。有大雄阁、棱层洞、夹天径、双鲸石、六通洞、宛在洞、啸风亭、一线天诸景，又有"摹天""先露一芽""天门""玉蟾""飞鲸""飞鳌""棱层""虎溪泉""划然长啸""凌空一漱""碧海波澄"等题刻，极具文化价值和观赏价值。

醴洞即醴泉洞，位于虎溪岩之北、今厦门万石植物园西南侧。据明人倪冻所著《醉仙岩记》介绍：一小童在醴泉洞所在岩石下部掏沙成洞，池显方的父亲池浴德会同地方父老集资招募工人开凿岩洞，见岩石中有泉水渗出，池浴德便在洞中凿出深约二尺的小井，并在洞中供奉九仙。洞里泉水味甘，恍如锡山第二泉，可为酒。酒，古称为醴，故称其洞为醴泉洞，其岩为醴泉岩。《闽书》则称：远望岩石，如醉汉卧睡，故醴泉岩又称醉仙岩。岩顶巨石刻有"天界"及"仙岩"四大字。明万历年间，醴泉岩就建有寺庙。醴泉洞的甘泉却出自高岩之上，其风光自然非平常景观可比。倪冻的《醉仙岩记》称：登上醉仙岩，"叠翠并峙，城垣庐舍环抱，足下海潮隐隐有声，兵舟贾艇、旗帜钟鼓之状，或远或近，应接不暇，亦大奇矣"。池显方所写《游醴泉洞记》则称，登上洞顶岩颠，"银波骤涨，屿与舟皆欲动；熏风乍袭，狮虎二山皆欲鸣。回视四际，碧者溪，绿者亩，碧间青者海，绿间紫者荔"，其景色之瑰丽壮观，耳目无暇应接，语言无法形容。

至于鼓浪屿，虽然当时尚"养在深闺人不识"，但在池显方的心目中，这座鬼神雕琢的海上仙山突起于万顷碧波之中，其氛围、规模、气势、造型，是一般江心小岛所无法比拟的。

据池显方所著《晃岩集》和其他地方典籍所载，明崇祯初年，除了上述四个景区之外，岛上还有金榜山、普照寺（今南普陀寺）、白鹿洞、万

鼓浪屿日光岩（阮俊杰摄）

石岩、万寿岩等诸多景点。这是厦门岛上的前贤首次探讨人与环境的关系。遗憾的是，在池显方所处的明万历、崇祯年间，厦门岛采石已经相当盛行。池显方屡次通过诗文谴责采石行为，呼吁保护石景观，可惜未能得到响应。稍后，明末清初郑氏集团与清王朝之间连绵数十年的战争，使得厦门岛失去和平发展的环境，包括风景区开发在内的厦门岛的经济建设，遭到严重破坏。清康熙中叶之后，厦门岛的港口经济发展较快，但随即带来的人口增长给环境带来巨大的压力。到清道光中叶，厦门城外人口密集，屋宇凌乱，离城三里之处的虎溪岩、太平岩、醉仙岩、虎头山、麒麟山、破布山、鼓浪屿等处皆成为坟葬之地。

鼓浪屿最早向破坏环境的行为发起挑战。清朝末年，鼓浪屿公共地界工部局颁布关于"名胜石"的律例，这条律例规定："凡本界内名胜石，不准开凿。如印石、复鼎石、剑石、升旗山石（鹿耳礁）、鸡母石、鸡冠石（东山顶）、金冠石（港仔后）、燕尾石（内厝澳）、威尔顿石（内厝澳）、骆驼山石、鼓浪石（五个牌）、日观岩石（笔架山）。"这条律例是厦门历史上、恐怕也是中国历史上第一条关于保护名胜石的法律条文。鼓浪屿的岩石质量极佳，是制碑造屋的上等石材，岛上的采石活动由来已久。时至今日，还可以在鼓浪屿的许多地方看到当年采石留下的遗迹。岩石是鼓浪屿最重要的景观资源之一，假如没有这条关于保护鼓浪屿名胜石的律例，很难想象这座世界闻名的海上花园会是怎样一种情形。

厦门岛在20世纪30年代进行了大规模的市政建设，整齐笔直的街道、统一规划的楼房、卫生设施、市民公园，等等，极大地改变了厦门老城区的容貌。这一时期的当政者思考的主要是如何改变恶劣环境、改善生活条件，似乎无暇顾及其他方面的问题。经济发展与环境保护至今仍被一些地方政府视作一对不可调和的矛盾。

据地方典籍记载，厦门岛西南海滨旧时有两处擘窠石刻，皆为明末遗存。一在虎头山麓海滨，明天启年间守将李逢华修筑炮台，将费用及捐资人姓名刻在巨石上，人称"天启石"，又称"打石字"；一在城南炮台边，巨石上镌刻"虚江"二字，"虚江"为抗倭名将俞大猷的名号。民国二十年（1931）前后修建鹭江道堤岸，两处濒海石刻均被填埋，殊为可叹。

新中国成立后至20世纪80年代前，从修建海堤开始，厦门移山填海、改造自然的热情十分高涨。许多对环境影响较大的项目都是在这一期间建成的。

厦门建设经济特区，环境保护开始成为社会各界广为关注的话题。1980年，环境监测和污染治理工作逐步开展，这一阶段的的工作重点是对全市各行业的污染状况进行全面、系统的调查，对群众反映强烈的污染单位进行治理，对一些布局不合理、严重污染环境的工厂，坚决关、停、并、转。

1983年12月召开的第二次全国环境保护大会提出要把环境保护作为基本国策。1984年，厦门经济特区扩大到全岛。为了在发展经济的同时保护好厦门的环境，1985年8月，福建省人大颁布《厦门市环境保护管理规定》，厦门市的环境保护工作开始步入法制的轨道。

厦门环境保护最成功的案例是筼筜湖综合治理。

筼筜湖原为筼筜港。清乾隆《鹭江志》载：筼筜港在（厦门）城之北，长可十五六里，阔四里许，自竹树渡头至江头社。到清道光年间，长度已经减为十里许。1970年厦门发起"围垦筼筜港，建设大寨田"工程，发动全市各机关、企事业单位、各居民委员会出工出力，修筑连接东渡到浮屿的海堤。工程于当年7月29日动工，次年9月竣工。因淡水资源不足等问题，建设大寨田的计划未能实现。之后，筼筜港变成封闭性的筼筜湖。由于大量工业废水和生活污水排入湖内，湖水遭受严重污染，湖中污泥淤积，湖水变黑发臭，水生动物绝迹。1982年，福建省将筼筜湖综合整治列入厦门经济特区配套工程之一。此后，市政府委托有关单位勘察设计，多次组织专家、学者对整治方案进行论证、补充。1983年10月，筼筜湖综合治理方案基本确定，分步实施，综合治理方案按五个环节进行：一是控制污染源。对25家主要污染源进行限期治理，基本完成治理14家，部分完成治理5家，转产、搬迁、停产6家，其余的企事业单位也相继建成单位内部污水处理设施，新建、扩建、改建的企事业单位则严格按照"三同时"的要求施工，保证污水达标排放。二是在筼筜湖南、北岸分别建立两套污水处理系统。三是清挖污泥。两年内共清挖污泥200万立方米，不但解决湖水发臭变黑的问题，而且扩大水面50公顷，增加容量198万立方米。四是实施纳潮换水工程。将原有4孔泄洪的闸门改造为一孔纳潮、三孔排水的结构方式，并设置微机自控闸门启闭系统；在筼筜湖北侧修建长2600米，宽50—60米的导流渠，将潮水引至内湖湖东桥下，由内湖向外湖流动。工程于1989年6月动工，1990年6月竣工，每天可引入新鲜海水60—80万立方米，有效地改善筼筜湖的水质。五是修建护岸，绿化美化。筼筜湖综合治理工程于1990年基本完成。经1991年市环境保护局的测试和1992年、1993年国内专家的鉴定，认为该工程因地制宜，利用潮差纳潮入湖，技术上有所创新。工程施工后，有效地改善筼筜湖的环境质量，湖水水质达到国家地面水四类标准，基本恢复良性的生态循环，环境效益、社会效益和经济效益显著，治理技术、效果居国内领先水平。1991年，筼筜湖治理工程被国家建设部、国家环保局评为"全国城市环境综合整治优秀项目"，1993年被联合国环境开发署列为"东亚海域海洋污染预防与管理示范区"的示范工程。此后又陆续建成沿岸绿化带和白鹭洲公园、南湖公园。20多年总投入近5亿元，把昔日又黑又臭、鱼虾绝迹的一潭死水，变身为碧波荡漾、花团锦簇、白鹭翔集、锦鳞游泳的休闲公园。

厦门环境保护基本上与厦门经济特区建设同时起步，当时局面初开，百业待兴，资金十分紧缺。幸好改革开放的厦门已经和世界接轨。国际范围的环保合作取得显著成果，东渡环保工程获得世界银行赠款483万美元，北溪引水管道改造工程获得2.8亿日元贷款，污水处理厂获得西班牙贷款8000余万元人民币，垃圾焚烧厂获得法国贷款1亿多元人民币。资金困难就此迎刃而解。

厦门市在环境保护方面做了大量的工作，生态环境开始趋于良性循环，但由于历史上环境保护方面遗留问题较多，而且资金缺乏、开发建设与环境保护之间存在客观性的矛盾、环保科技的发展尚不能达到环境保护的要求，厦门市环境保护的形势仍不容乐观。1994年3月，第八届全国人民代表大会第二次会议授予厦门立法权。同年7月，厦门市人大常委会通过厦门历史上第一部专业性法规《厦门市环境保护条例》。此后，厦门市人大常委会陆续通过多部有关环境保护的法规和规范性文件。政府部门制定可持续发展战略规划、提出降低能源消耗、减少污染物排放总量、提高森林覆盖率的具体指标和基本遏制生态环境恶化趋势的严格要求。随着环境保护理念的普及和深化，厦门对于环境保护的认识更加深刻，知晓环境不是空洞的说教，它就是我们头上的天空、脚下的土地，就是人类身边的山、身边的水，就是我们生活的地球。

往日战天斗地、征服自然的成果突然变成了灾难，怎么办？厦门人敢于否定自己。历史上，厦门征服自然最显赫的成果是建成厦门海堤，被誉为"移山填海的壮举"写进教科书。但是，海堤建成后，厦门西港基本变成半封闭的港湾，由于流速降低，海域面积缩小，海底淤积速度明显加快。鼓浪屿—嵩屿水道1975—1982年淤积厚度为1—3米，淤积速率达13—20厘米／年；鼓浪屿—猴屿间的水道由1938年的16米减为10米，并呈继续淤浅的趋势；东渡至排头一带海域、火烧屿一带海域及厦鼓水道沿岸海域均有不同程度的淤积；宝珠屿一带海域淤积速率达7.4厘米/年，1995年宝珠屿东侧航道淤积厚度达3米以上，宽度仅为原先的一半。20世纪50年代开始大规模填海造地，半个世纪之后，厦门海域面积从约530平方公里减少到约390平方公里。

海域清淤整治工程摆上厦门市领导的议事日程。受厦门市委托，国家海洋三所、厦门大学和南京水利科学研究院通过数学模型和物理模型两种手段，对厦门海堤和集杏海堤开口改造工程进行研究，为两个海堤开口改造提供科学依据和技术支撑。最终认定：实施海堤开口改造工程和滩涂清淤整治工程不仅必要而且可行！

2008年9月，厦门海域清淤整治工程领导小组及其办公室正式成立，厦门历史上规模最大的一次海洋生态修复工程揭开序幕。工程包括东海域、西海域清淤整治工程和厦门海堤、集杏海堤开口改造工程，以及大嶝、小嶝造地工程，总清淤量约为6500万立方米。

2010年10月28日，备受世人瞩目的厦门海堤开口改造工程正式动工。厦门用高瞻远瞩的目光和包容和谐的胸怀为当年移山填海的英雄气概谱写了新时代的篇章。时论称这一举动为"厦门海域开启新时代"。这个新时代的主要特征就是不再以征服自然为荣，而是与自然和谐共处。工程主要建设内容包括海堤拆除及改造工程、海堤开口桥梁工程、滨海路延伸段工程、岸线整治工程等。海堤高崎侧开口净宽800米，集美侧开口净宽60米。海堤开口有利于改善东、西海域的水动力条件，开口后东海域可向西海域日净输送水7100万方，有利于打开生态通道，为东、西海域之间海洋生物的沟通创造条件，拓展中华白海豚的生存空间；高崎侧的800米开口可作为游艇等小型船舶的航道，实现东、西海域之间的通航，发展海上旅游。改造后的厦门海堤，成为厦门又一条城市主干道，宽度从20米延伸到24米，双向4车道，设计行车速度40公里/小时，使得进出厦门岛的车道数增加。原来的海堤火车道改造为轻轨车道。如今，厦门的海洋生态修复工程取得累累硕果：先后完成厦门海堤、集杏海堤、马銮海堤、东坑海堤、大嶝海堤、钟宅海堤的开口改造及海堤周围的清淤工程，完成了五缘湾、杏林湾、海沧湾和同安湾的整治，清淤总量超过1.5亿立方米，总投资近百亿元。

开放的海域迎来了更加蓬勃的生机。经过清淤整治，厦门港口航运、滨海旅游业及海洋高新产业占海洋经济增加值的比重达60%以上，全市海域的港口、旅游、生态的主体功能所占比重达80%左右，每平方公里海域创造的海洋经济增加值达8100万元，为全省平均水平的20倍以上、全国平均水平的40倍以上。

几乎与海洋生态环境修复同时起步，2009年，厦门提出创建国家森林城市的目标，"让森林走进城市，让城市拥抱森林"。2013年10月，厦门成为首批"国家森林城市"。2021年10月，《厦门市国土空间生态修复专项规划（2021—2035)》正式发布，提出到2025年全市森林覆盖率将不低于30%，建成区公园绿地服务半径覆盖率将大于90%，打造"山青、

厦门大学（阮俊杰摄）

水绿、湾蓝、廊碧"的生态景观。

从1997年获得首批国家环保模范城市以来，厦门在环境保护、生态建设方面始终走在前列。环顾厦门，海中有城，城中有海。天是蓝的，海是碧的，山是绿的，空气是清新的。白鹭洲公园湖心岛上，一大群白鹭栖息在红树林枝头，远远望去，就像开在树上的洁白花朵。

金砖国家领导人厦门会晤使这座海湾型城市进入世界的视野，也使厦门拥有更加广阔的胸怀。此次会晤发布的《金砖国家领导人厦门宣言》庄重提出："秉持多边主义，坚持开放包容，弘扬多元文化，促进人文交流。"这一宣言代表了世界的潮流、文明的潮流、人类共同体的潮流。回顾厦门一路走来的历程，无一不与这潮流息息相关。放眼厦门的未来，我们充满信心和希望！

厦门大事记

唐 代

垂拱四年（688）至景云二年（711），漳州刺史陈元光在古厦门岛设置行台，命名为新城。

天宝末年（755）前后至至德二年（757），新城即古厦门岛划归清源郡，设嘉禾里，为南安县属地。

贞元十九年（803），析南安县西南四乡置大同场，嘉禾里属大同场绥德乡。

后 唐

长兴四年即闽龙启元年（933），改大同场为同安县，嘉禾里为同安县绥德乡下属之一里。

元 代

嘉禾屿设嘉禾里二十一都、二十二都、二十三都、二十四都。

至元十九年（1282），元军派千户驻守嘉禾屿，是为嘉禾屿设立军事机构之始。

明 代

洪武二十一年（1388年）建塔头巡检司城，为嘉禾屿最早城防。

洪武二十七年（1394年），在嘉禾屿设中左千户所，建中左所城。

嘉靖二十六年（1547年），葡萄牙商船到厦门湾进行海上贸易。

万历三十二年（1604年），荷兰武装商船抵达厦门湾。

天启六年（1627年）春，郑芝龙进犯中左所，崇祯元年（1628年）七月被招抚。

清 代

顺治四年（1647年），郑成功安平举义。

顺治七年（1650年）八月，郑成功入主中左所。

顺治十二年（1655年）三月，郑成功改中左所为思明州。

顺治十八年（1661年）三月二十三日，郑成功率主力船队从料罗湾出发，前往攻打台湾。其子郑经留守思明州。

康熙元年（1662年）五月，郑成功在台湾病逝。郑经离厦赴台袭职。

康熙二年（1663年）十月，清军攻占思明州，"墟其地而返"。时谚称："嘉禾断人种"。

康熙十三年（1674年）五月，郑经乘三藩造反率大军进驻思明州，并一度攻占泉、潮、漳、韶、惠、汀、兴、邵等八府。

康熙十九年（1680年）二月，清军攻占厦门，郑经退往台湾。清军总兵杨嘉瑞率部镇守厦门。此为清政府经营厦门之始。

康熙二十二年（1683年），福建水师提督移驻厦门。

康熙二十三年（1684年）四月，清朝廷批准设立台厦兵备道。雍正六年改设台湾道。是年在厦门设立闽海关，开厦门港与台湾鹿耳门对渡。

康熙二十五年（1686年），泉州府海防同知移驻厦门。

雍正五年（1727年），分守兴泉道移驻厦门，兼职巡海。是年，闽浙总督高其倬建议开放南洋贸易获准。

道光二十一年（1841年）七月初九，璞鼎查等率领英国舰队侵入厦门湾，翌日攻占厦门。

道光二十二年（1842年）七月二十四日，《南京条约》签订，厦门被列为首批五个通商口岸之一。道光二十三年（1843年）九月十一日，厦门正式开埠。

同治元年（1862年）三月初一，在厦门海关设立由外国人掌管的税务司署，负责管理进出口贸易及征收关税，俗称洋关。原厦门海关负责管理国内民船贸易，征收国内交易税，俗称常关。

光绪二年（1876年），清政府在厦门设立抚垦司，招募百姓迁移台湾，每人授田11亩，开垦期间供应口粮，供给牛、种籽和农具。垦荒三年后开始收税。

光绪二十七年（1901年）十二月初一（1902年1月10日），兴泉永道官员代表清政府与日本、英国、美国、德国、法国、西班牙、丹麦、荷兰、瑞典、挪威等国领事在日本驻厦门领事馆签订《厦门鼓浪屿公共地界章程》，11月21日经清政府批准正式生效。

光绪二十八年十二月（1903年1月），鼓浪屿工部局成立。

宣统三年（1911年）九月二十四日，中国同盟会厦门地方组织在寮仔后天仙茶园集会，宣布起义。翌日成立福建军政府南部分府，后复称兴泉永道。

中华民国时期

民国元年（1912年）4月15日，福建军政府政务院议决：设立思明县，以厦门、金门及附属各岛为境域。

民国三年（1914年）7月，北京政府批准从思明县析出金门列岛设立金门县，翌年1月1日正式分署办公。

民国十年（1921年）4月6日，陈嘉庚创办的厦门大学假集美中学校舍正式开学。

民国二十四年（1935年）4月1日，厦门市政府正式成立，为福建省辖市。

民国二十七年（1938年）5月10日凌晨，日军在五通社的凤头、泥金登陆，12日占领全岛。厦门沦陷。

民国三十四年（1945年）10月3日，国民党南京政府驻厦军、政机构迁回厦门。

民国三十八年（1949年）9月10日，福建人民政府在福州公布福建省行政区划，厦门市为省辖市。9月中旬，中国人民解放军厦门市军管会在泉州成立，叶飞任主任；中共厦门市委、市人民政府同时在泉州组建，林一心任书记，梁灵光任市长。

中华人民共和国时期

1949年10月15日，解放军第三野战军第十兵团第29军、第31军向厦门发起进攻，17日解放厦门。10月21日，厦门市人民政府正式成立。

1953年6月17日，高（崎）集（美）海堤（后称厦门海堤）正式动工。1955年10月27日竣工。11月3日，同安县集美乡划归厦门市，厦门市辖区开始拓展到岛外。

1957年4月21日，鹰（潭）厦（门）铁路通车。

1958年8月23日，解放军福建前线部队对金门等岛屿进行炮轰，时称"八二三"炮战。同年10月，同安县划归厦门市，1970年7月1日划归晋江专区，1973年9月又划归厦门市。

1978年9月，设杏林区。

1979年12月17日，"鼓浪屿"号客轮试航香港。

1980年10月7日，国务院批准在湖里划出2.5平方公里土地设立经济特区，名为厦门经济特区湖里出口加工区。

1981年10月15日，湖里出口加工区正式动工。

1982年10月22日，厦门高崎国际机场正式通航。

1984年2月7—10日，邓小平视察厦门。5月4日，中共中央、国务院颁发《关于转发〈沿海部分城市座谈会纪要〉的通知》，宣布厦门经济特区扩大到厦门全岛，并实行自由港的某些政策。

1986年8月21日，国务院批准厦门市行政区划作部分调整，郊区更名为集美区，增设湖里区。

1988年4月23日，国务院批准厦门为计划单列市。

1994年2月，中央编制委员会批准厦门市行政级别升为副省级。3月22日，八届全国人大二次会议通过关于授权厦门市人民代表大会及其常务委员会和厦门市人民政府分别制定法规和规章在厦门经济特区实施的决定。

1996年12月海沧大桥开工，1999年12月建成通车。

1997年4月19日，"盛达轮"首航高雄港，两岸直航试航成功。5月1日，同安区正式成立。

2001年1月2日，"太武"号和"浯江"号客轮从金门出发抵达厦门和平客运码头，2月6日"鼓浪屿"号客轮厦门直航金门，厦金航线正式开通。

2003年5月，国务院批准厦门市调整部分行政区划，调整后的厦门市辖思明、湖里、集美、海沧、同安、翔安6个区。

2005年9月，翔安隧道开工，2010年4月建成通车。是年，原厦门市管辖的五个港区和原漳州市管辖的招银、石码、后石三个港区合并组成新厦门港。

2006年12月20日，集美大桥开工建设，2008年7月1日建成通车。10月25日，杏林大桥开工建设，2008年9月1日建成通车。

2007年7月22日，环东海域综合整治建设工程动工。

2008年8月31日，快速公交系统（BRT）一期工程3条线路正式运营通车。

2010年4月26日，福厦动车通车。7月1日，国务院批准厦门经济特区范围从厦门岛的131平方公里扩大至全市的1573平方公里。8月，漳州行政区划内的古雷、东山、云霄、诏安4个港区并入厦门港。

2013年11月13日，厦门地铁1号线开工，2017年12月31日开始试运营。

2015年3月1日，厦门自贸试验区正式挂牌。8月16日，首列中欧（厦门）班列从厦门自贸区出发前往欧洲。

2016年6月，海沧隧道开工，2021年6月17日试通车。9月15日，超强台风"莫兰蒂"袭击厦门，导致直接经济损失102亿元。

2017年7月8日，"鼓浪屿：历史国际社区"成功列入《世界遗产名录》。9月3—5日，金砖国家领导人第九次会晤在厦门举行。9月，福厦高铁动工。

2018年9月23日，广深港高铁香港段通车，厦门与香港正式进入高铁互联互通时代。

2019年8月8日，"厦门约巴"上线，运营模式全国首创。9月26日，"鼓浪屿"号豪华邮轮命名暨首航仪式在厦门国际邮轮母港举行。11月19日，第28届中国金鸡百花电影节在厦门开幕。

2020年12月1日，《厦门经济特区知识产权促进和保护条例》实施。12月8日，正式启动金砖国家新工业革命伙伴关系创新基地建设。全年实现地区生产总值（GDP）6384亿元，比上年增长5.7%，GDP增速位居全国副省级城市第一位。

说明：

（1）本《大事记》中凡用汉字记载的日期均为农历，凡用阿拉伯数字记载的日期均表示公元纪元；

（2）本《大事记》在辑录时参考了厦门市修志过程中各修志单位编纂出版的多种资料，因涉及面较广，未能一一标明，谨致歉意，并申谢忱。

参考文献

1. 《山海经·第十海内南经》，周明初校注，浙江古籍出版社2000年版。
2. 《旧唐书》，（后晋）刘昫等编著，中华书局1975年版。
3. 《新唐书》，（宋）欧阳修、宋祁编著，中华书局1975年版。
4. 《皇明制书》卷五《诸司职掌·刑部·司门科·合编充军》。
5. 《明史》，（清）张廷玉等编著，中华书局1974年版。
6. 《剑桥中国明代史》（上卷），〔美〕牟复礼、〔英〕崔德瑞编，中国社会科学出版社1992年版。
7. 《明季南略》，（清）计六奇撰，任道斌、魏得良点校，中华书局1984年版。
8. 《剑桥中国晚清史》，费正清、刘广京编，中国社会科学院历史研究所编译室译，中国社会出版社2006年版。
9. 《清史稿》，（清）赵尔巽主编，上海古籍出版社1996年版。
10. 《清圣祖实录》，台湾华文书局。
11. 《清高宗实录》，台湾华文书局。
12. 《光绪朝东华录》，中华书局1958年版。

13.《剑桥中华民国史》第一部，费正清主编，上海人民出版社1991年版。

14.《近代中国史事日志》，郭廷以编著，中华书局1987年版。

15.《八闽通志》，（明）黄仲昭修纂，福建人民出版社1991年版。

16.《闽书》，（明）何乔远编纂，厦门大学《闽书》点校组点校，福建人民出版社1994年版。

17.《福建省志·大事记》，福建省地方志编纂委员会编，方志出版社2000年版。

18.《福建省志·海关志》，福建省地方志编纂委员会编，方志出版社2000年版。

19.《福建省志·政府志》，福建省地方志编纂委员会编，方志出版社2000年版。

20.《闽台民族史辨》，郭志超著，黄山书社2006年版。

21.《泉州府志》，清乾隆版。

22.《漳州府志》，清光绪四年版。

23.《大同志》，朱奇珍修，厦门市同安区方志办点校，海峡书局2018年版。

24.《同安县志》，清乾隆版。

25.《同安县志》，吴锡璜著，厦门市同安区地方志编纂委员会办公室整理，方志出版社2007年版。

26.《马巷厅志》，清光绪十九年重刻乾隆版，上海书店2000年版。

27.《海澄县志》，清乾隆版，（清）陈锳等主修，上海书店2000年版。

28.《鹭江志》，薛起凤主纂，江林宣、李熙泰整理，鹭江出版社1998年版。

29.《厦门志》，周凯总纂，厦门市地方志编纂委员会办公室整理，鹭江出版社1996年版。

30.民国《厦门市志（稿）》，厦门市文献委员会编纂、厦门市地方志编纂委员会办公室整理，方志出版社1999年版。

31.《厦门市志》，厦门市地方志编纂委员会编，方志出版社2004年版。

32.《厦门地质图说明书》，福建省地质矿产局区域地质调查队编，地质出版社1987年版。

33.《湖里区志》，湖里区地方志编纂委员会编，方志出版社2014年版。

34.《安平志》，安海乡土史料编辑委员会校注，中国文联出版社2000年版。

35.《厦门港史》，厦门港史志编纂委员会编，人民交通出版社1993年版。

36.《厦门商会档案史料选编》，厦门总商会、厦门市档案馆编，鹭江出版社1993年版。

37.《厦门城市发展史》，周子峰著，厦门大学出版社2005年版。

38.《厦门方志》，腓力普·威尔逊·毕撰，陈国强译，中国基督教卫理公会出版社1912年第2版。

39.《厦门海关志》，中华人民共和国厦门海关编，科学出版社1994年版。

40.《厦门华侨志》，厦门华侨志编委会编，鹭江出版社1991年版。

41.《厦门城市建设志》，厦门市城市建设志编纂委员会编，中国统计出版社2000年版。

42.《厦门对外经济贸易志》，厦门对外经济贸易志编委会编，中国统计出版社1998年版。

43.《热兰遮城日志》，江树生译注，台南市政府2011年版。

44.《厦门宗教》，高令印等编著，鹭江出版社1999年版。

45.《美国归正教在厦门1842—1951》，〔美〕杰拉德·F·德庸著，杨丽、叶克豪译，台北市龙图腾文化有限公司2013年版。

46.《厦门的租界》，厦门市政协文史委编，鹭江出版社1990年版。

47.《近代厦门社会经济概况》，戴一峰译，鹭江出版社1990年版。

48.《近代厦门涉外档案史料》，厦门市档案局、厦门市档案馆编，厦门大学出版社1997年版。

49.《近代厦门经济档案资料》，厦门市档案局、厦门市档案馆编，厦门大学出版社1997年版。

50.《辛亥革命在厦门》，民革厦门市委员会、政协厦门市委员会文史和学习宣传委员会编。

51.《图说厦门》，厦门市国土资源与房产管理局2006年3月内部资料。

52.《厦门市城市总体规划（2011—2020年）》。

53.《陈嘉庚年谱》，陈碧笙、陈毅明编，福建人民出版社1986年版。

54.《中华民国政治制度史》，袁继成著，湖北人民出版社1991年版。

55.《中国封建政府的华侨政策》，庄国土著，厦门大学出版社1989年版。

56.《华工出国史料汇编》第一辑，中华书局1985年版。

57.《中国帆船与海外贸易》，陈希育著，厦门大学出版社1991年版。

58.《全唐诗补编·全唐诗补逸》第二编，陈尚君编，中华书局1992年版。

59.《龙湖集》，陈元光著，漳州市历史研究会1990年内部出版。

60.《闽海赠言》，台湾文献丛刊第56种。

61.《晃岩集》，池显方著，厦门市图书馆校注，厦门大学出版社2009年版。

62.《靖海纪略》，曹履泰撰，台湾文献丛刊第033种。

63.《夕阳寮诗稿》，阮旻锡撰、厦门市图书馆编，厦门大学出版社2011年版。

64.《先王实录》，杨英撰、陈碧笙校注，福建人民出版社1981年版。

65.《延平王户官杨英从征实录》，杨英撰，"中研院"史语所影印（复印本）。

66.《闽海纪要》，夏琳撰，台湾文献丛刊第011种。

67.《东瀛识略》,(清)丁绍仪著,台湾文献丛刊第002种。

68.《台海见闻录》,(清)董天功撰,台湾文献丛刊第129种。

69.《郑成功传》,台湾文献丛刊第067种。

70.《赐姓始末》,(清)黄宗羲撰,台湾文献丛刊第25种。

71.《靖海纪事》,(清)施琅撰,王铎全校注,福建人民出版社1983年版。

72.《台湾郑氏始末校释》,沈云编纂,黄胡群校释,台湾书房出版有限公司2007年版。

73.《平台纪略》,(清)蓝鼎元撰,台湾文献丛刊第14种。

74.《郑成功研究》,方有义主编,厦门大学出版社1994年版。

75.《郑成功历史研究》,陈碧笙著,九州出版社2000年版。

76.清道光朝《筹办夷务始末》。

77.《明郑四世兴衰史》,杨友庭著,江西人民出版社1991年版。

78.《郑成功满文档案史料选译》,厦门大学台湾研究所、中国第一历史档案馆编辑部主编,福建人民出版社1987年版。

79.《台湾外记》,江日升著,福建人民出版社1983年版。

80.《郑成功与清政府间的谈判》,吴正龙著,文津出版社2000年版。

81.《施琅评传》,施伟青著,厦门大学出版社1987年版。

82.《施琅研究》,许在全、吴幼雄主编,中国社会科学出版社2001年版。

83.《清朝柔远记》,(清)王之春著,赵春晨点校,中华书局2000年版。

84.《道光洋艘征抚记》,(清)魏源著。

85.《鸦片事略》,(清)李圭著。

86.《啸云诗文抄》,(清)林树梅撰,厦门市图书馆编,厦门大学出版社2013年版。

87.《道咸宦海见闻录》,(清)张集馨著,中华书局1981年版。

88.《舌击编》,(清)沈储撰,厦门市图书馆编、吴辉煌校注,厦门大学出版社 2014 年版。

89.《厦门指南》,陈佩真、苏警予、谢云声编纂,厦门新民书社民国二十年(1931)版。

90.《天仙旅社特刊·厦门指南》,吕天宝编著,1937 年刊印本。

91.《鼓浪屿志采访录摘要》,江仲春撰,厦门市图书馆藏。

92.《增订厦门史略》,李启宇编著,香江人民出版社 2020 年版。

93.《鼓浪屿史话》,李启宇著,团结出版社 2019 年版。

94.《厦门史料考据》,李启宇著,厦门大学出版社 2013 年版。

95.《被统治的艺术》,[加]宋怡明著,钟逸明译,中国华侨出版社 2019 年版。

96.《大航海时代的台湾海峡与周边世界》(第一卷),徐晓望著,九洲出版社 2019 年版。

97.《行间纪遇·清威略将军吴英事略》,吴英撰,李祖基点校,厦门大学出版社 2016 年版。

98.《黄奕住传》,赵德馨、马长伟著,厦门大学出版社 2019 年版。

99.《中国的海贼》,[日]松浦章著,谢跃译,商务印书馆 2011 年版。

100.《南洋华侨与闽粤社会》,陈达著,商务印书馆 2011 年版。

101.《美国传教士与晚清中国现代化》,王立新著,天津人民出版社 2008 年版。

102.《西方传教士眼中的厦门》,[英]约翰·麦嘉湖著,龙金顺、许玉军译,当代中国出版社 2015 年版。

103.《南明史略》,谢国桢著,吉林出版集团 2009 年版。

104.《五口通商变局》,王尔敏著,广西师范大学出版社 2006 年版。

105.《梁灵光回忆录》,梁灵光著,中共党史出版社 1996 年版。

106.《福建六大民系》,陈支平著,福建人民出版社 2000 年版。

107.《傅衣凌治史五十年文编》，傅衣凌著，中华书局 2007 年版。

108.《明末清初私人海上贸易》，林仁川著，华东师范大学出版社 1987 年版。

109.《东亚海域一千年》，陈国栋著，山东画报出版社 2006 年版。

110.《陈政、陈元光曾经家枫亭》，郑秋鉴撰，载陈宝钧、邓文金主编《开漳圣王文化研究》，厦门大学出版社 2017 年版。

111.《唐代漳州新城即古厦门岛新城考》，李启宇撰，载《福建史志》2014 年第 6 期。

112.《最早记载厦门历史的文物》，志诚撰，载《福建论坛》1986 年第 3 期。

113.《后月港时代初期厦门湾的海上贸易》，李启宇著，载《厦门史料考据》，厦门大学出版社 2013 年版。

114.《明清之际郑氏集团海上贸易的组织与管理》，聂德宁撰，载《郑成功研究》，厦门大学出版社 1994 年版。

115.《鸦片战争之前厦门与英国贸易的史料考辨》，李启宇撰，载《厦门史料考据》，厦门大学出版社 2013 年版。

116.《广东十三行史话》之十九，罗三洋撰，载《中国民商》2014 年第 8 期。

117.《光复厦门、漳泉永纪略》，王振邦撰，载《泉州文史资料》第十辑。

118.《申报》

119.《江声日报》

120.《厦门大报》

121.《厦门日报》

122.《厦门晚报》

123.厦门市人民政府官网

124.厦门市政府统计局官网

125. 厦门港口管理局官网
126. 厦门火炬高技术产业开发区官网

后 记

写完这本书,两位作者长舒一口气。

李启宇研究厦门地方史多年,出版过多部相关专著,对历史与现实的厦门都有自己独异的见解。何况虽是作家,但向来对文史感兴趣,喜欢穷究一些传说与故事的细枝末节。接到写作《厦门传》的任务,两人一拍即合,无分彼此,通力协作,遂成此著。

1394年,福建都指挥史谢玉柱令筑厦门城,始有厦门之名载入史册。由此下探600多年,许多故事在这里发生,许多人物借这个舞台精彩表演。书写历史,引为镜鉴,是两位作者写作本书遵循的基本原则。意大利哲学家、历史学家克罗齐曾提出一个著名论断,即一切历史都是当代史。本书呈现的厦门故事,或许有别的叙述逻辑,但在我们的思考路径中却是这般模样。信与不信,读了再说。

本书吸收了众多专家学者的研究成果,但因体例的关系,未能一一详细注明,在此一并致谢。

书中图片已尽可能注明出处,若有遗漏,请迳与作者联系,并请海涵。

作 者
2022年初于厦门

图书在版编目（CIP）数据

厦门传：海上花园之城 / 何况，李启宇著. -- 北京：
外文出版社，2022.9
（丝路百城传）
ISBN 978-7-119-13007-1

Ⅰ．①厦… Ⅱ．①何… ②李… Ⅲ．①文化史－研究－厦门
Ⅳ．① K295.73

中国版本图书馆 CIP 数据核字 (2021) 第 279002 号

出版指导：陆彩荣
出版统筹：胡开敏　文　芳
责任编辑：蔡莉莉
封面图片：视觉中国
装帧设计：冷暖儿　刘洁琼
印刷监制：章云天

厦门传
海上花园之城

何　况　李启宇　著

©2022 外文出版社有限责任公司
出　版　人：胡开敏
出版发行：外文出版社有限责任公司
地　　址：北京市西城区百万庄大街24号　　邮政编码：100037
网　　址：http://www.flp.com.cn　　电子邮箱：flp@cipg.org.cn
电　　话：008610-68320579（总编室）　　008610-68996167（编辑部）
　　　　　008610-68995852（发行部）　　008610-68996183（投稿电话）
印　　刷：北京盛通印刷股份有限公司
经　　销：新华书店 / 外文书店
开　　本：787mm×1092mm　1/16
装　　别：精装
字　　数：350千
印　　张：26.75
版　　次：2022年9月第1版　　2023年5月第1版第2次印刷
书　　号：ISBN 978-7-119-13007-1
定　　价：92.00元

版权所有　侵权必究　如有印装问题本社负责调换（电话：68995960）